自由中國

FREE CHINA

合訂本　第廿二集

(第廿三卷第一至五期)

中華民國四十九年十二月卅日合訂
社址：臺北市和平東路二段十八巷一號

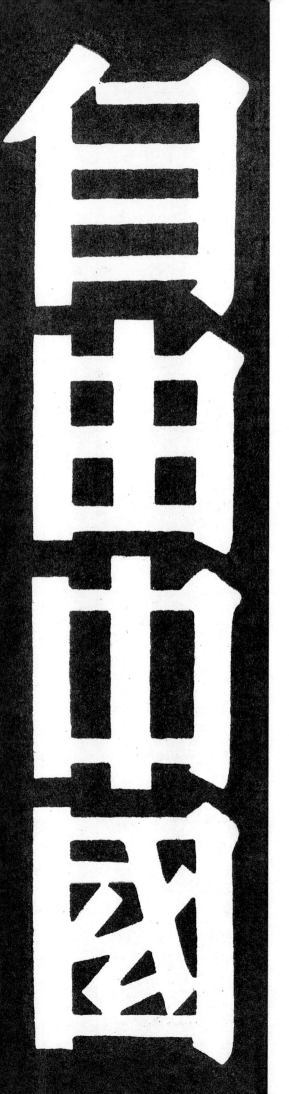

自由中國合訂本第廿二集要目

第廿三卷　第一期

第廿三卷　第二期

第廿三卷　第三期

第廿三卷　第四期

第廿三卷　第五期

本集第廿三卷第一至五期

定價新臺幣廿五元

合訂本　精裝七十元

平裝五十元

自由中國

FREE CHINA

第二十三卷 第一期

中華民國四十九年七月一日出版
社址：臺北市和平東路二段十八巷一號

半月大事記

六月十日(星期五)

白宮新聞秘書哈格泰飛抵東京，被羣衆圍困，五千左傾份子在機場示威，哈格泰等最後由直昇飛機救出重圍。

六月十一日(星期六)

對於調整軍公敎人員待遇問題，立法院全院委員會決定不採用行政院所提的二億八千餘萬元的預算修正案，而採用行政院在總預算中所列的四億六千萬元的原預算案；立院聯席會並決定將國大代表增加待遇所需一千〇八十萬元的經費「應予免列」。

東京十萬人示威，促使取消艾森豪訪日。

六月十二日(星期一)

艾森豪啓程東來，從事遠東訪問旅行。

岸信介發表聲明，宣佈艾森豪如期訪日。

爲促使艾森豪訪日順利，日本自民黨謀政治休戰，社會黨不接受建議，堅要岸信介辭職爲條件。

六月十三日(星期一)

行政院長陳誠列席立法院預算等十二委員會聯席審查會，對於調整軍公敎人員待遇問題，希望立院照二億八千萬元的修正案通過。立院審查仍通過原案，將提院會決定。

艾森豪離阿拉斯加赴菲。

六月十四日(星期二)

立法院通過中央總預算，調整待遇決維原案。國大代表待遇增加經費免列，民靑兩黨反共宣傳費亦免除。

艾森豪抵菲訪問，保證永久維持兩國友誼，美決保衞自由思想與人類尊嚴。

行政院函請立法院改列預算，立法院未予接受。

六月十五日(星期三)

六屆亞盟反共會議在臺北揭幕。

日左翼學生萬餘名猛攻國會，與警察起混戰。左傾份子煽動罷工，交通受阻。

艾森豪在菲國會演說，痛斥共產帝國主義。

六月十六日(星期四)

艾森豪接受日本政府要求，取銷訪日之行。

調整軍公敎人員待遇案，行政院決定從詳考慮。

美菲發表聯合公報，强調區域合作，對抗共黨威脅，任何對菲武裝攻擊，美國保證立卽予以驅退。

六月十七日(星期五)

日本各報發表聯合聲明，要求政府保護日本的議會制度，對抗暴動威脅。

六月十八日(星期六)

艾森豪訪華。

日內閣官房長宣佈，國會自動批准美日安全條約。

東京廿萬狂亂羣衆續包圍國會示威，抗議美日安全條約批准。

六月十九日(星期日)

艾森豪離華飛韓。中美發表聯合公報，保證堅强合作，共同抵禦共黨挑釁。艾森豪經琉球，曾遇學生示威，美陸戰隊予以阻止。

俄與東歐附庸擧行高層會議。

六月廿日(星期一)

艾森豪許政會談發表聯合公報，必須竭盡一切努力，達成和平統一韓國。艾森豪向韓國會保證，決不容許共黨再作任何侵犯。

艾森豪赴檀香山。

六月廿一日(星期二)

日本左派勞動組織「總評」明日發動六百多萬人全國罷工大示威，岸信介宣佈爲非法，訓示公安當局採强硬立場。

六月廿二日(星期三)

爲人類前往太空作準備，美發射子午儀衞星，順利進入軌道運行。

六屆亞盟會議閉幕。

日本左傾勞工罷工遊行，全日各地交通一度停頓。四萬餘學生及工人包圍國會示威。

六月廿三日(星期四)

韓國會議長辭職，總理許政代總統。

日左翼份子阻撓未果，美日共同安全新約在東京換文生效。

岸信介辭職，宣稱任務業已達成，呼籲愼防共黨陰謀。

安理會通過美提修正案，宣佈以色列綁架艾格曼，侵犯阿根廷國家主權，並促謀求適當補救。

『自由中國』的宗旨

第一、我們要向全國國民宣傳自由與民主的真實價值，並且要督促政府(各級的政府)，切實改革政治經濟，努力建立自由民主的社會。

第二、我們要支持並督促政府用種種力量抵抗共產黨鐵幕之下剝奪一切自由的極權政治，不讓他擴張他的勢力範圍。

第三、我們要盡我們的努力，援助淪陷區域的同胞，幫助他們早日恢復自由。

第四、我們的最後目標是要使整個中華民國成為自由的中國。

社論

(一)

誰是眞正的多數？

近來有一部分宣傳家說，少數必須服從多數，這樣才合於民主原則。我們聆悉這一說法之餘，感到頗爲欣慰。因爲，這種言論，在民主已有基礎的國家，已經是婦孺皆知的常識；可是，就此時的臺灣而論，似是空谷足音，頗有提醒的作用。然而，這一部分宣傳家却接着說，譬如韓國和土耳其政變係以少數人打倒多數人，所以很不合少數服從多數的原則。原來這一部分宣傳家提起少數服從多數的原則，醉翁之意在此！這一部分宣傳家作這種說法，不是把全自由中國的人當傻子，便是他們自己把事實根本認錯了。二者必有其一。

什麼是多數，什麼是少數，這個純粹數量的問題，沒有爭論的餘地。比方說，在一個國家裏，被統治的人口有一千萬，而對于政治大事具有決定作用的不過十來人。在這一對比中，誰是「多數」，誰是「少數」，一望而知。對于這種情形，這一部分宣傳家不能也不會顚倒攪混，淆亂聽聞，以達到他們爲少數人效忠的目標。既然如此，所謂「多數」與「少數」的問題出在那裏呢？問題就出在「幻覺的多數」與「眞實的多數」。誰都可以知道，「幻覺的多數」不等于「眞實的多數」，而只等于「眞實的少數」。可是，這一部分宣傳家却把「幻覺的多數」說成「眞實的多數」。所以，弄出這種小小的宣傳魔術。然而，魔術遲早總是會被揭穿的。

我們不要忘記一點常識，俄國的布爾希維克黨嘗自稱是「多數」。宣傳所謂「工農專政」的暴徒也自稱是多數。普遍地說，近幾十年來，凡屬搞這一路把戲的人，沒有不自命爲「多數」的。我們現在必須究詰：這個樣子的所謂「多數」是怎樣形成的呢？它的眞相又是怎樣的呢？

事實是很明顯地擺在大家面前的。這個樣子的「多數」是「少數」人的傑作：這少數靠「革命」起家的人，連哄帶騙地搶得政權以後，爬到人衆頭上，用暴力刼持着人衆。在刼持之下的人衆，在「肅清反動」，取締「不法分子」，等等手段和藉口所造成的威力氣氛之下，噤若寒蟬，於是眞正心靈的呼聲，寂然無聞。與此同時進行的，是控制新聞，統一思想，統一言論，黨化教育。民間任何與官方相反的思想言論，至少不能公開表示，如要公開表示即令不是絕對沒有報章刊物發表，也是足以引起人身危險的事。這麼一來，在一方面，大家聽不到與官方相反的聲音；在另一方面，聽到的只有淸一色的官方言論，及擁護和效忠之聲。這豈不是「輿論的多數」？

不僅如此，從前認爲「強奸民意」是一件大不了的事。時至今日，在獨裁統治之下，「強奸民意」則爲司空見慣的事。被「強奸」的人也並不很難過，聽任獨裁集團一奸再奸，只要苟全性命。所以，在有必要時，獨裁集團可以絲毫不費氣力，一聲令下要申討誰，便萬口齊鳴，同聲申討；要歌頌誰，一聲令下，便普天同讚。這種現象，豈不是很容易被解釋爲「多數表現」？照常理而論，自由的選擧最能覈別誰是「多數」，誰是「少數」。在自由的選擧裏，受多數同意的人被選出，受少數同意的人落選。這是一種平常的道理。可是，這種平常的道理，只有在能够眞正自由選擧的地區才能實現，在不能眞正自由選擧的地區則大謬不然。在這類地區，選擧不過是官方控制手段的另一面而已。在這類地區，統治集團的控制力藉警察與特殊工作者深入每一選民單位。因此，在這類地區，選民的自由意志全被剝奪，而成爲投票機器。於是，在這類地區，常常發生執政黨中選百分之九十幾的奇跡。這種奇跡，豈不是又很容易被解釋爲「多數勝利」？

在共產極權地區，所謂的「多數」，究其實，就是這麼個「多數」。在反共的李承晚統治之下，在孟德斯政權之下，所謂的「多數」，也是這麼個「多數」。在任何名義隱蔽之下，靠暴力奪得的政權，要維持於久遠，必須經過「建構化(instutionalization)」的程序。漢代劉邦得天下以後，叔孫通制朝儀，並設文武百官，其作用在此。近代是所謂「人民世紀」。在「人民世紀」裏，少數人靠暴力奪得的政權，再不能以少數集團統治的形式裸露出來，而必須隱藏在人民「多數」的外衣裏面。古代的奸雄是「挾天子以令諸侯」。現代的權力集團則是挾「多數」以遂少數之大慾。所以，在這類情況裏，所謂的「多數」，根本就是少數人的權力政治之下的產品。

這個樣子的「多數」，既然是由少數人藉暴力，金錢，宣傳，愚弄，現代統治技術，幻構而成的「多數」，於是它永遠得靠暴力，金錢，宣傳，愚弄，和現代統治技術來維持。但是，暴力，金錢，宣傳，愚弄，這些東西又永遠不是眞正的大多數人所能忍受的。所以，機會來臨，時機成熟，眞正的大多數人脫穎而出，起來推翻騎在大家頭上的少數者。李承晚統治的崩潰，孟德斯政權的瓦解，是這個道理的具體說明。這些實例告訴我們：眞正的多數從假的多數鐵腕之下起來，推倒了少數，使他們眞正服從眞正的多數。

無疑，民主政治是多數之治。怎樣才能實現多數之治呢？最須預防的一點，是極少數野心分子利用機會來刼持多數人。怎樣預防極少數人利用機會來刼持多數人呢？第一就是確保言論自由。大家有了言論自由，是非曲直不被少數人壟斷，使大家看得出白是白、黑是黑來，這少數人才不可能製造出一個黑暗王國來在黑暗中行事。第二是確保選擧自由。有了選擧自由，在積極方面大家可以選出自己信賴的人。選擧既有這樣的決定力，於是被選出的人不能不尊重選擧人的意志。這麼一來，便不致形成做官的只看極少數人的顏色，只奉承極少數人的意旨行事，而不問大多數人的意志的惡劣現象。在消極方面，如果官吏有違衆意，那末大家可以在下次不選擧他，而另行選賢與能。這樣，就不致造成千萬人一輩子受少數人的乖謬措施所造成的罪。既然如此，像南韓那樣流血的不幸事件，就可以消弭於未然了。

我們竭誠贊成民主。因此，我們擁護不折不扣的多數。

社論（二）

與陳兼院長論反對黨

在這次行政院局部改組完成以後，副總統兼行政院長陳誠，於上月三日上午舉行了一次記者招待會，在談話中曾說到反對黨的問題。陳兼院長首先指出：「各民主國家是都有反對黨的，我國憲法也規定人民有集會結社的自由，雖然沒有詳細說明，可以拿美國做爲參考。」他並且强調：「政府希望能有個强有力的反對黨出現，應照美國的例子來組織。」這可以說是最高行政首長對反對黨問題的首次明確表示。陳兼院長不僅認爲民主國家應該有一個反對黨，政府也歡迎有一個强有力的反對黨出現，並且重申憲法所保障的集會結社自由；陳兼院長一再說「拿美國做參考」、「照美國的例子」，則顯然把組黨自由包含在集會結社自由的範圍之內。陳兼院長在這次談話中所表現的開明態度，值得贊揚；如果他的談話確能代表整個政府與執政黨的態度，則更使我們感覺欣慰。

但是，陳兼院長在重申了憲法對集會結社自由的保障以後，卻立卽對反對黨的組織加上了重重限制。他說：「如果都是落伍政客與地痞流氓，爲了私利組織反對黨，當然不行。」他又說：「反對黨如果目標正確當然可以，否則自然不准成立。」他又說：「如果違背國策，違背反共抗俄，政府一定加以取締，因爲民主國家均如此。」這裏所謂「不行」，也許還祇是表示他個人不甚贊同之意，但從「不行」而「不准」，從「不准」而「取締」，這就顯示政府還是可能對反對黨的組織，用種種藉口來予以阻撓，使憲法對集會結社自由的保障，完全成爲有名無實。

我們且從陳兼院長所提三項限制之中的最後一項說起。如果一個新黨，其言論與行動違背了反共抗俄原則，政府當然可以依法取締；在此時此地，事實上已經沒有人能够「聯俄容共」。反共抗俄的大原則，似乎已用不着當作一個問題來討論。使我們憂慮的是，現在正流行着一種扣紅帽子的風氣，和一種怪誕的邏輯：凡是嚴厲批評政府者，都是存心搗亂；凡是存心搗亂者，都是匪諜分子。這樣，反共抗俄的金字招牌，就很容易成爲壓制人民自由與政治團體活動的工具，使整個國家成爲紅帽子亂飛的恐怖世界。至於說到「違背國策」云云，如果所謂「國策」，祇是指反共抗俄的大原則而言，則實爲毫無必要的贅語。但「國策」一詞，還可作廣義的解釋：中央政府代表國家，中央政府的一切措施，都可以說是「國策」的一部分。政府本具有强制權力，它的一切法律，甚至它的一切行政命令，人民都是無法違背的。但如果對政府措施作反對意見之表示，政府也可藉故「違背國策」而加以「取締」，反對黨還能够存在嗎？

至於陳兼院長所說，反對黨如果目標不正確，就「自然不准成立」，這裏所謂「正確」與否，究竟應該憑什麼標準，憑誰的標準來判斷？反對黨當然免不了要對政府的政策與措施提出反對意見，而在政府當局看來，這些可能被反對的政策與措施，又當然都是「正確」的。這樣，依政府的判斷，反對黨的目標將永遠不會正確，而且也因此就永遠「不准」成立。陳兼院長在論及反對黨時，曾一再的說要以美國爲例。在美國那樣的民主政體之下，政府決沒有權力來判斷一個民間組織的目標之是否正確，更沒有權力「不准」其成立，除非這個組織是以「集體犯法」爲宗旨。天下那裏會有一個民間組織或政治團體，標明它的成立宗旨是爲了要集體犯法。這樣，政府又憑什麼可以「不准」其成立？

陳兼院長似乎又認定今天在籌組新黨的人士，都是些軍閥、官僚、落伍政客、地痞流氓，而組黨動機，則在於私利，所以他認爲「不行」。這實在是一種最爲無聊而淺薄的汚衊。敢問，今天那裏還有「軍閥」之存在，而且在野民主人士之中，幾乎連軍人都沒有，如何談得到軍閥？至於官僚，官僚最多的，無疑是執政達三十餘年的國民黨，但我們還是不願意用全面肯定的語氣說：國民黨是一個官僚集團。「落伍政客」更是一個含義不淸的名詞。「政客」與「政治家」的分界在那裏？「落伍」與「前進」的分界又在那裏？並不是今天在朝的都是前進政治家，而在野的就都是落伍政客。

但重要的還不在這些，而是在於所謂「地痞流氓」。無論是被稱爲「軍閥」也好，「官僚」也好，「落伍政客」也好，都構不成罪名，但流氓地痞，卻是匪諜之外，又一頂可以在人家頭上亂扣的帽子；如有人被扣上「流氓」的帽子，政府就可根據「臺灣省戒嚴時期取締流氓辦法」，逕由治安機關將其人逮捕，並送往外島去受長期管訓的磨折。有一位警民協會的會長，就因爲在地方選擧中不願與國民黨合作，而在一夜之間就變成「流氓」，遭受了這樣的命運。其實，由治安機關逕行逮捕，送外島管訓，以至「取締流氓辦法」本身，整個兒都是違憲的。四十七年十二月十六日出版的本刋第十九卷第十二期，曾發表社論，就法理立場，對此一問題，作澈底的剖析。此文中說：「流氓，從字義上看，本祇是無業游民。雖然在社會的意識裏含有爲非作歹、兇橫霸道的觀念，但是站在法的立場，祇能就事論事，看他們的行爲是否犯罪或違警，分別按照法定程序，適當懲治。若由政府機關登記，給人一個「官定的流氓」頭銜，實無法律的根據。」至於所謂「地痞」，其情形亦正如「流氓」，字面的含義，不過是「地方上的不良分子」，如果「不良」到犯法的程度，政府也祇有根據充足的證據，經由一定的司法程序，來予以懲辦。

我們並不認爲，陳兼院長如上的談話，即表示政府已經準備拿「匪諜」和「流氓」這兩頂帽子胡亂扣到今天正在籌組新黨的在野人士頭上去。這祇是臨時性的發言，並未有事先的底稿，其動機可能不過是要在籌組新黨人士臉上抹一把汚泥而已。但這一番話，有强烈的暗示性，它在無意中向下層執行人員暗示了「取締」未來反對黨分子的途徑。儘管說，這不過是陳兼院長一時口不擇言，也實在太危險了；我們總希望一位身爲最高行政首長的政治家，發言多少能夠更持重一點。

我們深知，行將成立的新黨，它一定是一個合法的反對黨；更詳細言之，它的一切行動，都將遵循合法的軌道。組黨分子所一再表明的目標是「改革」，而不是「革命」，這就保證了它將行使一種合法的反對。它是公開的，而不是秘密的；它是民主的，而不是集權的；它是和平的，而不是暴力的。事實上，所有民主國家的在野政黨，除了以武裝暴動爲終極目標的共產黨以外，祇要有合法的道路可走，它決不會愚蠢到去走非法的道路。這將使它喪失民衆的同情，喪失輿論的支持，並且正好使政府得以名正言順的來予以壓制。但重要的是，法律必需爲政府與人民所共守，必需爲執政黨與在野黨所共守。這是一個我們要再三强調而以大力來維護的基本原則。

坦白說，照我國目前的特殊情形來看，執政黨守法易，在野黨守法難。在野黨人士的四週，幾已到處佈滿法律的網羅，動輒可以得咎，一些無意中的錯失都可以惹事上身。執政黨就方便得多了。行政權力固不必說，它還一隻手直接掌握着立法權，另一隻手又間接控制着司法權。我們的實際政治（違反憲法精神的實際政治）不是三權制衡，而是三權合一。如果在這樣的情形下，還要拿行政命令來破壞法律，拿普通法律來破壞憲法，甚至於，連行政命令的根據都沒有，爲政黨私利而胡作胡爲，如選擧中的諸般舞弊情事那樣，就無異是把在野黨派所能走的合法途徑統統給堵塞了，其可能造成的後果還堪設想嗎？

陳兼院長表示歡迎有一個反對黨出現，這令人興奮。但他就反對黨問題所發表的一些感想，則令人不安。我們可體味得到，當他發表此種感想時，內心是如何的矛盾與紛亂。但無論如何，我們看出：他已知道時代是必需前進的，人民大衆的願望是不能抗拒的。陳兼院長果有此瞭解，已經可算得是一宗値得我們珍視的收穫了。

附白：本文所引用的陳兼院長談話，均根據六月十三日出版的第二十五期「時與潮」週刊，因爲該刊的報導較各日報爲詳盡。

社論

(三) 從待遇調整案的發展與結束展望政局前途

本刊上一期截稿的時候，軍公教人員待遇調整案正在立法院熱烈討論尚未作成最後決議。所以我們在那一期的社論㈢「爲軍公教人員叫不平」一文中說：「兩年前出版法修正案在立法院討論的時候，也曾很熱烈地反映過當時的輿論。可是那個出版法，後來竟以多數通過了。立法院的聲譽已經大大地貶損了一次。這一次軍公教人員待遇調整案的前途如何，又是給立法院的一大考驗。」

現在，我們很高興看到立法院終於很成功地通過了這一次考驗。近年來日趨墮落的立法院聲譽，這一次可大大恢復了，用一句北方的口語來講，立法院有種！

六月十四日立法院院會關於中央總預算案的決議，最重要的是下列兩項：

㈠關於軍公教人員待遇調整部份，照預算等十二委員會所提出的審查報告書通過。

審查報告書的要點：①調整軍公教人員待遇經費以四億六千萬元爲基礎。②調整標準，照行政院所送「調整軍公教人員待遇標準及經費分配數額表」之實際增加額，再增加百分之六十。③非常時期在臺國民大會代表公費，除依照軍公教人員此次一般標準調整外，另行重列增加待遇經費一千零八十萬元，應予免列。

㈡對於補助民社黨、青年黨的反共抗俄宣傳費一百八十二萬元予以免列。立法院表決這件案子的時候，在場委員二百九十四人，贊成者多到二百一十三人。

此案通過後，行政院現已決定接受。而且據六月二十三日聯合報消息，行政院將以立法院通過之四億六千萬來調整待遇，但對於中下級公務人員之待過，或將較立法院所通過者再提高些，而對高級官員之待遇則酌予減低。

我們對於這件事的發展與結束以及前途的展望，分作五點來說。

一、這次軍公敎人員待遇調整案，所以引起軍公敎人員一致憤怒，是由於行政院將原預算案所列的四億六千萬元，後來改爲二億八千八百餘萬元之修正案，而且在經費分配數額表中，另列國大代表增加待遇一千零八十萬元。這項經費，誠如某立委所說的「其性質不屬於通案調整範圍」，而是一筆「政治買賣」的代價。現在由於立法院的決議仍以四億六千萬元作爲待遇調整的基礎，而且把另列的國大代表增加待遇經費一千零八十萬元剔除。這樣一來，原屬極不公平的待遇調整案，算是打銷了，而做到比較合情合理的調整。立法院這一次顧及了全國的軍心士氣和輿論，而作成這一決議，是值得大家叫好的。

二、歷年來政府以「反共抗俄宣傳費」的名目，給民青兩黨的津貼，也經立法院剔除了。據報載，這是由於民青兩黨自動請求而經立法院決定免列的。這件事，我們認爲也是値得喝采的。民主國家的政黨，無論是在野或執政，黨費必須自籌，不能以任何方式取自國庫。如果說在野黨靠國庫給以津貼，叫做「豪門托鉢」，那末，執政黨擅用國庫的錢就是「監守自盜」。立法委員們，固然絕大部份是有黨籍的，但無論是在野黨或執政黨的立法委員，當其在立法院審查預算時，都是要代表人民來管制政府錢包的。在野黨的立委固不可代表本黨來乞求殘羹冷飯，執政黨的立委更不應幫助本黨來竊盜國庫。現在，立法院已把本年度津貼在野黨的經費一百八十二萬元剔除了，在野的民青兩黨算是「還我淸白之身」了。那末，執政的國民黨歷年來把國庫當作私囊的不法行爲——「監守自盜」的行爲，還仍然讓它繼續下去嗎？國民黨籍的立委們，從國家預算中剔除民青兩黨的津貼時，也該反躬自問。我們也知道，在預算的名目中，看不大出國民黨動用了國庫多少錢。國民黨化費國庫的錢，都是掩蓋在冠冕堂皇的項目下。惟其是掩蓋在各項名目下，我們不得不斥之曰「盜」、曰「竊」。立法委員審查預算，應該有「打破沙缸問到底」的精神，旣不可無意地被掩蓋過，更不可有意地佯聾作啞。國民黨經年龐大的浪費的開支，是從那裏來的？事實擺在眼前，任何掩飾詭辯都欺騙不了國人。立法委員應該代表人民査出一個究竟。尤其是國民黨籍的立委們，當有不少明達之士，能够認淸國家、政府、與政黨這三個觀念的層次與關係，而不至於把政黨看作等於政府，把政府看作等於國家，因而默認國庫即是執政黨的私囊吧！我們很高興立法院這次在預算中剔除了在野黨的津貼，給民主的政黨政治露了一線曙光；因而我們更希望立法院在聲譽正隆之時，百尺竿頭再進一步，把執政黨以國庫當私囊的醜惡行爲糾正過來。使執政黨也還它淸白之身。

三、上述的這個希望之提出，我們是有一點樂觀的根據的。因爲在這次立法院通過軍公敎人員待遇調整案時，贊成者二百一十三人當中，絕大多數是國民黨的立委。他們違抗本黨不合理反人情的指示，而本乎正義，否決了行政院所提的軍公敎人員待遇調整修正案及其經費分配數額表。這一行動，充分地表現出國民黨的立委確有不少認淸了國家、政府、與政黨的層次關係，而不是一味地代表一黨之私，而究竟還有「天下爲公」的想頭。今後立法院對於行政院也許可以多發生一點制衡作用，國民黨本身也許可以從自私腐化的趨勢下轉變過來。爲着國家前途，也爲着國民黨的前途，我們不得不有此期望。

四、這一次行政院接受了立法院的決議，而不提請總統咨請立法院覆議，這是明智的。政府是「人」組成的。「人」，總不免有過錯。要緊的，是做錯了要有認錯的勇氣。認錯的勇氣，是値得敬佩的。這一次行政院算是認錯了。在我們的記憶中，這似乎是近年來政府認錯的第一次。這不僅不損於政府的威信，而且博得大家對政府的敬佩。如果報載的消息——說是行政院對於中下級公敎人員的待遇，將較立法院所通過者再提高些，而對高級官員之待遇則酌予減低——是眞的，那末，行政院不僅是消極地接受立法院的決議，而且在顧及中下級軍公敎人員生活方面，正積極地與立法院力爭上游。這就是說，「你說你關切中下級軍公敎人員生活，我比你更爲關切。」這種「猛回頭」而又「搶前一步」的作法，比起僅僅認錯更値得大家欣賞。

五、從這件事的發展、結束、和其前因後果看來，我們不得不對於近年來當政者爲着某一特殊目的而採取的不當手段，深致惋惜而且深懷隱憂。這些爲目的而不擇手段的行爲，包括：㈠大法官會議把國民大會解釋爲我國議會之一部分；㈡大法官會議解釋國民大會的合法人數；㈢蔣總統在國民大會期中，爲着促成修改憲法臨時條欵而允許國大代表與立監委同等待遇；㈣在新增的憲法臨時條欵中規定國民大會的常設機構。這一連串事件爲我國的政治前途播下了無窮禍根；也給我國憲法精神注下了若干毒菌。此後政局的安危與憲政的存廢，就看這些禍根或毒菌的是否發作。如果有關方面還不深自反省，而仍利用過去玩法弄法所取得的自私權益以逞意氣，則自由中國的這一小小基地——臺灣，可能不待共匪侵犯而自我毁滅。這一次爲軍公敎人員待遇調整案而引起的前線士兵的憤怒（立法院收到金門前線兵士們不平的信，數達千件以上。據六月二十七日出版的「時與潮」說：「國防部及其所屬的單位，據非正式的統計，各方面所收到的這類近乎憤怒的訴苦信或陳情書，總數竟達數萬封之多，單是在軍隊方面，就平均將近二十人一封信。）有關方面應該深深警惕。臺灣今日的安定，是厝火於積薪之下的安定，不是眞正的安定。立法院這一次的作爲，算是在這一堆積薪的表層，潑下了一點水，使內火暫時不致外燃。但根本的危機，還是存在的。當政者如能從這次事件領受敎訓，把過去一切自私自利的打算，和一切喪失人心的作爲，澈頭澈尾地矯正過來，則這次立法院與行政院之間的爭執，就更有意義了。

反對黨不能組織起來嗎？

葉時修

為什麼要有一個強有力的反對黨？這種理論在「自由中國」「民主潮」等刋物上已經發表了很多，也講得很透澈，我不想多所費辭。概括地說，誰都知道，民主政治就是政黨政治，而政黨必須有兩個或兩個以上。無論是英美式的兩黨政治，或法國式的多黨政治，有一個政黨在朝，就有一個強有力的反對黨在野。（多黨的國家，無論在朝在野，都可以聯合起來，增強力量，）反對黨固屬在野，但在政治上的作用很大，一方面批評監督在朝黨的政治措施，一方面是宣傳和表現自己，以爭取廣大民衆和輿論的同情與支持，因為它是更迭政權的繼承者，一旦選舉期屆，下屆政權的誰屬，訴之於自由公正的投票。選民有選擇政府之權，獲票多數者起而組織政府，在野有一變而為在朝的機會，這機會是平等的，所以預測選舉結果是一件很困難且不易正確的事，民主政治的精髓在此，和一黨專政的獨裁政治截然不同，獨裁政治之下，只有一個黨，（如果有其他的黨，也不過是所謂「民主的點綴」而已。）決不會有強大的反對黨，否則就不是獨裁了。所以在選舉中，無他黨與之作有力的競爭，可以預期有壓倒之勢的勝利。（其實在獨裁國家，辦理選舉是多餘的事。）民主與革命是絕不相容的，民主國家用不着革命，而獨裁國家欲謀更迭政權則捨革命而莫由，就因為不能有和平公正的競選的緣故。

我們反共，反共最有力的武器是民主，我們建國，建國的最高理論是民主。然而民主不是一個口號，而是要在辦理選舉，建立制度，以及一切的政治措施上表現出來。表現得如何，固然要看執政黨的作風，而反對黨是否能作有力的運用與發揮却有很大的關係。本年五月十八日，在野黨及無黨派人士舉行本屆地方選舉檢討會於民社黨總部，當場紛紛發言指責本屆選舉的不公而歸咎於青年民社兩黨的沒有力量，致有解散兩黨另組新黨的呼聲，我當時心情沈重，未曾發言，如果要表示我的意見，我承認他們的指責是對的，另組新黨，我衷心贊成。試想以一個沒有組織力量作為支援的無黨派人士，或一個雖有在野黨支持却力量薄弱的在野黨候選人，來和控制着政府、社團、部隊、學校、警察……的國民黨候選人來作選舉的競爭，有人比之如徒步和汽車競走，勝敗還用得着說嗎？更何況執政黨沒有把選舉辦好的決心，而任用種種不正當的手法，連一個參加投票所的監察員都不能接受，如果沒有奇蹟出現，（像基隆市高雄縣。）失敗是註定了的。倘若有一個強力的反對黨，情形可能大不相同，反對黨有力量和執政黨共同辦理選舉，共同監督選舉，互相監督，公平競爭，得民心者勝，失民心者敗，勝有其因，決不由於舞弊；敗亦不怨，用不着憤天尤人。我們希望辦好選舉。因此，我們希望有一個強力的反對黨出現。

組織新黨，困難必多，如果我們認為反對黨為推進民主政治所必需，則為了國家利益的關係，我們應該有勇氣克服困難，開始行動。我常常以我所杜撰的一付聯語自勉，聯云：「處處為民主自由而奮鬪，事事以國家利益為前提。」我現在寫在這裏願以共勉！

現在，我想談談組織反對黨的實際問題。

有人問起反對黨的領袖是誰，我對於這個問題，並不很感興趣。因為反對黨是一個民主的政黨，如能有一個賢明的領導者，固屬所願，否則亦無大碍，因為民主政黨的領導中心，最好是採會議制（leadership of commission），集多數人的智慧以代替一人的智慧，以多數的取決代替一人的專斷，更能發揮民主的精神，並足以防止整個黨被少數人操縱的危險。而且領導人才，並不是從天而降的，需要時間和環境培養而成。所以我認為反對黨在開始組織的時候沒有現成的領袖是沒有關係的，將來也許是「水到渠成」自然會產生一個領袖人物。目前美國的反對黨——民主黨提名總統候選人就有肯尼第、強生、韓福瑞、薛明敦、史蒂文生五人之多，究竟民主黨的領袖是誰呢？史蒂文生是民主黨名義上的領袖，(titular head) 固然不錯，他所作的對於艾森豪政府批評的演說，即成為民主黨對共和黨攻擊的指示，同時也成為全國報紙社論的題材，和國會中兩黨議員爭辯的重點。但他沒有本職，沒有地盤，僅能以全國委員會為樞紐，與各州的民主黨，切取聯繫。至於杜魯門，也是差不多的地位，只偶爾發表言論，而非真正的領袖人物。美國人材輩出，在民主自由的社會中，凡能力卓越而又能獲得人心的人，是很易扶搖直上成為領袖人物的。我學民主黨的例子，旨在說明沒有領袖，並不是一個嚴重的問題，而會議領導，却更能解決問題，符合民主。

目前就談到新的反對黨如何組織的問題，似乎嫌早，但是有些基本原則我希望事先予以考慮注意：第一、我想新黨的組成是應該由下而上，而不是由上而下的，如果先有了領導階層的分子，徵求會員，先行組織中央黨部，推舉負責的人，再派省、縣市黨部的負責人，這種由上而下的辦法是不好的。我主張籌備的工作是宣佈新黨綱要，先行徵求黨員，某一縣市的黨員達到了某一相當人數時，即由籌備會在該縣召開黨員大會，正式選舉人員組織縣市黨部，並選舉代表參加省代表大會，正式選舉人員組織省黨部，並選舉代表參加全國代表大會，產生中央黨部。黨員大會如能以鄉鎮為單位，當然更好，但地方自治縣市為單位，由縣市遞層由下而上，把新黨的組織完成，似較便利。全國代表大會中，正式通過黨章，政綱等等，展開政黨的活動。新黨的層層選舉，必須是公正、自由、秘密的投票，在黨內發揮民主自由公平競賽的精神，樹立良好的政治風尙，以為全國一般選舉的示範。所謂始作俑者，其無後乎，開始一錯，全盤皆輸。所以新黨的選擧，決不容許有「先開黑名單」、「一人競選」，「同額競選」等怪現象發生。因爲這是對於選擧的諷刺與侮辱。主席團可以推擧候選人，參加者若干名以上亦有同樣推擧候選人的權利，候選人數最低須爲當選額的倍數。總而言之，我們必須首先在黨內辦好選擧。這是我對於新黨組織及幹部產生的概略，其詳不及細說，就說到這兒爲止。

說到黨員，我想這是不成問題的，客觀的環境旣盼望有一個新黨產生，這個呼籲已經喊了相當長久的時間了，那末自然有不少的社會人士，懷着一顆爲民主政治效力的心，期望着參加新黨。已有黨籍的人們，改而參加新黨，這問題並不簡單，因爲各黨對於新黨的態度我們難於揣想，有的更認爲退黨跨黨是嚴重的紀律問題，不過，以常理來推想，一個號稱民主的政黨，對於黨員的參加和退出，應該尊重他個人的自由，旣不可以稍施壓力以使其參加，亦不應稍予干擾以阻其退出，因爲這是信仰加上興趣的問題，勉强是毫無意義的事。青民兩黨的黨員退黨而另入新黨，應該是易於辦到的，以民主自由號召於國人，當然會尊重個人的基本權利——自由，有自由的身份才能有自由的思想，束縛和奴役一樣，祇會磨折人的志氣，限制了自由發展的機會，這是理性所不能容忍的。因此，人應該由自己來選擇自已的政黨（共產黨束縛自由，摧毀人性，不尊重個人的權利，不顧全公衆的利益，實在是一個暴力的集團，不算政黨！）青民兩黨的黨員，可以依照自己的志願，退黨而加入新黨，即暫時不退，因而有所謂「雙重黨籍」，我想也沒有關係，因爲目標沒有不同，心情上不致於產生矛盾與衝突。經過一個時期再作決定，看看那一黨更合乎自己的志趣，更有高尙的理想，更有實現理想的做法。世界上祇有共產黨强調「鐵的紀律」，而一般的民主政黨，則祇能倡導做人的道義心和政治的責任感。合則留，不合則去，不勉强，不敷衍，這種光明磊落的態度，正是重道義負責任的表現，應該是無可非議的。

組織新黨，經費何來？這問題看起來很大，其實倒是簡單。組黨不能沒有錢，錢的來源只有兩條路，一是黨員捐助，一是黨外募集。決不能接受國庫的任何補貼，也不能動用地方公欵的一文錢。我十分贊成民社黨拒受國庫宣傳補助費發表的聲明，其中有一段話說得很明白：「現在爲了加强民主制度之推行，樹立政黨政治的優良傳統，我們更願提出『黨費不應由國庫開支』的建議。而且自我檢討，決定將本黨向受政府補助之反共抗俄宣傳經費率先予以停止。……環顧當世各先進民主國家沒有一國的政黨經費准許由國庫開支，這是民主制度上一個鐵定的原則。可惜，我們自行憲以來，還沒有建立起這優良的制度。」民青兩黨每年由國庫補助的數字，每年各爲九十六萬元，爲數無多，似可不必重視，然而這却有關政黨制度的建立，和政黨黨格的尊重，因此民社黨的這個聲明，很博得社會輿論的同情。我認爲由國庫補助民青兩黨的宣傳費，早就應該停止的，希望政府當局，由下會計年度起從預算裏面予以剔除，如仍已照列，則希望立法院諸位先生予以刪去。青年黨雖沒有發表停受補助的聲明，但我相信多數黨員是贊成的。同時希望國民黨當局也把黨費從中央和地方預算中大量勾除，保持政黨的淸白，表示對國家的忠誠。使能節省大量的經費，用於有意義的事情上去，如調整公務員待遇，與辦地方建設等。否則國黨不分，公私不明，何以領導社會，示人「公」、「誠」！新的反對黨，是一個爲政治理想奮鬪的集團，第一該沒有靠黨吃飯的一羣幹部，第二該沒有靠黨活動做官的名利之徒。那末黨費的開支可能不大，用對內對外捐募的所得，善爲任用，我想應該是够的。至於黨員參政，當然透過選擧，在公平節約的原則下從事競選活動，費用亦不致太多。用大量金錢以活動提名競選，應該嚴予取締，至於賄賂選民求獲選票，更應受到法律的制裁，反對黨的重要任務之一，就是要掃淸選擧的弊端，促使執政黨改善選擧的風氣，爲民主政治開拓光明的道路。

民主政黨是公開的，祇有革命政黨才秘密組織和地下工作。因此，新的反對黨應公開活動，公開組織，公開集會。憲法保障人民有集會及結社之自由，因此人民集會結社之自由及權利，不妨害社會秩序公共利益者，應該不受限制，不受干涉。執政黨應有雅量看到一個强有力的反對黨的出現，爲了挽救國家，建設民主，更應願意看到有一個足與自己爭衡的對手。我們堅信國家的利益，高於任何黨派的利益，祇要有利於國家，即使犧牲自身的利益，也是十分應該的，何況有力的反對黨，對執政黨更有促進改革加强團結的刺激作用。所以我想執政黨對於反對黨的態度，不特不必心存芥蒂，而且應該衷心支持，三十餘年的長期執政，一貫不改的一黨專政的作風，給國人指責，招友邦誤會，我想也是受够了，難道眞的能够充耳不聞嗎？爲什麼不能像土耳其的建國者凱木爾一樣，鼓勵他的好朋友去組織反對黨，並使之日益强大，足與在朝黨抗衡，而躋國家於民主國家之林呢？國民黨如熟慮國家的前途，確認若非眞正實行民主，則無法負起反共建國的重任，則觀念一旦轉移，作風立可改變。對於反對黨，不需要從國庫中撥欵補助，不需要邀請幾個人參加政府。祇是把國民黨退而居於普通民主政黨的地位，把特權自動取消，這樣的和反對黨平等立於競爭的地位，在任何選擧中公平競賽，和反對黨共同辦理選擧，共同監督選擧，共同保證，根絕弊端，反對黨正式提出候選人，以政策政綱和國民黨的候選人競爭，然後聽任選民自由而神聖的票選。這樣澈底把選擧辦好來，不是對於國家對於政黨都有面子，對於人民才能交代的第一件大事嗎？到那時，我們可以對請友邦人士看看我們的選擧，我想其興趣和稱揚不會在參觀土地改革的圖表和故宮古物之下吧！我給自由中國未來的選擧畫出這個藍圖，心裏感到無限的興奮。我們爲什麼不能這樣做呢？我不相信中國人在政治上是低能。

往者已矣，來者可追。我希望熱心民主的人士，積極地進行組織新的反對黨，我希望國民黨不要妨碍新的反對黨的生長，做到：

一、軍隊警察屬於國家，黨應該退出部隊。爲保衞國家而戰，只能遵從政府的命令，不受黨的操縱與指揮，以符合憲法的規定，提高軍警對國家對人民的責任感。新的反對黨也決不吸收軍警作爲黨員。大家一致尊重軍警的超於黨派的神聖地位！

二、維護司法獨立，司法官應退出黨的組織，以重憲法尊嚴，建立法治基礎。反對黨自亦不得接受司法官的申請入黨。

三、黨派退出學校，二十歲以下的學生不得加入任何政黨。

四、建立人事制度，用人全憑考試銓敍，不考慮其所屬政黨。對他黨黨員的工作企業等，不加任何歧視壓迫。

五、黨費自籌，不動用公帑。

六、把特種黨部，一概取消，黨員納入地方黨部的組織。反對黨亦決不組織所謂特種黨部。

七、切實保障言論自由與人身自由。

上面列舉各項，是我們希望國民黨能激流勇退，力求實現的合法合理的要求。積重難返，才眞是政治上的惰性，足以招致嚴重的後果。

然而，展望反對黨組黨的前途，自然存在着種種的困難，但也可以說就是因爲有這種種的艱難，才從來沒有像今天這樣好的發揚的機會。今日以民主作爲一個信仰，以反對黨的組成作爲一個共同的目標，比較以前任何時期更易使人信服，更易使人努力。

中山先生說過凡事順乎天理人情，合乎時代潮流，沒有不成功的。美國大法官荷謨玆 (Holmes 1841-1935) 也說：「每個思想，如果合乎人羣的需要，都是一種鼓舞的力量，要人們去相信它，一旦被人相信之後，除非有其他更强大的思想來取代，除非在萌生的時候因力量不濟而窒息，總是可以化爲行動的。」我相信爲了民主政治的需要而組織强有力的反對黨，是順天理應人情的一股思想潮流，時至今日已經是由思想化爲行動的時候了。

對貨幣數量說之探討

楊剛毅

貨幣問題，與國計民生關係較切，故爲人人所關懷。通常研究貨幣理論者，旨在分析貨幣與整個經濟之關係；若於此二者之關係有澈底之認識，當能瞭解現代貨幣結構在現行社會經濟制度中所處地位之重要，然後知道應如何控制貨幣數量，以調節信用與物價兩者，維持相當之穩定。從來研究貨幣理論者，計分三大學說：一爲商品貨幣學說，(係屬一種原始的學說，不適於現代不兌換紙幣本位)。二爲貨幣數量說，(是過去貨幣價值論中歷史最久、辯論最多的一種學說)。三爲支出暨所得學說，(以凱因斯理論爲主體，討論消費支出與投資支出、總需要與總供給、儲蓄投資生產就業與國民所得之關係的學說)。而貨幣數量說又分爲「交易型」、「現金餘額型」兩種貨幣數量學說；其中「交易型」貨幣數量學說又蛻變出「所得型」貨幣數量學說。而「支出暨所得學說」與「貨幣數量說」之差異，僅在分析方法、所用術語、及着重點之不同，並無水火不相容之情勢。反對「貨幣數量說」者雖不乏人，然迄未能將其推倒，至多予以修正或補充而已。現代各貨幣學者所主張之「數量說」，已演繹成爲「物價水準與貨幣數量作同比例之變動」的結論，能符合凱因斯之理論，可謂「貨幣數量說」之修正學說已將貨幣理論推進一個新的階段。吾人從事貨幣金融研究工作者，面對時代思潮，探討此一歷史悠久的學說，旨在作有系統的述評，若能有所新發現，則爲意外收穫。玆分述於後：

一、貨幣數量之「量」應包括那些內容？

①古典派數量說：將貨幣分成「金屬本位貨幣」、「兌換貨幣」、與「不兌換紙幣」等類。則其所言「貨幣數量」，應指此三大類之貨幣數量而言。

②名目主義派數量說：認爲「貨幣爲法制之產物」、「貨幣乃法定之支付手段」、「貨幣是由國家法制、賦與强制通行力、而爲票券支付工具」。則其所言「貨幣數量，似乎僅指『法定貨幣』而言。但支票、期票、公債等，在法律上雖非支付手段，可是其能盡貨幣之基本職能，(充爲交換媒介)，亦應歸入貨幣之列。又如「惡性通貨膨脹」時期之法幣，雖爲法定貨幣，但由於貶值太速，致遭人民拒用，終至失去流通之效力，其幣量發行雖多，亦徒然無益。

③邊際效用派數量說：以爲決定貨幣價值者，是在貨幣之邊際效用。貨幣之邊際效用，則決定於貨幣數量之作用。各人之貨幣所得發生增減變化，則各人對貨幣主觀之評價亦發生變化，其邊際效用也就發生變化。某人需要握存多量之貨幣在手邊應用，則貨幣對其人之價值較大；反之，若其不需要保存多量之貨幣，則貨幣對其人之價值較小。

綜合而言，貨幣數量之「量」，究應包括那些內容？有謂「貨幣爲法定支付之工具」，卽凡經國家法令所規定之支付工具，皆爲貨幣，其未經國家法令承認其爲支付工具者，皆非貨幣。可是，有些交換媒介或支付工具並非法令所制定者，如支票、期票等，但應歸入貨幣之列。有些貨幣雖爲法定貨幣，但因運用不善，終至自己失去其貨幣之效力。又有謂「能充一般交換之媒介與最後支付工具者，始爲貨幣」。可是，支票在信用制度發達之國家爲普遍之交易媒介，但在信用制度不發達之國家，其所能行使之範圍極爲有限，且授受限於信賴者之間，照渠所言，應非貨幣。又如兌現紙幣，雖爲一般交換之媒介，但非最後支付工具，依此說法則非貨幣；但在實際上，兌現紙幣確能克盡其貨幣之職能，應視爲貨幣。故吾人以爲，應從廣義解釋：凡能充一般之交換媒介者均爲貨幣，包括充任交換媒介之任何流通物，如國家法定之本位幣、輔幣、地方性流通券幣，以及銀行兌換券、存欵貨幣、滙票、支票、本票，均得列爲貨幣範圍。由此以觀，貨幣數量之「量」，不能僅指「法定本位幣」之發行量或流通量而言，應包括所有實際充爲一般交換媒介之任何流通物。

二、當代各家「貨幣數量說」述要

回顧貨幣數量說之源流派別及其遞嬗，則關於「貨幣數量」，計有二大看法：㈠指在某一「特定時點」上貨幣之儲存數量而言，貨幣係用以儲藏購買力，以便隨時購買各人所需之財貨或勞務。此一觀點，爲「存餘總值」之數量說，包括「現金餘額」(Cash-balances)「現金握存」(Cash-holdings)「現金準備」(Cash-reserves) 及豪屈理 (R. G. Hawtrey) 氏習用的「未支餘額」(Un-spent-margin) 等辭。而所謂「未支餘額」，乃指整個社會之流通中的貨幣，加上銀行的債權；亦即指在人民手中與銀行手中之「現金與信用之總和」；至於銀行用作「準備金」的貨幣，並不在內。此派數量說，以劍橋諸交易總值學者爲代表，如 A. Marshall, A. C. Pigou, D. H. Robertson, R. G. Hawtrey, Lehfeldt, F. Cannan 諸氏，及早期時代的 J. M. Keynes 等，均屬於此派。㈡指在某一「特定時期」內貨幣之流通數量而言，此項「貨幣」乃指正在作交易媒介之用，其流通量必與交易總值相等。基於此種觀點，成爲「現金交易」數量說 (Cash-transaction)。此派以 I. Fisher 爲代表，如 Kemmerer, G. Cassel, K. Wicksell, Schumpter, L. V. Mises 等，均屬於此派。玆將各家「貨幣數量說」擇要敍述於後：

①馬歇爾 (A. Marshall 1842-1924) 認爲：任何一國，其人民都會覺得由所得中保持一部份貨幣，較爲便利。不過，也因此暫時失去生利或享受之機會。遲早人民自會衡量得失，決定手頭保有若干貨幣，而將其餘所得用於購置財產或消費。該國居民手頭所有之貨幣額，須等於因保有貨幣而放棄原所應有之那部份所得與財產價值。亦就是說，認爲貨幣每一單位價值，應等於此「手頭貨幣總額」除那未會保有而與此貨幣總額對稱的「實質所得與財產價值」之商數。由此以觀，他的「現金餘額」思想中，決定貨幣價值之變數，包括「貨幣數量」、「一國實質所得與資產總量」、「與一國居民用貨幣形式保持此等實質資源中之分數」三者。後二者之乘積，即爲大家對貨幣之需要，而前者則爲貨幣之供給；貨幣價值，即決定於貨幣之供給與需要。若以M代表貨幣，包括通貨的存款之和，以Y代表所得，A代表資產總值，k，k分別代表以貨幣形式保有之所得與資產，則成立如下之公式 $M=ky+k'A$. 此外，基於「邊際效用」的概念，提出其「現金餘額」的思想，也不否認「流通速度」那一概念。認爲：若一人其一年購買之財貨與服務，如值一萬鎊之商品，以貨幣保持之平均購買力則爲一百鎊，就此人而論，在此一年中，其保有之貨幣當流轉了百次；要是保持的購買力兩倍於此，則流通速度減半。倘使其他情形不變，人民平均手頭購買力增加，流通速度便比例減少。反之，人民平均手頭購買力減少，則流通速度便比例增加。

②皮古 (A. C. Pigou 1877—　　) 認爲：將資源不斷用於將來生產，(即今之所謂「投資」，) 其得到之滿足，定將遞減；同樣，將資源保持貨幣的形式所得到之滿足，亦將遞減。而所謂貨幣，應指一國「法定的貨幣」而言，其交換價值，以法幣供給量除法幣需要值，即爲貨幣之價值。若以R代表用某一商品表示的社會實質總商品資源，k爲此社會以法幣要求權形式保存之資源、所佔總資源之比例，M爲法幣數量，P爲以某一商品表示之法幣要求權價值，則產生如下之方程式：$P=\frac{kR}{M}$。惟眞實法幣只構成法幣要求權中之一部份，除大衆手中保持一部份眞實法幣，另一部份眞實法幣則是作爲銀行鈔票與銀行支票存欵準備。假定前者在法幣要求權之比率爲c，後者佔銀行鈔票與支票存欵之比率爲k，則1－c 便爲銀行鈔票和支票存欵佔法幣要求權的比率，h (1－c) 即是作爲準備的眞實法幣佔法幣要求權的比率；而 c＋h (1－c) 便是全部眞實法幣對法幣要求權的比率了。從而，法幣要求權之價值，乃成爲 $P=\frac{kR}{M}\{c+h(1-c)\}$。而貨幣需要總價值，乃決定於R k c h 四個變數之變化。至於「法幣的供給」，主要決定於一國貨幣幣材與製造貨幣的法令。在不兌現紙幣國家，法幣量全由政府自由決定，法幣(M)供給曲線爲一根垂直線 M＝D；D爲常數。倘若一國，除法幣外，仍有其他貨幣居於與法幣同等地位，但這部份貨幣量須由政府自由決定。如一八九〇年美國 Sherman Law 成立前後情形，則法幣供給方程式應爲 {M＝D＋f(P)}。皮古雖將「貨幣供給」視作決定幣值的主力，但却明白承認：『幣值爲貨幣供給與貨幣需要兩表變動的總結果』。

③羅勃生 (D. H. Robertson 1890—　　) 認爲：假使貨幣需要一定，「貨幣價值」與「可用貨幣量」成反比例。貨幣需要如果加大，即爲貨幣流通速度減少；若保有貨幣的心理强度減少，亦即表示貨幣流通速度加大。在貨幣供給方面，決定「可用貨幣量」之因素，則視貨幣種類與貨幣制度而定。美國人對「現金餘額」型數量說，喜用羅勃生 $P'=\frac{M}{K'T}$ 公式作爲代表，因爲此一公式較爲簡便，可寫成 $\frac{M}{P'}=K'T$，此 K'T 爲貨品需要的實質額，也即是要以貨幣形式保持的實質購買力。$\frac{M}{P'}$ 爲貨幣供給量，按現行物價水準所具有的實質購買力。則在均衡期中，貨幣需要實質額，等於貨幣供給量具有之實質購買力。但至失衡期間，二者就不相等了。若金融當局採用「廉幣政策」(Easy-money Policy)，造成貨幣供給之增加，在貨幣需要方面，便可能引起下列情況：首先，是利率降低；其次，則財貨與證券看漲，再次，可能引起投資，乃至消費的增加，實質產量的增加，從而每年實際交易量T的增加。不過，高度擴張政策的施行，使貨幣供給量大量增加，將K (爲大衆因進行購買所需保存的貨幣實質值佔每年實質國民所得之比率) 減得很小，從而大大地降低貨幣需要，引起物價上漲率超過貨幣供給增加率。反之，若金融當局採取緊縮措施，其引起貨幣需要的變動，與此相反。

④赫屈理 (R. G. Hawtrey 1879—　) 認爲：需要乃因消費者支出所形成；而消費支出，除「消費性支出」外，尙包括「投資支出」；因每人消費剩下來之儲蓄，如非用作購買實質資產，便以之購買證券，再由企業者轉購資本財。企業資金之來源，除經由消費者支出來自消費購買外，還有銀行的借欵。銀行放欵之多寡，爲貨幣流量大小之最大關鍵，也是企業盛衰所得大小之關鍵。銀行信用，爲「未支餘額」(Unspent margins) 的決定因素；未支餘額的升降，必隨銀行放欵與對證券投資之增減而作同方向變動。當利率對工商有利時，必增加向銀行告貸，因而引起銀行信用之擴大。銀行信用與「未支餘額」間中途變化，能影響物價。因此，銀行擴張信用，消費者所得與支出，和物價水準，以及「未支餘額」之間，須有一個恰當之關係纔會安全。銀行信用之張弛與利率高低有關，因此，利率能調整銀行信用與物價之關係。物價或貨幣價值之決定，須視消費者所得、消費者支出、未支餘額、及總產量之變化四者而定。若以P表示價格水準，p表示價格水準之增加，b表示消費者所得之增加，b'表示消費者支出之增加，X表示均衡時生產量，x表示生產的增加，x'表示消費的增加，則$P+p=\frac{b-b'}{x-x'}$，此一公式，是說：「價格的變化，與所得增加額，減支出增加額之差，成正比例方向變動，而與生產量增加額，減消費量增加額之差，成反比例變動」。

⑤費雪 (I. Fisher 1867—1947) 從「交易使用量」把握貨幣數量。他以MV+M'V'=PT 方程式，表示一定期貨幣數量與物價之關係。其中M表示貨幣數量，V表示流通速度，M' 表示存欵貨幣，V' 表示存欵貨幣之流通速度，P表示物價，T表示商品交易量。並假定此方程式：M' 與M常保持一定之比率。M變化不影響於V和V'及T。M變化與P變化爲直接關係。結果，在一定期間，若貨幣流通速度與商品交易量沒有變化，而貨幣量若增加，則物價便同一比例上漲。反之，由於貨幣量增加，影響物價上漲，以致「貨幣購買力」同一比例而低落。從一個均衡物價水準，到另一個新的均衡物價水準之過渡期間完成之後，TV可望回到其正常的水準，故最後分析，貨幣數量變化，能使物價水準同比例變化。

⑥甘末爾 (Kemmerer) 以P代表一般物價水準，M代表貨幣數量，R代表流通速度，N代表交易總量，曾較費雪早若干年前，創立了如下之等式：$P=\frac{M.R}{N}$，他對流通速度，有可貴之意見；認爲：凡被呆藏的貨幣，與存於銀行之準備金，此等不流通之貨幣，其流通速度卽等於零。並認定流通速度，有其「可變性」(Variability) 爲一般商業情況之函數。對流通貨幣中被呆藏部份，認爲短期內變動頗大。從而貨幣價值便不全然決定於貨幣數量M，而認定「物價水準」乃受M、R、N、三個變數所決定。

⑦加塞爾 (G. Cassel 1866–1944) 對戰後通貨問題，曾提出安定的計劃，他的理論，以價格形成爲中必，創立「貨幣稀少性理論」及「購買力平價說」。第一次大戰後，國際滙兌混亂，他主張「滙兌變動的根本原因，求之於通貨對內價值之變動」。故廣義的「貨幣購買力」，包括物價、工資及滙價。欲貨幣價值之穩定，須對貨幣數量、物價、工資、滙價，同時兼顧。

⑧威克塞爾 (K. Wicksell 1851–1926) 是用動態方法研究儲蓄與投資之最早者。認爲利率的作用，引起投資與儲蓄的變化；當市場貨幣利率低於資本正常利率，則投資者增多，而儲蓄者減少；結果，市場利率與投資同時增加而趨於正常水準，於是，物價定然趨漲。反之，市場利率高於正常利率，則投資者減少，儲蓄者增多，於是通貨量縮少，結果，市場利率與投資同時趨於減降，而恢復正常水準，於是，物價亦趨跌。因此，只有正常的利率，才是控制常定物價水準之利率。要穩定貨幣價值，只有銀行設法直接影響貨幣利率，使之穩定於自然利率同一水準，或比它爲低之水準上。至於資本的自然利率，亦非固定不變，乃視生產效率，固定與流動資本的可用量而定。由於經濟的進步或發展，貨幣應有伸縮，或作任何隨意之增加。

⑨熊彼德 (Schumpeter 1883–1950) 貨幣流通的基本命題是：在靜態均衡條件下，所有消費財售價之和，必等於生產財售價之和，二者又同等於全部貨幣總所得。若E爲一個期間此一定義之貨幣所得，M爲流通貨幣量，U爲貨幣流通速度，p表示各個消費財價格，m表示商品數量，則可成立下面之公式：$E=MU=p_1m_1+p_2m_2+\cdots\cdots+p_nm_n$ 根據此．公式，可以獲得所得、貨幣量與物價之關係：若M、U不變，而各消費財售價、數量、與 pm 發生變化則貨幣所得不生變化。貨幣方面的一切變化，先直接影響MU，再影響 pm 及，所得。pm 如有變化，自亦須先影響M，再轉而影響所得。銀行的創造信用，往往導致過度投資。只有貨幣利率接近自然利率，則物價水準穩定。否則，將導致投資、利率、物價、作無限制的累積變動。

⑩米塞斯 (L. E. V. Mises 1881—　) 主張「交換論」，固守「邊際效用」學說立場，强調貨幣價值之歷史連續性。認爲商業盛衰循環，乃由銀行恣意創造信用的結果。若要抑制恣意的信用創造，其有效辦法，卽採用金本位幣制。認爲人爲的計劃與個人自由，勢不兩立。個人之自由，須有自動機能之作用，始得保障，除了進行「自動機能之運行」的必要制度外，其他所有之計劃，都是有弊無益的。

由以上十位學者之學說看來，知道各人對「貨幣數量說」見智見仁，意見分歧，未有定論。此外，如闞南 (E. Cannan)認爲：通貨以價值穩定爲可貴，若貶值或升值過劇，足以自遭毀滅。足見貨幣數量以適應經濟實際需要爲度，膨脹與緊縮，均不相宜。凱因斯 (J.M. Keynes) 也認爲『貨幣數量與國民所得間有一定比率的關係』；則在國民所得與儲蓄低微的國家，過份擴張銀行信用或增加貨幣發行，其結果，增加消費需要易，而刺激就業與生產難，(因爲很快卽達到飽和點)，不單徒勞無益，反而害多利少。

三、貨幣數量說之批評或修正

①貨幣數量說之前提：第一個前提，以靜態均衡之經濟社會為其研究之背景。在靜態均衡之前提下，假定下列事項均不變動：㈠生產規模，㈡產品自「生產過程」進入「消費過程」所經過之週轉次數，㈢人口，㈣自然資源被利用之程度，㈤技術，㈥人民之用錢習慣及消費標準，㈦財富的分配狀態等。數量說既為以靜態均衡為前提所演化出來之理論，故只能適用於比較安定之時期，而不適於變動劇烈時期之物價現象。其在應用時，每與現實之動態現象，發生極大距離。貨幣數量說之第二個前提，為自由放任。假定一切任其自由發展，絕無人為之干涉或統制。亦即市場組織完善，完全憑着自由競爭。一切經濟活動，包括生產、交換、消費、分配諸過程，均以自由放任為基準。第三個前提，為各企業間資本勞動等生產要素之流動，除時間差延而外，全無其他限制或障碍。第四個前提，為交換手段與交換對象在市場中之對立；同時在此種對立的場合中，貨幣本身無實質的使用價值，僅具有交換價值。故其所謂「貨幣價值」，不是絕對之價值，而是一個相對之觀念，將「貨幣」與「貨物」對等起來，方使貨幣數量說得以正式建立。

②貨幣數量說派別之比較：㈠兩大類型概述：(甲)現金餘額型貨幣數量說(The cash balance type of the quantity theory of money)：其方程式：$M=KTP$，或$P=\frac{M}{KT}$，即以一時間貨幣數量或貨幣供給量(M)對貨幣需要(KT)之相對關係，闡釋物價水準(P)或貨幣價值。根據其學說，物價水準決定於貨幣之供給與需要，亦即與M成正比例變動，而與KT成反比例變動。(乙)交易型貨幣數量說(The transaction type of the quantity theory of money)：其方程式：$MV=PT$，或$P=\frac{MV}{T}$依照狹義的貨幣數量說，貨幣流通速率V與財物數量T假設不變，因此，貨幣數量M與一般物價水準P成正比例變動。然而，廣義的貨幣數量說，則並不以貨幣數量為決定一般物價水準之唯一因素，而以貨幣流通速率與財物數量同為決定一般物價水準之因素。即一般物價水準P與貨幣數量M暨貨幣流通速率V成正比例變動，而與財物數量T成反比例變動。然而，上列交易方程式中，T包括所有與貨幣交易的財物，不論最後產品或中間產品，亦不論經常產品或非經常產品，不足以表示一期間總生產之大小。P所代表之一般物價水準，亦係包羅萬象，不足以適切反映經常所生產之最後產品的物價水準。交易型貨幣數量說既有此缺點，於是，乃自交易方程式蛻變出所謂「所得型貨幣數量說」(The income type of the quantity theory of money)。依照此一學說之解釋，V代表貨幣的所得流通速率，為一期間全體支出(消費支出與投資支出)和平均貨幣數量之比例。T代表一期間所生產之最後產品，排斥非經常產品與中間產品。於是，P所代表之一般物價水準，亦係經常所生產之最後產品的物價水準，而PT亦就代表一期間國民所得。如此，其方程式：$MV_i=OP$，或$P=\frac{MV_i}{O}$，即以V_i代替V，以O代替T；P與MV_i成正比例變動，與O成反比例變動。㈡貨幣數量說兩大類型之異同：(A)同點：兩者在原理上或基本觀點上完全相同，即着重貨幣與貨物之對立的事實，承認貨幣本身無所謂價值，其價值乃由與貨物之對立與交換而生，此種價值不含有絕對之成分，而為相對之範疇。兩者之認識對象相同，同為研究物價水準與貨幣數量之關係的學說，且彼此不衝突，兩者均能成立。(B)異點：費雪派認貨幣之主要職能在於「購買物資」，故注重在流通中之貨幣；認為人們所以需要貨幣，是為着要貨幣做交易媒介和流通工具；由此，遂不得不以一個「時期」為準。而劍橋派諸學者，認為貨幣之主要職能，在「準備不時之需」保存貨幣以便購物、經商、或預防意外支付，而求安全與方便，故不得不以一個「時點」為準。前者注重貨幣之「流通速度」，後者注意貨幣「停息之久暫」。其次，費雪派之所謂P，為每貨物單位所能換得之貨幣量，即以貨幣量去表示貨物價格。而劍橋派之所謂P，為每貨幣單位所需若干貨物單位去交換，即以貨物量去表示貨幣價格。

③對貨幣數量說之批評與修正：㈠貨幣數量說假定「其他事項不變」，抹煞貨幣數量變動對於經濟體制一切可能之影響，實屬不當。故應力矯此弊，改靜態分析為動態分析，以貨幣數量變化後所引起之一切可能之經濟變化為研究對象，而求出物價相對於此種變化所引起之反應。㈡在方法論方面，數量說學者都有下列二大缺憾：(A)採靜態均衡的觀點，應用於動態社會，似應力求改正才好。(B)純粹採用演繹法，而不採歸納法。㈢貨幣數量說對於「由生產量變化」與「由工資單位」變化所引起之物價變化，未能分別清楚。故應力矯此弊，兼顧二種因素對物價之混合影響，而求出物價與貨幣量之關係。㈣數量說常假定貨幣數量增加後，每個人貨幣所得依同一比例而增加，同時，各個人對於各工業產品之支出，亦依同一比例而增加，其實並不依同一比例而變動，故應研究「生產彈性」及「消費傾向」，藉以矯正此種錯誤。㈤數量說忽略了「貨幣供給彈性」，而認為物價將與貨幣數量成正比例而變動。其實，須兼顧物價之供給彈性，研究因貨幣數量變化而引起貨幣需要之變動。㈥費雪派數量說，欲用簡單而機械之原理去表現複雜之事實，而且要用內容複雜之統計數字去證明此單純原理之精確，因而顯得缺憾重重。反不如劍橋派數量說僅作原則上之概述為妥。不過，費雪對貨幣理論有其不可磨滅的貢獻，他承先啓後的整理與闡述，洗濾與淨鍊，從交易的立場建立自己之理論，功不可沒。吾人之修正，僅為改採「動態分析」及「交易總值」之觀點，使「理論」與「現實」接近，斯則善矣。站在貨幣政策之立場，吾人主張應由貨幣「適當數量」去安定幣值，協助產銷，兼顧國計民生，此為本文研究之主要目的。

臺大青年的心聲

攀星

在五月一日「自由中國」登出石翠同學的「學術自由在臺大？」一篇通訊，將臺大同學的學術活動遭受阻撓或摧殘的實情公開出來以後，有不少校外人士驚奇地向我們盤問道：「怎麼，你們臺灣大學的學術活動向來不是說最自由的嗎？唉，這麼看來，連你們也難免於『文化沙漠』的悲涼吧……」面對這個問題，筆者只感到悵惘，不知所答。這些年來，人人生活在「文化沙漠」中，「沙漠」何止是悲涼而已？不長花草也罷，偏又是荆棘橫生，叫人在「悲涼」之外，更加上一層「恐懼」的感覺。臺大是「文化沙漠」的一角，悲涼與恐懼，臺大又怎能免呢？

可是，這裏有一個令人驚奇的事實：臺大同學並不是消沉的。從代表着他們的「臺大青年」雜誌看來，臺大同學眞是一羣有熱力、有膽量、有智慧的拓荒者。在這本雜誌裏，我們找不出一句無聊的吶喊，不但如此，在這本雜誌裏，我們還發現了知識份子的淸醒靈魂與追求自由的熱情。但這本雜誌是在困難重重的環境裏掙扎出來的，如果把它譬做荆棘叢中的一朵僅存的鮮花或者從巖壁中硬擠出來的一道涓涓細流，當不過分。下面筆者將根據客觀資料，把「臺大青年」加以介紹。

「臺大青年」開始以嶄新的姿態出現，引起同學們的注意，是在四十七年六月出版的歡送畢業生特刊號。該號不但在形式上莊嚴美觀，別樹風格，並且在內容上也開始表現出年靑人的熱力與奔放的思想。最値得我們注意的是「思苗」一欄，這是鼓勵同學們自由思想的園地，「凡理論前的思想，或從理論系統中抽選出來而以非理論的形態出現的文章，我們就把它放在思苗欄中。」「這是一塊最富有新生力量的園地，任何人不得以任何理由來傷害它。有熱力、有抱負、有膽量的同學們，來吧！我們勇敢地來開拓這塊荒蕪已久的園地吧！什麼『明哲保身』？那僅僅是『退化』的徵兆。」（編者底話）。這是多麼有力的呼聲！在這呼聲裏，我們似乎看到「五四」精神復活了，似乎看到灰暗的中國學術界又呈現新曙光了。朋友，你以爲中國知識份子的良知與熱忱已經泯滅了嗎？絕不，絕不，至少它們還潛藏在臺大青年的心底哩！

在四十七年十一月出版的慶祝十三屆校慶特刊號中，「臺大青年」更進一步指出他們的任務，提出他們努力的態度與方向。該期在社論「進步與努力」中，引用美國哥倫比亞大學校長 Grayso Kirk 的話做爲它的基本前提：「一所大學——任何名符其實的大學——底永恒任務是眞理的追求。如果我們底大學要求工作有效，並朝着完成這一它們所委身的任務而前進的話，有一個條件是不可缺少的，那就是：它們必須能够生活並工作於一種思想完全自由的氣氛中。」從這個基本前提出發，他們確立了：第一、努力的態度：「我們絕不能靠喧囂與吶喊。喧囂與吶喊或許可以掀起曇花一現的政治狂潮；可是在歷史上我們不會找到從喧囂與吶喊聲中出現愛因斯坦或莎士比亞的事例來。我們斷定將來也不會有的。學術文化底果實是非常難以結成的，眞正的工力是絕對必要條件……」。第二、努力的方向：㈠努力讀書 (reading)，研究 (researching) 與思想 (thinking)。對於「思想」一項，該社論做了這樣沉痛而精闢的指陳：「思想，這個時代最缺乏、最不敢、最不能從事的東西，我們缺乏了，因此不得不像羣盲目的野馬般，瘋狂地滾、衝、撞、擠地生活下去……我們底意識只直視地向外放射，不會四頭反照。人人聰明得不敢勇敢地批評一切先定的或以『巨棒』充任的敎條，人人懶得去把思想底劍頭向四處發射，我們變成不折不扣的機械人。同學們，您忍得住這種狀態持續下去嗎？您願做一個不思想的機械人嗎？我們不能再不思想了，不然我們不會創進，永遠捕不着眞理。做爲一個標準的大學生，必須是個獨立的思想人。」「但是，目前我們底讀書、研究與思想，常受一種重大的威脅，這種威脅的存在，常使我們底工作不能有效地進展。這種威脅就是沒有充分的思想自由。」因此，爲使工作有效起見，他們所要努力的第二個方向是：㈡確保「求知和自由使用知識的權利」。「人類有學術探討與表現的充分自由，這種自由是自然權利之一種。所謂自然權利，乃指這種權利是人類本有的，而不是被給的。因此，如果我們現在沒有或不能充分享有這種權利，則必定是被人偷去或被人搶走的。爲使我們能够自由地讀書，研究與思想，我們必須確保或『奪回』我們本有的權利。我們是堂堂正正地『奪回』，而不是向人『爭取』，或乞憐於人家底『施捨』『恩惠』與『慈悲』……」

這是臺大同學心聲的流露——眞誠而勇敢地流露。但是，你也許會懷疑，像這類的文章怎麼會被允許登出來呢？據說事實是這樣的：該期主辦人因爲時間過於迫急，來不及把這篇社論送到課外活動組去「受審」，所以在該文登出以後，當局大爲惶恐，立刻召開黨部會議，討論要怎樣處分那位主辦人的問題。到底當局將那位同學做了些什麼有形或無形的處分，我們不知道。我們僅知那位同學從此以後被强迫辭去臺大代聯會學術部總幹事的職務，並被嚴厲禁止參加「臺大青年」的出版工作。

在十三屆校慶特別號中還値得一提的是「思與想」一欄，這跟前期的「思苗」在本質上並無不同。「思想貧乏了，混亂了，我們就不得不生活於貧乏與混亂之中。……我們沒有精構的强而有力的健康的思想，因此，在知識的競比上，我們處處輸人。……尤其是近幾十年來，因『獨斷主義』的橫流，更把我們脆弱的思苗連根拔除了。這是多可憂慮的現象！我們爲栽培新的思苗，特開闢『思與想』這塊園地。我們希望每位同學都是這塊園地的園丁，意卽希望每個大學生都是個獨立思考的人格者。」（給讀者的報告）。該期的「思與想」一共有六篇文章，都是臺大同學用心寫成的。

按「編者底話」、「給讀者的報告」這類文章，因爲都是編者在繁忙的工作中臨時寫成的，所以都未經檢査就登出了。至於其他富於思想性的文章，也都是運用「偷關漏稅」的辦法，才能够跟讀者見面，這當然很犯禁忌，所以「臺大青年」經常發生削減經費甚至拒批經費，遲延發行、甚至禁止發行以及「斷腿割臂」（在印成以後把「有問題」的字句或文章塗掉或割掉）等問題，編者的困難可想而知。

以上這兩期的中心意旨在鼓吹自由思想的風氣並確保學術、思想的自由，當我們讀到這些文章時，我們似乎親耳聽到臺大的青年朋友們正在聲嘶力竭地呼喊，從昏睡中呼喊着知識分子的頹喪的靈魂，那呼聲是多麼眞摯與強硬！

以後各期「臺大青年」的努力則發展成三個基本取向：第一個取向，繼續倡導學術思想之獨立與自由；第二個取向，對提倡科學問題的研討；第三個取向，對於觀念、心理與風氣的糾正。但因限於篇幅，我們這裏只能將第一個取向和第三個取向略加引介。

該刊在十四屆校慶特刊號（四十八年十一月出版）以及最近一期（本年五月出版）中，繼續闡述 Grayso Kirk 的話，以提醒臺大的同學們，不可忘記自己所委身的任務。前者的社論「傳統、任務與努力」中說：「……一個人過了強壯時期以後，生理上與心理上都會漸趨衰老，終至死亡。然而一所大學却不是這樣。一所大學底眞正價値就在她能經歷時間的洪流的冲刷而依然長存不，依然長存還不够，她還必須在時間的洪流的冲刷下，使自己底精神日益嶄新，體力日益旺盛。試看歐西諸名大學……她們屹立了數個世紀，其間不知經歷了多少教會底權威，專制帝王底權威，甚至近代獨裁政權底權威的壓迫，但由於她們底園丁——包括許多科學家、文學家、哲學家以及她們所孕育着的青年學子等——底不斷抗爭與努力，她們終於能維持學術自由的傳統於不墮……」「我們臺灣大學——自由中國最高學府，如果想要有效地達成她底任務，無可例外地，她也需要學術、思想完全自由的氣氛……」這篇社論接着呼籲臺大同學「保持並發揚」傅故校長爲他們樹立的「學術自由的精神傳統」。這一期被封禁了一兩個月，將社論修改，重新印訂然後才正式發行。據說社論作者還被臺大某單位嚴詞訓斥一番。

「臺大青年」的編輯同學雖歷遭學校責罰，但臺大青年爲爭學術獨立與學術自由的呼聲，却愈來愈强大！

在本年五月號的「臺大青年」，又以嶄新與堅强的姿態出現了！封面上把「××特刊」字樣剔除，而代以醒目的「學術的完全獨立與自由才是文化再生之源」一行紅字，目錄裏還印了米開朗基羅的「奴隸」雕像兩幀，對這兩幀雕像，編者有一段驚覺人心的說明：「古代的奴隸失去自由之身，遭受非人待遇，固是人類奇恥大辱，然而現代不准自由思想的新型奴隸，却較之古代不過失去自由之身的奴隸尤爲可惡，前者還有靈魂，後者則只剩下了一架行尸走肉的製糞機器而已。如欲達成人類社會的自由與平等，應先粉碎一切形式之奴役，尤其是視而不見的思想奴役、思想控制。」翻開第一頁，我們又看到了臺大青年爲學術獨立與自由的洶湧的呼聲——「我們的信念」：

「我們堅信：學術的完全獨立與自由才是文化再生之源，我們將依循這一信念努力創造；我們將依循這一信念綠化我們的學園。任何人夢想剝奪去我們這一信念，敵視這一信念，摧殘這一信念，我們必將起而維護。」

上面所引的本年五月號「臺大青年」裏面的文字，據說也都沒經審查就送印了。其實卽令是送審，我們也想不出像這種發自知識青年的良心的呼聲，有該被扼殺的理由。這一期的經費能够順利請出並且工作上沒太大阻力，據說得力於現任臺大訓導長劉發煊先生的幫助甚大。按劉訓導長不久以前剛從美國考察回來，爲人開明民主，深得同學們及各社團負責人的愛戴與讚佩，我們希望今後在劉訓導長的領導和擘劃之下，臺大的訓導工作能以全新的姿態出現，尤其是戕害青年學生的自由心靈的惡勢力必須先行斬除。

關於上述「臺大青年」的第三個取向，我們只引本年三月號「臺大青年」的話來說明。該期的「代社論」——「冷靜與消沉」中，沉痛地指出「今天許多人誤以爲自己的『消沉』卽是『冷靜』」，「從歷史上看來，任何一個苦悶的時代，倘若處身其世的人，委之以消沉，結果便是失敗，便是整體精神上的枯乾；反之，若處之以穩定的熱情，以『冷靜』，便有新局面的打開，便有新精神的煥發。」「痛定思痛，在浩刼後的今天，我們厭惡一切虛僞的，衝動的，浮薄的咆哮與呼喊，我們揚棄表面壯觀的，聲勢浩大的浪頭，因爲那力量是虛假的，因爲那裏面沒有果實……」。這種糾正心理，觀念與風氣的呼聲，也是知識青年的覺醒之一。「臺大青年」在四十八年元旦特刊號中也有類似的呼聲。

臺大同學的心聲開始吼起了！雖然「臺大青年」的編者經常在更換，但他們的信念、理想是一致的。換言之，臺大同學們的心聲是一致的。這種追求「學術之完全獨立與自由」，追求創造與改進的心聲，將會引起全體中國知識青年的共鳴，終至釀成巨流，任何渣滓或障碍物，必遭這股巨流所冲毀。中國知識青年的覺醒，是時候了！

談現行高普考的考試制度

仲　夏

現行高普考的考試制度，本來不失爲一個公平競爭的方式，亦是我國政體上優點之一；但是現在這唯一的一點值得自滿的制度，也將被一些墨守成法的執政者所摧毀。像過去考試院曾宣稱：要限制應考人的年齡，又要限制參加檢定考試的資格等等。這種只憑想像、不合情、不合理、不合法的計劃，各報紙上已有雪片似的讀者投書表示反對，我們亦就不必再加贅述批評。現在只就現行的考試制度施行情形，做一個剖視。

按我國考試制度之形成，應溯自隋、唐，歷代施行不輟，已成爲我國政治上的特色，到現在理該已大有改進，刪除過去專制的劣點，使其配合民主政治，相輔而行，但事實上我們的執政者，不僅未能如此，而始終盲目的作爲例行公事，以致現行的考試已是空有其表，毫不能與任官制度及社會環境相配合。我們不願眼看這僅存的一點好的制度腐化下去，所以提出幾點看法，供考政當局參考。

先從考試的時間說起：按全國性的考試擧行日期，多訂在每年的八月中旬，原來在大陸時，八月中旬應該是秋意迎人的季節，這個期間擧行考試，無論對辦理考試的人員或是赴京趕考的人，都是最適宜的。但到了臺灣，我們的主考當局硬是依舊行事。誰都知道臺灣最熱的時期就是八月初至中旬，又兼是颱風季。可憐這些考生都是冒暑或頂風雨而來。如果你不相信，巡可一翻每年的報紙，就可見到數千人「揮汗應考」的標題，正巧去年考期，又碰上了大颱風，大水災，以致鬧成了考試的雙胞案（考了兩次，時間不同，試題不同，但要同時一起放榜，顯失公平原則，各報章已有讀者投書反應）也算是創造了考政史上的新紀錄，難道考試的時間，都不能根據事實改訂嗎？

再說到是考試的報名：這裏承襲了封建式的遺風。如果要報考就要先塡好三張履歷表，履歷中却有一欄奇怪的東西，那就是「三代」：內包括有「曾祖父母、祖父母、父母」之姓名及職業等欄，這是什麼原因呢？原來在過去考試制度上，有個極不合理的階級限制。就是應考人要三代「清白」。所謂「清白」也者，乃是指沒有做過「娼」、「優」、「賤役」的長輩；也就是說如果三代中有做過娼妓、藝人、理髮師、抬轎伕等類的人，就統會剝奪了應考的資格。這種封建的觀念，在現在看起來，眞是不合理之至，但是我們現行的考試中，也要報告三代的職業，其意義安在，就叫人費解了。

另外在塡報三代之外，照規定尙須檢查體格，這種措施倒是古所未有，但考試是否需要檢查身體，確值得研究。因爲現行的公務員考試，乃是甄別其資格能力，並非錄取者卽予任用；而且充任公務員時，仍要檢查體格附證明書一併送銓敘審核。如果是考專門職業的人，身體良否是他自己的事，說起來檢查體格，已是多此一擧。其實，如果繳個二、三十元，使應考人做一次健康檢查，在衞生上說也是件好事，但事實上，因爲指定檢查的醫院，都是公立的或是軍醫院，那種公事化而草率的檢查，根本是敷衍了事，毫無作用。不但如此，而且因爲應考人的衆多(以臺北市爲最)，那些軍公醫院的醫務人員，顯然感到煩擾與無奈。先是限制每天檢查的額數，害得應考人須要天明卽去排隊，幸而獲得入院檢查，又得要看那些醫務人員的臉色；其態度之惡劣，足可代表公務機關人員對民衆之典型。

報名時，除了塡許多表格，又要花錢檢查身體，又要花錢洗五六張照片之外，還有一特殊要求，就是凡報考高等考試者，要繳臺幣五十元，報普通考試者，要繳臺幣四十元。這種陋規費是何根據不得而知（以前考試院辦儲備登記也要收錢，道理也不明）；但我們知道，考試是每年都要擧行的，不是臨時措施，應該有這項預算，自不必臨時籌措而剝削應考人。依照憲法規定：人民有應考試，參予選擧之權，又有服兵役等義務。如果人民參予選擧時，不要交辦選擧的費用，當兵時不要出軍服費，那麼應考試是否應該交錢？是否合理？一想便知。也許有人以爲四、五十塊錢是小事，庶不知那些應考的人，多係窮措大，學生，低級公務員等人；如果是高級政務官，富商鉅賈，誰也不理甚麼考試不考試的事，也不必較量甚麼資格不資格了。那些經濟環境較差的人，從中南部來臺北，花了車費旅費飯費已算不少了，如果再加上甚麼報名費，豈非更益增加了無理的擔負？

前面說過，現行的考試並非如科擧時代錄取多予任用，乃是資格的甄別，如此，則每年考試的類科就沒有甚麼特別增刪的必要。例如：就以四十八年度刪除司法官及警察行政而言，據考試院的說明是：現在政府不需要的人才，則停止考試。但是現在的考試僅是取得資格，並非據以任用，則其需要與不需要又是何所指呢？卽使考試院的說明是合理的，但如果我們再細看一看，就知與事實完全不符。例如考試院認爲司法官已經够用，但在去年三月間監察院曾提出一個糾正司法行政措施的案子，其中之一就是說現在司法官人數太少，以致法院積累案件太多，工作效率低落，辦案草率，由此可證司法官並不足用。又例如警察人員，現在中央警官學校及臺灣省警察學校都在大量招收學員，可證警察人員亦不够用。這些都證明了考試院隨意增刪考試科類，完全是自說自話，不能與行政及任官配合的措施。

除了上述考試類科之增刪不能配合行政任官以外，另在考試本身的科目內容上，亦有同樣的不合理現象。試舉「史地」一科目爲例，在檢定考試中爲「中外史地」，在正式考試中則爲「本國史地」，而近年來在行政人員考試中，忽然又取消了「史地」這一科目。至於「史地」在行政人員考試中，是否應列爲必考科目，尚待另作別論。但如此隨意更動，是何所依據，實爲不解。至於弄得預備考試的人無從應付，尚在其次。

考試制度應該改進的地方，不勝枚舉，但現在最不合理、最不切實際、最急須改進的，乃是現行分省區規定錄取名額的限制。現在的全國性考試，僅能在臺灣一省舉辦，而錄取名額仍依大陸省區籍貫來決定，眞是天大的荒唐。這個制度的弊端是如此的：即如果你參加了考試，幸而及格，但實際上及格並不一定能錄取。這先要看看你是那一省人才能決定，依考試院去年公佈的辦法節錄如下：

『1. 各省區已於卅七年按當時人口數字分別規定錄取定額比例標準者，仍照舊辦理。

2. 卅七年未經公告定額比例標準之海南島、蒙古、及僑居國外國民，其錄取比額比照四十七年規定標準辦理。

3. 臺灣省定額按四十七年終戶籍統計人口數比例規定爲十二人。

4. 廣東省因海南島劃出另計，其錄取比額照四十七年規定標準辦理。

以上各項比額仍按考試成績錄取，並依實際需要比例增減之。』

以上規定的辦法，雖然有最後一點補充，但實際上名額之增減是很有限的，對於原則規定並無補救。只有臺籍同胞尚可另參加「臺灣省公務人員考試」，還算合理。至於其他省籍的應考人，那就要看你的運氣了。這種分省區限制錄取名額的制度，在大陸舉行全國性的考試，是爲了鼓勵邊遠地區及教育落後的國民參加考試，及多予起用的機會，尚未可厚非。但到了臺灣仍還要固執這種辦法，則反而阻礙了起用人才之道。因爲誰都知道福建省距臺灣最近，所以來臺灣的人數比例也特別多；上海及青島市是最後撤退來臺，搬來了大量人口，所以江浙及山東幾省籍的人在臺灣也特別多；因此這幾省籍的應考人，當然是吃了大虧，而成了這個舊辦法的犧牲品。至於考政當局，未嘗不知道這是不合理的，並解釋說這是依考試法的規定辦理。其實，現在已有很多法令早已事過境遷，如果硬是要削足適履，那麼受損害的只有老百姓了。

僅看考政一斑，也可知我國全盤的政治情形，現在的關鍵應該正視現實的環境，切不可再自以爲是的做下去，中興不是固執保守，而是需要新的改革，新的進步新的力量。

李萬居先生在選舉改進會委員會議第一次會議中致開會辭全文

各位先生，各位女士：

今天是選舉改進座談會委員會議第一次會議，這麼熱的天氣，承蒙各位不辭勞苦，踴躍參加，我們謹以萬分興奮的心情來歡迎各位，同時感謝各位。

自上月十八日選舉檢討座談會的消息發表以後，大概是因爲其中有些字句提到組織反對黨的問題，所以引起全世界廣泛的注意，香港、東南亞和美洲各地華僑與論界紛紛報導這項消息，並著文評介。此間有許多朋友也接到各地來信探詢新黨組織的眞相，並加以種種鼓勵。此外，國際間對於這個問題也極爲重視，例如各外國通訊社都發電訊，紐約時報甚至有專欄詳細報導這個運動。爲什麼這樣一個小小的消息會引起全世界如此重視，如此注意呢？簡單一句話，此時此地，一個強有力的爲民主政治而奮鬥的政黨的出現，實在是有其迫切需要的。

凡是實行民主政治的國家，它的國內必定要有兩個以上的政黨。這兩個政黨必須勢均力敵，才能發生制衡作用。這樣相互競爭，彼此互相監督，民主政治才能走上正軌。這是民主國家一般的通例。我國自北伐以後，三十多年來，由於國民黨一黨專政的結果，以致造成今日政治風氣的腐化和社會風氣的敗壞，馴至喪失整個大陸，偏處海隅。揆其原因，這是一黨專政所造成的。如果國民黨早有所覺悟，不以武力控制政局，眞眞遵奉孫中山先生「天下爲公」的精神，開放政權，還政於民，讓人民得以自由組黨，也許今天政治業已改觀。近十多年來，中國歷史的寫法也截然不同了。我想，組織反對黨，一個新的強有力反對黨，這是我們這些愛好民主自由的朋友義不容辭地應該負起來的責任和應該做的工作。凡是愛護中華民國這個國家的國民黨中的開明人士，不但不該反對、阻撓，而且應該贊成、協助，樂觀其成才對。因爲在我個人的看法，組織反對黨這一工作的理想和目的，是在拯救危難中的祖國，以及解除數萬萬被奴役同胞的痛苦。

我認爲反對黨要有容忍的精神和嚴正的態度，不是專事挑剔而一味持着盲目的反對。執政黨的政治措施，凡是對於國家和人民有益的話，站在反對黨的立場，我們也該應表示贊成，甚至加以宣揚，謳歌；反之如所作所爲有害於國家和人民的利益，那麼，我們就應該挺身出來對於執政黨加以糾正，甚至予以不容情的抨擊。

就當前情勢而觀，臺灣地方選舉一時恐怕不容易有多大改進；所以要爭取合理而公平的地方選舉，祇有大家加緊團結起來把新的強有力反對黨組織成功，才有實現的可能。這一個月來，我們所積極籌劃的工作雖是「地方選舉改進座談會」，實際上是在替組織新的反對黨做鋪路的工作。國家早已處在危急中，億萬同胞正呻吟於共產極權的虐政之下，希望各位不必猶豫，團結起來，擔負這份艱難的工作！最近籌劃經過情形，請雷儆寰和高玉樹兩位先生報告。謝謝各位。

選舉改進座談會鄭重要求內政部長連震東公開答覆

我們根據今年五月十八日舉行的本屆地方選舉檢討會決議，在六月十五日發表了一項「選舉改進座談會的聲明」。我們發表聲明的目的，是在向海內外全國人士，揭露國民黨黨政當局操縱下的地方選舉眞相，並表示我們爲革除選舉違法舞弊、促使選舉公平合法而努力的決心。

國民黨黨政當局如果肯改過向善，收拾人心，對於我們指出的種種違法舞弊事實，便該拿出勇氣，坦白承認。但據六月十八日臺北聯合報報導：「內政部長連震東對於『選舉改進座談會』所發表之聲明，認爲無事實根據。」我們看了這段消息，眞不知連部長說這種話，究竟有甚麼意圖！

事實上，這許多年以來，國民黨黨政當局在地方選舉中策動的種種違法舞弊措施，都是由連震東以臺灣省民政廳長的身份，直接間接負責推動和實施的。時至今日，在臺灣各地選民的心目中，連震東已成爲摧毀臺灣地方選舉的執行者。老實說，國民黨政當局如果稍有悔悟之心，便該先革連震東之職，以謝國人；連震東如果稍有負責知恥之意，更該引咎辭退，以求贖罪於選民。可是，國民黨黨政當局却在擢升連震東之後，企圖利用一些抹煞事實的謊言，一方面來推卸國民黨黨政當局的責任，一方面來掩飾連震東的罪行。

我們認爲：事實畢竟是事實！事實是不容任何人一口抹煞的！因此，我們願再就「選舉改進座談會的聲明」中所指各點，逐一列舉業經公開揭發過的事例，向海內外全國人士證明：我們所說的話，都是有充分事實做根據的。

第一、關於「在登記尚未開始時」違法舞弊的事實：本屆地方選舉，是在三月二十五日至四月三日辦理候選人登記，四月十四日公告候選人名單。依據臺灣省妨害選舉罷免取締辦法第三條之規定，競選活動須至公告候選人名單之日，始可開始；但國民黨的候選人，却提早展開競選活動。我們現在還保存有兩件原始證據：即一本「動員公報」，一張「出席證」。「動員公報」是證明國民黨當局遠在三月二十一日便印發載有國民黨候選人照片和政見之類的小冊子，提前展開競選活動。「出席證」是證明國民黨當局在三月二十六日又公然在臺北市三軍球場，舉行動員大會，提前展開競選活動。由於國民黨當局也知道這種活動是違法的，所以在「動員公報」的封面上，特別載明「黨內文件，對外機密」字樣；同時在「出席證」的反面，又特別載明「出席證會後焚燬不可遺失」字樣。（四月十六日自由中國半月刊會製版發表）

第二、關於「在籌辦選務工作期間」違法舞弊的事實：國民黨黨政當局把持選舉事務所，不讓非國民黨人員參加，想必連震東知道得很清楚，毋庸一一列舉。至於選票印製數字之保持秘密，已在臺北市省議員候選人李連麗卿、宋霖康、郭國基等三人控告臺北市選舉事務所時指明。由於多印多發選舉票，在雲林一縣，經過監察小組青年黨籍委員江捷揭發後，在投票日分別收回的選票，竟高達一萬七千多張。（詳見六月一日民主潮）至於國民黨黨政當局在各投票所開票所選派清一色的管理員，以及不使非國民黨人員擔任監察員，這由我們歷年來費盡唇舌交涉，終遭無故拒絕，以致民社黨在本年四月十日終不得不發表交涉失敗的聲明，終至民、青兩黨正式宣佈不提名，便可充分證明。

第三、關於「登記開始時」違法舞弊的事實：國民黨黨政當局利用黨政壓力，乃至選舉事務所權力，阻撓候選人登記之事，更是普遍發生。在嘉義，首先有曾登記爲第四屆市長候選人的翁逵源，向選舉事務所領取縣長登記表時，被無理拒絕。（詳見三月二十五日公論報）在臺東，平地山胞高贏清的太太代辦登記時，又因選舉事務所的故意刁難勸阻，以至乘機開溜，終於登記不成。（詳見四月四日公論報）在雲林，又有黃文斗乘車申請縣長候選人登記途中，遭遇到「捉人，搶皮包，搶兩萬塊新臺幣」的阻撓（詳見四月七日公論報）。

第四、關於「競選活動期間」違法舞弊的事實：在強迫非國民黨候選人修改政見方面，臺南市長候選人葉廷珪的政見，便被選舉事務所以所謂「語句刺激」爲理由，迫令修改。（詳見四月七日公論報）雲林縣長候選人蘇東啓的政見，又被選舉監察小組以所謂「惡意批評政府、國民黨、國民黨候選人林金生（現任縣長）等問題之嚴重性」爲理由，而「認係逾越發表政見範圍」。（四月廿一日徵信新聞報）嘉義縣省議員候選人李火煙的政見，竟由於主張「軍隊國家化」、「司法應獨立」、「國民黨經費不得在國庫中開支」，又被選舉監察小組以「措詞不妥」爲理由，迫令修改。（四月十日聯合報）至於阻碍非國民黨候選人的政見發表，僅以臺中縣省議員候選人楊秋澤的情形爲例，在公辦政見發表會中，便先後遭遇到狼犬的「狂吠怒吼」，被罵爲「青年黨的黨員，滾下臺去！」（四月十七日公論報）被號稱民衆服務站的國民黨區黨部人員站起來制止繼續發表政見；並被穿制服的聽衆，高聲喊打。（四月十九日公論報）乃至被罵爲「王八蛋」，「共產黨」，「槍斃他」！（四月二十二日公論報）至於公然曲解選舉法規，利用軍、公、教人員助選，有國民黨臺灣省黨部主任委員上官業佑、國民黨中央黨部秘書長唐縱、內政部長田烱錦的歷次談話可證；並有國民黨「特種黨部」臺北市聯合助選委員會在四月三日以(49)師訓第二〇〇九一號發出的一項註有「密」字及「限發黨員」的「宣傳指示」原始文件可證。（五月一日自由中國半月刊會摘要刊登）

第五、關於「投票時」違法舞弊的事實：在桃園縣，省議員候選人黃玉嬌等在控告選舉事務所時，便已經指證「有人向投票所人員『亮票』」的事。(五月十二日聯合報)在雲林縣，又有「指導文盲時故意『張冠李戴』」的事。(六月一日民主潮)在宜蘭縣，又有七十多歲的選民吳阿芒，因爲眼力不好—請主任監察員楊來添代爲圈選郭雨新爲省議員時，竟被擅行圈爲國民黨支持的林振炎。(四月二十五日中央日報)在桃園縣，又有聽任「選民拿十張選票準備投下票箱」時被發現的事。(四月二十五日聯合報)在嘉義縣，又有萬安里八鄰的女選民黃清音領票時「發現已被蓋指模盜領」。(四月二十五日公論報)在臺北市，據選舉事務所發表統計，第二○八號投票所有權選民爲七一五名，實際前往領票者已達六九五名，僅有二十人未投票；但經無黨無派省議員候選人李連麗卿等告發後，法院到市政府查封選票時，已發現領票簿空欄者有三八人，現到庭出證者已達三十四人，而據告發人調查，身份證未蓋領票章者，竟多達一八○名以上。至於臺南市，由於違法舞弊的事件過多，終於引起選民的普遍憤慨。據臺南市選民陳碧琳等向選舉監察委員會提出的檢舉書指證，舉凡代領代投、冒領冒投等情事，已經無不包括在內。(五月十六日自由中國半月刊曾摘要刊登)

第六、關於「開票時」違法舞弊的事實：在桃園縣，因有投票所人員代將選票投下票箱時，發現是圈選黨外候選人者，則以手指擦之造成廢票的事，已被無黨無派省議員候選人黃玉嬌等提出控告。(五月十二日聯合報)在臺中市，市長選票中的四千多張廢票，無黨無派候選人何春木便佔了三千多票，國民黨的候選人邱欽洲却只佔一千二百票，因爲是出於「製造廢票」，已被何春木提出抨擊。(六月一日民主潮、民主中國、自由中國半月刊)在彰化縣，又有彰化市中山投票所唱票員，故意將無黨無派的縣長候選人石錫勳的票，唱成國民黨縣長候選人呂世明的選票，經選民當場指出，始行改正。(詳見六月一日自由中國半月刊)在臺北市，又有第十九投票所，在唱票時非國民黨候選人的票，被陸續唱成國民黨候選人的票，終因主任管理員良心現發，命令重新再唱，而引起場外民衆之注意，經該區區長及國民黨人員趕赴現場處理後，非國民黨候選人之得票卽告增加。

其實，以上所說，只是就本屆地方選舉而言，而且又只採取了早經公開揭發過的一部分證據。至於本屆臺北市長當選票數，名義上雖被宣稱爲二十一萬多，但據國民黨內部傳出，僅有十五萬票而已！現票已由法院查封，連部長倘敢於用事實證明，請邀約民意代表，新聞記者，及本會負責人員，公開開票查驗。至於歷年以來，在國民黨黨政當局策動之下，自省議員、縣市長的選舉，而縣市議員的選舉，而鄉鎭長、里長的選舉，乃至水利會的選舉，違法舞弊，已成爲普遍的風氣，使地方選舉，被澈底摧毀。僅僅就去年年底舉辦的鄉鎭長和水利會選舉而言，臺中縣梧棲鎭的無黨無派鎭民尤世景在辦理鎭長候選人登記時，竟受到非法刁難阻撓；宜蘭水利會和南投水利會的選舉，由於公然賄選，更使無黨無派的候選人無從競選；這種種，都曾經轟動一時；特別是從吳三連省議員在去年十二月八日向省主席周至柔提出質問後，更引起了民意機關和民營報刊的一致關注和抨擊。諸如此類的事實，縱然彙集出版專册，恐也無法容納下去了！

時至今日，國民黨黨政當局在地方選舉中策動的違法舞弊措施，已經證據確鑿，人所共知，絕非任何人所能抹煞。根據以上所述，可見我們在「選舉改進座談會的聲明」中所說，都是有充分事實做根據的。我們要請問連部長：究竟憑甚麼說我們聲明中所說，是沒有事實根據？請連部長公開答覆。倘連部長能採取先進民主國家通例，在廣播電臺與我們並坐，用對問對答方式來辯論，以求訴諸全國選民，則更爲我們所歡迎。

總之，國民黨黨政當局在地方選舉中策動的違法舞弊措施，事實具在，早爲全國人民所共見；我們之所以不惜一再指責，並決心籌組一個新的政黨，其目的，在先從改革地方選舉做起，以促成民主政治之實現。我們堅信：唯有如此，反共復國的基地才能鞏固；也唯有如此，反共復國才有必定成功的把握。

讀者投書

(一)

田炯錦委員長的「駕重就熟」

汗之孫

雖然這是一條「馬路新聞」，但它是千眞萬確的。

現在臺北的「蒙古各盟旗聯合駐京辦事處」，曾以爲該「處」建造辦公室及職員宿舍的名目，向臺灣省林產管理局申請爲數達七百多立方公呎的木材(俱屬成品)。此項申請的證明書，是由蒙藏委員會所出。

蒙藏委員會出此證明書是在民國四十一年；其時該委員會的委員長，卽爲本(六)月一日自內政部長又「換手」成爲蒙藏委員會委員長的田炯錦先生。

據聞，此項價値新臺幣約計在百萬元以上——建造辦公室及職員宿舍的「木材案」，經某人向省府密告後，現已由省府轉報至中央有關機關，正在進行調查中。

據聞，現有千眞萬確的兩個事實：省林產管理局依蒙藏委員會所出的證明，如數撥給上述「辦事處」的木材是事實，該「辦事處」並未建造任何辦公室及職員宿舍也是事實。那末，這批木材究竟「飛」到那裏去了呢？這倒是一樁令人迷惑的「怪」事。

在新閣人物簡介中，記者對田炯錦先生的再度出任蒙藏委員會委員長，稱爲「駕輕就熟」。但從這個木材案的構成要件來看，田先生的再度勝任委員長職，似乎是在「駕重就熟」了——如果我們的政府，是講求「政治衞生」的政府，不容貪贓枉法者恣意危害其政治健康的話！

(四十九年六月十三日)

旁聽第十六屆亞洲遠東經濟委員會年會偶拾

曼谷通訊・四月十日

荇子

溯自大陸瀕陷，遠經會會址自我國上海遷徙至泰國曼谷以來，已將十有二年。其年會在曼谷舉行者，先後共有三次：第一次爲其第五屆年會，在泰國唯一的最高學府朱大禮堂中舉行，其時筆者適亦在曼，曾往旁聽。記得那次年會開幕的第一天，就看到了最緊張的一幕，即蘇俄爲中共爭取聯合國席次，反對我中華民國代表出席，其來勢之猙獰咆哮，氣焰之咄咄逼人，一若有不可一世者。其時適在我們的中華山河，淪于赤禍，黃帝子孫，慘遭奴役之始，蘇俄以勝利者之姿態，目空一世，大有欲吞萬邦而獨霸之概。然而正義的尊嚴，畢竟爲世界各國所擁護，羣起駁斥，終於使這一羣暴虐政權的代表惱羞成怒，再一次施其慣技，演出了又一幕「退出會場」的拿手好戲。此雖距今已有十年，但其情其景，猶歷歷在目。本年三月九日，筆者適逢其會，又遇到遠經會在曼谷舉行第十六屆年會，深覺機會難得，因不辭烈日的炎蒸，每日驅車到這座氣概巍峩的和平大厦，聆聽各國人士對發展遠東經濟的偉論韜略。

九日上午十時正，由聯合國總部代表非力浦特森氏及遠經會執行秘書宇尼恩氏伴同泰國國務院長乃沙立元帥於肅穆而滲有興奮的氣氛中，完成了莊嚴的開幕儀式。大會主席一向由於禮貌上的習慣，必推舉所在國的首席代表來擔任，事前既有共同的了解，臨時自無任何糾紛，隨即選舉副主席，這亦是早經內定的，故一切程序都極和協而安詳地完成。這次大會主席是由泰國外交部長柯芒氏擔任，副主席是印度首席代表，第二副主席是菲列賓首席代表。

此次大會開幕儀式，較之第五屆年會時，自是場面偉大，氣派非常，會議廳尤富麗堂皇，精美中具有氣魄，與當年朱大禮堂相比較，自不能同日語。置身其中，彷彿又到了紐約聯合國總部，因這一個建築完全以聯合國總部的大會堂爲藍本。這次各國出席代表的陣容甚是整齊強大，不像當年那種零落散漫。猶記那次大會開幕儀式，是由泰國前國務院長鑾披汶元帥主持，但現在這位曾掌重權，叱咤一時的風雲人物，已成爲飄泊異國、有家難歸的亡命之徒。宦海浮沉，繁華過眼，原不可恃。因此凡掌握國柄之人，能於當政之時，奠定一些眞正福國利民的事業，這才能使萬民擁戴，功垂不朽；若僅以奪權而弄權，逞個人之私，實一己之利，其結果必至一敗塗地，不堪回首。過去歷史告訴我們的，人們或許會健忘，今鑾披汶這個政權興替的簇新例子，實可以啓人警惕，發人深省。祇可惜今之起而代之者，仍是憑着造權樹勢，而並不是以德勝。可見權勢萬能，天下滔滔，強食弱，大凌小，不但人與人如此，國與國更是無所不用其極，所謂道德，所謂正義，祇不過是口上的美詞。試問聯合國自成立迄今，其偉大的宗旨，神聖的使命，發生了作用的，及已完成的，究竟在那裏？友好相濟，和平共存，這曙光又在那裏？反之，赤禍彌漫而不之遏，人間地獄而不之顧，波蘭舉義而不之助，佔有全人類四分之一之生靈——我們的大陸同胞——呻吟於水火，爭扎於暴政，苟延待救，非但從未聞有援助之策，即連仗義之聲，亦絕未略一繚繞於自由天堂之空氣中。我面對着這一個爲亞洲及遠東區謀經濟繁榮，予民生福利的國際會議，誠不勝感慨系之！

是日上午共有七個國家發言，給我印象最深刻的，莫過於英聯邦代表的那席短短而極具風度的提議，他請求大會准許新嘉坡及婆羅洲二自治政府爲遠經會副會員，全體代表均一致通過，從此此二自治政府在聯合國內就有了他們法定的身份。當英代表侃侃陳詞，及二自治政府代表於一片熱烈掌聲中戰戰兢兢地出現時，我也不禁爲之激動得雙眼有些潮潤。同是我就在想，此刻雙方必有兩種不同的辛酸滋味在心頭波動着；前者是忍痛割愛，強自偉大；後者是酷刑初除，喜極而悲；所以彼此都「別是一種滋味在心頭」。而全體代表卻亦各洋洋自得，滿足自己在大衆面前做了一件贊助義舉的美事。但無論如何，這一件事是值得我們欣賞的。儘管英國爲大勢所趨，有無可奈何之隱情，而他在這近十年來，先後放棄一個個他所統治的殖民地，扶助他們獨立自治，這一種表現，無疑是明智而偉大的，亦是可以爲一般至今仍不肯放手殖民地帝國主義國家作楷模。再說若是法國與蘭於戰後也荷有這種覺悟，扶植他們的殖民地一個個都獨立自治，那不僅爲人類寫上一頁美麗的進步歷史，甚且東南亞今日之惡劣局面，亦必爲之大大改觀。可見天下事往往因一二人自私慾的燃熾，正常的良知，便被蒙蔽了，終於造成了不可收拾的廣大災禍。

西德施邦道博士以觀察員身份所作的經濟報告，亦很值得注意的，雖然他的英文講得雜亂無章，但其內容的價值決不爲此所掩。關於解決民間居住問題之一段，他強調德國政府現極力摒棄「計劃經濟」而提倡所謂「市場經濟」，使社會經濟儘量自由發展。自從這個政策推行後，十二年中，他們已建有公寓五百萬間，價值約合美金二十五億。其政府並訂定一種社會租賃法律(A Social Rent Law)以扶助人民，大家都可以有安居之處。其辦法是：如有無力購買房屋者，可由政府根據他的收入百分之十的數目，作為購屋補助金。自從這一補助辦法頒行後，人人都踴躍購買房屋，因此投資建屋的事業，遂突飛猛進。據施氏的報告，再有三四年，德國的房屋供應與需要，就可臻於平衡。如此這個戰後嚴重的居住問題，政府既不必化龐大的經費，設立機構來主持計劃，而民間的居住問題却自然而然地解決了，這豈不是一件一舉三得之事。因政府移機關經費以幫助人民購屋，省事而又省錢，人民有此補助，棲身都各有所，而投資建屋事業者，營業興隆，不患造了房屋，無人問津，循環受益，確是一件值得借鏡之事。我聽了這一段話後，便聯想到我們臺北的違章建築，到處皆是，雖說是違章，但棲身其中者，無一非隨政府遷徙來臺之忠貞百姓，政府自然祇能任其自由發展，以致弄成現在這樣一個惡劣的局面，具體的善後辦法，似頗不覓致。然而這一種建築物，不但有損觀瞻，甚且太帶諷刺。再說臺北之市容，自從抗戰結束，國土重光以來，一直停留在舊狀態中；尤其在城市衞生方面，常給予曾到過臺北的外國人士一個極不良的印象；特別是違章建築最多的地區，垃圾堆積，穢氣薰人，我曾經受到外國朋友許多次難堪的批評。我想要是我政府能效法西德，鼓勵社會游資，來作此一項經營，一方面政府能在可能範圍內撙節冗費，移之以補助廣大無告的民衆，使大家都能有一個較整齊的安身之所，倘若這件事能實現，不但庶民拜德，即政治上的收穫亦屬無量無邊。深願我國這次出席遠經會的代表諸公，歸國後能建議政府，來為民間開一枝福利之花！

我國的代表團這次可謂人才濟濟，陣容壯大，深受各方重視。十日上午我國首席代表徐柏園氏的報告為最吸引人，他以從容不迫的姿態，宏亮清晰的聲調，出現在報告臺時，全場為之鴉雀無聲。及後道出我政府將以大量水泥捐助湄公河計劃時，尤使聞者動容。據說湄公河計劃自推動以來，先後捐款之國家雖已有九個，但捐助實物者，此次猶屬首創。上午散會時，我曾聽到法國代表在和人講：「你們看，這就是中國人的智慧，他們來了一個恰當其時的精彩表演」。他的原文我還很清楚的記得，姑也將牠記在下面：You see, this is just what the Chinese's wisdom is! They have made a wonderful timely hit.

那天下午的報告中，我對緬甸代表說的幾句話，甚覺耐人尋味。當他講到各國間如何謀致合作時，他忽然加上這樣的幾句：「對區域間連聯的主要障礙，既非政治的，亦非經濟的，而是哲理的——吾人心理上都有一種恐懼，從事第一步的嘗試。」(The main obstacle to such regional co-ordination were neither political nor economic, but mainly philosophical—the fear in men's mind is to take the initial step) 這種具有哲理的心理描寫，在正面講，可以引用在任何事上，同時亦可反映普通人與非常人之別，非常人是勇於作嘗試，但亦有其弊病，因為若是目標不正大，用在不應做的事上，那危險性就大了。現在這幾句話出諸於一向做殖民地人民的口中，在我們耳覺中之回響，其解釋自又不同了。我們都很清楚，殖民地人民一向受帝國主義的宰割，被剝削是他們正常的遭遇，受恩惠是他們驚惶的事件，因為有時名曰恩惠，而實際是剝削的變相，積月累年受着這種冷酷的隱刑，便造成他們時刻地有這種戰戰兢兢的心理，因此即使有恩惠來臨，也會使他們誠惶誠恐，不敢輕於接受。這位代表在不知不覺中說出這一種心理哲學，或毋寧說牠是本身經驗之談，其意味是如何的深刻！

這一天由於會場空氣不够刺激，到下午散會時，人們都交頭接耳地互相在探詢下一天登記發言的是那幾個國家。人人都在期待着下一天能聽到精彩大軸。大軸的主角，當然是美英法蘇，而這四個主角亦互相在觀望等待，誰都渴盼着能唱大軸，因為唱壓軸的不能有反擊的機會。但有人就在這樣講：「聽着吧，無論如何蘇俄總是祇能挨到壓軸，美英法三國中必有一名是大軸。」

果不出所料，十一日上下午發言國名單內，美英法蘇都已列入。英聯邦先美上場，主角為湯伯遜氏，儀表雖不亮眼，但來頭甚大，是英政府經常出席下議院的代表，議會人士的口才，衆所共知，他一踏上發言臺，全場的人似乎都為之精神一振。他的報告，以英文詞藻來說，當然是無出其右，但內容也就不過爾爾。開始時，自然要有一番照例文章的套語，緊接着就宣佈英政府將以三十萬美元捐助湄公河計劃。這是一個響亮的波音，立即傳射入每一個人的耳吸力中，但也立即使許多人懷疑自己的聽覺是否準確，因為英政府的捐助，照常理推測，應以英鎊為本位，但這位代表講的明明是美元，因此大家就不免竊竊私議起來，甚至還有人移席向別人就教。初時肅靜的會場，立時浮動起一片細小的聲浪，直至英代表的書面報告分發出來後，大家才又歸靜止。他報告中最末的一段，甚具力量，他說：

「歷史裁判我們的，將不是憑我們每個人在此所發表的演詞，不是憑在此通過的決議案，不是憑我們在此所發佈的備忘錄和報告，而是憑我們對為這一區域之人民，對計劃及討論所作的演繹是否已臻具體而看得久的結果。設使我們能縮小計劃與執行間的罅隙，如此，祇有如此我們才能感到這是供獻，而我們所作的討論才成為有價值而結結實實。」

繼英國之後，即是美國的報告，這次出人意料，美國的報告是十分平淡普通。尤其這位代表晏恩氏，是一位極其拘謹沉默的人物，他那種安詳持重的態度，發言時那種中音節聲調，望之如一位爐火純青的長者。和英代表相對照，前者是曲意弄姿，英華洋溢，後者却含蓄異常，天鈞不動，這似乎和此二國傳統民族性格，成了相反的對照，自是罕有之事。

下午蘇俄代表發言時，聽衆的面部似乎都有一種異常的表情，有的人在左右顧盼時，目光和認識的人相接觸，常常會交換一個神秘的會心微笑。再看那衞星國家的席上，却人人都目不斜視，望之尤冷氣逼人。更有不同的，自從我國代表徐柏園氏首創站在發言臺報告後，以後所有的代表就都在發言臺上報告，但這次蘇俄代表却仍端坐原處，一開口就如急流狂波，滔滔不絕，大放厥辭，弄得那繙譯員亦是上氣不接下氣的爲之力竭聲嘶。他不但大吹法螺，誇張他們的經濟建設，甚至還激昂其詞，大事宣傳其裁軍主張。接着又講中共在大陸的農業及重工業如何進步，以及北韓、北越，及蒙古等等的經濟發展。他說在這一區域內，既有此國際組織而剝奪這些國家參與遠經會的資格，是十分遺憾。這一報告足足耗去一小時以上的時間，會場原有平靜的空氣，這時好似忽然來了一陣雷電交加的暴風雨，但一過之後，又恢復了正常氣氛。那時我心頭不自覺地升起了一個意念，即狂風暴雨，畢竟有時而止，太空明麗的曙光，仍是會照耀人間，我大陸苦難同胞，及我親愛的父兄弟妹必能看得到開陰霾而照旭日的一天。我又不禁默默地禱求神祐，快些來幫助我們縮短這人間的赤色災禍！

西方民主集團未發言的要角至此就祇有法國了。法國首席代表前財政部長阿孛朗氏向以擅長演說聞名，所以人們對他的報告，亦有熱烈期待。然而這位白髮如銀的法國代表所作的報告，並不能如人所望，儘管他說話時手舞足蹈，聲調激昂，內容却未免有點近於八股。反之，倒是南韓代表的報告，詞簡言重，甚博好評；最後他以極莊嚴的語氣，駁斥蘇俄代表不應利用此一全然以討論經濟爲中心的場合，來作政治宣傳，他說：「蘇俄的政治宣傳，破壞了自大會開幕以來平靜而友好的氣氛，裁軍問題自有聯合國全體大會在討論，遠經會並不是討論這個問題的場所。」

十二日星期六，議事日程祇有半天，討論中心仍是集中在此區域之經濟發展問題，原甚平靜無波，但忽有一位以觀察員身份列席之世界貿易工聯的代表出來發言，竭力爲中共、北韓、北越等鼓吹，其情調與昨天的蘇俄代表如出一轍。正當他講得津津有味的時候，我國副代表王愼名氏即嚴詞請主席注意該發言者之立場，主席即加誥誡，其人始草草結束，赧然而退。所謂世界貿易工聯者，一向有兩個機構，一屬自由民主，另一則爲共產集團所把持，此發言人自屬於後者。

會議至中午十二時後，主席即宣告散會，並聲稱本屆經濟討論已告結束，下週一再續會討論其他部門。這次大會的重心節目至此已告過去，其餘未討論的部門中，爲一般人士最所關懷的，當首推湄公河下游開發計劃了。

經過一個週末的休息，十四日上午重復續會，每個人的臉上似乎都帶有一種輕鬆愉快的表情，除了共產集團一羣鐵猙嚀臉的代表外，人人都是滿面春風，相見時，彼此總是會笑靨相迎，寒喧頷首。這雖是一種最飄忽的人情味，但亦有其一種溫暖。主席響木一擊，宣佈續會，空氣便立刻嚴肅起來。

這天全日討論的事項，可分三大要目：㈠技術專家小組報告；㈡發展經濟計劃及工作小組報告；㈢檢討一九六一年經濟計劃專家會議議程。各代表都逐一表示意見，開始第一個講話的是巴基斯坦代表，他說發展經濟，不可忽視教育和衞生兩件大事，如此社會才能眞正進步。於是菲列賓代表就說，爲響應這個建議，遠經會應將技術專家小組的建議對於如何計劃的一切技術，普遍的灌輸於此一區域內。他還加上一段形容：「我們經濟落後的區域，處在十八世紀的生產情況下，而要勉力支持來適應原子時代的社會進展。」紐西蘭代表則謂如欲鼓勵此事之進展，而不致爲有疑問的數字所迷弄，增進統計的基本技巧，甚有必要。英代表立即響應這建議，他認爲這是十分基本的，而且在指示人們怎樣使用這些數字以前，尤應多搜集這些基本數字。馬來亞代表則歡迎將如何搞統計的一切專家小組的主張，編成手冊以作指南。但泰國代表認爲單有這些還是不够，遠經會應設立一個經濟計劃研究院。聯合國文教組織代表則請大家注意本年初在巴基斯坦會議，所提出推動亞洲區內實施強迫教育的二十年計劃，爲實現此計劃，有待籌劃的經費，將達五十五億美元。印尼代表則提議，爲求培養計劃人才，此一區域內應設立一訓練中心，以訓練政府公務員，獲致設計之技能。於是各代表均强調訓練計劃公務人員，以爲此區域之用，自屬十分重要，並一致通過請求遠經會領導進行，會議於六時許始散。

這一日會議所討論的種種，實無一不是爲此區域內迫切需要推動之事，倘能一一實現，自將爲大衆造福無量。歸家途中，華燈初上，車輛塞道，五光十色的曼谷夜景，着實是綺麗迷人。回想十年前，我初次來此時，曼谷的市容，到處都使人意味着原始的情調，道路兩旁，都是滿儲穢水的迂迴小濱，架濱依水，盡是縱橫欲傾的大小木屋。現在則處處是洋場十里，華屋連衡，進步之迅速，市容之改觀，今昔已判若兩個世界。看到了這一切，不禁又使我想起菲列賓代表的幾句話。我想應該將它改爲：「在十八世紀的生產情況下，”却要享受原子時代的一切文質文明。」若論曼谷何以能達到今天這樣的繁榮，這當然有許多因素在，但他們的政府對都市建設，確是大刀濶斧，有不尋常的魄力，集中全力以赴。這種精神，實可嘆服。雖說這不過是一種屬於表面的升華，但確使人感到一種新興的氣象。一國首都，觀瞻所繫，自亦不可不注意。

十五日上午討論人口問題，雖佔時不多，但所論均甚扼要。高度人口生產率，在今日此區域，實已成爲普遍之現象，同時亦爲與經濟有關的嚴重問題，若不速謀辦法，減少生育，則將無以拔此一區域之普遍貧困。這一問題尤以印度爲最嚴重，而農村尤過於都市。各代表咸以爲必須深入研究，充分利用人力資源，提高經濟生產，以中和人口膨脹過度的壓力。巴基斯坦婦女聯合會代表强調推動家庭計劃，實爲目前最迫要之務，並提議應由社會領導組織一「有計劃的做父母聯合會」(Planned Parentshood Federation)。並普遍的設立家庭健全指導，教育民衆，限制家庭人口。這種辦法，日本已開始試行，很著成效，印度亦將此項運動列在他們下一個五年經濟計劃內。這位女士述畢，就有一位白髮蒼蒼的神父起而發言，他是國際天主教新聞聯合會的代表。他以極嚴肅的語調，請大家考慮個人及家庭之尊嚴責任，並警告大家注意由於減少生育，將形成老人的人口率之激增。全場聞此，爲之忍笑不已。

十一時後，即進入討論貿易專題，這一個項目，必將佔時很久，而我對它實在不感到興趣，很想就回家去休息；但有人建議我何妨去嚐試一下遠經會的美國式的食堂，即所謂 Cafeteria。於是我便改變計劃，索興等吃了午膳，再行回家。當我獨踞一角，且吃且縱目四看，忽然聽到在我的後座，傳過一個十足英國發音的聲浪來，我不由自主的回頭一看，原來後面一桌，坐着四個人，內中一位，却就是英國首席代表，他說話時，總是提高着嗓子，聲震四座。起初祇不過在漫談會場中的事，過了一會，他忽然大聲的說：「糟糕，現在的英國人都不死了！」這句突如其來的怪言，實在太惹人注意，我不自禁地再聽他談下去：「你們想，人口怎麼不要成問題，現在醫藥，一天天的在進步，任何疾病，都有了對症的藥來治療，以前英國歲數大一點的人，最怕生肺炎，一經染上，十之八九，總是完蛋。但是現在却不然了，治這種病已有了特效藥，年紀再大也不怕了，所以英國現在獨多這些老而不死的人。」無意中聽到這樣一段會場外的高論，今天我眞可算得不虛此行。一方面我就在想，也許有一天這位代表所說的話，眞會成了嚴重的問題，而要在聯合國會議上提出討論呢！

自從會議進入專題討論以後，我的興趣便逐漸減低，因爲這些討論實在太專門了。十六日全日的討論，都是關於工業及天然資源的報告，代表們雖一個個都是議論滔滔，但在我這個外行人聽來，好像都是千篇一律，十分枯燥乏味，到後來自己覺得連聽覺的吸收力都停止了機能。於是我索興把架在耳上的播音聽筒除下，以目代耳，來觀察一番會場的動態，自亦很有趣味。我發現在我前排，有一位龍鍾白髮的老太太，年齡總在七十以上，她天天必按時而到，隨會而散，行路時已是顫巍巍的傴僂不堪，但是多數時間，總是坐在那裏，走筆如龍，極認眞的在寫記錄。再看我後排的一羣年青新聞記者，却從未看到他們有動筆的時候，大家祇是不停的吸着煙捲低低的互相談笑。這個對照，不禁引起我一種感想，覺得這位老太太大概自知生命的道路，已行近盡頭，必須在她這個已屬有限的途程中，儘量抓住機會，決不放鬆。而這一羣青年記者呢，就根本不會有這種意念，因爲他們正初上這個行程，祇知憧憬燦爛的將來，絕不會經意目前的一切。

十七日從上午九時半起至下午四時，一直都是討論交通專題，其中最重要的一件事，即爲「亞洲公路」計劃。這計劃在兩年前就由遠經會秘書處在大會中提出，且先後在新德里，卡拉基，及曼谷等處擧行過好幾次小組會議，頗有進展。這個計劃，準備將現有亞洲各國之公路，一一使之連接貫通，以越南之西貢作起點，由東達西，直至伊朗之德黑蘭，銜接土耳其之邊界，使成爲一亞洲大道，直達中歐。各國均一致表示熱烈支持，並予通過，美英法比及西德均表示願予協助合作，並定一九六一年爲「東亞訪問年」(Visit the Orient year)。阿富汗一向稱爲「無出路之國」(Land locked country)故其代表立即表示說，他的國家因地理形勢所困，處於峯巒交廻之中，所有出路，均受阻於鄰國，無法發展其對外交通，故其政府，對此項計劃，特別感有深切之興趣。英國代表表示此一公路，應以新加坡爲起點，並說英政府當考慮在可倫坡計劃中，給予援助。美國代表則提議此計劃在分區工作小組會議時，應同時討論如何使各國的關卡手續儘量簡單化，並謂前在印度擧行之公路安全會議，即可覘此計劃之已在節節進展。我國代表徐柏園氏則表示，爲求「亞洲公路」之成功，統一公路交通規章，自亦爲一重要事件，例如行車方向，或左或右，不宜各自爲政，即須設法趨於一律。巴基斯坦代表則呼籲聯合國及國際間多多予以經濟及技術的援助，俾使此項計劃，得以早日執行云云。

此一計劃，凡亞洲人聽了都會感到興奮，而我在聽時，更有無限的感慨。情緒起了激動，一切人的話都無法再聽下去。其時交通專題已近尾聲，只見好多人不時你來我往，交相討論着似乎相當重要事情似的，因爲他們面部的表情，都很嚴肅，可以推想他們並不是在那裏隨便閒談。這時坐在我後面的記者們就在議論，據說這就是場內活動，彼此聯絡好了，對於提案通過，有莫大關鍵。我想這個時候，最緊張的，當無過於遠經會秘書處的各單位主管。每一項專題的討論，對他們實無異是在公庭上受審判，工作成績如何，都要由各代表來審查，他們的估値，眞是一言九鼎。前天我就聽到遠經會的幾個職員在講，據說某年在吉隆坡開會，遠經會秘書處的兩個單位主管，就變了極不同的判決書，而最難堪的，這兩個單位的節目，在會議程序中，每次總是排在一先一後。那次在先的一個遭受美國代表露骨的責備，說他造了許多計劃，却沒有一個抓到要點，要這些計劃來做甚麼。這種當衆不留餘地的抨擊，實在使受者十分難堪。尤其接着對在後的一個，却揄揚備加，推崇無比，說這一單位的工作，實在爲世界做了一宗最卓著而切實的榜樣。偏偏英國代表接着再加重一下，他說了這樣的一段：「即使遠經會甚麼事情都不做，但憑這一單位的工作，已可有它存在的價値了。」相形之下，使前者眞無地自容。代表們一個個都是主子，他們愛怎樣說，沒有人敢出一聲，他們的譏誚怒罵，祇有沉着氣接受。人人都認爲在聯合國做事是等於捧到了一隻金飯碗，依我看來，這隻飯碗亦着實是不容易捧的。

　這次自開會以來，人人都認爲是最風平浪靜的一次，就是連一向最善於搗亂的蘇俄共產集團，除了在開始時，小作姿態外，也都很守本分，再下去也不見得會有發生任何取鬧的可能性。交通專題一結束後，就要輪到防洪局的工作報告，及討論湄公河開發下流計劃。

　講到湄公河計劃，在表面上看來，果然是這一區域內的一件水利大事，而不知其在政治方面，更有不少微妙的潛在意義。泰越棉寮四國能臻於同心一德的合作，其中當亦着實費過一番苦心遊說，不過這是看不見的事。爲此一部份幕後工作用過力的，也就是最早發現這條國際河流具有多方面重要性，而孳孳其事，予以推動的人，他就是遠經會防洪局的主管沈怡博士。防洪局的工作方針與使命是在謀這一區域內的水利發展，所以沈氏在聯合國任職之初，即遍訪遠東各國，考察水利，第二年就提出以推動湄公河下流開發計劃爲防洪局此後之中心工作。在一九五一年，此計劃雖已開始發動，祇以當時越南政局動蕩不定，中間曾停頓了一個時期，無法進展。直到一九五六年越南時局轉好，該局始在一九五七年遠經會第十三屆年會中經大會通過，四國同意，於是此計劃始引起各方面的注意；而最難能可貴的，則爲此四個有關國家都能衷心合作，意見一致，因此計劃的推動，極爲迅速。自從以恢復蘇彝士交通而着稱的魏勒將軍所領導的調查團爲此計劃經過數月的審查工作後，計劃進行，益趨積極。但據我所知，其中亦內幕重重，暗礁甚多，原因並不是四國間有任何意見上的分歧，而是聯合國總部與其它所屬單位間的自相爭奪，初則大家都想來分一杯羹，繼則更想把這件事據爲已任，藉此以作標榜。最初不過是農業單位暗中覬覦，出以偷天換日的手段，來攫取聯合國的援助資金，以作操縱愚弄四國的資本。但現在又有進一步的突變，以前與農方敵對者，今已升爲總部中堅，其對各方情形既瞭如指掌，遂暗中策劃，聯敵爲友，更與可以左右其事者，連通一氣，上下內外，意圖大權獨掌。照說在一個高高在上的人，利用職位，大可指揮如意，無所忌憚；然而事有不然，偏偏這四個有關國家，對計劃之倡導者，信任獨專，是以糾紛百出，阻撓橫生。今鹿死誰手雖尙不得而知，但言之鑿鑿，此一內幕新聞，當非全然無稽傳說。按照常理推測，若此說果有其事，則遠經會的執行秘書和防洪局的主管者都是彬彬君子，學者作風，恐非狡黠而動輒用不擇手段者之敵，而四國又復事事都須依人成事，最後將終於屈服。所可嘆者，聯合國的產生，原爲世界主持正義公道，那知它的秘書處本身中，竟有如此不堪之爭權奪利行爲，尙何言哉！

　四時許交通報告結束後，即爲水利報告，首由湄公河委員會主席泰國賓生氏 Dr. Boonrod Binson 報告一年來湄公河下流開發計劃進展概況，並代表四國致謝各方之捐助，最後復呼籲各國繼續予以物資及技術的支援。次即爲防洪局主管沈怡氏的工作報告，並略附述關於湄公河計劃的推動經過。工作部份他說最重要的可分三大類：㈠致力於健全水利政策的提倡；㈡研討具有基本重要性的共同問題；㈢推動國際河流合作開發。關於湄公河的，他僅說，這個計劃的推動，遠在十年以前，直至一九五七年，始由四國同意，合作進行。但在過去十年之中，防洪局曾盡其可能，以促成此計劃之實現，以後仍將本此精神，繼續效力，以觀厥成云云。越棉寮三國代表亦均致詞，大都不外致謝各方捐助的一套之語。以後就是各國代表次第發言，大家對防洪局工作均一致推崇，讚揚備至，認爲這一部份的工作表現，確是發揮了高度的技術成就。對湄公河計劃則公認爲一件國際合作的水利大事。英國代表還說了這樣一段話：「聯合國促成這樣一件輝煌的大事業，實在可以大足自豪。」法日及以色列三國致詞時並宣佈各該國政府之捐助，法國續捐新法郎五十萬，連前共爲二百萬新法郎。日本續捐五萬美元，以色列則捐助水泥一千噸。我國代表衣復得氏的致詞，頗博全場好評，尤其他措辭都很經斟酌，而他的英語發音亦相當够標準，不若其他東方國家的代表，發語時都有很多怪音，最使我忍俊不禁的，莫過於他們在說 "work"（即工作）一字，每次總是唸成 "walk"（即行走）的聲音，所以 "working party"（即工作團）就變了「走路團」，而 "work out"（做出來）却變了 "walk out"（走出去）了。

　水利專題討論直至六時始結束，聽了這個會議後，我才恍然大悟，原來湄公河下流開發計劃的全部經費，都須要靠聯合國及國際間的捐助，四國自己所擔負的，合起來僅不過美金百萬元，小國艱難，於此可見！說來慚愧，我聽了半天，對防洪局那些工作的名詞，實在不太了解，而對湄公河計劃開發以後的價值，亦不十分清楚，爲求明白這一切起見，我已定下主意，去防洪局作一次訪問。

　十八日七時三刻我已趕到防洪局辦公處，即蒙該局主管沈怡氏接見，我就開門見山的說明來意，承他欣然見允，以問答的方式作一不致佔時太久的談話，於是我就立刻開始。

　問：『何爲「健全的水利政策」？』

　答：『就是「多目標流域開發之推動」。多目標者即開發一河流，目的並不是僅僅平爲單純的某一件事。譬如說某一河流開發以後，一方面根據天然形勢築壩聚流，造一大蓄水庫，用以發電，一方面以多餘之水量，作農田灌溉，使舊時不毛之地，盡成良田。枯水時期，河道水淺，航運發生問題，就可以將庫中之水，逐漸放入河道，以維持其所需要的深度，於是舟隻就可航行無阻。到了洪水時期，急流湧下，事先放去水庫一部份存水，來容納這一股足以成災的水量，使不致氾濫爲禍。這豈非一舉而有無數的得嗎？這就是所謂「多目標」的意思。』

　問：『甚麼是「具有基本重要性的共同問題」？』

　答：『爲應此一區域內的迫切需要，目前我們所從事提倡並研究的共有三項：㈠土方工程，亦就是取土、搬土、及填土的工作，如何力求其效率的提高。無論造堤築壩，這一挖土數量，極爲鉅大，說起來好像是一件極普通而無所需乎技術的事，尤其當此科學時代機器處處可以代替人力，但問題却不是這樣簡單。第一、這一區域，人口衆多，失業問題，本已嚴重，我們絕不能捨人力而不用。第二、這一區域的經濟情形，是無可諱言的困窘，我們做任何事必須以能省則省爲原則，何況每一方土，若能使它省下半厘一分的錢，則總合起來，可以省出的數目，將爲不能想像的龐大。現在我們所要研究的，就是怎樣才可使人力和機器配合得最理想而經濟。㈡搜集水文資料，這是一個最傷腦筋的問題。凡進行水利工程，必須要有文資料以作根據，但這一區域，事事落後，此項資料，最付闕如，而工程進行，時不我待，所以我們現在正研究如何補救應急的辦法。㈢提倡開發地下水。原來我們所住的地面下，至某種深度，那裏亦是有湖有河，水源極豐，卽沙漠地區，亦不例外。現在我們正在從事研究開發，將來有了結果，大量的地下水，眞是將取之不盡，用之不竭，正可以補充地面水之不足。』

問：『湄公河開發以後，對四國的利益如何？』

答：『簡略言之，共有四大利益：㈠大量廉價電力，可用以發展各種工業，四國咸受其利；㈡航運暢通，寮國從此有了出海之路，對它將來的經濟發展，有莫大的幫助。貨運日增，越南西貢的地位，將益居重要；㈢灌溉的面積將大增加，泰寮二國之東北部，受益尤多；㈣防洪防潦，越南濱海地區，就可免於水患。』

問：『除湄公河外，尙有其他河流已在計劃中否？』

答：『數年前，我曾去尼泊爾走了一趟，無意中發現一條河流名卡那利 (Karnali)，蜿蜒於崇山峻嶺間，其河流高低之差別甚大，而在峯迴路轉之點，距離又極短狹，若能鑿道相通，卽可成爲一大量水力發電源。此一河流的研究，現已列入我們的工作計劃內。』

這一席問答，確增進了我不少水利知識，辭謝而出，逕趨會場，時正在討論經濟組的決議案。傾聽少時，殊不感興趣，看了一看議事日程，上午爲討論發展貿易及工業的經濟合作決議案及統計勳態，下午爲區域的技術協助勳態與農業報告，並決定下屆年會的日期與地點。下屆年會地點印度政府已提出邀請，惟尙須討論決定。

十九日是星期六，會議照例祇有半天，參加人數似亦比平日來得寥落，討論中心已轉入每一個提案的通過。聽了半天，興味索然，便信步走到會場外喝咖啡的地方，要了一杯熱熱的咖啡，坐在舒適清涼會場外的迴廊中，獨自細細飮啜，一面領略場外一般人的勳態，倒也別有風味。

我正在顧盼自得的時候，忽然發現在我對面坐着一位東方青年，也捧着一杯咖啡慢慢地在喝着。起初我以爲他是中國人，但一經交談，方知他是泰國籍。我有意的說看他外表實在太像中國人了。他笑着告訴我，他祖父的一代是從潮州來泰營商，他父親是在泰國出生，母親是泰人，但也有中國血統。接着他就問我：『你看大會主席，像不像泰人？』我略一凝思，一張白晳而豐滿的臉就浮現在我意像中，我就說：『他也很像中國人，和你一樣的白。』因爲我深知道這裏的人最高興人家讚他們皮膚白，所以我有意的這樣說，他臉上立時現出一種喜悅的光彩，接着就說：『可不是嗎！他的中國家譜還不是和我一樣，他祖籍是福建，姓許，不過他現在是做了大官了。』他頓了一頓又說：『講老實話，純粹泰人不過佔全泰人口十分之一，就是以前的國務院長鑾披汶元帥，他的祖上也是中國人。』我好奇地又問：『聽說當今的泰王和王后也都有中國血統？』他搖着頭說：『這個可講不得的，許多事都祇能心照不宣。再說現在政府裏多少重要人物，那一個沒有中國血統，祇是他們很諱言，地位越高，越不願意人知道他的家世，不像我們小民，是無所謂的。』我想了一下又問：『那末是不是他們對中國感想不好？』他扮着一個鬼臉說：『這種下意識作用，研究起來太複雜了，面對事實，他們當然祇知有泰；若論內心，我敢說，百分之百的人還是很驕傲他們的中國血統。講起來很可笑，當第二次世界大戰結束，中國政府派來的第一任駐泰大使到達的那一天，哼，那才是氣派呢！從飛機場一直到大使館，凡是大使行經之處，眞是萬人空巷，夾道恭迎。那種熱烈的情況，不必說泰王御駕出巡，遠無此種壯大的行列，就是美國總統艾森豪最近去歐洲及南美訪問，恐怕也比不過這樣盛大莊嚴。特別是情緒方面，有多多少少華僑商直瘋狂得連眼淚都流下來，那時連毫無中國血統的泰人，也硬要說自己有中國血的，你說有趣不！』他停了一下，又歎息地說：『可惜這種情形，有如狂浪中的泡沫，一現就消滅!?』我聽到這裏立時覺得氣結語塞，便勉强又開去說：『你在遠經會工作？』他頷首說：『做點小事，我是本地雇員。』『你們這裏好像印度人很多？』我又問。他毫不思索地回答：『那當然囉，十二年來，兩任執行秘書，都是印度人，直到去年秋間，才由以前的貿易組緬甸主管升上去的。他倒是一個大好人，可惜身體太弱了，但他的前任倒是一位運動家呢，現已升任總部副秘書長。』我一看手錶，已是十二點鐘，急忙向他握手道別，深覺此一段無意中的談話，倒得到不少新鮮報導。

二十一日下午，我抱着有始有終的心理，仍趕着去會場看最後閉幕的一幕。到時已是十點五十分，只見菲列賓副主席正坐在主席的交椅上，搖頭擺手的在說笑，其動作頗似上海書場上的說書先生，臺下的人亦時時發生一陣陣的笑浪，那一種輕鬆的氣氛，是爲會議中從來未有。我急忙將擴音聽筒放在耳上，一聽究竟，原來這位副主席正在描寫每一個出席代表的特點，詼諧百出，引得大家不斷的哄堂大笑，但亦有人在搖頭，似乎不以這種作風爲然。過了一會，正主席又重復登場，主持最後閉幕儀式，講了一套八股後，又以極輕鬆的語調講了一個小老鼠偷吃牛乳的寓言，來勉勵大家應抱鍥而不舍的精神，共同合作，以達到最後的成功。在一陣熱烈的掌聲中，一九六〇年遠經會第十六屆年會就此結束。

坐筵

姚詠萼

「七日洞房八日散」，是我的家鄉——浙江永嘉城廟，形容結婚典禮，洞房裏熱鬧的情形的。但我現在要說的，是北伐之前的婚禮。一般稍有地位或富裕之家，情形確是如此，要鬧上七八天，客人才漸漸散走，並不是渲染或誇大的話。自十歲到十五、六歲這些年間，我參加人家結婚典禮不下數十次，雖然時隔數十年，印象一直很深。我的父親是慷慨好客的，交遊廣濶，地方上稍有名望的家庭，不論士紳或殷商人家結婚，我家總得有一份喜帖的。因此，我便常到這些喜事人家去做「坐筵客」了。

現在對「坐筵」這一名詞，先得作一交代。「坐筵」原是結婚典禮中一個儀式，只許女客參加，不許男客列席的。而且所有女客，都得參加，因此對凡參加喜事的女客，我們便通稱之爲「坐筵客」了。「坐筵」是永嘉城廟結婚典禮中最突出的一個儀式，是永嘉所獨有，不僅浙江七十二縣其他各縣市所無，就永嘉一縣而言，也僅限於城裏，鄉下便沒有了。結婚人家，有「坐筵」的場面，客人才多，也才熱鬧。而所謂「坐筵客」，除了親族戚友的女眷——結婚時非來不可的之外，其他「坐筵客」，有些都是千方百計邀請了來的。所以「坐筵客」的中心人物，不一定是這喜事人家的親戚女眷，有的僅是慕名邀請而來，以光場面罷了。

「坐筵客」不是隨便邀請得到的，第一要人材出衆，雖然並不一定美如天仙，却決不能在水平之下；第二要有漂亮的行頭。常聽大人們說，某家如有年已及笄，而且生得漂亮的小姐，結婚之家，一定要把她請到「坐筵」，往往不惜化時花錢，替她借衣服，張羅首飾。可見我們永嘉人對於「坐筵」這件事，是何等重視的了。

我第一次去作「坐筵客」的前一天晚上，母親教我一切應對的禮節。她一面指點着我演習，一面把我明天預備穿戴的衣服首飾整理出來放在一起，最後乃爲我修整頭髮。當時我垂着兩條辮子，辮根用玫瑰色絲線紮住，約有一寸來長。就在這一寸長的絲線上，見出許多工夫。頭髮挑成花紋，如雙喜或方勝(卽間色骰子粒)等，常時變化。我的頭髮又多又黑，在艷麗的玫瑰色絲線空隙中；襯映出烏黑發亮的髮紋，的確好看。這兩根辮子，足足要梳上兩個鐘頭。最膩人的，是額前下垂的一綹劉海了。臨睡前，母親把我的劉海先用開水燙過，再用木梳子細細地梳直剪平，用一條綳紗帕包住，緊緊地繞上兩三匝。她再三叮嚀我說：睡在枕頭上不許轉動。一動，劉海便凌亂不成樣子了。不曉得是愛漂亮還是聽話，我眞的一直乖乖地，到第二天天亮不曾轉動一下。雖然半夜偶然醒覺，睡得脖子酸痛，很不是味道。我總是耐住了，不敢違背母親的吩咐。第二天下午兩三點鐘，母親便動手替我粧扮，打扮得像一朶花兒似地，兩手指上給套上珠翠戒子，兩腕上是鏤花的金鐲，頸下掛着長長的金鍊，交叉在胸前，另一端扣住在腋下的紐扣上。金鍊交叉的地方，綴上用珍珠串成的珠花，約有碗口那麼大。打扮停當，母親還給我準備了一頓豐盛的飯點，硬逼着我當面喫得結結實實地。說是先塡飽了肚子，免得挨餓。

這時，喜事人家接客的轎子，已在正廳上等着了。母親事先曾告訴我說：「上轎的時候，身體朝前，要與轎子朝着同一方向，站在轎子左側。跨轎桿時，左脚先進，再跨右脚，慢慢地退到轎內坐下。假如先探頭進去，在轎門口拿屁股朝人，再轉一個身坐下，還成個什麼樣子呢？」上轎時我記起母親的話，照着做了。轎子臨起身時，母親還諄諄地囑咐陪我同去的老媽子小心在意，隨時關照我。凡是去坐筵的人，都得帶一個老媽子作伴，也是不可少的。這種老媽子，要揀乾淨俐落，而且懂得喜事竅門的中年婦人充任。一切事，她都會指點你，做你的顧問。喜事人家迎迓坐筵客的轎子，玻璃轎子之外另有一頂便轎，就是給老媽子準備着的。

轎子到喜事人家，廳上奏起管樂，一位年輕漂亮的小姐，從洞房裏出來迎我進去。進了洞房我向所有的坐筵客和新娘一一見禮；也是母親事前囑咐過的。迎迓坐筵客必在新娘進門拜堂之後，是很令人費解的，我與大家見過禮，便乘空着的位置坐下來。主人家雖然照例遞茶敬點心，客人們接在手上一擎放下來了，並沒有喫它。不久眼看客人漸到漸多，洞房裏也越發熱鬧了。坐筵之前先舉行兩種儀式：一種叫做「上頭笄」，是婆婆替媳婦上冠的儀式。正廳裏排着一張西式大菜桌，桌上蓋着大紅呢毯，上面擺着果盆，下首排着一項珠冠，點上兩對大紅燭。在管樂聲中，新娘由陪媽(伴娘)扶着坐在桌子上首，婆婆出來坐下首，由「迓客」(專門在喜事人家下帖子請客的人)在婆婆座上接來珠冠，獻給新娘。新娘端坐着並沒有戴上，那僅是一個儀式罷了。坐了一回，婆婆與新娘交換位置，那是新娘回敬婆婆了。這個儀式大概要化上半個鐘頭，接着的是「相見」。「相見」是坐筵的先奏，說明白一點，是介紹新娘與婆家的親戚、來賓見面之禮。雖然新娘頭上仍蓋着紅巾，任憑陪婆的牽拉，一點看不見，可是相見禮還是進行的。此時女客們都由後堂到了洞房對面的正房坐着。大廳上並排着兩張八仙桌，桌子前面，設有兩只大座椅，椅披坐墊，地下放着一條大紅呢毯，桌上擺着寶鼎古盆。紅燭高燒。上首桌邊站着司儀，前後左右擁着觀禮的男賓：有老公公，也有風度翩翩的佳公子，這時，可說是結婚典禮中的最高潮，歡樂聲中包含着多彩多姿的人生。

站在八仙桌上首的司儀，看着排在桌上安排好的名單，按客人的姓氏點唱，迓客便緊接着高聲相請。先把主角新郎新娘請出來，站在紅氈毯上。

「相見」的人，先請本家父母，若兩老雙全的，必定出來，左右對面站着，並不坐在大座椅上接受新郎、新娘的三跪九叩首禮。那兩只椅子，等於擺樣罷了。假使兩老不全，一般的都擋駕不肯出來了。其次是本家的叔伯公婆，這些人都很客氣，不一定肯出來。接着請的是舅父舅母。我鄉有句土話，叫做「衫袖脫出，像姈婆娘相見」。姈婆娘，卽舅母因爲相見之時，滿堂燈光閃耀，衆目睽睽，那些來客，多屬年青漂亮的，姈婆娘年紀既大，也就不漂亮了。老年人的衣服，不會時新，何況從前的女人，過了四十，穿的非青即藍，非常樸素。因此相見時，年齡較大的，都不肯出來。只有舅父母不同，是無法躲過的。我鄉習俗，外甥結婚，舅父母是主賓，酒筵席次，舅父母要坐頭桌頭位。分家時也是如此，要舅父到場簽字，分書方才有效。因此迓客三請四召，非把舅父母請到給他個三跪九叩不可。舅父是男人，自然豪爽，早已站在大廳上左方相待了。年紀大的姈婆娘，半晌方才由老媽子拉牽着袖子，姍姍地出來，那時大堂上一羣觀衆不期哄堂大笑，孩子們有的竟拍手歡呼，姈婆娘面紅耳赤，妞妮之態畢露，滿堂歡笑之聲盈耳，煞是有趣。所謂「衫袖脫出，像姈婆娘相見，」就是形容這個鏡頭的。以下所請平輩客人，祇請少奶奶小姐等相見，不請男的，這大概是相見主要的目的，原是介紹新娘與男方的戚友見面，但格於男女授受不親的古訓，平輩以下的只請女眷，便不請男士了。這些女客，珠光寶氣，漂亮美麗，從洞房的對面房裏出來，站着行了平禮，由跟着的老媽子陪伴，扶進洞房。再次是請小姐們了，也由年齡大小以定先後，小姐們的出場，究竟與衆不同，滿廳上男賓的眼睛，都注集在一身，盡情欣賞。從面孔的漂亮，衣飾的華美，以至走路的姿態，風度的綽約，一一看在眼裏，記在心中。我屢次作客，在這場合，最爲緊張，心跳得也最急劇。我想所有的女客，也必有此同感的罷。若經驗有素的，尚可從容應付，否則臨陣怯場，難免受窘了。好多人爲了「相見」，在家裏也得預習一番的。

相見禮畢，新娘回到洞房，卸下鳳冠襟袍，穿上便禮服。這時最麻煩的，是新娘的頭面打扮，重施脂粉，密密麻麻地插着滿頭的珍珠，不能露出半點頭髮，這些打扮，雖是陪媽的事，大概都是客人中少奶奶從旁指點的。與這同時，大廳上也開始佈置坐筵的場面。又是一番景象了。

從大廳直通龍道(卽大廳至大門的天井)，一長排西式大餐桌，一只接着一只，看女客多少而定。有些人家竟有五、六桌之多，長長地一條龍排着，由正廳里向下伸張，經過天井，再進二門大廳。我鄉喜事之家，天井裏都搭有彩棚，下面舖着大紅金漆的地平板，左右兩旁有扶手欄杆，白布天幕下掛着宮燈，非常堂皇。每只桌上，蓋着白色枱毯，也是一字長蛇的擺着瓶花、寶鼎或其他古玩。一張桌子，大概安排着八個坐位。最奇怪的，是每個坐位前面，都放上一面楕圓形的鏡子，剛巧對着女客的臉。有些外地人曾經問我：坐筵桌上的那面鏡子，是作什麼用的，是何道理？我也不知其所以然，誰也說不出道理。坐筵的席次，也與相見一般，年長者居上，年齡輕的坐在下面，次第由自己跟隨的老媽子扶着出來，坐在指定的坐位上。新娘和婆婆坐在大餐桌兩端的主位上，與西洋人宴會的儀式一樣，只是對鏡而坐，沒有動刀叉吃菜罷了。新娘此時已取下紅頭布，露出盧山眞面目，打扮得像平劇上的且角，除非面貌奇醜，看起來都很美麗。賓主坐定之後，先由迓客說些吉利的話。座上的女客，面對着鏡子，果然可以欣賞自己的美麗，男客們更可乘機在一羣鶯鶯燕燕中，比較高低，以飽眼福，直至退位爲止。這樣在細樂聲中，端坐着約摸過了二十分鐘，新娘先行引退，客人們也依次退席，儀式於是告成。從前的女子，既無公開社交，又無自由活動的場所，到了訂婚年齡，男方要看女方的眞面目，「坐筵」桌上是最理想的了。年老的相媳婦，年輕的相對象，聽說有好多婚姻，都在「坐筵」桌上相親以後，得以成其百年好合的。

「坐筵」行過以後，主人又要安排酒席了，只有這一次的酒席，算正酒，酒菜特別豐富。正酒之前，吉期的前夕，新娘嫁妝抬來的那一天晚上，洞房裏已佈置一新，男方把所有的男客請來大喫一頓，叫做「喫鬧夜」；但不是正酒，筵席當然也次一等的。男客的正酒，都安排在大廳上，彩架下，及二進的大廳上。大陸上宅廣院遂，一二十桌席位是不成問題的。大廳上每上一個菜，新郎必定敬一次酒，新郎往往不勝酒力，有躲避起來的時候。那時，男客必大聲喧嗹，有的去找他回來的。於是，喝酒猜拳，歡聲雷動。女客的席次，多擺在房間裏面。洞房裏是必定要擺上一桌的。新娘坐在主位上，陪伴新娘同桌的，當然以小姐們是最適合的人選了。我每次去坐筵，都是坐在洞房中那一席的。陪媽也在這一桌上，坐在新娘旁邊，代表新娘頻頻勸客飲酒舉箸。這一桌的女客，都很斯文，僅把酒杯一擎，筷子在碗邊上一點，聊以表示意思，很少一大口一大口喫的。我年輕，一切學着大人的樣子，也把酒杯一擎，筷子在碗邊一點。心想，她們也與我一樣，在家裏已把肚子塡的飽飽的吧。上了十餘個菜，大家便離席了。新娘與客人們宴會之後，對鏡化裝，男客們酒醉飯飽，都跑到洞房里鬧房了。有的男客把躲避着的新郎找來，與新娘並排站着，由客人們儘情取笑，直到夜深，才漸漸散去。女客們由轎子挨次送歸，客人太多了，我每次作客回家，都在夜間十二點以後，母親還坐在燈下候着呢！

喜事的第三天，是新娘最快樂的一天。因爲三朝是新娘「回花」——卽第一次回家的一天。從前女子，許多人都是對婆家陌生的，有的連新郎的面孔都不認識；在夫家鬧了這兩整天，一旦回家，解去束縛，其喜可知。這一天新娘一早起來，打扮一如坐筵一般，坐着藍呢玻璃大轎，到了家門。那些小別了的姊妹，一窩蜂擁到轎前，歡迎着她的回來。這個時候，有的母女竟喜極而相擁流淚的。如果夫婦感情融洽，夫家無間言，新娘對小姊妹們有說有笑，否則常有帶着淚眼訴說衷腸的。母家備了酒席，留着喫了午飯，才抬着轎子回去。有錢人家，也有「雙雙回門」的——卽新夫婦同時回到母家，這樣場合，夫家需備一、二桌酒席，名曰「孝順席」，向岳父母表示敬意。母家請來親友作陪，又要置備相當禮物回敬。這樣，雙方的化費都大了。新娘回到夫家的當天晚上，新娘由介紹人及親族陪同到

江湖行（二十四續）

徐訏

九十九

自從那天以後，紫裳與我間的隔膜總算泯除。我們的感情像是已枯的花草發了新芽，但是這並不是以前感情的復活，而是我們有了新的呼應。我們一時竟成了舵伯與曇姨的子女，我們完全像成了自己同胞的兄妹了。

這原因也許應該歸功于曇姨，她對我的尊敬與信託，眞是使我覺得是一個承繼舵伯的長子，而我應當保護寡母與弱妹一樣。

舵伯並沒有遺囑。曇姨竟要我承受所有的財產，她把她所有的地契屋契股票公債現金什麼都交給我，還把舵伯經濟有關係的人都介紹給我。她自己完全不想保留一文半文，她祇是像依靠我生活。我起初再三推却說這些財產都是她的。她就說：

「野壯子，這些財產都是舵伯的，他一直當你是兒子，你是長子，你應當來承受。我是一個寡婦，也算是你後母，我也不怕你不養我。」

後來眞眞無法推却，我說：

「但是你知道我是不會理財的。你這些年來同舵伯在一起，總比較熟手。」

「可是，你已經不是小孩子了。」曇姨忽然很嚴肅地說：「舵伯已經死了，你也不應該再流浪，無論如何應當慢慢成家立業。現在我還可以幫你，慢慢我也老了，還不是要靠你自己。」

眞的，曇姨以後眞是照她所說的做，她事事都同我商量，有什麼事便要我一起處置。她還要把銀行的戶頭轉我，她保險箱的鑰匙交給我。我說就是要我管理，也不必那麼急。尤其銀行的幾個戶頭，舵伯用的是圖章，我覺得暫時根本不必去改動它。

日子一天一天的過去，我們也已經為舵伯找好了墓地，並且開始找了石工修築。紫裳本來想過了五虞就回昆明去，現在則決定等到舵伯遷葬了再走。

紫裳與曇姨雖是母女，可是從小就分離了，重聚後也一直沒有住在一起。現在這幾個星期，竟是最長的一次團聚。母女兩個人似乎越來越接近起來，這一半可以說是他們天性的復活，另一半則仍是曇姨性格的吸引人。紫裳很快的就當她是親密的朋友一樣。曇姨那些日子晚上都失眠，我與紫裳常常在她房內談得很晚，曇姨從來沒有機會向紫裳談她當初離家後的種種，現在則一一訴述起來。我們自然也談到我認識曇姨時，每晚在雅片榻上談話的種種，以及李白飛陸夢標與那個放印子錢老闆娘一類的人物，這使紫裳聽來都覺得非常新奇。

就在這些親切的夜晚裏，紫裳與曇姨才成了眞正的朋友。有一天，紫裳忽然同我說：

「野壯子，我想同你商量一件事。」

「什麼事？」

「我想于舵伯遷葬後，接母親到昆明去住些時候，你覺得怎麼樣。」

「你為什麼問我呢？」

「也是你的母親，是不。」

「紫裳，我很高與你能够眞正了解你母親與愛你母親。你祇要記住你們母女重聚是我的功勞，那我就很光榮了。」我說：「你知道，我還會使老耿的父子團聚，結果他們並沒有和睦相處。我對那件事一直很惆悵。」

「我想，你也許想我母親同你住在一起，幫你管家；或者至少等你結婚以後。」

新娘家去，叫做「會親」。新郎來時，新娘家裏的姊妹姑嫂們躲在房裏，爭看新姑爺，並安排着戲弄新郎的把戲。有的在廳堂裏的大座椅一隻椅脚下（新郎坐的位置是有一定的），塞進桂圓殼子，待新郎坐下，桂圓殼子碎了，嚇唬新郎一驚。房裏的女眷們知道新郎上當，不覺失聲歡笑，引以為樂。也有把搓深為珍珠般大小的湯圓，再用線子串起來，讓新郎可望不可即，喫不到湯圓，待新郎舀起連串的湯圓，房裏的女眷們又是一場哄堂大笑了。那個時代，新郎的年齡都在十八、九歲二十以下，面皮既嫩，也就經不起戲弄了。假使新郎年齡稍大，有了廿四五歲光景，大家都稱他是個老新郎，戲弄的情緒，也大為減色了。

第五天是泰山或小舅子來新郎家答拜的日子，在廳上主客寒暄了之後，才到洞房裏去與女兒或姨妹一敍私情。到了第五天以後，沒有特別的節目，只是人來客往，替洞房裏添上熱鬧罷了。第七或第八天，還有一次最後的酒席，稱為「出閭門」，僅有一桌，是專請新娘的所以請的僅是女眷，至親鄰舍。這一席酒是喜事的尾聲了。

上面說的，是我鄉北伐前的結婚大典，革命之後，早給炮火轟散，只能在記憶中回味了。那個時代，在我們家鄉討一房媳婦或成一門親事，眞不容易。自訂婚、送（日選送結婚日期）到結婚，其間金飾、喜餅、猪、羊、鷄、鴨、桃糕，要送三次，還是僅就普通家庭而言。至於富有之家，不用說場面也跟着大了。北伐之後，此風漸漸淘汰，後來人人舉行所謂「文明結婚」。事實上，「文明結婚」只是半新不舊的一種儀式，情調上已無何可言的了。自行「文明結婚」之後，大概一個下午的時間即够，連那些回花、回親、合計也僅有一二天便可了事。人事一天天進步，什麼都簡化了。今日臺灣，有的公證結婚，前後不到二十分鐘，即已完成終身大典。我每憶及我鄉以前的那些繁文縟節，想起今日的簡捷，是不是時代進步，事所必然，還是人間仄了，沒有那些餘錢和閒情了呢？四十九年三月于臺北

「我不會這樣自私的。」我說：「我覺得曇姨住在這房子，可以回憶的事情太多，實在應該換換空氣。前幾天我正在想，等葬好舵伯你回昆明以後，我陪她到峨嵋山去玩一趟，讓她散散心換換空氣。」

「這計劃很好，你不要我同你們一起去嗎？」

「你不急于回昆明麼？」我說：「逸塵……」

「啊，他不會不肯的。」紫裳忽然笑了：「他很相信我的。」

「可惜他要教書，不然約他一起去倒好。」

「他要有空，自然同我一起來重慶了。」紫裳說：「我想這樣，我們一起遊峨嵋，以後到成都去玩玩。我們就從成都去昆明了，你一個人回來。」

「我為什麼回來。」

「你也跟我去昆明麼？」紫裳笑着說。

「我沒有這樣好的福氣。」我說。

紫裳忽然若有感觸似的不作聲了，我當時玩笑着說：

「我也不陪你們到成都，就在峨嵋山做和尚了。」

夜裏，我們把我們談過的意思告訴曇姨，曇姨很高興；但是她不願意馬上去昆明。她說：

「我住在這裏，自然天天有很多感觸，但是把舵園交給野壯子一個人，他一定有更多感觸，說不定他就把它賣了。」她說：「我想為舵伯保留這個房子，住在這裏；至少我要等野壯子結婚了。」

「如果你去昆明，我相信一定暫時不會回來的，這房子自然不要保留了，租掉也好，賣掉也好。」我說：「我一個人還是在市區找一間房子住，方便多了。」

「你看，我知道你的想法。」曇姨笑着說。

「我的想法也許同你不同。但是保留這房子幹麼？說到紀念舵伯，在我們心裏也就够了。你不去昆明，同我住在一起，為我管家，可是我也常常出去，你一個人在這裏東摸西摸觸景生情，又淒涼又寂寞，這決不是辦法。」我說：「你去昆明換一個新的環境，每天有紫裳陪你，明年也許還可以抱孫子。死的已經過去，活的祇好向前希望，守在這個舊地方，沒有什麼意義的。」我說：「而且我生活也不一定。這些天我常常想到，當初舵伯叫我出國，我沒有去，現在如果可能，我很想到世界各國去跑跑。老實說，我現在不但不想結婚，連交女朋友的興趣都沒有了。」

「野壯子，你看，你總是沒有改變。這可見你一直怕成家，你下意識始終並沒有想娶一個太太，在一個地方安定下來的意思。」

「也許是的，但是奇怪的是當初帶我來流浪的是舵伯，我的父親是一個農夫，祇想就在一個地方過日子。可是舵伯帶我出來，變成了一個流浪漢。舵伯自己，出獄後就買房子，安定下來，而我則好像前面總有什麼事情什麼人等着我似的，我就不下來。一直到上次回到上海，看到幾個成家立業的朋友，覺得我年紀也已經不小，不想流浪了。可是又逢到了打仗，自己又失戀又受傷，現在我眞是什麼心情都沒有了。我想也許等我到了舵伯當初回到上海時的年齡，我也會想安定下來，也說不定。」

「那麼你要我去昆明。」

「是的，曇姨，我要你快活，你到了昆明，就會知道我的意見是對的，還有，你還不熟識你的女婿——宋逸塵。他是一個家庭的男子。你一定會喜歡他的。」

「這樣也好。不過你可不忘了我，無論你在哪裏，至少每月給我一封信，你肯答應我嗎？」

「這自然可以答應你。」我說：「而且如果方便，我也隨時會來看你們的。」

當我與曇姨這樣談話的時候，紫裳一直坐在較遠的一個沙發上，這時候，她突然哭了出來，我吃了一驚，我說：

「紫裳，怎麼啦。」

她還是唏噓地哭着。

曇姨這時候走過去，坐在她的旁邊問她，可是紫裳竟倒在曇姨的身上嚎哭起來。

「紫裳，怎麼回事，是我說錯了什麼話麼？」我說。

紫裳沒有理我。

曇姨這時候暗示我出去。

我走出外面，到我自己房內。我一直沒有再去看她們。但是我聽到她們出去進來有兩三次，最後才聽到她們熄了燈。窗外的蟲聲掩去了所有的靜寂。

夜，長長的夜裏，我一直張着毫無倦意的眼睛。

一〇〇

在生命之海中，人類所佔的大概不會超過萬分之一吧？然而人類的生命仍是生命的主流，一切禽獸昆蟲植物的生命不過是依附在人類的生命的存在而已；這因為人類有貢獻，有創造，有發明，人類改變了整個的世界。在整個人類的生命中，個人自然祇是滄海的一粟。但是因其貢獻創造或發明之不同，對于人類社會與世界的影響，每一個生命在比重上往往是異殊的。

舵伯的一生雖是渺小的一生，但是也改變了不少人的世界。在他死去以後，他仍將永久地活在許多人的心中，這是毫無異疑的。尤其是在我們與他接近的人們，覺得他始終是我們一羣人生命之主流，我們一直是圍繞他活着的，他一死，我們就像失去了重心，也許就各自分散，被吸收在其他不同的主流中了。

在舵伯的坟墓上，我寫了一篇紀念的文章，刻在另外一篇墓銘的旁邊。上面就是那篇文章的大意。舵伯的坟墓相當寬大講究，墓前設了石欄石壇，旁邊還立了一個小小像紀念牌似的一個三角形石塔，三面都刻着紀念的文字，他在上海時的文友來重慶的也不少；除了我的那篇文章以外，有一篇桐城派的墓誌銘，其餘是幾首很好的輓詩。

墓地在一個山坡上，面對着溪流與原野，從法華寺到那邊，也有七八里路，移葬的那天，來送葬的朋友也竟有一百幾十個人。而我們除了登報外，也並沒有普遍的通知。

等送葬的人一一散後，我們又盤桓了很久才回到家裏。現在才眞覺得舵伯離我們已經很遠了。

舵伯之葬于重慶，完全是舵伯自己的意思，是他平時常常談到的。所以當時並沒有人想等抗戰勝利後還柩去江南卜葬的想法。因此曇姨當天清理舵伯遺物，她又檢出那一對玉鐶，我說：

「這一對玉鐶，有太多歷史了。我們倒沒有想到給舵伯隨葬。」

「他是故意要留給你們的，他生前說過，一隻給你，一隻給紫裳。要你們會永久保留它。」

當時我重新細看這一對玉鐲，我已經分辯不出哪一隻是何老交我的，哪一隻是曇姨交我的。曇姨則認得出兩者的區別，她說過一對玉鐲有雌雄之別，她所保留的一隻是雌鐲，何老所保留的則是雄鐲。當時她則把雄鐲交給我、把雌鐲交給紫裳。

「你們把它載在手上吧。那麼雖是不在一起，也像同在一起一樣了。」

曇姨這句話很出我意外，紫裳似乎也馬上感覺到，她接了玉鐲，紅了一陣臉，但隨即鎭靜下來，笑着說：

「我們自然會像兄妹一樣在一起的。」

紫裳是演過許多戲的人。但在她說那句話的時候，我仍是看出了她內心的不安。

我知道紫裳仍是愛我的。但是我們始終沒有勇氣說明我們的感覺。

天氣一天天冷下來了。我們已經把舵園租給一個舵伯的朋友，但是曇姨留了一間寄存雜物的房間。

當時我們計劃先遊峨嵋，再到成都，成都住幾天後，他們就直接飛昆明，隨身祇帶很輕便的必需品。曇姨現在也不希望我馬上成家安居，她反鼓勵我明年出國去看看世界，多讀點書。所以對于一切的安排都像是不擬在重慶長住的打算，有許多事情都要交待安頓，因此我們足足忙了十來天。接着就有許多朋友爲我們餞行。唐默蕾那時候常來幫忙，她覺得我們離開了，她會少了好幾個朋友；余子聰現在已經負文學雜誌的全責，他希望我仍把它當作一個事業，常常爲他寫稿拉稿；陸夢標從貴陽回來，參加了舵伯的喪禮後，常有來往。他對于沒有參加小鳳凰的婚禮，覺得非常遺憾。他在重慶要就半年，半年後要去成都。人生會聚無常，亂世生命，誰也不知道有什麼變化。

在這些零亂煩雜的日子中，我們仍是接到許多親友的來信。容裳在加拿大很幸福快樂，獲知舵伯的噩耗，她很悔恨不能够回來，她信中對我一字不提，倒是提到紫裳，希望紫裳會多安慰曇姨。

韓濤壽也有信來說，他碰見了寫那篇毀謗我文章的蕭君，他告訴他我因那篇通訊所受到的打擊。這使蕭君感到非常的慚愧與悔恨，希望韓濤壽轉告他衷心的歉意。

韓濤壽還附來了黃文娟的信，她告訴我衣情的情形沒有變化，在神經病院裏，親友都不認識，半身不遂。小壯子則是頑健，叫我放心。小江湖收入不錯，老江湖也很淸健，都問我好。

這些消息對于我是一個諷刺也是一個打擊。不知怎麼，我當時忽然感到我是一個欠負衣情的人。不管衣情的性格如何，人品如何，但是她是愛我的。她還爲我生了一個孩子。她的病雖是因潘宗嶽被刺而起，但不能說我對她離棄是沒有關係的。

當我反省這些時，我對於自己眞是覺得可憎可怕起來，阿清爲愛我而死，衣情爲愛我而瘋。那麼我何怪容裳與紫容對我離棄，否則，她們不是也會遭遇到什麼不幸了麼？

但是這些都是暫時的自怨自艾，當紛紜雜務需要料理安排時，我就把它忘去了。這也可以說我是爲要把痛苦忘去，所以急切于找點雜務來忙。我不知道我究竟有多少愛慾，面對着紫裳，我下意識的，竟時時想對紫裳表明我愛的是她，而一直是她！

就在我們要離重慶前的一些日子，舵園裏的情形眞是像被轟炸後的城市，淒涼而零亂。佣人們都已遣散了，胡嬤則時時哭泣。曇姨本來要帶胡嬤去昆明，但胡嬤不願離開翠妹，翠妹也不願胡嬤離開她，翠妹的丈夫收入不錯，也很歡迎胡嬤去住。曇姨因此給了胡嬤一筆養老金，這原是很幸福的結局。可是胡嬤偏也離不開曇姨，她一定要伴到曇姨動身啓程爲止，看看舵園裏淒涼的情形，想到要與曇姨分手了，竟時時哭泣着。人生的矛盾眞是不可理喻，愛情這東西到處似乎都在戕殺生命，我很想勸勸胡嬤，但是竟想不出該說什麼。倘若胡嬤決定隨曇姨去昆明，那麼想到要離開翠妹，不也是要哭得不知怎麼才好了麼？

曇姨本來就有許多感觸，胡嬤一哭，自然也心酸不已。最後還是我請了翠妹先把胡嬤接回去。免得大家傷心。

就在我們爲碎屑的雜務煩惱與忙碌的時候，日子悄悄的過去。我們于十月中旬離開重慶，那已是秋涼的氣候了。

從重慶到嘉定。如果走公路的話，那就要經過內江。我自然想到穆鬍子。穆鬍子去內江以後，一封信也沒有來過；我于決定遊峨嵋前，曾經寫了一封信給他，但沒有他的回信。後來我們決定不走陸路，所以我想也不會有機會碰見他了。(待續)

讀者投書

(二) 對交通部更正函的駁正

一鳴

看過六月十六日出版的「自由中國」上，刊出的交通部對於我發表在五月十六日「自由中國」上投書的更正函，不禁使人啼笑皆非。以其所述各點，全與事實不符，我站在原投書人的立場，特依照更正函次序扼要駁正如後，使大家明瞭事實之眞僞。

一、交部長沙街郵電大樓，堅固結實乃郵電員工皆知的事實。前任部長賀衷寒先生在此大樓辦公歷時四年，從未發見危險之處。以交部所言，自光復以來卽危險堪虞，那賀先生的膽量未免太大，袁部長未免膽小，過份杞憂。交部以維護公產爲名，而行浪費公帑之實。況且那次修理亦僅是翻修地板樓梯天花板及粉刷牆壁而已，請問此種修理與大樓的倒坍危險有何實益？又云：危險堪虞係經建築師查勘決定，請問建築師是誰？其查勘結果如何？何不公佈以釋羣疑。至修理費僅承認約計二十八萬元，政府機關的公文書也如此模稜，不敢肯定負責。是有難言之痛？以該部四十五年答覆國家安全局查詢關於「修理郵電大樓浪費公帑」公文中，自認修理費是郵局負擔三十餘萬元，電信局負擔十三萬餘元，共計也達四十三萬「餘」元之多，如今又以「約」二十八萬元混淆視聽，前後自相矛盾。最後還嫁禍于郵電，推卸責任，欲置身于事外，退一萬步言，卽使交部「未參與其事」，但身爲主管機關對郵電不應修理而修理大樓，浪費公帑，也難辭監督不周之咎，有瀆職守。老實說，修理是交部發動的，費用由郵電盈餘支付而已。嗣後交部同仁交相貶責，鑒於人言可畏，袁先生曾大請交部同仁乾杯哩！交部如此矯揉做作，實係欲蓋彌彰。

二、交部所謂疏散工程均係依照法定手續辦理，既奢言法定手續，當然應遵照行政院頒佈施行的「公有建築物招標辦法」的法定手續辦理。該法第三條規定「軍事機關除有特殊重要之機密工程，得由主辦工程機關呈經上級機關核准，並徵得審計機關同意後，斟酌辦理，不受必須公開招標之限制」。易言之，一切普通機關之普通工程，自應受該法之拘束。請問交部疏散工程係屬那類的特殊重要的機密工程？其所謂之法定手續何指？希別拿法令搪塞責任。又說「曾分別通知經濟部機械工程處、臺灣省建設廳營建工程處和新中國打撈公司同時議價」，雖有此事實，但總務司長劉業昭故設圈套，秘書室不明內幕，遽而行文更正，被迫只有揭露其眞相，該部總務司四十五年三月廿日以總字第一六五號函分別通知上述三機構參加該部第一期疏建工程議價，但會議價日期則定在三月二十二日上午九時，工程既大，估價費時，從發文之時起(包括公文旅行時間在內)計算，也僅有二天時間，而且還須去臺北縣五城工地勘測，在時間上無論如何措手不及。新中國打撈公司既是交部附屬機構，其董事長又是交部主管財務的會計處長朱如淦先生，交部使出「迅雷不及掩耳」的手法，自然其中大有文章。可是，經濟部機械工程處倒也洞悉其情，立卽在三月廿一日以(45)機北發字第五八一號函復交部總務司，文曰：「總字第一六五號函暨附圖說明均敬悉。貴部疏散辦公房屋工程因議價日期迫促，未及測勘估計，本處不擬參加」。至省屬之建設廳營建處復文則較爲含蓄客氣。文云：「本處邇來工作較忙，人手不敷，本次不克應命，嗣後如有工程仍祈賜予參加機會，俾便效勞」。交部更正文中所云：「其餘兩家均以工程繁忙不克參加函復有案」。顯屬遁詞，全與事實不符。交部欲以函復有案規避其應負的責任，其用心可謂之良苦！交部除第一期疏建工程外，尚有第二三四期工程，又爲甚麼不依第一期工程議價之例，給予其他兩營建機構以參加議價，俾便效勞的機會。由此可見本人投書所指，該部疏建工程係交新中國打撈公司單獨建造，是揑造事實？是故意中傷？

最令人發噱的是交部所云：「本部因限於經費，原定單價較低」，又是自欺欺人之說。反之交通部用於疏建之經費，是中央各部會中任何一部望塵莫及的，原定單價更屬特高，因編幅寶貴，恕不用數字證明。又說：「施工期間由承辦建築師指派專人駐工地『嚴格監督』，但建築師爲何許人也，文中並未說明，那末我被迫又得說穿它。交部疏建工程承辦建築師是主辦的福利科長劉金崑專請的廈門街長城建築事務所的李寶鐸先生，交部爲何含糊其詞，知而不說，是否畏懼司法機關澈查？交部還得意地說：「過有不符規定，隨時糾正」。李寶鐸先生請原諒，我現在舉實例證明絕未「指派專人，嚴格監督」，更未「遇有不符規定隨時糾正」，以審計部的抽查(而非普查)結果而論，其中不符規定之處共有七項之多，倘遇有不符規定隨時糾正，事後會有這許多皮漏發生？玆將不符規定及減賬數目說明于後：①屋樑杉木未去皮減五百元；②各宿舍道路未做減一萬二千六百元；③厠所浴室臺度少做減三百四十四元九角二分；④各處龍頭規定用四分之三改用二分之一減七百七十六元五角；⑤門窗相差三公厘至六公厘減一千六百零四元六角；⑥電燈罩規定用一〇改用八點四分之一減一萬五千九百三十二充零二分。上述不符工程標準均屬鐵的事實，其他的保留不說。請讀者先生想想，有專人駐工地嚴格監督，過有不符規定隨時糾正，則不符工程標準之事絕不可能發生，尤不可能發生如此之多。承辦建築師既收取百分之三的公費，如此的嚴格監督，實在是够朋友而對不起國家。

此外，我還想請教李寶鐸先生幾

點：㈠改用現代廠的空心磚你為何同意？㈡第一次變更位置加價五萬二千八百零三元三角五分，是不是你的意思？如果不是，又是誰？㈢乙A二棟宿舍變更位置加價三千九百八十七元八角一分，你有何理由？㈣第二期工程變更設計加價二十八萬二千五百十九元二角七分，既已設計妥當，又為何輕易變更？身為建築師如此顢頇，使國家遭受重大的損失，於心何忍！㈤依照交部與新中國打撈公司所訂合同第十一條之規定：「本工程之圖樣施工說明標單及建築章程係屬合同之一部份，承包人應切實遵守……工程進行後如查與圖有不符之處，甲方(交部)得令乙方(新中國公司)立即拆除重建，其時間與金錢之損害由乙方負責」。工程既未符規定，為何不令新中國公司重建？主張減賬徇私舞弊的是誰？偷工減料減賬之少與變更位置及設計加價之多，誠有天淵之別。如果此事引起法院注意追究法律上的責任，事情鬧大了，請問你與交部如何善其後？

三、交部的疏建工程中獨無會議室，反之部長官邸確有之，此有該部工程圖標單及施事說明為證，其中涉及部長官邸之規定達十餘項之多。交部更正函應該說「部長官邸現已改為會議室」，不應公然說謊，欲一手掩蓋天下人耳目。交部更正函謂在未施工前將原定建築部長宿舍之經費，改建會議廳，此又為荒謬至極的解說，交部的會議廳置有抽水馬桶三座，是否預知與會大員有腹瀉之虞？建造有西式洋盆浴室，是否供給與會官員大沐其浴？室內建有壁爐，是否備與會人員取暖之用？又佣人宿舍較高級官員宿舍更為寬敞，廚房設備齊全，試問與會人員是否又需長期侍候並供膳食？其他與會議廳無關不倫不類的設備，恕不枚舉，請讀者先生評斷，交部會議廳的設備，何其之多？又何其怪也！該部秘書室應該說，原部長宿舍建而未住，遭受交部同仁的指責，現改為會議廳之用。非但該部不虛心接納「鐵的事實」，反而設詞欺人。此事審計部驗收有案，即使莫朝豪先生亦不至於否定。

四、交部對這家借債度日的新中國打撈公司愛護備至，並引用行政院命令加以庇護，交部既如此，對不起！我也引用行政院的命令加以反駁。行政院四十八年六月十七日第三三二七號令：「關於總統對民國四十七年一至十二月重要工作檢討報告，指示改進事項有關交通部七項中之第五項：『查新中國打撈工程公司，自成立以來，年有虧損，可否即將該公司移轉民營或予以裁撤，應加研究』。」總統的指示賢明正確至極，無奈交部陽奉陰違，有董事長朱如淦為後臺，亦屬莫可奈何！新中國打撈公司之存在，決非如袁部長答覆立委質詢所說：「寧可百日不用，不可一日缺有」。它存在的價值和理由，不會如此簡單吧！

本人對前交部大員涉嫌舞弊加以口誅筆伐，其動機係出於維護國家的利益，希望有權追訴犯罪的司法調查機關主動嚴密的予以澈查。同時也仰望掌握監察權的公正委員先生，別廢弛國家賦予你們的神聖的職權，則國家幸甚！民族幸甚！

來函照登

敬啓者：貴刊第廿二卷十一期讀者投書「㈠再看交通部的疏建德政」一文，內容多與事實不符，特再擇要說明如次：

一、本部疏散事宜，係由各單位主管會同組織疏散委員會負責主持，並於委員會之下，設立疏建小組，由本部工程、人事、會計、事務等有關主要人員會同組成，負責辦理工程進行事項，所云由總務司與會計處秘密洽商決定，自非事實。至本部疏建計劃所需經費，遵照行政院指示以國庫不另撥款為原則，必須自行籌措財源，其中主要部份，係以「以產易產」方式，將本部在市區或近郊一部份房舍售價撥充。因此工程之興建自須分年逐步實施，自四十五年四月起開始興工，至四十九年三月完成。各期工程預算及變售房舍價款撥充經過，均經呈院核定有案。所云疏建工程總額已突破一千六百萬元大關，與事實不符。

二、本部疏建用地，經會同地方人士洽租畑地每坪每年二元五角，耕地每坪每年四元五角本部於四十五年支付地租費依約預付三年租金為新臺幣九萬四千餘元，每年地租僅合三萬餘元，所云四年累積租金總數三十七萬餘元，自非事實。至於租金拿回扣乙節，如投書人非得自流言而能提出證據，本部自當從嚴法辦決不寬貸。

三、關於工友眷屬宿舍，該項工程事先曾委由新中國工程打撈公司估價，以係按職員眷屬宿舍所採標準估列，致較本部木工所估者為高，因限於經費，改為僱用木工自行購料辦理，每戶計工料費一萬六千餘元，在施工期間經訂定辦法借調工程人員經常監督。又檔案室（原係借用醫務室及康樂室）及單身工友宿舍之另建乙節，本部以預算所限，故延至末期，列為最後一批工程。同時以原建車庫於本部疏遷後兩度遭受颱風吹損，所需修復費用甚大，乃決定拆除車庫一部份，用其材料建造檔案室及工友宿舍，以節工程費用，兩項工程價款合共僅為二十七萬四千餘元，所云檔案室工程即達二十八萬餘元一節，亦非事實。

四、安坑地方人士前臺北縣議員張錫榮先生，在當地頗負人望，對本部疏遷事宜與溝通民間關係頗多協助。經聘為本部設計委員會額外專員並酌給交通費，使其經常擔任地方聯繫工作，亦屬便利公務之措施。至於本部升旗臺（員工集合場）鋪設草皮二二五坪，全部費用為二千七百元，所云用去一萬一千餘元，顯與事實不符。

以上四點，敬希　惠予刊佈以正視聽為荷。

此致

自由中國社

交通部秘書室啓四十九年六月十日

頃閱貴刊本年六月十六日第二十二卷第十二期所載「從行政院改組說到陳院長觀念中經濟建設」一文，說到石門水庫工程成本問題說：「據傳聞石門水庫預付水泥公司的貨款賬面上寫的是新臺幣壹千萬元，實際付給水泥公司只貳百萬元」云云，與事實完成不符。查石門水庫工程因需要，鉅量水泥，本會為減輕成本，把握供應數量及價格，經與臺灣水泥公司簽訂長期供應合約，由該公司按每公噸散裝水泥新臺幣肆百柒拾元之優惠價格供應本會水泥二十五萬噸，由本會預付貨款新臺幣伍百萬元。嗣以本會所用水泥類型變更（按臺灣一般水泥均為 TYPE I 本會為應建壩需要，須改用接近 TYPE II 之水泥），該公司因增添設備續請本會預付貨款新臺幣壹千萬元，經委員會議核定分期續付伍百萬元，當先撥付貳百萬元，連前付之伍百萬元，共為柒百萬元。此實付數與本會賬面所列款項完全相符。特函請　查照更正，並於貴刊次期刊登為荷。　此致

自由中國社

石門水庫建設委員會啓

逕啓者：昨閱本月一日出版之貴刊第廿二卷第十一期所載「警備總部不應根據盛世才挾嫌誣告而濫行捕人」社論一篇文內涉及留港之國大代表林伯雅君於在臺時曾被傳訊一節中指林君現任本報主筆等語，查林君並非本報主筆亦從未在本報服務，貴刊所載失實即希　惠予更正為荷　此致

自由中國半月刊社

香港時報社有限公司敬啓

六月拾五日

給讀者的報告

「誰是眞正的多數？」由於國民黨黨政當局的製造民意，以及幾個吃主義理論飯的食客搖旗吶喊，可能使一部分過於忠厚的人弄糊塗了，因此我們特發表社論㈠。

自從五月十八日在野黨及無黨無派人士舉行本屆地方選舉檢討會，發出組織新的強大反對黨決議以來，已引起海內外各方面的共同關注。這在本期所載李萬居先生在選舉改進座談會委員會議致開會辭全文中，便可以獲得概括的瞭解。現除針對行政院長陳誠有關反對黨的談話發表社論㈡「與陳兼院長論反對黨」外，並同時刊出葉時修先生的「反對黨不能組成嗎？」一大作。至於左營方××、高雄陳×、以及臺灣大學楊××等三位先生的來信所詢新黨名稱、政綱、政策等項，據我們所知，選舉改進座談會正在根據各方的意見草擬中。我們相信：新黨的政綱、政策，一定會符合每一個愛自由、愛民主、愛憲法的海內外反共人士的希望和要求。至於魯愚先生的「——我也贊成組織新黨」一稿，恕不刊登了。關於來社晤談，我們竭誠歡迎，請於每日（星期日除外）上午九點半至十二點之間駕臨可也。

北投署名「政工官張××」先生，新竹林×先生，臺中署名「不敢署名的小兵」先生，以及高雄「一輩活不了的下級軍官」先生的來信，都先後收到。關於各位對於行政院對調整待遇案措施所作之抨擊，我們具有同感。現因立法院的堅持民意代表立場，已把行政院的企圖粉碎，我們除發表社論㈢「從待遇調整案的發展與結束展望政局前途」，並決定不再發表諸位來信外，希望大家向維護正義的立委先生們鼓掌。中興新村丁×先生「敗政之源」投書，因爲也是談的待遇問題，故決定保留。

本期另外的三篇專論：一篇是楊剛毅先生的「對貨幣數量說之探討」大作，一篇是攀星先生的「臺大青年的心聲」大作，一篇是仲夏先生的「談現行高普考的考試制度」大作，都是各有所本，各有所見，值得大家細心一讀。楊先生和仲夏先生的稿積壓甚久，請原諒。

「選舉改進座談會的聲明」自六月十五日對外發表，並同時由公論報、民主潮、民主中國、及本刊在六月十六日全文刊出後，曾引起國內外一致重視。但內政部長連震東公然在六月十七日舉行記者招待會時，企圖一口抹煞事實，淆亂社會聽聞，現該會特進一步發表聲明，指出時間、地點、人物等，證明連部長所說全是謊言，而要求公開答覆。我們覺得引證資料具體、週密，特用「特載」欄刊出，以餉本刊讀者。

苻子先生的「旁聽第十六屆亞洲遠東經濟委員會年會偶拾」通訊稿，是就實地旁聽所得寫成，報導詳盡資料寶貴。我們因不願分期刊出，特破例用整整六頁篇幅，加以發表，敬向大家特別推介。

署名「全國軍友人員」的複寫函已收到，函內所指××部主任蔣××等將全國同胞所捐「金馬捐款」八百餘萬元「悉充自己應酬」一節，我們由於一時無從查證，只有暫行保留。署名「溪州亞廠工場一員工一羣」的來信已收到，信中所述木工場主張阿三之所作所爲，如屬實情，的確可惡，但因來信無人署名負責，本刊無法查對，決暫行保留。臺中縣「受害軍眷」楊××的「陳情書——我的控訴」已收到了。因既已投寄其他報刊，我們限於篇幅，恕不發表了。臺北市葉××先生來函已拜收，關於本刊自四月一日起漲價一元，非敢不顧低薪讀者的負擔，而是由於純粹民營刊物的實際困難，當時曾特別向讀者報告並致歉意，事非得已，務希原諒。

自由中國 半月刊　第廿三卷第一期　總第二五六號
中華民國四十九年七月一日出版

發行人　雷震
主編　『自由中國』編輯委員會
出版者　自由中國社
社址：臺北市和平東路二段十八巷一號
Free China Fortnighty, 1, Lane 18, Ho Ping East Road (Section 2), Taipei Taiwan
電話：二一八五七〇

總經銷　臺灣　自由中國社發行部
航空版　香港　友聯書報發行公司（香港九龍窩打老道一二〇號）電話：五九一六四、五九一六五

經銷處
美國　紐約友方圖書公司 Hansan Trading Company, 65, Boyard Street, New York 13, N.Y., U.S.A
　　　紐約光明雜誌社 Sun Publishing Co., 112, Mulberry St., New York 13, N.Y., U.S.A.
馬尼剌　新疆書店
緬甸　仰光振成書報店
北婆羅洲　西利亞坡青年書店
星加坡　友聯書報發行公司（小坡大馬路四六九號）
吉隆坡　友聯書報發行公司（馬華公會大廈三樓七室）
怡保　友聯書報發行公司（希尼華沙甘街十六號）
檳城　友聯書報發行公司（林連登律七十二號）
澳門　友聯圖書公司

印刷者　精華印書館股份有限公司
廠址：臺北市長沙街二段七一號
電話：三三四二九號

本刊經中華郵政登記認爲第一類新聞紙類　臺灣郵政管理局新聞紙類登記執照第五九七號　臺灣郵政劃撥儲金帳戶第八一三九號
（零售：臺灣每份臺幣五元，海外平寄美金一角五分，航寄美金三角五分）

自由中國

FREE CHINA

第廿三卷第二期

中華民國四十九年七月十六日出版
社址：臺北市和平東路二段十八巷一號

半月大事記

六月廿五日（星期六）

聯軍代表斷然聲明，韓國自由統一之前，聯軍絕不考慮撤退。

日本共黨操縱左派份子，在東京大阪示威。

赫魯雪夫在布加勒斯特對共黨羣衆大會稱，蘇俄的政策「將依舊不變」。並以教訓西方相威脅，要求締結對德和約。

六月廿六日（星期日）

艾森豪返華盛頓。

法屬非洲馬達加斯加宣告獨立。

美兩院仲裁委員會同意增加國防經費，以加速陸軍作戰配備現代化。

美國防部長蓋茨稱，美已完成軍事準備，足以應付大小戰爭。

六月廿七日（星期一）

俄繼破壞高階層會議之後，又破壞裁軍會議，開會中途俄率附庸國代表無故退席，聲稱將把裁軍問題提交聯合國。

艾森豪發表演說，報告遠東訪問經過，謂對共黨擴張陰謀，已獲更進一步瞭解。

傅布就任剛果共和國首任總統，剛果反對傅布，發生騷亂。傅布就職時表示剛果「將拒絕可能導致受外國奴役的任何條約」。

古巴大軍火庫爆炸，哈瓦那全城震撼。

六月廿八日（星期二）

西方各國決將裁軍會議全部紀錄送往聯合國。

多明尼加政府下令武裝部隊進入戒備，應付委內瑞拉威脅。

六月廿九日（星期三）

剛果獨立。

俄已正式請求聯合國秘書長將裁軍問題列入聯大議程並向各國致送照會。美同意由聯大商討裁軍。

古巴政府接收了設於奧倫特省聖地牙哥的美國所有的德士古煉油廠，因爲該廠拒絕提煉「古巴政府所購的蘇俄原油」。美國務院斥爲越軌行爲。

古巴食糖輸美，美將予限制，衆院通過法案，授權總統削減。

美衆院通過國際新貸款計劃，協助低度開發國家。

七月一日（星期五）

歐洲自由貿易組織正式成立，關稅將減低百分之二十，歐洲物價可望下跌。

索馬利亞共和國正式宣告獨立。

七月二日（星期六）

蘇俄破壞裁軍談判，美提出正式譴責，照會促其考慮恢復談判。

七月五日（星期二）

尼泊爾外交部宣稱，中共已同意舉行「邊境委員會」，以劃定雙方之間的邊界。十名被中共所俘尼軍及被害一名尼國軍官屍體已予交還。

七月六日（星期三）

剛果發生兵變，要求改善生活，撤換比利時軍官。

艾森豪簽署新法案，削減古巴食糖進口，將原有古巴食糖配額三百十一萬九千六百五十五噸削減七十萬噸。

古巴政府發表聲明，將沒收美在古財產，報復美削減古巴糖配額。

七月七日（星期四）

剛果情勢緩和，比籍司令辭職。

義共煽動工會，羅馬工人罷工，示威發動暴亂。

七月八日（星期五）

古巴悍然拒絕美英抗議，誣美經濟侵略，强調有權沒收外國油廠。

義共煽動全面騷亂，示威造成流血事件，發動全國罷工，企圖倒閣。

剛果發生土人革命，羣起驅逐白人。比利時、英國商採國際行動。

七月九日（星期六）

剛果情勢突告變化，卡丹加省宣佈將獨立爲共和國，比利時派兩閣員，並空運軍隊赴剛果。剛果總理失勢，總統取得兵權。

赫魯雪夫演說稱，保證蘇俄以全力支持古巴卡斯楚政權，並警告美國勿干涉古巴，謂俄火箭可以擊中美國腹地。

『自由中國』的宗旨

第一、我們要向全國國民宣傳自由與民主的真實價值，並且要督促政府(各級的政府)，切實改革政治經濟，努力建立自由民主的社會。

第二、我們要支持並督促政府用種種力量抵抗共產黨鐵幕之下剝奪一切自由的極權政治，不讓他擴張他的勢力範圍。

第三、我們要盡我們的努力，援助淪陷區域的同胞，幫助他們早日恢復自由。

第四、我們的最後目標是要使整個中華民國成為自由的中國。

社論

(一) 臺灣人與大陸人

大陸與臺灣雖有一水之隔，但「血濃於水」，最近十多年來，來到臺灣的大陸人與祖先原是大陸人的臺灣人，相互間本來是沒有什麼問題的。問題的發生，問題的醞釀，問題的表面化，乃至不幸而嚴重化，最主要的原因在於政治。湯姆士·裴因（Thomas Paine）所說的「除非由於政治上的錯誤，人與人不會成爲仇敵。」("Man is not the enemy of man but through the medium of a false system of government"—Rights of Man p. 137) 這是句近乎眞理的名言。

問題既然存在，就不能佯聾作啞，或企圖掩飾，我們應該打開窗子說亮話，讓大家看清事實，想辦法把潛在的戾氣化作祥和的局面。時代與潮流，不會停着等待我們，我們要趁早來談這個問題，使它澄清，使它消解。

我們說，臺灣人與大陸人之間本來是沒有問題的。這句話，不只是從「血濃於水」的類比推論出來，而且也具有十足的實證。大家總該記得，當臺灣光復的初期，來自大陸的軍隊，博得臺灣人那麼熱烈的歡呼，來自大陸的各界人士，受到臺灣人那麼親切的歡迎，顯然彼此間絲毫沒有成見，沒有隔膜，而其情感的交融，交融得簡直像一家人似的。可是不久由於政治措施的不當，竟發生了一件創巨痛深的事變。在那次事變當中，遭殃的臺灣人與大陸人，大多數是無辜的、不幸的；而事後在臺灣人與大陸人之間竟因而留下一道鴻溝，更是不幸中的大不幸。後來因爲三七五減租政策的推行，地方選舉的創辦，政府在政治與經濟方面，似乎給了臺灣人一個頗爲光明的前途展望。如果以此爲轉捩點，政治方面切切實實向民主法治的方向發展，財經政策切切實實以提高人民生活水準爲依歸，那末，今日的臺灣，在反共的自由世界中當應已有了相當的政治分量，何至於到今天還有什麼臺灣人與大陸人之間的內部問題呢！

但是，近十年來由於政治權力者迷誤於權力，他們把權力本身的把持，當作權力運用的終極目的。所謂反共抗俄，所謂民主法治，不僅成爲不着實際的虛幌子，而且一切反民主反法治的惡劣措施，都在反共抗俄這一藉口下肆行無忌。其中最使一般人民憤恨的，是司法成了政治乃至政黨的工具，而司法人員，除掉少數堅貞自守者外，也就上下左右狼狽爲奸，羣趨腐化而無可救藥了；加之，財政方面由於鬼鬼祟祟的支出太多，以致正規的官吏薪俸相對地減削。人總歸是要想辦法活下去的。官吏的合法俸給既不能養活自己和家人，於是利用職權，貪贓索賄的風氣，也就普遍展開而成爲公開的秘密了。尤其是司法人員，大都善於玩法違法而不觸犯刑章，所以受冤無處伸者，比比皆是。像四十七年哄動一時的「奉命不上訴案」，只是司法界許許多多違法案件中最笨拙的一件，以致終被揭發。除司法以外，警察與稅吏是各行各業的人經常接觸的，他們當中的橫行霸道，更爲一般人民所最感頭痛。無怪乎這三個部門在省議會的質詢中稱之爲「臺灣三害」。

政治的不良，原是當政者的罪過。可是在若干臺灣人的心目中，統治臺灣的是大陸人，因而把政治上的怨憤擴大成對大陸人的怨憤，這顯然是個錯覺。事實上，受到不良政治之害的，不限於臺灣人，大陸人身受其害的，正多的是。從另一方面看，政府官吏固然大多數是大陸人，但警察與稅吏當中也有的是臺灣人；而而現任內政部長連震東先生，又正是歷年來以選舉監督的名位，幫助選舉違法舞弊的臺籍人士。由此可以看出政治上的統治者與被統治者，不是以大陸人與臺灣人來分野的。臺灣人把政治上的怨憤，不分皂白地擴大到以大陸人爲對象，實在是絕大的錯誤。所幸犯了這種錯誤的，只是若干臺灣人而不是臺灣人的全部。近年來臺灣人與大陸人的通婚，似乎一天多一天，各級學校的學生，相互間以及師生之間，也似乎沒有什麼大陸人與臺灣人的界限。至於語言的隔閡，生活習慣的差異，原爲任何一個幅員廣大的國家所免不了的。這種差異由於區域間地理環境的不同所形成，是一自然現象而不是人爲的鴻溝。交通發達，敎育普及，可以漸漸減輕或消除這種差異而無害於一個國家的統一。所以臺灣人與大陸人在這些方面的不甚協調，實屬次要問題；主要問題是在政治措施所掘下的鴻溝。這道人爲的鴻溝，如果不把它塡平，而仍讓那些迷誤於政治權力的少數人繼續地深掘下去，前途將會怎樣，是値得大家仔細地想一想的。

對於這個問題，在整整兩年又八個月以前（四十六年十一月十六日），我們曾經提過。那時本刊（第十七卷第十期）在社論㈠「我們的地方政制」（「今日的問題」之九）一文中說到：「今天我們要承認本省人與外省人之間確實是有點問題存在。但似乎大家都不願公開提破，而寧願在心頭懸掛着這麼一個陰影。這是不妥的。我們仍然需要面對問題；而且，祇要有廣濶的胸襟與足夠的遠見，問題事實上非常容易解決，決不如有些人所想像的那麼複雜。改善選舉，認眞實行地方自治就足以贏得人心。假若不幸而竟長期間的自欺欺人，敷衍下去，表面上拿一些冒充貨來搪塞，而實際上仍然是緊緊抓住，死不放鬆，那就可能造成一個眞正的危機」。

三十二個月以前我們說過的話，白說了！近年來的地方選舉，不僅沒有改善，而自欺欺人的勾當，反來得花樣愈多了。現在，臺灣人士三年前組成的中國地方自治研究會，演進到包括着大陸人在內的選舉改進座談會，同時他們也正在積極籌組新的政黨了。這是臺灣人和大陸人在政治改革運動上的携手合作，這本來是一個很好的開端，很好的趨勢。可是，在這個當兒，那些迷誤於政治權力的人們起了恐懼心。「這種心理」還是像我們在上述社論中所說的，「分析到最後，實在是植根於少數人的潛伏統治意識。」這些少數人，不僅自己懷有這種變態的恐懼心理，而且還故意危言聳聽，在大陸人當中散佈這種心理。他們說，如果臺灣人的勢力抬頭，居少數地位的外省人就會受到歧視，或甚至比歧視更爲不幸的遭遇。關於這一點，我們要明白地指出，如果事態演變，眞的演變到大陸人同遭不幸的話，主要的責任應該由那班迷誤於政治權力的人們來負。從事政治的人，無論是在野的或執政的，煽動地域情感作爲政治資本，都是不可原恕的罪過。但在今天的情勢下，我們應該看得清清白白，大陸人與臺灣人之間本來是毫無成見，毫無隔膜的，今天的問題是誰造成的？怎樣造成的？同時，我們也應該想得清清楚楚，地域間的情感，是相激相盪的。今天在大陸人當中散佈對臺灣人恐懼心理的是誰？散佈恐懼心理，其結果是不是更加深臺灣人與大陸人之間的鴻溝呢？對於這些問題要給以正確的答案，我們思索再思索，又不得不重複前面所引過的話，「人與人不會成爲仇敵，除非由於政治上的錯誤。」

大陸人與臺灣人之間的問題，現在已成了國際新聞報導的資料了。發行遍全世的紐約時報(New York Times)本年六月一日(航空版是六月二日)有一篇整整一欄的特寫。那裏說，在八百萬臺灣人與兩百萬大陸人之間，存有一道鴻溝，大多數的臺灣人很少掩飾他們對於大陸人的怨恨。最近，由於南韓與土耳其失了人心的政府之被推翻，臺灣人的立場，在國民黨當局的心目中，有了新的重要性。現在雖然沒有任何徵兆可以看出臺灣人有何直接行動的企圖，但他們的大多數總覺得他們的統治者是外人。這個心理因素，是南韓與土耳其政變中所沒有的。

紐約時報這個專欄報導，不免有些過甚其詞或以偏概全的地方，但這個問題成爲國際新聞的資料時，更應該激發我們的警惕。南韓與土耳其失了人心的政府終被人民推翻，而他們的人民與政府之間，還沒有地域成見的心理因素。我們的政府，近年來所作所爲，無可諱言的，是喪失人心的。再加之地域成見的心理因素作祟，長此下去，誰能保證南韓和土耳其事件永久不發生於臺灣呢？如果認爲極權的統治，特務的防範，是可靠的，我們對於反共抗俄的最後勝利，如何可以建立信心呢？

民主自由運動者，壓根兒是反對暴力革命的。我們堅持目的與手段要一致。爲實現民主，就要遵守民主的程序來達成。因此我們要籲請大家，不分臺灣人與大陸人，一致合作經由和平的程序爲民主自由法治而奮鬥。已潛在的地域成見，我們除責備那些迷誤於政治權力的人們，迷途知返，不再濫用權力，激波助瀾以外，我們大家——大陸人也好，臺灣人也好，只要想把國家從危機中挽救過來，把喪失人心的政治糾正過來，我們也得首先盡我們的能力，疏解大陸人與臺灣人之間的成見。

自由中國，是所有愛護自由的中國人民所共有的。自由中國的政府，不是任有一黨一派所可私有，也不是大陸人或臺灣人所可私有。我們只有反極權反奴役之爭，而沒有地域觀念之爭。明天的臺灣，是戾氣的發作還是祥和的呈現，就繫於我們大家的努力。

社論

(二) 我們要有說眞話的自由

近十幾年來，臺灣有一個奇特而又令人憂憤的現象，就是愈有權勢的人士愈愛說假話。這些人士之說假話，在態度上，比普通人說眞話時表現得還要眞；在語氣上，比普通人說根本無法肯定的話時還要肯定。十幾年來，這類人士在說假話的競賽上，實在可得「最佳勇氣獎」。這類人士所說的假話之形態，不外乎「空」，「泛」，「矯飾」，和自吹自擂。他們動輒以「遠大」，以「未來」教人。然而，他們自己卻是最現實的現實主義者。

這些人士爲什麼要忙於說假話呢？因爲，他們可以藉着說假話換取一時的統治利益。

極少數權勢核心人物爲着掩護他們的權勢而搬弄假話還不打緊。他們更憑藉其權勢，把這一套假話，從上至下，一級一級地貫澈到臺灣的官僚制度的骨子裏去，馴至這一套假話居然成爲臺灣官僚制度背後的幽靈。隨便那一個稍有感覺能力的人都可看出，今日在臺灣官場中，在各級大小機構裡，稍微憑良知依事實說話的人，不是不能久安其位以至遭排擠而去，便是永遠抬不起頭。這少許殘存的說眞話的人，不被目爲問題人物，便是被視作異類。臺北某機構中某一首長偶然說自己是「老油條回鍋」。這本是戲言，當然也有幾分是老實話。然而，這句老實的戲言所象徵的「精神狀態」是眞實的。可是，這種精神狀態與今日臺灣板起面孔說假話的「精神狀態」大相逕庭。板起面孔說假話的人最希望普天之下人人跟着他們說假話。當着普天之下人人跟着他們說假話時，他們的假話便得到別的假話之支持。於是假話就能暢行無阻，而完全取代了眞話的市場。這麼一來，假話就比眞話有威力。爲了維持假話的威力，這類說假話的人最忌人說眞話來點破。所以，他們一定要用金錢，官位，威嚇，甚至暴力來維繫其「假話之幕」。在這「假話之幕」中，權勢人物無論說什麼假話，大家即令明知其爲假，也得彼此「心照不宣」，把假話當眞話聽，甚至當眞話說，互相唱和。萬一有沉不住氣或者良心未泯的人當面點破，這樣的人十之八九一定成爲維持假話威信的祭品。這種「假話權威」之樹立，堪稱十餘年來臺灣政治上最澈底的成就。這是一個多麼奇妙的時代！

推行假話的毒害還不止此。權勢核心人物更利用官僚機構說假話運動擴大到整個社會。從前在大陸時代，搞政治的人說眞話的本來也不多。可是，那時大陸地廣人衆，控制的手段和密度遠不及今日的臺灣，所以民間多少還有點獨立的是非，知識分子多少保留一點清議。然而，權勢核心人物一到臺灣，不僅壟斷着臺灣的政治和經濟，而且壟斷着是非。結果所及，在臺灣的千千萬萬人必須被這極少數人物牽着鼻子走。他們必須以這極少數人物的是非爲是非。這極少數人物說白的是黑的，他們也得跟着說白的是黑的。這極少數人物說失敗即是勝利，他們也得跟着說失敗即是勝利。這極少數人物說極權就是民主，他們也得跟着說極權就是民主。這極少數人物說違法競選是合法的，他們也得跟着說違法競選是合法的。……

這類語言之成立，不以事實爲基礎，而是主要靠暴力來支持；以及由暴力的陰影所滋生的威脅與恐嚇來推行。所以，這類語言儘管是假的，但因它挾威脅與恐嚇以俱來，於是，它變成威脅，與恐嚇的象徵：無論這種話虛假與荒謬到何種程度，大家隨着說可以自全，大家反着說便即買禍。這麼一來，至少在公共場合滋生出一種「口是心非」的局面。在公共場合，大家說的都是假的，不假的不說。即令有少數忠梗之士說點眞話，也必曲曲折折，委委婉婉，抱着一種「唯恐有失」的心情來說。這個樣子的眞話，一定大打折扣。這樣的話是不可能說得清楚明白和理由充足的。說得不够清楚明白和理由充足的話，那裏會發生十足的力量？

我們必須明瞭，人被當作人看待時最大的表現，並不在有食物配給，因爲猪也可以有食物配給。人被當作人看待時最大的表現，在人的意見受到尊重。人的意見受到尊重時又是怎樣表現出來的呢？祇有讓人能够言論自由，能够自由地說出內心的話而不致招惹口禍，才算是意見受到尊重。這種基本自由，簡直是任何人的天賦人權，因此也就是任何人不應拿任何藉口來剝奪的。我們找不到任何理由相信祇有那些所謂「偉大的領袖」才有言論自由，大家沒有這份自由。然而，在共黨統治之下，連人的這點基本自由也不承認，悉予剝奪。這就是把人不當人看待了。把人不當人看待的統治，只要是人，都有理由反對的。在共黨統治之下，它造出一種形勢，並且定出種種辦法，想出種種藉口，抬出許多大帽子，使你對于馬列主義不能批評，共黨「領袖」不能批評，共黨的「國策」不能批評。如果你心裏認爲這些東西「無一是處」而提出批評，那末「反動」，「反黨」，「反人民」這些大帽子馬上給你戴上。祇要你給戴上這類大帽子，你的人就完了。所以，演變所及，在共黨統治之下，弄出大家「口是心非」的局面。這是共黨統治最令人憎惡的原因之一。可是，在號稱反共的基地，居然也弄成這種局面。這眞是令人百思不得其解的事情。

今日大家倡言反共。反共的基本心理動力是大家反共的意志。反共的這種精神動力是怎樣產生的呢？除了大家從內心感覺到有反共的必要以外，大家在內心活動時用不着顧慮到把內心活動表之于外時會闖禍。大家的心思不先消耗在這一方面，精神的能量才不被禁錮，得以奪腔而出。每個人的精神能量能够順暢地發揮出來，這種情形與能力從原子核放射出來相似。原子核受轟擊時放射大量能力。同樣，人心不受壓制時所發揮出來的能力也是鉅大無比的。祇有發揮出這股鉅大的能力，才談得到有反共的精神本錢。然而，臺灣的權勢核心人物十幾年來所行的這一套恐怖辦法，唯一的結果，就是使大家噤若寒蟬，不敢吐露眞意，跟着唯唯諾諾。臺灣的權勢核心人物所愛看的是乖順的人羣。十幾年來，在臺灣的軍民人等，論乖順是够乖順的了。可是，他們的心靈也跟着凍結了。權勢核心人物所驅策的不過是一羣心靈凍結的人。如果誰想要這樣的一羣人能够做出旋轉乾坤的偉大事業，那末這是自古至今所沒有的事。

今日要把臺灣從這種慘狀裏搶救出來，最基本的着手處在使大家的心靈解凍。怎樣才能實現這一點呢？最簡捷的方法，就是讓大家有說眞話的自由。

我們有充分的理由相信，除了極少數說假話成性的人以外，任何人都愛有說眞話的自由，在臺灣苦悶已久的人沒有不渴望得到說眞話的自由的。大家並不是不想說眞話，而是不敢說眞話。當着大家很容易感覺到說眞話就有危險時，自然就不說眞話。當着大家看出跟着官方說官製的假話便足以免禍時，自然就相率說假話了。這種情形與其他動物之需要保護色以圖生存是一樣的。

在臺灣流行的假話大致分類計有三種。這三種雖不完全相同，但却相互關聯，而且相互支持。

第一種假話是政治性的。一切經不起盤詰和不能兌現的黨腔黨調，要人言論，都屬這類。這類語言雖然經不起盤詰和不能兌現，但却成爲十幾年來臺灣現存政治的觀念基礎，所以被臺灣的權勢核心人物用最大的力量護衛着：只許信奉，不許懷疑，不許批評。於是，大家心裏總是一個悶葫蘆，總是一個問號。有了這樣一批假話帶頭，於是許許多多假話都附着在它上面。因此，假話愈來愈多。

第二類是，人身假話。關于特定的人身，官方特製一套語言把這樣的人身罩在裏面。這是任何民主國家所無的特產。這類語言讓大家只看到語言織成的衣裝，看不到眞人。千篇一律的是歌功頌德，英明偉大，民族救星，諸如此類。可是，這類的話只是一堆字而已，很少事實與之相符。很少事實與之相符的話就不够眞實。但是，這類的話有巨大的威力和機構來保護，所以大家只有鸚鵡學語似的照樣去說。結果所及，就養成若干人在公共場合爭着說假話的習慣。有些人甚至利用政治權力，把這種人身假話滲透到學校教科書中去，讓年幼學生腦海中塡滿了人身假話。這種人眞是喪心病狂。

第三，官腔。在官場中，一切言不由衷，言之無物，溜溜滑滑的話語，統統都是官腔。臺灣的官腔可以算是一種特殊的語言。這種語言已經定型化。做官的人必須嫻熟這一型式的語言才能官運亨通；否則一輩子窮愁潦倒，屈居人下。官腔之所以當令，是靠權威來支持，靠利害關係來襯托，以及官僚之極端喜好矯飾的心理習慣來凝固。這種語言是最足以戕賊人類眞誠相處的語言。凡屬是人，都不應該說這種語言。

上面這三種假話交相爲用，使臺灣在公共場合假話風靡而眞話絕跡。所以，君子道消，小人道長，社會弄得死氣沉沉，腐蝕日甚。今後要從根本上挽救臺灣，大家必須認清這三種假話戕賊心靈和斲喪社會元氣的毒害，一致棄絕這些假話，努力要求有說眞話的自由。

社論（三）

創辦新報的限制該解除了吧！

——今天連違法的根據也沒有了

臺北市有一份「英文中國日報」，在七月一日正式創刊了。我們站在主張言論自由的基本立場，對於一份新報的出現，非但感到無限的興奮，而且寄予無窮的希望。不過，近半個月以來，這份新報的出現，却引起了新聞界的驚訝，成了新聞界的大新聞。

按道理說，在自由民主國家，一份新報的創刊，原是件極平常的事，根本用不着大驚小怪。但在今天的臺灣，一份「英文中國日報」的創刊，何以便成了新聞界的大新聞呢？原來是，這許多年以來，政府儘管以臺灣有言論自由對外宣傳，但連人民依法創辦新報的自由，都拐灣抹角的加以剝奪了。對於政府此種剝奪人民言論自由的行爲，遠在四十四年三月四日，名報人成舍我先生在立法院提出「人權保障與言論自由」的質詢時，曾列舉具體資料和充分理由，加以猛烈抨擊。成先生的質詢全文，同時由「自由人」及本刊在同年三月十六日發表後，更引起與論界的廣泛共鳴。但政府却始終置民意代表的質詢和民營報刊的評論於不顧，於是，臺灣報紙的數量，一直被長期凍結。「英文中國日報」在這種長期凍結的局面下，居然領得了「內政部登記證內警臺報字第〇八六號」的登記證，而正式創刊，難怪要被新聞界認爲是「特准」，成爲新聞界的新聞了。

不過，我們細查憲法，只見規定人民有出版之自由，並未規定政府掌有限制人民創辦新報的特權。我們又詳查那部在四十一年四月九日修正公布曾經施行多年的舊出版法，乃至又翻遍了這部在四十七年六月二十八日公布，曾被與論界公認爲反自由、反民主、反憲法的新出版法，都只看到各級機關辦理人民聲請辦報手續不得超過十天的規定，也找不出政府可以有權力限制人民創辦新報的條文。那麼，政府在這幾年以來，又究竟根據甚麼不許人民創辦新報呢？據我們所知，唯一的根據，便是在四十一年十一月二十九日由內政部修正公布的出版法（舊出版法）施行細則。按照該細則第二十七條規定：「戰時各省政府及直轄市政府爲計劃供應出版品所需之紙張及其他印刷原料，應基於節約原則及中央政府之命令，調節轄區內新聞紙雜誌之數量。」政府便根據這樣一項規定，不許人民創辦新報。

其實，依法行政，是現代民主國家的重要原則。因此，行政權的運用，必須遵守法定的範圍，受法律的嚴格約束。當行政官署發布命令時，必須以法律爲根據，不得超乎法律，尤不得違背法律。所以，凡命令與法律牴觸者，根本無效。但內政部所公布的此項細則，非但與舊出版的立法精神牴觸，而且與憲法的立法精神牴觸。換句話說，這不但是一項違法的命令，而且是一項違憲的命令。因此，在法律上站不住脚，是毋須細說的。

事實上，內政部所根據的理由，也是不能成立的。關於這一層道理，成舍我先生在上述質詢中便已經很清楚的指出：「因節約紙張及印刷原料，就可以禁止新的報紙雜誌出版，這眞是天下奇聞。那末，同一理由，出版書籍也要紙張，也要印刷原料，何以不爲了節約，也調節數量？假使眞這樣做，禁止新書出版，自由中國的文化，豈不全部破產？不這樣做，又何以對出版書籍如此其寬，而對報紙雜誌却如彼其嚴？假使問題出在『計劃供應』四字上，但政府對報紙雜誌所需的紙張及印刷原料，並沒有免費白送，只有過去紙業公司由政府公營時，各報配紙，官價比黑市便宜一點。然而政府絕無理由，認爲這是一種恩惠，憑這點恩惠，就可剝奪自由中國人民的出版自由、言論自由、新聞自由，而禁止出版新報新雜誌。且配紙制度，就臺灣說，根本沒有必要。」事實上，到了四十七年九月一日，正當金馬砲戰開始不久，由於行政院院會決定放寬報紙篇幅的限制，更充分證明內政部所根據的理由，是無法成立的。何況現在紙業公司的紙，早已內銷有餘，盡力設法外銷了！

時至今日，由於新出版法在四十七年六月二十八日公布施行，使得在四十一年四月九日修正公布的舊出版法早已失效。因此，內政部在四十一年十一月二十九日根據舊出版法擬定的施行細則，也該隨舊出版法而失效。因爲此項細則是根據舊出版法第四十四條之規定而訂定，現在母法既已失效，子法自無效力可言。在目前，新出版法的施行細則既未見公布，按理就是現行出版法沒有施行細則。所以，內政部此次發給「英文中國日報」登記證，如果是由於看清了這一點，用事實向新聞界證明舊出版法施行細則的失效，的確不失爲合法的措施。否則，如果眞是如同新聞界所說，完全是出之於「特准」，並非解除人民創辦新報的違法限制，那更是違法之尤。

總之，內政部過去據以限制人民創辦新報的出版法施行細則，由於違法、違憲，本來便不該有效力可言。現在由於舊出版法的失效，此項施行細則，當然就更無效力可言。因此，在今日臺灣，人民依法應該有創辦新報的自由了。政府各級機關非但不得限制，而且對於人民的聲請登記手續，都必須依法在十天內辦妥。我們相信：政府如果眞有誠意在言論管制方面加以澈底改革，國際新聞學會拒絕我國入會的恥辱，一定可以洗刷的。我們希望「英文中國日報」的創刊，只是政府決心洗刷恥辱的先聲而已！

我對於在野黨的基本建議

殷海光

六月九日公論報刊載了記者所發表的我對于在野黨的意見。我在當時沒有能够將我對于這個問題的想法恰當而又比較充分地表達出來。這個問題與中國民主自由人權運動的關係重大。中國底知識分子都有對它加以觀察、思索、和分析，並且依之而提出建議的責任。因此，我現在寫這篇文章。

在我將我對于這個問題的觀察、思索、和分析所得結果表示出來，並且提出建議之前，關于我個人的立場，我有幾點意思也不能不表明清楚。

我個人不從事任何實際政治活動。之所以如此，這有下述的理由：

第一、我們臺灣大學底教師，在進校之初，與已故校長傅斯年先生有一項協定，就是不參加實際政治活動。這是一項「君子協定」，並不是「限制」。傅校長懂得什麼是大學教育，他也稔知自由世界大學底規格，他還不致於拿什麼「限制」加諸大學教師。人言為信。我既然同意這項協定，我就要守住它。

第二，我根本不是從事實際政治活動的料子。這個原因最實質。我並非以不「從事」實際政治活動來「自鳴清高」。祇要目標正大，我看不出從事實際政治活動有何不清高之處。我之所以不「從事」活動，主要地是受才能的限制。蘇格拉底說：「知道你自己」。中國古語說「人貴自知」。如果一個人到了成年以後，他還不知道他自己底長處在那裏，短處在那裏，宜于做什麼，不宜于做什麼，那末這個人多半有資格到心理診療所去。如果一個弄哲學的人弄到「無自知之明」，那末他底哲學一定失敗。像我這樣的一個生硬的書生，並且不愛開會，不愛熱鬧，不愛到人多的場所去，偶爾因買書而上衡陽路回來便半天頭昏腦脹。這個樣子的人，怎麼能從事實際政治活動？寫到這裏，我不妨附帶說一聲：這是我痛惡共產黨的基本原因之一。國民黨政權容許我有「不參加羣衆運動的自由」，我眞該感激「皇恩浩蕩」哩！

基于這二個理由，我不能也不願從事實際政治活動。但是，是否「從事」實際政治活動乃一回事，是否「關心」實際政治活動乃另一回事。不「從事」實際政治活動，並不涵蘊一定不「關心」實際政治活動。在太平年間，讀書人是大可不必「關心」實際政治活動的。然而，時代變了，環境也變了。在這樣的時代和環境裏，實際政治活動在在予人以重大的影響。你不「關心」實際政治，實際政治却要來「關心」你。所以，你欲求不「關心」實際政治亦不可得。何況一個知識分子？我是「關心」實際政治活動的。但是，我「關心」實際政治活動的方式，是而且只是前面所說的「觀察、思索、和分析」，並且如果我認為我說的話不是白費的話，那末我也願意就我底所知提出建議。在事實上，我有而且只有這點能耐。現在，許多開明進步的人士預備向組織在野黨的路上走去。我認為一個我所希望的在野黨之出現，乃中國政治民主化之所必需。

我所能貢獻給這個運動的，有而且祇有這一點點。因此，如果從事這個運動的朋友們希望我在這方面能够有所貢獻，那末我希望他們維持我底這種位況(status)。

我現在將我對于這個問題的「觀察、思索、和分析」之所得，以及依之而提出的基本建議，分做幾段提綱挈領地陳列在後面。

一　稱呼問題

一談到名稱問題，就不能避免語意的考慮(semantical consideration)和語用的考慮(pragmatical consideration)。就我聽到的來說，許許多多人士把在進行組織的這個組織叫做「反對黨」。我不同意這個稱呼。之所以不同意，理由有二：

第一、中國並無像英國那樣的民主政治傳統中的反對黨。一般人也不明白反對黨底「正格(proper)」任務是什麼。既然把這個可能形成的政治組織叫做「反對黨」，於是難免有許多人望文生義，以為這個「反對黨」之產生，它底先天任務就是「為反對而反對」。「為反對而反對」，如果再經人有意歪曲一點，就變成「搗亂」。一把「反對」變成「搗亂」，時下有許多人就在心理上產生一種抗力。這種心理抗力一經滋長，如果有人加以利用，說「十幾年來我們弄得好好的，現在他們要來搗亂破壞」，那末許多人就會「望而却步」了。

第二、這一點與第一點有密切的聯繫，此時此地而從事組織「反對黨」，它底實際目標當然是執政的國民黨。執政的國民黨之「權勢核心」傳統地有「天無二日，地無二黨」的心理狀態。這種心理狀態，在經過重大的挫敗，加以臺灣地狹人稠，於是更形激化。所以，他們一聽到「反對」二字就心頭火起。潛藏在他們意識深處的權利的敏感，使得他們認為一談「反對」，就是來「打我們底主意的」。一般人到了觸及基本情緒和基本利害時，常常是不可理喻的。國民黨裏面可能有個把聖人，但國民黨底「權勢核心」裏斷斷乎沒有聖人。既然如此，如果「反對黨」一旦形成，那末他們沒有不千方百計打擊的。

從事大量現象的政治運動，在用語言文字時，一定要注意到社會上一般人對于語言文字的直覺反應。現在，一般在臺灣的人之心理可說是相當「矛盾」的：在一方面他們固然不滿現狀，但是，在另一方面，他們同時又恐懼在大的激烈變動之中失去了他們目前所有的這點可憐的什麼。因此，他們只歡迎確有把握和實惠的穩健改革，決不歡迎沒有把握和實惠的變動。如果「反對黨」一詞所導致的心理反應是後者，那末無疑會變成在朝黨打擊它的本錢。因此，我認爲今後最好避免使用「反對黨」的稱呼。胡適之先生主張用「在野黨」的稱呼，我很贊同這個說法。不止如此，我甚至更進一步，主張連「黨」字也不用。因爲，時至今日，許許多多中國人一提起「黨」字就厭惡，就害怕。近來在競選場合，許多人以「無黨無派」標榜，可證此點。如果即將形成的政治組織又叫做什麼「黨」，那末一般人會說「你們鬧來鬧去還不是一些黨嗎？有什麼新奇？有什麼不同？」所以，我主張最好連「黨」字也不用。據六月十六日聯合報所載：「此一新的『政黨』目前正積極進行籌組，名稱將定爲什麼「會」，不稱爲『黨』。」這種想法，可說十分聰明。

二　基本目標

我們首先得問：正在形成中的這一在野黨，它底基本目標是什麼？這也就是說，爲什麼要組織這樣的政黨？而且，何貴乎有這樣的一個政黨出現？關于這類問題，最輕而易舉的答覆是：爲了實現民主自由。不錯，的確是如此的。可是，在作這樣的答覆時，我們不要忘記，「民主自由」，在經過種種不同的「解釋」以後，已經變成廉價的商標了。任何反民主的政治集團都會利用它。國民黨底權勢核心人物在文告中不也是頗贊成「民主自由」的嗎？甚至這樣摧毀民主自由的世界共產黨，也沒有公然說不要「民主自由」的。這麼一攪混，我們就面臨一個困難問題：即將組成的在野黨，怎樣把他們所標揭的「民主自由」和反民主者所說的「民主自由」分開？換句話說，你們憑什麼說你們所謂的「民主自由」和那些反民主者所謂的「民主自由」不同？這是一個基本問題。這個問題不在起點上弄清楚，一定會影響這個新黨底號召力。

我們要解決這個問題，切不可往上扯。往上扯，在文字方面下功夫，找什麼民主自由底「要素」，這樣祇有越扯離題越遠。這是玄學家底糊塗辦法。我們必須把「民主自由」往具體的地方安頓。我們把「民主自由」往具體的地方安頓，便落實到諸基本人權上了。這裏所說的諸基本人權，即是言論、思想、信仰、選舉、教育、謀生、集會、結社、等等憲法所規定的權利。這些權利，是每個人所可親身感受到的，是不可讓渡的，是不可剝奪的。共產黨人可以空談「民主自由」，他們敢不敢提這些基本人權？亞洲若干自命「反共」而却又同時反民主者可以空談「民主自由」，他們樂不樂意我們強調這些基本人權？好！既然他們只空喊「民主自由」而怕談基本人權，我們就發現在野黨應須着力之所在了。這麼一來，也就足以十分甄別出空喊「民主自由」者和即將形成的在野黨之不同了。

在事實上，今天最根本而又嚴重的問題就是基本人權之維護的問題。防共問題底核心也在此。

每一個人，必須肯定基本人權之享有，乃是他人生底必要條件。任何人，一失去了這個條件，便不復是一個人。人權是一個人作人的本錢。失去了基本人權的人，與牛馬畜牲無異。我們爲什麼防共？就是因爲共黨祇承認有「黨權」不承認有人權。他們毫無顧忌地剝奪了大家底人權。人權是國家社會建立的基礎。沒有人權，一切國家的目標，都會落空。依同理，我們想不出任何理由說，爲了「反共」而必先放棄人權。我們要維護住了基本人權，「反共」才有「正面」的和積極的內容與意義可說。如其不然，一切都是空話。所以，今後新黨所應該努力的目標就是搶救基本人權。人權是民主自由底核心。民主自由挖去了這個核心，所剩下的不過一空殼而已。如果基本人權搶救住了，那末民主自由便「自在其中」矣。

許多偉大政黨底發展是由小事引發的。就我所知，策進這個新黨出現的朋友是預備經由改進地方選舉而發展成爲這個新黨的。不錯，地方選舉之改進是一件很重要的事。不過，如果這個新黨底目標，局限于地方選舉，那末，我願意把話說在先。這個政黨即令有所成就，它底成就不會太大。至少，在東方世界，一個政黨要想獲致較大的成就，必須題目較大，而且多少帶一點理想的色彩。時至今日，怎樣維護基本人權，這個問題，無論從理論到實踐，都够複雜和廣含，而且帶有一點理想色彩。同時，也是與每一個不願做「人下人」的人有密切利害關係的。所以，怎樣維護基本人權，實在應該是這一新黨努力的基本目標。而改進地方選舉，不成問題，是維護基本人權底方式之一。因此它也就包含在這一目標之中了。

三　基本政綱

一個政黨儘可以沒有「主義」，但不可以沒有政綱。如果這個新黨沒有政綱，那末它根本沒有成立的理由。所以，它之必須有政綱，這是用不着討論的事。而用得着討論的事，是它必須有什麼樣的政綱。

如果這個新黨底政綱和國民黨唱了十幾年或幾十年的陳腔爛調在基本上處處一樣，那末它就沒有另行提出的理由，因而也失去成立的理由。如果這個新黨底政綱與國民黨目前的政綱在基本上處處針鋒相對，那末它在此時此地不能立足，也不能發展。如果新黨底政綱出于故意標新立異，與衆不同，而缺乏對時代、對人民負責的內容，那末它一定不能持久。這也不可，那也不行，那末這一政綱該怎樣立足呢？我現在試行提出一個輪廓來：

A　政　治

目前臺灣自由中國最基本的政治問題之一無疑是防共問題。我們必須承認，這十幾年來，在形式的防共工作方面，國民黨底權勢核心人物做得頗有成效。這使得臺灣社會免于顚覆活動。在這一方面，我想一切愛好自由的人都應該向他們致謝。然而，在另一方面，國民黨權勢核心人物一開始就把文章做離題了。這應該是有目共睹的事實。近十幾年來，國民黨底權勢核心人物係依照自己對共黨的好惡、了解，並從維持極少數人底權威和利益着眼，來從事防共工作。於是，防共這樣的世界大事，被他們弄成一個黨爭的形勢，和少數人底顏面得失和政權存亡等問題攪混在一起。於是，通過他們底權力和謀劃，十幾年來，强使大家穿上一件束縛思想、態度和反共方法的緊身衣。大家穿上這件極不合身的緊身衣，於是在共產暴徒尚未受到損害之時，大家已被束縛得奄奄欲斃。結果，演變所及，連有志防共的人都感到有力無處用，只有那幾個人在那裏唱木偶戲，別人只有做木偶的份。一切聰明才智都塞死了。這眞是中國立國數千年來未有之奇變。

新黨面臨的政治問題，是，在一方面要能有效防共，在另一方面又不要因防共而穿上這件可厭的緊身衣而先束縛了自己。這個問題，怎樣解決呢？我提出這一條建議：

防共之純化 (purification) 和提高 (elevation)。

這話是什麼意思呢？

第一、防共必須從黨派鬪爭的形勢裏超拔出來，而把它歸結到反摧毀人權的普遍問題上去。

第二、防共必須從人事恩怨、政權得失以及由之而衍發出來的憎恨激情裏擺脫出來，而把它變成自由與極權兩種生活方式之對壘。

第三、防共不可被利用成「借風過河」，維持一黨權勢，甚至打擊非共的異已的一張王牌。如果不然的話，那末防共的前途，實在不堪設想。

第四、脫下這件不合式的緊身衣，將防共轉化成促進思想進步，社會進步，政治進步的楔機。由此產生出來的力量對于防制共產思想和制度的生理作用，一定比現在大十倍百倍。如果防共不經過這一提鍊作用，那末很難望其持久，更難望其普遍化，而且局面只有愈來愈窄，生機越來越枯。如果防共經過這一提鍊作用，那末一個開濶、活潑、生機洋溢、包含衆意、廣攝衆力的局面馬上可以展現在我們面前。在這一局面展現之下，像召開「反共救國會議」之類的事，殆爲當然的結果。

在野黨須懸此爲努力的重心。

B　經濟

近若干年來，官方人士動輒曰臺灣經濟建設如何進步。凡屬稍有常識的人對于官方人士這種「自我嘉許」的言論甚感詫異。不錯，自從日本退出以來，臺灣有若干經濟建設。但是，我們必須不要忘記，臺灣並非一個無人荒島。並非無人荒島的地方，只要有人去做，多少總會有進步的。這與統治形態並不相干。吾人須知，努力經濟復興，係第二次世界大戰以來世界一般國家底普遍趨勢。一個美援受援國家底經濟建設成果之高低，至少必須從三個標準來估定：第一、建設成果與美援成本成何比例？第二、其他受援國家經濟建設底進度有多少，第三、國民底眞實所得有多少？我們拿這三個標準來估定臺灣底經濟建設，便可知道浪費究有多少？成就究有多少？國民底眞實所得究有幾何？因此，我們也就可以瞭然於官方所宣傳的「經濟建設進步」底眞實內容是什麼了。

臺灣經濟底基本毛病斲害于政治。臺灣政治之斲害臺灣經濟的，有三大因素：一是「幻想曲」；二是「面子經」；三是維持統治權威。據專家估計，臺灣每年歲入總數百分之八十五以上都消耗於這三大項目。權勢核心人物在別的方面非常吝嗇，而獨于這三樣事則不惜工本。這樣一來，臺灣經濟患着嚴重的「血漏症」。這個基本癥結不解決，臺灣經濟只有在表面好看之下睜着眼睛損耗下去。這樣損耗下去，不要說一般人民底生活水準無法提高，公教人員底生活不能改善，而且只有愈來愈困苦。目前是因有美援挹注，尚可敷衍門面。那一天美援停止，那一天就水落石出。臺灣經濟並非不能自足。其所以弄得這麼惡劣，就是因爲權勢核心要拿這點小本錢做大生意。病從何處起，須從何處醫。既然臺灣經濟之所以危機重重根源在此，新黨要挽救臺灣陷入經濟崩潰之境，也得從此根源着手。在近代民主的文明國家，政府底錢係來自納稅人。納稅人自然有權過問錢的用途。人民是主人，政府是夥計。主人向夥計問賬，夥計總不能動不動拿「國家機密」拒絕報賬。

C　文化

文化之於人，猶魚之於水。文化包括思想、觀念、調合模式、風俗習慣、生活方式，等等。文化是政治建構，教育設施，法律制度，等等底原料。如果這種原料壞了，那末由之而凝成的政治制度，教育設施，法律制度，也沒有不壞的。從一方面看，近幾十年來，中國之所以弄得人禍橫流，一方面的基本原因是文化發生大問題。今日中國底基本問題，是怎樣建立一個適于現代生活的新文化。這一工作，本不在政黨活動範圍以內。但是，現代中國有它底特定問題。就是，它正面臨一個文化的轉變過程。在這一文化的轉變過程中，政治運動常常現實而爲求文化問題解答的一個層面或一個角度。因此一個新成立的政黨，在一長遠的過程中，如果沒有重建文化的自覺和努力，那末弄來弄去，也不過是一點現實政治的皮毛。這樣的政黨，是不會有遠大前程的。

臺灣近十幾年來在思想上呈現兩種現象：一是倒退；二是「靜如止水」。從倒退方面說，臺灣近十幾年來在思想上的倒退不止五十年。就目前在臺灣一部分人之間彼此吐納的思想或觀念形態看來，不用說趕不上五四時代，連清末也不如。從表面看來，這種倒退，是回頭追尋魏伯 (Max Weber) 所說的「民族超人 (Charisma)」。然而，「民族超人」老早僵死了。徐桐，倭仁之流也救不了它。在今日二十世紀六十年代再要用黨化政治來造「民族超人」，其結果之流爲形式，殆爲「事有必至」。大部分人，特別是年青一代，畢竟不願陪着老一輩的人倒退。他們無法內在地了解這一「民族超人」底情緒意義。可是，同時，他們又不容易接觸別的思想。於是，他們陷入「思想眞空」之中。「自然忌眞空」，人腦也忌眞空。眞空是很危險的。當人腦陷於眞空而極待塡滿時，任何誘發幻想的思想都可乘虛而入。

中國之所以有今天，一方面的原因，是我們底舊制度，舊觀念，舊思想，和舊的生活方式，不能適應變動中的新世界。我們要使中國人能適應這一變動中的新世界，必須從事一個「啓蒙運動(enlightenment movement)」。啓蒙運動是隨着科學之發展而發展的一種運動。在啓蒙運動中知識分子反權威，對于舊的傳統重加評價，對黑暗宣戰，並倡導獨立的思想及知識活動。在這個運動中，我們要加速腐舊社會底末尾之消逝，而創造新的思想方式，新的生活方式。

我們必須明瞭，在中國幾十年來，許許多多新的政治組織之興起，常常是有新的社會思想文化運動作背境的。在這種情形之中，新的社會思想文化運動像潮水，而新的政治組織則像浮現在這一運動上的船。如果沒有這一股潮水之襯托，那末這個政黨也不會得到什麼動力的。所以，即將組織的新黨要眞正得到大的力量，必須從事有計劃的啓蒙運動。

D　教　育

從長遠的過程着想，國民黨權勢核心給臺灣帶來的災害中之最大的要算黨化教育。黨化教育底作用有六：第一，象徵臺灣之接受一黨統治；第二，表示國民黨黨祚之永存；第三，製造國民黨底預備隊；第四，作不斷動員之起始的一環；第五，控制青年底思想和行動，敎他們從一個黨底觀點來看世界，看政治，看歷史；第六，塑造人身崇拜。這樣看來，國民黨權勢核心完全不承認青年是屬于國家的，屬于社會的，以及屬于青年自己的；而只是屬于「我黨」的。在他們心目中，他們只承認青年是黨底工具。由此也可以旁證，國民黨權勢核心心目之中不承認「天下爲公」。他們要化天下之公而爲一黨之私。

凡有常識的人都可知道，在一般民主國家，教育底正常目的，是傳授青年以正確的知識和有用的技能；敎他們從國民的立場對于自己底國家之過去和現在有淸楚的了解；敎他們從作爲世界一分子的地位，對于人類底發展和世界大勢得到一個觀念輪廓；培養青年以作人的基本道德，品格，和情操。然而，從上面所擧六條看來，現在臺灣所行的黨化教育，與這裏所談的教育目的，眞是「南轅而北轍」。現在臺灣的青年，一部分學會投機，取巧，口是心非，鑽營奔競，甚至被敎以監視師長，濫打小報告；另一部分則麻木不仁，消極沉悶，得過且過。能够在這樣困難的環境中積極向學，敦品勵行的，眞如鳳毛麟角。而這一部分青年，對于大局已多不存希望。他們有機會考取留學，便「一溜杏花村」了。這種毒害的結果，不是一二十年內可以洗淸的。即將成立的新黨，如要搶救臺灣的話，必須將「取消黨化教育」，確立民主教育，列爲中心政綱之一。

四　工　作　重　心

一個政黨底工作重心是些什麼，這要看它底發展程序，實際能力，和當前的環境需要而定。我們將這三個因素考慮在內，便可決定即將成立的新黨所須從事的工作重心必須是些什麼：

第一、致力基層選擧之改進　　這項工作是策進新黨成立的朋友最感興趣的事，用不着我多說。

第二、刷新宣傳機構　　任何政黨之組成，必須經過由宣傳到組織二個階段。一個新黨想在國民黨底蜘蛛網裏發展起來，首先必須擴大和深入宣傳。顯然得很，新黨目前所掌握的宣傳機構尙不足達到這一要求，而必須予以刷新。

第三、爭取國際同情　　這根本就是「國民外交」底形式的一種。如果自由中國底官方可以和外國官方來往，那末自由中國底民間爲什麼不可以和外國民間來往？現在，我們是站在自由世界這一邊來反對共產極權統治的。自由世界底領導國家斷無有意自相矛盾地幫助各地政權藉「反共」爲名摧殘民主自由人權運動之理。新黨創建人物應能深信各地民主運動不會長期遭受抑壓。固然，各地借名「反共」而抑壓民主運動的權勢集團不會自動放鬆高壓之手，可是民主自由人權運動者之積極努力奮鬪，無疑將會縮短這一壓抑的過程。新黨底創建人物必須具有這種展望，新黨底發展才有前程。而嚮亮地對自由世界明朗表達新黨底態度，目標，希望，和作風，引起自由世界普遍的同情和支援，則爲縮短壓抑過程的重要方法之一。我們沒有理由相信，自由世界底領導國家長期歡迎各地藉名「反共」者長期壓抑努力使國內政治與他們一樣的民主自由人權運動者；但是，我們有理由相信自由世界底領導國家樂觀各防共地區底國內政治朝着與他們自己政治相同的民主自由政治發展。新黨人物有這一遠景在望，一定會勇氣倍增。

第四，爭取國民黨人同情　　新黨對人事的主要工作之一，不是加深國民黨人底疑懼，而是要減少他們底疑懼；不是引起他們底惡感，而是要盡可能地爭取他們底同情。之所以如此，消極的理由固然是爲的減少發展的阻力，積極的理由是爲的擴大影響力。我深切相信，只要新黨所標揭的政綱適合時代需要，國民黨人同情的至少有百分之六十以上。而且這一數字，一定會隨着歲月之增加而增加。

共產黨徒是很難說得通的，而國民黨人則不難說通。國民黨人，除了極少的一撮子人以外，都是善良的，都是通情達理的中國人。依我底經驗而論，年青的國民黨人大都很可愛，思想並不僵固，也有「把國家搞好」的深切意願。我們有什麼理由不能和這些人做朋友？我深切相信，對于這些朋友們，我們可以向他們訴諸「良心」，訴諸「人類最後的理性」，也可以訴諸一個光明的遠景。依據我底經驗，人與人之間許多不愉快的事是誤會造成的。而許多誤會是不難藉眞誠來消釋的。新黨底創建人應該有將這廣大的一羣人轉化爲政治上的贊助者的氣魄。祇有這種大氣魄，才能打開今日臺灣沉寂僵死的局面。

從心靈狀態來說，今日在臺灣的許許多多的人是一個一個「封凍的孤島」。人與人之間，常常隔着一道一道的牆。國民黨人也是人，當然並不例外。他們不僅並不例外，而且，常常爲了顧到「黨的立場」，反而與非黨員之間多了一道牆。這道隔離大家的牆，有一層是語言構成的。在臺灣，不同的場合必須豎起不同的語言牆壁：用它來保護自己，來隔離別人。這個樣子的人生，未免太蒼涼了！如果說國民黨統治臺灣十幾年有什麼治績，那末這要算最卓著的治績。在「組織」的作用之下，國民黨人有些似乎「有恃而無恐」，有些對人「張牙舞爪」；可是，稍有靈性者，內心是寂寞的。寂寞的人需要溫暖。

有了這個認識，我想新黨只要政綱適切，作風良好，一定能贏得廣大國民黨人內心的同情。當然，由內心同情到口頭同情還有一段距離。由口頭同情到行動同情更有一段距離。不過，社會在變，一切在發展之中。我們必須把握並進而創造這一發展。

五　基本態度

新黨要能成功的話，它底基本態度具有決定的作用。一個政黨底基本態度，是它底行動之出發點。出發點錯了，隨之而來的行動沒有不錯的。依我底觀察，中國近幾十年來從事政黨活動的人之基本態度，很少不錯誤的。他們以爲「搞政治」就是不擇手段，就是要陰謀詭計，就是爭權奪利，就是翻雲覆雨，……所以中國底局勢愈弄愈糟。新黨人物要避免蹈入近幾十年政黨活動的覆轍，必須從這些舊觀念裏超拔出來，而另闢一個境界。如果不然，那末我可以事先斷言：它一定又會失敗。我現在將我認爲新黨必須具備的基本態度分述於後：

第一、堅持是非　　現在的國民黨權勢核心碰到一個問題時，很少去問這個問題底是非曲直。他們底心理習慣是撇開問題本身不談，而一味地去猜測別人底動機如何如何。他們認爲別人底一擧一動都是別有所爲，或者都是爲了利害關係。他們已經不相信世界上再有人眞的會爲了自己底信仰，自己底主張而努力的。他們對人的這種看法，完全是把自己底影子投射 (project) 到別人身上去。他們幾乎完全忘記了，就在三四十年前，在北洋勢力壓迫之下的他們，確會爲了自己救國救民的主張而獻身「革命」，冒險北伐的。

國民黨權勢核心人物不僅自己這樣想，而且把這種想法透過組織力量擴散到臺灣每一角落，居然把它弄成了一種社會風氣。這種社會風氣之充塞，非常有效地妨害任何稍帶理想色彩的行動之發展。如果社會上有任何稍帶理想色彩的行動出現，他們只要說這不是爲了做官，便是爲了要錢，不是爲了要錢，就是爲了出風頭，那末一般人很容易入耳。祇要這種話容易入一般人之耳，這種帶理想色彩的事就搞不起來了。依我所感覺到的而論，新黨尙未出世，這種風聲就已經「嚴陣以待」。從事新黨創建的人，不能迴避這一事實。對付這一事實的辦法，就是本着「至大至剛」之氣，拿行動的表現來打破這一成見：一不做官；二不要錢。

在言論方面，最好從「是什麼說什麼」出發；遵守「對人無成見，對事有是非」的標準。新黨必須儘可能地避免人身攻擊 (personnal attack)。可是，對「事」的批評，則不含糊，不畏縮，不打折扣。事實是什麼，我們就說什麼。同一件事，國民黨做的不對，我們固然要批評；但是，如果做得對，新黨也應該毫不遲疑地加以讚揚；而不因它是國民黨做的予以歪曲。這樣，才能表現不是爲反對而反對，才能表現「對事不對人」的風度。這樣，才能樹立眞正的是非標準。樹立了眞正的是非標準，社會才能有所適從。這麼一來，新黨才能從人心景從中發展出眞正的力量。當然，要做到這一點，是一件很難的事。恭維朋友容易；恭維敵人很難。但是，今日臺灣新黨的特殊處境，正須從這一難處下功夫。新黨要做到這一點，必須它底領導人物，主持言論的機構，能够養成自我克制，冷靜考慮問題的習慣和能力。這些習慣和能力，正是國民黨權勢核心因有權有勢而失掉的。「以我之有攻敵之無」，方爲制勝之道。

十幾年來，國民黨底權勢核心努力把臺灣造成了他們底樂園。這種光景，是他們從北伐以來得未曾有的。現在，他們有的是錢，有的是勢，有的是力。他們所缺乏的只有一點，就是不能太講是非，不能太說眞話。所以今日之臺灣竟成「黨腔」之天下。今日臺灣政治權勢人物流行的所謂是非，大都需要用暴力，威嚇，金錢來支持。如果一旦抽掉了暴力，威嚇，和金錢，那末他們所謂的是非，便會在一夜之間煙消雲散。如果即將成立的新黨要與這個權勢核心走在一條路上，來比錢，比勢，比力，那末將註定了會失敗的。既然這個權勢核心最大的弱點就是不能太講是非，不能太說眞話，那末新黨就正好努力講是非，努力說眞話。這就是「避長擊短」的方略。我不相信建立在暴力，威嚇，金錢，和愚弄之上的統治方式會永久持續下去。當着大家都明白臺灣這種局勢是怎麼一回事的時候，也就是這樣的統治方式收縮的時候。我有充分的理由相信，臺灣是極少數人在國家需要等等名義假借之下，强制大家照着他底好惡，成見，顏面，和利害關係所作成的苛煩規定而生活之最後殘壘。中國以前沒有；以後也沒有。有了這項認識在心，新黨就可以自信會在社會實質的醒覺和開明進步之中得到最後的成功。

第二、不爭權奪利　　一談起組織新黨，許多人就認爲是要來參加「爭權奪利」的行列。如前所述，他們已經不相信世上還有不爲爭權奪利而從事政治活動的人。爲了針對着這一點，新黨必須拿行動來表現他們是爲了起碼要做到前面所提到過的「一不做官，二不愛錢」兩點。

這裏所謂「不做官」，是不做國民黨施捨的官。自己由競選得來的官，漂漂亮亮，爲什麽不做？這裏所謂「不愛錢」，是不愛國民黨底錢。至于自己用正當方法賺來的錢，有什麽不可愛？國民黨權勢核心在中國政海「混」了幾十年，他在某種程度以及在某些方面是「通曉人性」的——當然膚淺之至。近幾十年來，他們用官和錢，不知收拾了多少反對者。久而久之，憑閱歷所及，他們養成一種見解，以爲凡口唱反調的無非都是爲官爲錢。古人說「無欲則剛」。如果新黨不要他們底官和錢，不着他們底道兒，而眞是爲了一個政治理想奮鬪，那末他們也就無所施其技了。果眞如此，社會上就要對新黨刮目相看。這麽一來，新黨就眞正成爲一個新希望的象徵。祇要新黨成了這個象徵，就不愁沒有遠大的前途。

當然，這話容易說不容易做到。參加政治活動的人，不容易人人這樣堅定和純潔。復次，臺灣地狹人稠，更助長官爵和金錢的誘惑力。不過，新黨必須將來能夠抵住這類誘惑力才能發生力量。這是一個考驗。如果新黨通不過這一考驗，那末我可以斷言它不過是爲中國民主運動史又添失敗的一頁而已。

第三、不弄陰謀詭計　時至今日，一談到從事政治，好像少不了弄陰謀詭計。我說，這根本就是舊思想，陳腐的觀念。吾人須知，弄陰謀詭計之事，到共產黨便已登峯造極。共黨之禍，就時間說，從一八四八年到現在有一百多年，就空間說，在世界有幾十國。在這長久的時間和這麽廣大的空間裏，各地共黨陰謀變亂情報與技術之交換，檢討精鍊，經驗的吸收與改正，幾乎無日或息。縱觀今世，那一個搞陰謀詭計的搞得過共產黨？可是，到了現在，即令是共產黨底陰謀詭計，也快拆穿了。既然如此，在這方面遠不及共產黨的人，何必再搞呢？

我們且無論陰謀詭計能否出售，它底施展過程也極不利于民主自由人權運動。陰謀詭計所掀起的空氣，是疑懼，是猜忌，是不安。這種空氣之形成，正是共黨活動的溫牀。共黨是民主自由人權的死敵。難道民主自由人權運動者要替共黨效勞不成？眞正的民主自由人權運動，有而且只有在安定，祥和，互信，的社會氣氛之下才能進行的。新黨要有前途，必須爲自己培養這樣的一個社會環境。新黨要爲自己培養這樣的一個社會環境，便絕不可染指陰謀詭計。何況這些小動作國民黨底權勢核心在中國要考第二，加之人多勢大，新黨絕難與之抗衡？

許多從事政治活動的人好搞陰謀詭計，係因只看見搞陰謀詭計的利益而沒有看見它底害處，只看見搞陰謀詭計在近程中所檢的便宜，而看不見不搞陰謀詭計在遠程的好處。自從民國成立以來，多少搞陰謀詭計的人物，雲譎波詭，且有的會淹掩廣土衆民，聲勢赫赫，而今安在哉？

現在，擺在新黨前面的選擇很簡單明瞭：要利益呢，還是要害處？要檢近程的便宜呢，還是要獲取遠程的好處？

第四、不崇尙暴力　民主與暴力猶天使與魔鬼，是不能照面的兩個東西。在政治場合，暴力現身之時，即民主消亡之日。新黨既要民主，就不能崇尙暴力。從事民主運動者既不可屈服于暴力，又不可自己使用暴力。在這次土耳其政變中，軍隊裏的中級軍官，從上校到上尉，開始計劃積極拿軍事行動來「革命」。他們首先請求反對黨領袖伊納諾來做他們底政變領袖。伊納諾拒絕了。他很不高興地說：「我是反對黨底領袖。所以，任何非法的活動，在我是絕對不能做的。」那些軍官勸他辭去反對黨領袖的地位，免得礙手礙脚。可是，他斷然地說：「我唯一掌握政權的途徑是經過自由選擧。別的，別的都不必說了。」這是何等政治家的風度。

伊納諾底這種行徑，照臺灣流行的政治風氣看來，現成的便宜不檢，簡直是一個傻子！然而，人家就靠着這樣的傻子維持住了民主，也靠着這樣的傻子納國家於長治久安之途。新黨要能眞正成功，必須也做這種傻子。

生物學中有一種學說叫做拉馬克學說 (Lamarck's Theory)。這個學說是說，在生物演化底歷程中，器官「用進廢退」。這也就是說，在生物演化底歷程中，任何器官如果常常使用，那末便發展起來；如果不用，那末就要退化。國民黨底權勢核心 在臺灣這個小島上擺設這樣龐大的統治機構，正愁英雄無用武之地。如果新黨弄陰謀詭計或構煽暴力，那末正好替這些英雄們招攬生意：證明其有存在的必要。這是最不合算交易。如果新黨絕對不走這一條老路，而像英國那樣，只用言論、思想、競選、會議等等文明方法搞政治，那末在朝黨底這些力量就無從發揮，而會慢慢「廢退」了。這不是「黃老之術」，而是「致太平」之路。

第五，無地域之見　新黨人物是否無地域之見，乃決定他們成敗的基本關鍵之一。顯然得很，有若干人士或明或暗地在所謂「外省人」和「本地人」之間努力築一道圍牆，或加深隱然存在的鴻溝。他們從這一所謂「矛盾的對立」中獲取統治的便利。從事這種工作的人士似乎只顧眼前的利益，一點也不顧後果。從事這種工作的人之基本辦法是利用並且擴大所謂「外省人」對「本省人」的恐懼心。但是，他們一年三百六十天，不是天天告訴「本省人」說「大家都是中國人」嗎？爲什麽又要「中國人」這樣怕「中國人」呢？本省「光復」之初，「本省人」對于「外省人」之光臨，該是多麽熱忱歡迎？而以後弄得有些不愉快，這種責任，是「本省人」應負，還是「外省人」應負？我想咱們「外省人」應該稍微反省反省。無論我們主觀上是否願意在臺灣「長治久安」，在事實上我們已經在這裏待了十幾年了。誰能曉得我們還要待多久？我們怎能長此讓這不必有的小小的芥蒂保持下去？「解鈴還要繫鈴人」！近年來，「外省人」和「本省人」結婚的一天多似一天。既然如此，二者爲什麽一定不能在一起組織政黨？只有抹除「外省人」和「本省人」這一條人爲的界線，臺灣的民主自由人權運動才會成功。新黨要求實現他們底目標，必須不在「外省人」和「本省人」之間作一劃分，而只在「民主」和「反民主」之間作一劃分。

六　結　語

我在以上將對于在野黨的基本建議提綱挈領地說了一個大概。當然，關于在野黨的問題，從理論到實踐，自起點以至于發展，所需寫的將隨發展之進展而進展。

我知道我在以上所說的種種之中，有些看法，在時下若干人看來，一定認爲是「書生之見」。的確，我自己也認爲是「書生之見」。不過，這些看法是「必要」的「書生之見」。我底看法不求「合乎時尚」。因爲，我底觀察、思索、和分析告訴我，任何「合乎時尚」的看法，充其量只能討一點小便宜，決不可能爲中國民主自由人權運動打開一條新的出路。如果我們要爲中國民主自由人權運動打開一條新的出路，那末必須有一種新的思想打前鋒。如果大家尚囿于臺灣目前流行的這一套老想法或官製的意識形態，那末其結果只有走上近視的現實主義的道路。走上近視的現實主義道路的人，根本犯不上冒險犯難來策進在野黨。對于這樣的人士，我勸他不如趁早加入國民黨的好。

一切偉大的事業是陶英貝 (A. Toynbee) 所說「創造的少數人 (creative minority)」所開創出來的。我們現在所須要的創造少數人，他們底思想必須有超乎一個時代的透澈，他們底識見必須有超乎一個時代的高遠，他們底行動必須有超乎一個時代的大方和靈敏。如果有這麼一羣創造的少數人作骨幹和引擎，那末中國底民主自由人權運動不會沒有可見及的成果的。

評高等法院對臺北市省議員選擧訴訟的判決

洪　安　邦

自由中國言論雖也自由，但權威性的法學雜誌對于檢討確定案件判決之論著，獨付缺如，以致司法人員辦理案件，無切磋攻錯之諍友。對于不得上訴第三審之刑事案件，各級法院既無判例可資遵守，又無學術上論著可資參考，不免與無所適從之感。擧例以明，票據法之濫發支票罪，有無共犯，自票據法于民國十八年施行，以迄民國三十九年修正。歷三十年，其第一三六條迄無定論。尤其選擧法規，自臺灣省實施自治十年以來，每屆選擧法規必有修正。舊例不僅不足爲可資遵守之成規，而且因選擧法規時有變更，舊例所根據之法條，與現行法令未盡相符，有時且足陷入于錯誤。乃各級法院于風起雲湧之選擧訴訟結束以後，對于選擧法規卽束之高閣，無人注意。一旦選擧再度擧行，再度受理選擧無效及當選無效之訴。臨陣磨鎗，又從事現蘴現賣。選擧訴訟之審判，用法不當，在所難免。今選擧訴訟已次第結束。爲促進地方選擧及整飭今後之選擧風氣，際茲臺灣高等法院對省議員部份之選擧訴訟一部撤回，一部分以判決駁回，除臺北市郭國基等訴請宣告選擧無效事件，判決全文會經中央日報刊出全文十點外，其他如桃園縣省議員選擧訴訟僅記載主文，局外人無從評判。故僅就臺北市省議員選擧無效部份詳加分析，從事深入之檢討。

查臺北市省議員選擧之選擧訴訟，計分選擧無效及當選無效兩案。選擧無效由當選人郭國基及落選人宋霖康李連麗卿三人聯名起訴。在五月中下旬臺灣高等法院審判長推事實施準備程序，應原告之要求，保全證據，親往臺北市政府民政局市選擧事務所所在地，查封全部選票，及選擧人名册，並以其中一部移置臺灣高等法院。因而此一部分之選擧票及選擧人名册不問係依保全證據程序，或依有關書證之規定，已命他造提出，卽爲卷附之書證：（因選擧人名册本身爲他造保管選擧人領票之紀錄，當然爲書證。而選擧票不問爲有效票，或無效票，廢票、餘票、均爲文件，亦當然爲書證。）原告及其訴訟代理人依民事訴訟法第二百四十二條得請求閱覽或抄錄卷內之文書，故書證當然在得閱覽抄錄之列。至于選票依臺灣省第二屆省議員暨第四屆縣市長選擧辦理選務注意事項第四十條：「各開票所，于開票完畢後，應將所有有效無效票分別包封……依照臺灣省各縣市公職人員選擧罷免事務所組織規程第二十條，一併送交該管鄉鎭區……轉送選擧事務所，妥愼保管。非因選擧訴訟，由法院依法揭封，不得開拆封包。」雖有限制，但其明文既曰非因選擧訴訟，由法院依法揭封不得開拆，則因選擧訴訟而爲保全證據之標的，原非不得揭封開拆，加以淸點。而選擧人名册一經附卷，爲證物之一部，選擧法規既未特設明文，乃一般之書證，尤無不許當事人或其訴訟代理人閱覽之理。在訴訟進行中，被告臺北市選擧事務所之訴訟代理人，竟引用民事訴訟法第二百七十七條而加以別解，主張原告除另行擧證外，不得利用選擧人名册及選擧票，以爲立證方法。此種主張，訴訟原爲代理人責任攸關之强辯，不值識者一笑。不意臺灣高等法院竟深韙其說，而拒絕以第二〇八投票所以外選擧人名册及選擧票，提示原告或其訴訟代理人。謹按指揮審判固爲審判長之職權，惟選擧訴訟法既依原告之聲請，在準備程序保全證據。並依原告之主張，試行抽查。抽查之結果，啓封檢驗者僅第二〇八投票所一所，卽已發現，有十八票以上未經選擧人領票投入票匭之情事。足證原告之主張，非無依據。審判長推事雖有指揮審判之權限，但無拒絕當事人之一造合法要求之職權，臺灣高等法院進行準備程序，初則應原告之請求，揭封檢票，並核對選擧人名册；續行準備程序時，竟依被告之主張，要求原告對于證物學證後，始許其使用已經保全之證據。原告在審判中既經指明第九第十等四十個投票所有人冒領代投之情弊。經查冒領選票代投，不外①利用指印，以自已之指摸，十指輪番，在選舉人名冊上以彈鋼琴之方法，冒領他人未領之選票代投；②利用類似指摸之道具，蓋用于選舉人名冊，而冒領大量之選票代投。如嘉義臺南發現之布紋指印；③不在選舉人名冊上簽名蓋章，而以大量選票投入票匭，如臺北市第二〇八投票所發現已投票數量超過領票選民人數近二十票之情弊。凡此種種，均無須專門技術鑑定，一經檢視選舉人名冊，即可了然。原告既經指明投票所四十個請求抽查，臺灣高等法院竟拒絕以有關選舉人名冊提示，使兩造依民事訴訟法第二百九十七條，就調查之結果爲適當之辯論；竟以主張利已事實之當事人除以附卷書證選舉人名冊及封存之選舉票爲立證之方法外，不能另行舉證，因而拒絕提示。如此指揮審判之態度，顯失公平。其裁判自難使人心折。

選舉無效事關政府之威信，選務機關，苟無舞弊之情事，本于眞金不怕火之態度，選舉人名冊儘可公開。落選人而有所存疑，被告選舉事務所應歡迎司法機關之澈查，而無庸其代理人爲此項于法無據，而且貽笑方家之强辭抗辯。尤應對于其代理人此項抗辯，且應糾正。臺灣高等法院本于無偏無黨之立場，尤應在法律範圍內，對于原告合理合法之請求，儘量予以便利，使得援引已經保全之證據，爲其利已事實之立證方法。倘原告及其訴訟代理人在審判上既盡其攻擊防禦之能事，仍不能發現利已之證據，以實其說。法院自可據民事訴訟法第二百七十七條，駁回原告之訴。原告于敗訴之餘，自應服膺司法之尊嚴，而不敢異辭。今日臺灣高等法院，居然利用指揮審判之職權，對于原告故加刁難，指已經保全之證據，非經舉證不能利用。筆者嘗聞「當事人主張利已之事實者，應負舉證之責」，未聞當事人對于立證方法，亦負舉證責任。臺灣望治同胞固然因而失其信心，傳聞海外，必也遺笑于友邦。至于郭國基等雖因而敗訴，但無損害可言。緣郭國基敗訴仍爲以最高票當選之省議員，李連麗卿及宋霖康縱使一部勝訴，重行投票，亦未必即能易落選爲當選。臺灣高等法院對于無損于原告而有損于國家之事項，竟不惜赴湯蹈火，冒大不韙以赴，其愚誠不可及。

至于其判決理由列舉十點，第一點駁回郭國基之起訴，不問理由是否適當。當選人起訴，當事人顯不適格。結果相同，應無疑問。二三兩點，亦無不當。第四點已領未投票，及第五點選民拒領省議員選票，不問內幕究竟如何，領票未投，似亦不能謂選民無不投票之自由。則省議員部份之餘票增加，尙非舞弊之佐證。但第六點以下，則不免枉法之嫌。

關於其中第六點，其判決牽涉之投票所有四。關于李連麗卿部份，除①二八二投票所原告之主張無據外。②第三十三投票所③第三十四投票所得票被減，其判決用語明示：「既據舉證證明爲眞實」，則李連麗卿部份，最低限度有二個以上之投(開)票所有違法之事實，且其第九點則又是認第二〇八投票所第一二六投票所有冒領代投選票之情事。依其判決認定之事實，臺北市省議員選舉各投票所經審理認定有違法無弊之情事者，有第三十三、第三十四、第二〇八、及第一二六四個投票所。按諸臺北市選民散布情形，每一投票所選舉人數均在千人以上，投票所四所，人數逾四千人，已超過其判決所載當選人最低得票數與落人最高得票數一六一八之差額倍蓰以上。比照現行臺灣省議會議員選舉罷免規程第三十二條第一項但書所謂：「但無效部份其所有票數顯已不足影響當選與落選之結果時，其選舉應視爲確定，不再重行投票」之規定。是決定應否重行投票，係以「無效部份其所有票數爲計算之標準。如此則第三十三、第三十四、第二〇八、第一二六等應宣告無效之四個投票所，其所有票數之總和逾四千票，顯足影響當選落選之結果。」準上說明可知臺灣高等法院認定上開列舉投票所四所有舞弊之情事。即應以判決諭知上述投票所四所之選舉無效。竟相反的以判決駁回原告之訴，更有枉法之嫌。

又按中華民國憲法第八十條謂「法官應超出黨派、依據法律審判、不受任何干涉」。其所依據之法律，應爲現行有效的法令。因新陳代謝而失效的舊法令，以及依舊法令所爲之解釋及舊例，除與現行法令立法意旨相容者外，均在不得援引之列。現行臺灣省議會議員選舉罷免規程，係于民國四十九年二月八日由行政院公布，從而有關省議會議員選舉訴訟之訴請宣告選舉無效者，自應依同規程第三十一條第三十二條之規定爲實體上之依據，而以同規程第五十七條至第五十九條則爲有關程序之規定。自不能援引業經失效之舊臺灣臨時省議會議員選舉罷免規程，或依據與失效之舊法所爲之解釋或例案，以爲裁判之基礎。乃事理法理之當然。

已經失效之臺灣省臨時省議會議員選舉罷免規程第三十七條言簡而意不賅，其原文如次：

「辦理選舉事務機關違反選舉法規，經法院判決無效者其選舉無效」。

此項規定，既未分別全部無效，或一部無效。對于構成選舉無效之事實，又未加任何限制，一切授權法院自由裁量，漫無標準，司審判者當然不能以一二投票所管理員違反選舉法規，有舞弊之情事，牽一髮而動全身，即宣告全選舉區之選舉無效。從而司審判者在無標準中求標準，乃以前國民政府司法院三十七年院解字第三九一三號有關國民大會選舉罷免法之解釋爲藍本：一方面以選舉發生相異結果之虞，限制所謂違反選舉法規之範圍，同時個以舞弊之選票累積計算，以定應宣告選舉無效。此爲臺灣省臨時省議會議員選舉罷免規程有效時期之一般見解。從無標準中求標準，自屬允當。惟現行臺灣省議會議員選舉罷免規程頒布，關于選舉無效，有詳明之規定，其第三十一條明示：

「辦理選舉事務機關違反選舉法規，足以致選舉發生相異之結果者，得由

「臺灣省縣市公職人員選舉罷免監察委員會或候選人以辦理選舉事務機關爲被告，提起選舉無效之訴。經法院判決確定選舉無效者其選舉無效。

前項選舉無效之訴，應以足構成選舉無效之事實所發生之地區爲範圍，訴請該選舉區或其區內特定投票所選舉無效，不影響其他部份之選舉」。

此其規定第一項增列「足以致選舉發生相異之結果者」之限制。第二項則分別選舉無效爲全部(選舉區)無效，及一部(特定投票所)無效。並明示特定投票所選舉無效，不影響其他部份之選舉。同時在第二項就全部無效或部分無效，併明示法律上判斷之標準。其違反選舉法規而使選舉生相異結果之事實發生于全選舉區者，當然爲全部無效。如果僅發生于特定之投票所，則僅得宣告該投票所選舉無效。此爲現行選舉罷免規程進一步之特色。不僅此也，至于所謂「足以致選舉生相異之結果」，究竟爲抽象的相異結果？抑爲具體的相異結果？在昔曾經聚訟，或者認爲因選舉機關違法而致一票之差，卽應認爲構成選舉無效之原因。參以前國民政府司法院第一二九一三號解釋用語「以選舉發生相異結果之虞」，此種見解，自屬允當。但亦有採反對說者，認相異結果須臻足影響當選落選之程度。臺灣高等法院及其分院舊例曾採後說。此在舊選舉罷免規程有效時期，依舊規程而爲裁判固非無見。唯採此說者，其判決理由一方面認定原告之主張爲有理由，並證實選務機關違反選舉法規，有足致選舉生不正確結果之事實，同時又比較當選人與落選人得票之差額，認其舞弊票數僅若干票不足以影響當選落選之結果，因而駁回原告之訴，其裁判理由，前後必也矛盾，不僅難期敗訴當事人心悅誠服。且使一般選民，莫測高深。公然舞弊者，居然勝訴，利己主張已經證實者，反而敗訴，實足影響司法威信，動搖國民對于政府之信心，故臺灣省政府于本屆省議員及縣市長選舉舉行以前，製定臺灣省各縣市公職人員選舉罷免規程于四十八年十二月八日公布，其第四十三條第四十四條有關選舉無效之訴訟詳加規定，劃分司法機關及選務機關之職權，司法機關受理選舉無效之訴，僅須審究有無足構成選舉無效之事實，發生于該選舉區或特定之投票所。在法言法，卽應宣告該區域之選舉無效，而無須計算致選舉生相異結果之票數，是否足致當選人落選，或落選人當選。易辭言之，某一選舉區或特定投票所發生具體的違法事實，而使選舉生不正確之結果，其不正確之程度縱使爲數極微，亦應宣告該選舉區或該特定之投票所選舉無效，以維司法之尊嚴；同時授權選務機關在法院宣告一部無效之場合，根據選舉罷免規程第四十四條：「但無效部份其所有票數顯已不足影響當選與落選之結果時，其選舉應視爲確定，不再重行投票。」按查所謂「無效部份所有票數」，指所宣告無效之投票所所有全部票數而言，亦卽各該投票所選舉人名冊上之全體選舉人之總和。舉例以明，落選人之得票與當選人之得票額僅爲一六一八票，而宣告無效之特定投票所選舉人人數苟超過一六一八之數字，卽應重行投票，因落選人可能因重行投票，而得票超過一六一八票，超出當選人領先之差額也。反之如宣告無效，投票所選舉人數在一六一八以下，而僅一六一七人，則所有票數全部爲落選人之得票，亦不足影響當選落選之結果，故應視爲確定，而毋庸重行投票。

準此規定，法院不問一部選舉無效是否足影響當選之結果，單純依據法令及當事人攻擊防禦所憑證據而爲裁判，司法威信當然提高。選舉機關根據法院之裁判依一定之公式而爲計算，亦可人無間言。

行政院是認臺灣省政府此項重視司法威信之措施爲正當，四十九年二月八日公布臺灣省議會議員選舉罷免規程。其第三十一條第三十二條、與臺灣省各縣市公職人員選舉罷免規程第四十三條、第四十四條僅有目次之不同，而內容則完全一致，無隻字之出入。其第三十一條第二項旣明示「……以足構成選舉無效之事實所發生之地區」爲範圍，指明相異結果非以有舞弊選票爲宣告之對象，而以「……足構成無效事實所發生之地區」爲對象。某一地區有選舉無效之事實發生，則該地區之選舉應歸無效。其無效事實普遍發生于該選舉區，則宣告該選舉區選舉無效。其事實發現于特定之投票所，卽宣告該投票所之選舉無效。緣選舉區而普遍發生選舉無效之事實，該選舉區之選舉結果卽不正確；特定投票所而發生足構成選舉無效之事實，則該投票所之選舉結果卽不正確。爲求選舉有正確之結果，自不能僅以發現舞弊之票數計算。例如菜內發現有蒼蠅，自應廢除此碗菜，而不應揀出蒼蠅，而仍以菜享客。故在第三十一條第二項明示宣告無效之單位爲「選舉區」爲「投票所」，同時第三十二條第一項但書明示：「但其無效部份其所有票數」，足見選舉無效事實效力所及，以地區言爲該選舉區或特定投票所；以票數言，並非有舞弊事實之選票，而爲選舉無效部份，卽選舉區或特定投票所之所有全部票數。此種立法意旨，目的在于肅清選風，使競選人在選舉過程中，不敢違法舞弊勾結選務人員以非法手段攫取選票，故一經發現選舉地區有違法而致選舉生不正確之結果，卽宣告該地區之選舉無效，以儆刁頑。

依其規定，則第三十一條第一項所謂「相異之結果」，爲抽象的相異結果。參以司法院院解字第三九一三號解釋所謂「相異結果之虞」可知。此所謂相異結果，並非具體的足影響當選落選之結果。現行選舉罷免規程第三十二條但書又載明「但無效部份，其所有票數，顯已不足影響當選落選之結果時，其選舉應視爲確定。」尤足證明第三十一條所謂相異結果，乃指抽象的一切不正確之結果而言，爲法院據爲判決之根據。故祇須證實選務機關違法，足使選舉發生相異結果，卽應宣告該地區選舉無效。唯有第三十二條所謂：「……不足影響當選落選之結果時，……」始指具體的使當選人落選，落選人當選的結果，是爲宣告某地區選舉無效以後，選務機關據爲是否需要重行選舉或重行投票之根據。

臺北市省議員選舉訴訟，臺灣高等法院竟置行政院暨臺灣省政府之重視司法威信及整飭選風之苦心于不顧，自貶尊嚴，越俎代謀，對于不應計算之有弊選票，加以計算，以致其判決理由矛盾，主文與認定之事實兩歧，顯不足以昭大信于國人。不僅不足爲選務機關分謗，而且有損于選政。緣選舉舞弊爲選政之障碍，行政院及臺灣省政府以除惡務盡寄望于法院。而法院自甘枉法，對于不良之選政採迴護掩飾的。則是法院不僅誤解法令，而且誤以臺北市選舉事務所爲應尊重之對象，其爲失當則不辯自明。

談中共中央所犯教條錯誤及其意向

王厚生

去年年底，當史大林誕生八十周年時，艾思奇寫了以「紀念史大林誕生八十周年」爲題的文章，刋在去年十二月二十一日的人民日報上。無疑的，這篇文章的觀點與現在克里姆林宮主人的觀點有多少差別。艾思奇推崇史大林「是蘇俄共產黨和蘇俄國家的傑出人物、國際共產主義運動的堅强的革命家、偉大的馬克思列寧主義者」。

在事功方面，那篇文章這樣寫着：「史大林從十五歲參加革命運動到七十四歲逝世，整整六十年獻身於共產主義事業。在列寧逝世之後，他曾經領導世界上第一個社會主義國家蘇俄三十年之久。今天，當紀念史大林的時候，我們看到：共產主義事業，不但在蘇俄，而且在中國和其他社會主義國家，在世界範圍內，已經取得了空前巨大的發展。」

在著作方面，該文章說：「史大林遺留下不少著作。他的最後著作『蘇俄社會主義經濟問題』，是一本探討社會主義政治經濟學的重要文獻。史大林對於馬克思列寧主義理論的創造和貢獻，對於各個社會主義國家，對於全世界工人階級和一切被壓迫民族，都具有不可磨滅的影響。史大林的著作中雖然包括個別錯誤的論點和公式，但是整個說來，他的著作仍然是馬克思列寧主義理論寶庫中的一項重要遺產。」

但總的說來，「斯大林在他一生的後期犯了一些嚴重的錯誤。這些錯誤同他的偉大的功勳相較，只是第二位的。」

在那篇文章的結論上，對於「帝國主義者及南斯拉夫現代修正主義者」忽然作了猛烈的抨擊，說它們「曾經乘着蘇俄共產黨批判史大林的一些錯誤的時候大肆攻擊了各國共產黨和社會主義國家，掀起了全世界規模的反共高潮。這恰恰赤裸裸地暴露了帝國主義者和南斯拉夫現代修正主義者的反革命的醜惡的面目。在一場激烈的鬬爭中，帝國主義者和南斯拉夫現代修正主義者破壞國際共產主義運動的陰謀破產了。」

這個結論至少包含了三重意義：第一、抨擊南斯拉夫現代修正主義者，旨在旁證一九四八年史大林將南斯拉夫排出共產國際情報局的行動正確；第二、蘇俄共產黨批判史大林一些錯誤爲「帝國主義者和南斯拉夫現代修正主義者」所乘，掀起反共高潮，這不但說明中共不同情蘇共的鞭屍舉動爲正確，亦說明赫魯雪夫等人的不智；第三、「在一場激烈的鬬爭中」，「帝國主義者和南斯拉夫現代修正主義者」的破壞陰謀破產了，而所謂一場激烈的鬬爭，無異是指反對現代修正主義者的鬬爭，在這場鬬爭中，如全世界人所知，中共的確擔任了主要角色，如果破壞國際共產主義運動的陰謀正如文章所說，果眞已破產了，則中共對國際共產主義運動的貢獻已不在話下，它的功績還超過蘇俄共產黨呢！

就最近的表現來看，中共的理論家們對於馬克思列寧主義的理論顯然發生了很高的興趣，在四月一日出版的「紅旗」半月刋上，以第一篇地位發表了由于兆力所寫、題爲「論帝國主義是現代戰爭的根源，並論各國人民爭取和平的道路」的文章，這篇文章是爲紀念列寧誕生九十周年而作的。

美國國務院的官員們於閱讀此文後，發覺其中所論與蘇共現行的政策頗有距離，因此，斷定中共和蘇共之間關於冷戰的策略已發生分歧。我同意這一種看法。的確，根據列寧的理論，資本主義社會和「社會主義社會」如能和平共處，乃是不可想像的。列寧不但說過這種話，而且著有一書，叫做「帝國主義——資本主義的最高階段」，這本書的主要內容是說資本主義發展到了它的最高階段，變成爲帝國主義，帝國主義含有掠奪他國的本性，所以，帝國主義的出現，象徵侵略和戰爭的降臨。

赫魯雪夫近來高唱「和平共處」的曲調，他也說不同社會制度之間的「和平共處」是列寧的遺敎。現在，乘列寧誕生九十周年的時候，于兆力發表這樣一篇文章，並且刋載在「中共中央委員會主辦」的「紅旗」半月刋上，其意義是不尋常的。

讀了于兆力的文章之後，我有一個感想，就共產主義的古老理論來說，文章中的許多講法是正確的，因爲列寧在他活着的時候，根據當年他所研究的情況和所蒐集的資料，他確實說過帝國主義是戰爭根源的話。但就當代的較新理論和實際情況來說，這篇文章一無是處，它顯然地犯了敎條主義的嚴重錯誤。換句話說，于兆力的思想和觀點在基本上是受了敎條的束縛，他生活在今天這個時代裏，却思想在昨天所假定的理論圈套中，轉來轉去，發現不到出路和新路，他實實在在地需要作自我的解放！中共中央重視這篇文章是顯然的，則中共中央之同犯敎條主義錯誤也是用不着說的。

這篇文章的論調與赫魯雪夫的最近言論大有出入，說嚴重一點，是大相逕庭。

文章在多次「列寧敎導我們」和「根據列寧主義的原理」下，將「帝國主義」咒駡得體無完膚，而誰是當今世界上的「帝國主義」呢？美國。於是，「美帝國主義」和「艾森豪威爾之流」便成爲指駡的對象。

讓我摘錄幾段於後：

「列寧敎導我們，在帝國主義時代，帝國主義制度就是戰爭的根源。帝國主義的戰爭，是帝國主義的侵略和奴役政策的繼續。

「最近一個時期，美國統治集團中的某些代表人物，似乎比較多地談論和平的言詞，比較多地玩弄和平手法。……似乎艾森豪威爾之流可以『放下屠刀，立地成佛』，……艾森豪威爾之流果眞會放下屠刀嗎？美帝國主義果眞願望世界和平嗎？……無數的事實證明了，艾森豪威爾之流在玩弄和平手法的同時，正在那裏積極準備戰爭。……艾森豪威爾之流絕不會放下屠刀。作爲帝國主義者，美帝國主義絕不會放棄它的戰爭政策。

「美帝國主義爲了實現統治世界的野心，一面積極準備所謂全面戰爭，即世界大戰；一面積極進行和準備所謂有限戰爭，即所謂局部性的戰爭。……美國關於進行所謂局部戰爭的方針，是美帝國主義實行的侵略戰爭政策的歷史經驗的一種總結。

「事實清楚地證明，當前的戰爭危險，仍然如列寧在四十多年前所指出的，是在於帝國主義制度。帝國主義的本性就是掠奪。帝國主義國家在『和平』時期的政策，都是爲了掠奪。……帝國主義的掠奪政策必然引導到戰爭。經過第二次世界大戰以後，帝國主義的這種本性並沒有任何改變。

「根據列寧主義的原理，帝國主義同殖民地、半殖民地之間的矛盾是不可調和的，是對抗性的矛盾，是現代戰爭發生的根源之一。

「根據列寧主義的原理，帝國主義國家內部，壟斷資產階級同人民大衆之間的矛盾是不可調和的，是對抗性的矛盾，是現代戰爭產生的根源之一。

「根據列寧主義的原理，帝國主義同帝國主義國家之間的矛盾是不可調和的，是對抗性的矛盾，是現代戰爭產生的根源之一。」

總之，戰爭是不可避免的，這由「帝國主義的本性」所決定。這種理論與克里姆林宮的現行政策尖銳對立，給下月召開的高峯會議潑上冷水。中共這種做法對「美帝」無甚損害，對蘇俄的損害却很大，至少，將赫魯雪夫在未來高峯會議中的地位和發言權加以削弱。因此，爲顧全與蘇共的關係起見，這篇文章在內容方面的矛盾也是無可遮掩的。

它一方面强調帝國主義與戰爭的牽連關係，以及美國是「帝國主義國家」，另一方面却說出如下可笑的前後不符的話：

「戰後世界現實的直接的矛盾不是蘇美矛盾。蘇俄和美國，是可以而且事實上在那裏和平共處。帝國主義反動派的反蘇讕言，故意聳人聽聞地說什麼蘇美之間的第三次世界大戰一觸即發，是爲了利用這個烟幕，掩蓋其霸占世界和壓迫本國人民的目的。」

這是什麼話？「帝國主義的本性」在這裏完全消失了！美國已不是什麼「帝國主義國家」了！如果不是列寧主義的原理有問題，便是于兆力的頭腦神經系統發生了毛病，兩者必有其一。

近幾年來，中共宣傳現今的國際總形勢是：東風壓倒西風，「社會主義陣營的力量已經超過了帝國主義的力量，和平的力量已經超過了戰爭的力量」。但是，文章中有一段十分勉强的議論：「帝國主義終究還是帝國主義，壟斷資本終究還是壟斷資本。在這種情況下面，如果不把全世界人民發動起來進行保衞世界和平、反對帝國主義戰爭的鬪爭，束縛住帝國主義戰爭勢力的手脚，而是向帝國主義祈求和平，就不可能贏得全世界人民所需要的和平。」

這些議論不但與前面「蘇美和平共處」的說法矛盾，即其本身也非理直氣壯，既是東風壓倒西風，何必再「把全世界人民發動起來進行保衞世界和平、反對帝國主義戰爭的鬪爭」？根本上，還是東風並未壓倒西風的心理恐慌症在作祟。又誰在「向帝國主義祈求和平」？

這種論調在赫魯雪夫看來，未免不順眼，這不是「兄弟國家」所應採取的態度。在中共，一面不能不承認蘇俄是「社會主義陣營的爲首國家」，一面又有自己對國際事務的主張，這是很難兩全俱美的尷尬局面，寫文章的人確有難以下筆之苦，怪不得在內容上要發生前後觀點的矛盾了。于兆力在文章的結論中，一面說：「我國政府和人民，同各社會主義國家一起，堅決主張不同社會制度的國家和平共處。我們熱烈地歡迎國際局勢趨向和緩。……我國政府一貫支持蘇俄政府和赫魯雪夫同志爲召開東西方首腦會議所做的努力以及其他和平倡議。」但，他一面又說：「但是，帝國主義國家是侵略成性的，一旦有機會，它們就會破壞和平共處。……在今天，美帝國主義還在用軍事基地網和導彈網包圍着我們，我們對於帝國主義所造成的戰爭危險仍然必須保持最大的警惕。」

于兆力這篇文章的用意在於說明：「根據列寧主義的原理」，帝國主義是侵略成性的，戰爭絕對不可避免；美國是今日世界上的主要「帝國主義國家」，所以，美國正在積極備戰；美國同意和平共處，是玩弄和平手法，一旦有機會，它就不要和平共處了，因此，「社會主義國家」應該發動人民的力量，「針鋒相對地同帝國主義進行鬪爭」，以保衞和平，而和平不是向帝國主義所能祈求得到的。

這樣說來，蘇俄政府和赫魯雪夫的現行外交政策豈不是因昧於列寧主義的原理而犯了大錯？即以「和平共處」而論，好像是只對帝國主義有利的，因爲帝國主義接受「和平共處」，是在玩弄和平手法，是在等候破壞的機會，一旦機會到來，帝國主義便要發動大戰，統治全世界。照這個說法，中共連「和平共處」都不贊成了！

依我的觀察，中共和蘇共之間的意見分歧已經存在，特別是關於國際事務方面，中共和蘇共對「溶解冷戰冰塊」政策的後果及其影響有着不同的估計。中共中央深深明白，如「溶解冷戰冰塊」政策的後果對共產集團不利——事實上，中共中央已作此估計，那末，中共政權將受到致命的影響，所以，焦急萬狀，千方百計，欲阻撓赫魯雪夫的現行外交政策。中共自用實際行動（如對印度動武和助寮共內戰）破壞赫魯雪夫的政策（從所謂大衞營精神演繹出來的憑和平談判解決一切國際糾紛的主張）歸於失敗後，在現階段，正在挖空心思，從馬克思列寧主義的廢紙堆中，尋找一切可以利用的陳舊理論，企圖說服蘇共和赫魯雪夫，一面繼續打擊現代修正主義（四月三日，爲匈牙利「解放」第十五周年，陳毅在北平向民衆大會發表演說，抨擊現代修正主義，指它爲今日國際共產運動的主要威脅），警告蘇俄必須小心謹慎，以免陷落其中。據說，同情中共這個立場的東歐共產國家尚有東德、捷克和阿爾巴尼亞。

于兆力的文章發表於四月一日，四月三日是所謂匈牙利「解放」十五周年，北平各界舉行大會，中共僞政權的副總理兼外交部長在大會上講話，對「美帝國主義」猛施攻訐，他首先「熱烈歡迎和堅決支持」蘇俄爲緩和國際緊張局勢所作的努力、赫魯雪夫訪問法國和蘇俄在十國裁軍會議上所作的努力，接着，就說：「但是，不能不看到，以美帝國主義爲首的戰爭勢力是不甘心於國際局勢的緩和的。……美帝國主義不僅不肯裁軍，而且還在積極擴軍備戰，加緊復活西德日本軍國主義，使西德和日本成爲兩個嚴重戰爭危險的策源地。……所有這一切都表明，和平決不是可以輕易取得的，必須經過不斷的、嚴重的鬪爭，和平才能够維護和鞏固。」

中共將西德「復活軍國主義」一事强調提出，不可謂不高明，因爲第一，這種話使赫魯雪夫聽得進去，有說服力，因赫魯雪夫對西德的繁榮和日漸强大，同樣具有戒心，或許，他的憂慮超過任何其他國家的共產黨人。當他在法國訪問時，曾用西德的强大去恫嚇戴高樂，以分化法國和西德之間的關係，但戴高樂對此沒有同感（四月七日，戴氏向英國兩院聯合會議致詞，說「德國過去是我們的敵人，但今天在西方佔一重要地位，而且又是我們的共同盟國。」），赫魯雪夫在法國碰了一鼻子灰回去，是否已減少對西德的殷憂或聽信中共的挑撥言語，一時還不可知。第二，中共將西德故意地描述爲軍國主義的宣傳，無疑使東德共產政權感到滿意，因蘇臺德區而最先遭受希特勒侵略的捷克，也必同意中共的說法。總之，中共這一宣傳策略的效用可爭取東歐國家，與中共站在一邊，使蘇俄政府和赫魯雪夫的現行政策遭遇障碍，明白言之，使蘇俄政府和赫魯雪夫放棄現行的政策，改採「針鋒相對地同帝國主義進行鬪爭」的政策。中共的宣傳能否達此目的，現在還看不出，但如成功（即使是成功一部分），中共和毛澤東在共產集團中的地位和發言權就會大大地提高，這是毛澤東夢寐求之的事！

四月四日，人民日報發表了一篇社論，它迎合赫魯雪夫的心意，指控西德阿登納總理最近的訪日之行，謂在美國的指使下，西德和日本進行勾結，準備發動新戰爭。更謂美國這一做法，是「搬起石頭打自己的脚」，最後一定要倒霉。這樣一說，美國又不像是世界上爲首的「帝國主義國家」了，它將成爲犧牲者！人民日報社論的題目是：「阿登納訪日說明了什麼？」，內稱：

「阿登納的日本之行，是美國戰後一手扶植起來的西德和日本的軍國主義勢力進行公開勾結的標誌，是美國製造緊張局勢、準備新戰爭的政策的又一個具體步驟。

「第二次世界大戰以後，美帝國主義代替了德國和日本法西斯，成爲世界和平的頭號敵人。……今天來自西德和日本的戰爭威脅，其根源正是美帝國主義的戰爭政策。……當此西德和日本軍國主義在美帝國主義的支持下進一步勾結起來，嚴重威脅世界和平的時候，中國人民將更加努力加强以蘇俄爲首的社會主義陣營的團結。」

從各種迹象看來，中共今天所要求的是繼續冷戰，所反對的是緩和國際局勢。這與蘇俄政府和赫魯雪夫的現行政策剛剛相反。中共因處於附庸地位，對於蘇俄政府和赫魯雪夫的政策只能一面用理論去說服，一面用加强團結的話去感動。如無效果，中共和蘇共的關係可能惡化。如非朝惡化發展，則中共應放棄己見、無條件接受蘇俄的領導。

中共爲何反對冷戰的冰塊溶解？照我個人的觀察，認爲國際局勢緩和後對中共政權同樣發生不良的影響，人民憧憬西方和美國，憎恨鐵幕，反抗中共的高壓和各式各樣的運動（鬪爭）。蘇俄老大哥可以和西方友好，我們爲什麼不可以？這將是大陸人民的心理共鳴。我注意到，中共在大陸上正在發動另一次仇美反美運動，凡有機會和藉口，必向人民灌輸反美仇美思想。譬如，故宮文物將運美國展覽。中共借題發揮，大搞反美運動，撰文簽名，轟轟烈烈，謂「美國盜我國寶」。三八婦女節，「全國婦聯副主席」鄧穎超向婦女節大會發表演說，嚴厲抨擊「美帝」的擴軍備戰。中共在農村搞人民公社並未成功，忽又大搞城市人民公社，其主要目的還是要加强對人民的組織和控制。中共中央爲自私的統治目的計，儘管明知沒有戰爭，老百姓却不可不騙。不過，話說回頭，假使中共有機會參加五月的東西高峯會議和現在日內瓦舉行的裁軍會議，態度和政策恐又不同，但什麼是中共參預國際事務的最大阻力，無疑的，是美國的共和黨政府。今年是美國的總統選擧年，促使美國共和黨政府在不得民心下垮台，似爲中共强調美國是「帝國主義」和「積極擴軍備戰」的目標之一。

（四月八日於九龍）

日本國會議員個人之特權

林 秋 水

日本國會是直接代表人民，爲國權之最高機關，也爲國家唯一之立法機關，其在整個國家機構中之重要性自不待費詞。爲了使其能負擔其重要任務，對其構成分子之議員自給予種種權利，也課以必要之義務，現在只把日本國會議員個人之特權研討一番。

一、人身自由之特別保障

憲法第五十條規定：「兩議院議員除法律所定之場合外，在國會會期中不受逮捕，在會期前被逮捕之議員，若其議院要求時，在會期中應釋放之」。舊憲法也有類似之規定，卽「兩議院議員除現行犯罪或有關內亂外患之罪外，會期中非有其院之許諾不受逮捕」。二者相比，自以後者較不完全，因爲舊憲法硬性規定「現行犯罪或有關內亂外患之罪」，卽可逮捕，新憲法則將不受逮捕特權之例外讓與法律規定，故只要修改法律卽可以擴大或縮小可逮捕之場合，而法律由國會制定，換言之，卽國會可以自已決定其議員要受逮捕之場合。

憲法所謂「除法律所定之場合外」，究指何種場合？按國會法第三十三條規定：「各議院之議員，除在院外現行犯罪之場合外，會期中非其院之許諾不受逮捕」，爲憲法之具體規定，也卽指「在院外之現行犯罪」及有議員所屬議院之「許諾」而言，卽如在此兩種場合則可逮捕。而議院之許諾又分爲：㈠如在議院內部有現行犯時，衛士或警察官吏逮捕之，而請求議長發布命令，但在議場時，須先經議長之命令始得逮捕（衆規二一〇條，參規二一九條）。㈡至於現行犯以外者，如有議院許諾亦得逮捕。此時請求者爲裁判所或裁判官，而內閣則爲手續上將其轉達而已（國會法三十四條）。議長於接到要求書後，先交付於議院運營委員會，待其報告後才付諸大會議決（衆議院先例集八七）。此時議院決定許諾與否根據何在？有的人以爲並非只看是否有逮捕之正當理由，同時又須看該人在議院運行上之重要性，因此卽使有逮捕之正當理由，如該人之活動在議院的運行上不能缺少時，則不予許諾。但給予議員此種特權之目的乃在尊重擔任審議國政之議員職務，免因權力之濫用而致妨碍其工作，並非不管其犯罪嫌疑之事實，因其爲議員而加以特別之保護。因此由憲法之宗旨言之，應判斷有無逮捕之理由，如有理由應予許諾，不能因其在國會爲重要人物，如那時被逮捕則在國會運行上頗多困難，而拒予許諾。不過許諾與否決定權在國會，且對其不必附上理由，故卽經拒絕，在政治上也許有可議之處，但在法律上則不能爭執。

我們應注意者，憲法五十條所規定的爲不逮捕，只是不許拘束議員之自由，而不妨爲刑事上之訴追，若因而判決須執行拘留以上之刑，則失去其議員資格，從而不受本條之保障。若受禁治產之宣告，或因選舉犯罪而被科處罰金，亦同。(註)

又會期前被逮捕之議員，會期開始後，如有該院之要求時，便須釋放之，在會期前如有議員被逮捕時，於會期之開始，內閣須對該議員所屬議院之議長通知其姓名（國會法第三十四條之二）。議員若欲要求釋放會期前被逮捕之議員，須二十人以上之連名，向議長提出附有理由之要求書（國會法第三十四條之三）。釋放之之要求由議長向裁判所、警察等逮捕機關爲之，若有此項要求應卽釋放之。但此限在會期中，會期終了後得再拘束之。舊憲法對於釋放之要求未設明文規定，故意見紛歧，在第一屆帝國議會時，衆院雖決議以爲「衆議院議員在會期前被逮捕，而開會後乃在拘留中者，除非有衆議院之許諾，不得繼續拘留」，但是司法當局則主張無要求許諾之必要。

參院在緊急集會中也享受此項不受逮捕之特權（國會法第一〇〇條）。

二、發言表決之自由

憲法第五十一條規定：「兩議院議員在議院內所爲之演說、討論或表決，在院外不被問責任」，其目的乃在使議員能自由活動，不受任何束縛，以便能眞正反映民意。依此規定，議員不得因其院內之發言或表決，而被問以民事責任或刑事責任，也不負表決之懲戒責任。至於兼任官吏之議員，以議員之身份發言，苟其發言違反官吏保持秘密之義務時，對其懲戒問題，則有不同之見解：如美濃部達吉以爲：「但如官吏等與國家間有特別關係者，以議員資格之發言，苟違反官吏職務上之義務，例如洩漏職務上之秘密時，得成爲懲戒處分之原因，此乃因其基於特別權力關係，而非基於一般統治權之制裁，故與本條（按：指憲法第五十一條）並不牴觸」。再就實例觀之，舊憲法第五十二條前段也有此項保障，但却曾發生因此而免職之例，卽在第二屆帝國議會之貴族院，議員陸軍中將小澤武雄在演說中激烈評論國防之不完備與軍制之缺點，而被陸軍當局以洩漏軍機之名免職之。惟在理論上，憲法上有關發言自由之保障，不得視爲不適用於兼任官吏之議員，故只要是以議員之資格所爲之演說、討論及表決，皆不能付諸國家之懲戒，日本大多數學者也採取這種看法。又這裏所謂懲戒責任，乃指國家者而言，因此苟非國家機關，例如政黨，如因議員之發言表決而開除其黨籍者，並無不可。再者此項只爲對院外而保障者，觀之憲法條文，則甚明瞭，若其發言擾亂院內秩序，自得由議院懲罰之（憲法第五十八條）。

憲法所謂「議院內」指在大會及委員會。但其發言受保障者，只限於議員職務上所爲者，並非包括所有在院內之發言，因此卽使在院內所爲，如爲職務外之行爲，則不在憲法保障之列。再者所謂「議院內」，並不限於議院建築物內部，如爲調查而派出議員，則在被派地方所爲之行爲，得視該地方爲議院之延長，而包括在所謂「議院內」之行爲中。

此外，如議員將在院內所作之言論，在院外演說或刊行時，應依一般法律負其責任。關於此點，舊憲法第五十二條後段有明文規定；新憲法雖無明文，但此非免除責任之意，而是認其爲當然之事，故未予規定。

三、議員職務上之權限

一、出席的權利：議員出席大會及其擔任委員之委員會，乃其當然的權利，至其議席，在每會期之開始由議長定之(衆規第十四條，參規第十四條)。關於衆議院之議席，在帝國議會初期，以抽籤決定，但既有政黨存在，自不能不考慮其關係而定之，因此由第二十一回議會（一九〇四至一九〇五年）起，改由議長規定，且議長應依黨派分別爲之，這個慣例從而確立一九四〇年因各政黨解消，故議席乃依府縣別定之。隨着投降，各政黨復活，因而恢復了依黨派分配之慣例。

過去貴族院則與黨派無關，而以皇族爲首位，其席次則大致依照爵位之順序規定議席，最前排(最近於講臺)爲上席。

現在的參院則與衆院相同，依黨派之別規定議席。

二、議案與動議之提起：議員對於各該議院有權議決之事項，原則上皆有提案權(國會法第五十六條)，但預算、條約或有關皇室財產授受之議決（憲法第七十三條第八條）概由內閣提案，議員並無提案權。內閣任命官吏時須議會同意者亦然。在衆院須議員二十人以上，在參院則須議員十人以上贊成，才能提出議案，或使修正之動議爲議題(國會法第五十六條，第五十七條)，但附有預算之法律案則各須衆議員五十人，參議員二十人以上之贊成（國會法第五十六條及第五十七條)。

關於議案與動議，在舊憲法時代有明白的區別，卽稱須經兩院議決者爲議案(法律案，預算案等)，而以外者則稱爲動議(上奏、建議等)，但在現行制度下則難找出其區別。

三、質問及質疑權：議員有質問內閣之權。質問須議長之承認，對於議長之不承認如有異議提出時，議長應不經討論而諮詢議院決定。質問須以文書爲之，卽須作簡明的「主意書」，提出於議長（國會法第七十四條)，質問若有緊急性質者，得經議院議決以口頭爲之(國會法第七十六條)。

主意書經議長承認後轉送至內閣，內閣須在接到之日起七天內答辯之，若在此期間內不能答辯時，則須明示其理由及能答辯之期限（國會法第七十五條)。內閣之答辯得以答辯書爲之，也得爲口頭答辯，對此口頭答辯，質問者得再以口頭質問之(衆規第一六〇條，參規第一五四條)。經議長或議院承認之質問主意書，及內閣對此之答辯書，議長應將其印刷而分發給議員（衆規第一五八條，參規第一五三條)。

關於議長或議院不承認之質問，如議員有要求時，議長應將其主意書揭載於會議錄(國會法第七十四條)，但議長如認爲該主意書不簡明時，得令其改爲簡明主意書(衆規第一六一條，參規第一五五條)。

所謂質疑乃對於一般已成爲議題之議案及動議，而對其發案者及討論者，爲明瞭其疑義，而要求其說明者。此與質問不同，因爲質問乃對內閣質問有關國政之事項。原則上質問以文書，而只在緊急時，才經議院議決，以口頭爲之。質疑則以口頭，而依通常發言之手續爲之。如質疑續出，不易有終結時，經議員二十人以上同意，得提出質疑終結之動議（衆規第一四〇條，參規第一一一條)。

四、發言及表決權：議員對於議案有發言及表決之權，乃當然之事，不必深論。

各議院之議長對於質疑、討論或其他發言，除預先由議院議決者外，得限制其時間，對於議長所定時間之限制，若有出席議員五分之一以上提出異議時，議長應諮詢議院之意見。議員因受時間限制，對其發言之未完部分，除議院有特別議決者外，在議長承認之範圍內，得揭載於會議錄(國會法第六十一條)。

五、其他權限：除上述各種權限外，國會所承認之議員權限爲在委員會經出席委員十分之一以上贊成而報告被廢棄之少數意見，及被選舉而參加彈劾裁判所構成之權限等等(國會法第五十四條，第一二五條)。

註：國會法一〇九條規定：「各議院議員若喪失法律所定被選資格時，則成爲退職者」。而依公職選舉法第十一條規定，凡受禁治產宣告，或被處拘留，或因選舉犯罪被科處罰金者概無選舉權及被選舉權。

臺北通訊・六月二十日

從日本矢野馬戲團開鑼說到張祥傳濫權

袁治本

日本矢野馬戲團來臺演出的場地問題，與臺北市政府四十九年度第一次追加預算案，在臺北市議會第四屆第九次臨時大會中，掀起軒然大波。市議會議員對於議長張祥傳違憲違法，破壞民主體制，損害法治精神，一致提出譴責。臺北民營報紙，紛撰社論或短評，抨擊張祥傳議長違反議會決議，越權失職。這場風波，至今已經成爲臺北市民茶餘飯後的「閒話」了。但詳細情形，大家可能還不太清楚，有加以揭露必要。

本年五月二十八日，臺北市議會舉行第九次臨時大會，市議員王乃一、沈應松、黃奇正、宋霖康、李賜卿等二十餘人，首先就日本矢野馬戲團租用新公園作爲演出的場地問題，對張祥傳議長違反議會決議，擅自同意，加以抨擊。因爲臺北新公園不得租給任何馬戲團使用，市議會早已於五月十日，以「臺市議事(二)字第一四〇號」函達市政府查照辦理，這項決議案以及這項公文書，係由張祥傳簽署後發出的。而臺北市政府於五月二十五日函復市議會，要求變更議決案，並提出「下不爲例」的保證，請市議會予以同意將新公園租給日本矢野馬戲團使用。市議長張祥傳居然不待四月二十八日之議會臨時大會提付提議，即濫用議長個人之權力，公然違反中華民國憲法第一百十條第二款，及臺灣省各縣市實施地方自治綱要第十六條第六款規定：關於縣市財產之經營及處分，由縣市議會立法並執行之；根本否決議會之決議，欣然同意，逕行函復市政府「准予備查」。所謂議會議長者，其職務是會議的主席而已，張祥傳議長變更市議會大會決議案，其職權究有何據？渠既無權變更決議案，何以敢於如此獨斷獨行？是不是利令智昏？但據五月二十九日公論報所載市議員黃奇正質詢時的消息說，「外間傳說紛紛，說議會接受十五萬元紅包，究竟是誰接受了？他(黃奇正)說：我們全體議員沒有接受過，只有膽敢推翻議會決議的人才敢接受。」而市議員李賜卿指責說：「繼外間傳出議會接受十五萬、二十五萬元的消息之後，報上又載議會每一議員將由馬戲團贈送招待券二十張。」李議員說：「十五萬元是張議長個人的事，招待券亟須予以澄清。」(公論報六月一日) 由此推論，張議長「迫不及待，誠恐機會錯過，」當非無稽之談。民營報紙所載「其接受馬戲團二十五萬而出賣議會」的評論，與市議員黃奇正等指責接受十五萬元紅包的種種傳說，當非空穴來風，或無的放矢。

因此，張祥傳議長在五月二十八日的市議會臨時大會上，不得不承認「只是公文處理上的錯誤」，而表示「仍將堅持議會原有立場，市政府的簽約不予同意」(公論報)。跟着向報界發表「鄭重闢謠」，並函請治安機關及司法機關澈查」(聯合報)。張祥傳議長眞的承認錯誤嗎？據市議員李賜卿指責說：「張議長所提三點『決議』，並未經大會討論，只是張議長油印分發給各議員的書面。」因此，在議員紛紛指責下，始由王乃一議員提出折衷修正(第二點)案，經大會默認通過，而表明市議會立場。

六月三日，臺北市議會對臺北市政府在編列四十九年度歲出總預算二億六千九百二十七萬三千三百四十元後，追加預算一億二千五百六十四萬零五百三十六元的歲入歲出第一次追加減預算案，市議員以十個小時又四十五分鐘時間，激烈辯論，逐條討論，至午夜時分，始經議會通過，在全部追加預算款額中，刪除一百五十七萬四千六百元，其中除十萬元作消防隊建車庫外，餘一百四十多萬元移作教育經費。

市議會在三日上午審議臺北市政府社會局的「機關團體補助費」時，因爲議會在表決過程中，表現輕佻和草率，議會尊嚴喪失殆盡，所以有些議員憤而退席，女議員表示無顏見臺北市十萬女選民。

原來臺北市政府在四十九年度已編列六十萬元的預算，補助機關團體。而追加預算案這次編列機關團體追加預算爲一百零一萬二千八百元。全部追加預算款數，佔總預算百分之四十八，而市政府社會局的機關團體補助費的追加預算款數，佔原有預算六十萬元的百分之一百七十。臺北市有三百餘個團體，獲得市政府補助者而編列追加預算的機關團體，祇有三十個。但李賜卿議員指責說：「這筆經費完全是社會局私人的贈與」。黃奇正議員說：「像釣魚協會根本不看在補助的三千元」，而是看在該會理事長黃啓瑞的份上。所以，金福民議員說：「像這種高級人士的娛樂」，「能够得到三千元補助」，「有利於國計民生？」最後通過決議；除核准轉賬及市議會有案者外，其餘一律刪除，改列教育經費。因爲教育經費，在追加預算案中，僅編列六百八十二萬三千六百四十九元，佔追加總額百分之五點四三。但市議會於是日上午的決議案，到下午五時以後，又被推翻了。儘管市議員沈應松、謝世輝等多人反對覆議，主張維持上午的決定，但議會仍決定自己打自己的嘴巴，推翻前案，決定個別表決。結果通過十六單位，計八十一萬餘元。否決十四單位，計二十萬餘元。

獲得補助的機關：救國團臺北市支隊十一萬二千八百元，活動中心二十四萬元；(省府核准轉賬)市婦女會五萬元，市總工會五萬元，三輪車工會二十萬元，(市議會通過有案)而六月三日議會通過者有：大同教養院二萬五千元(女市議員黃盧小珠主持的)，義光育幼院二萬五千元，惠羣托兒所一萬五千元，救國團二萬元，臺北監所協進會一萬元，臺北釣魚協會三千元，好人好事會三萬五千元，憲兵訓練中心二千元，中興教養院二萬元(女市議員鍾文金私人創辦的)，國父遺教會一千元，聾啞協進會一千五百元。

介紹國際新聞學會對臺灣新聞自由的報告

瑞士通訊．六月二十五日

耿　瀑　志

國際新聞學會是一個國際性的民間團體，於一九五一年成立，倡導新聞自由。該會一直認爲臺灣沒有新聞自由，而拒絕臺灣新聞界代表參加。一九五八年，該會年會在華盛頓舉行時，政府正好修改出版法，引起該會憤怒的抨擊，認爲臺灣是一個沒有新聞自由的地區，把臺灣和鐵幕國家並列在一起。本年三月下旬，該會又在東京舉行年會，仍將我國新聞界代表拒於會外，並派該會秘書瑞士人加斯巴(Armand Gaspard)於會後去臺灣作實地調查。加氏返瑞後，即向該會作一長達萬言的報告。今特將其擇要譯出，使國人知道一個旁觀的外國人對臺灣的新聞自由的看法如何。

第一部份：一般情況

一、政治背景

倘若我們要了解臺灣的新聞自由，我們必不可忽略一項事實：國民黨政府認爲他們與中共在戰爭狀態之中。中華民國的軍隊主要的目標不僅是保衛臺灣以及經常在砲擊之下的金馬等外島，而是光復大陸。因此，政府認爲，凡是可能傷害政權威信以及軍隊的士氣的批評，都必須加以阻止，特別是對其領導人物，尤其是對最高領袖蔣介石的一切批評，非得加以阻止不可。

在某些方面，臺灣目前的情況與以色列有些相似之處，以色列也是四面環敵。然而，就考察所得比較觀之，以色列的新聞箝制遠不如臺灣的嚴格。在臺灣，雖然沒有公開的審查，但對於新聞的箝制遠超過了軍事的問題。以色列實際上是保持着民主制度，而臺灣却在理論上多於實行。憲法已經幾遭破壞；例如，在今年的大選之中，以及蔣介石被選連任三屆總統，便是違反憲法的。

實際上，臺灣的政治生命是在國民黨的控制下，雖然國民黨內也有很多不同的派系，由極權派到開明派。青年黨與民社黨這兩個小黨根本無足輕重。他們在立法院五〇三席之中只有二十六席。

臺灣的政治問題由於一項事實更形複雜：即整個政府機構(與國民黨的機構是一致的)，全在由大陸撤退來臺的大陸人手中。這一羣人約有兩百萬人左右，統治着八百萬左右的臺灣人，而臺灣人也是中國人。雖然近幾年來大陸人與臺灣人之間的關係已有改進，但兩方面仍未平衡。這在新聞界中特別顯著，因爲臺北只有一家重要的報紙是眞正由臺灣人辦的。這個報紙最爲批評、挑剔，那也不是偶然的。

二、自由的象徵

所有觀察者都有同感，即臺灣的政治情況在近幾年來已經緩和，因而在新聞方面也如此。有一個時期(大約一九五〇年)，「恐佈」這兩個字可以毫不過份地用在國民黨身上。好些新聞人員因共產黨或是同路人的罪名而遭拘禁。許多嫌疑者「失蹤」了。這一類的事現今未見報導。然而，仍然有些新聞人員未經審判而在監禁之中。

現在新聞界可以比較自由地發表意見。私營報紙已漸得勢，這靠當局的容忍不如靠編者以及同人等的意志與努力的成份爲多。報紙已經能够直接收取外國通訊的新聞電訊，這是一個進步的象徵；以

接受補助的十六個機關團體，其中合乎憲法第一五五條規定的團體，究有幾個？這些團體的預算，是在公務機關有法定預算之機關嗎？是不是與預算法相違呢？市議會審議市政府預算，可以不受法律限制嗎？張祥傳議長眞的連這點普通常識都沒有嗎？

由於此類補助，多數都是在直接間接，補助國民黨。例如國民黨用來黨化青年的救國團，便同時以臺北市支隊和救國團名義獲得兩筆補助。這種把「市庫當黨庫」的傑作，當然以國民黨籍的議長張祥傳功勞爲最大。所以，市議員李賜卿、宋霖康痛斥張祥傳議長以「市庫爲黨庫」，「取之於民，用之於黨。」張祥傳議長代表他的（國民黨）黨，很橫蠻地答覆說：「你知道就好！」

李議員問張議長說：「市議會有十六間的宿舍，現住着十四個職員，令人懷疑其他的兩間宿舍，是不是張議長的姨太太住？」李議員在六月三日市議會審議追加預算時說：其中有十三棟宿舍，今年都追加編列三千元的修理費，而在預算編列時，有一棟編了八萬四千六百零一元的修理費，而在預算編列時，故意將這棟宿舍的門牌號碼：南陽街二十三巷一號，改爲二巷一號。張議長表示無意刪除這筆預算，因爲這些宿舍是市產，住的是額外人員。張議長的話是不是假話呢？李議員立即指駁：「這根本是國民黨臺北市黨唐部皇組長住的，什麼額外人員？」揭穿了張議長的謊言。因此，廖鍾脈議員對這種將市民的財產去奉獻給黨，還得用納稅人的血汗錢去爲他修理的作法，認爲非常的不合理。

準此！臺北市議會如此的做法，這正如六月一日出版的「自由中國」雜誌社論㈠「國庫不是國民黨的私囊！」一文所指，「像國民黨這種搜刮黨費的手法，已經不止是違反民主政治的原則……」張祥傳議長「硬把國庫當做黨庫」，去效忠黨和黨棍，「不過是自絕於(臺北市)人民，自取滅亡而已！」

市議會的設置以及市議長的選舉，係依據憲法，特別是臺灣省各縣市實施自治綱要而來的；縣市議會的職權，同樣在憲法及自治法規上有所規定，張祥傳議長自毀長城，「而蔑殺其民」矣！似此民意代表，能代表臺北八十多萬市民監督政府嗎？

前這些都給中央通訊社濾掉了，該社在新聞發佈方面是有壟斷權力的。

目前臺灣大約有三十家日報，其中一半在臺北發行。總銷數約有五十萬份，平均每千人卽有五十份報紙。這個比例在亞洲是很高的，僅僅次於日本。此外還有好幾百份各種各類的雜誌。

雖然報紙發行的數字沒有公開，大多數日報發行一萬份左右，這是大家所知道的。最高紀錄有五萬份。那就是中央日報，國民黨的黨報。一個獨立報紙(亦卽私營報紙)聯合報居於第二位，銷數相差很少。另一重要報紙是公論報；這是僅有的一個完全在臺灣人手中的報紙，也就爲此，是對中央政府最爲批評的一個報紙。

在雜誌與評論刊物之中最值得一提的，是「自由中國」半月刊，是整個臺灣最爲開明進步的刊物，因此也就與當局及國民黨有過很多糾紛。

三、新聞法

一九五八年，通過了一部新的新聞法，比以前所實行的更爲限制嚴格。僅就這一方面看來，人們會以爲臺灣的新聞界比幾年以前的情況更爲糟糕。實際上正相反。

一九五八年七月的中華民國出版法授權內政部對於觸犯或煽動他人觸犯內亂罪、外患罪的出版品予以定期停止發行(三次警告無效者；停刊期限不超過一年)，或是禁止出售。這也同樣應用於防害治安風化的出版品。

雖然出版法也有些利於出版品的規定，但由於其中一些限制的條文，出版法仍被視爲是個很大的妨害。臺灣整個民間報刊，甚至於一部份官方的報刊，公然明言予以抨擊。當國際新聞學會在東京決定中國代表不得參加，有幾家報紙便要求廢除出版法，認爲出版法是促使國際新聞學會拒絕臺灣入會的主要原因，並使國民黨政府有不好的聲名。

我在臺北見到新聞局局長沈琦博士。他對我並沒示意可能廢除出版法，他堅持臺灣的新聞是有自由的。然而，出版法根本從未實行。就我們知道的，新聞方面的案子仍然是由法院審判。官方堅決表示出版法唯一的目的是禁止毀謗報紙(小報)的發行以及共黨的宣傳。但是，新聞界一致認爲出版法是對於新聞自由的妨害與阻礙。

四、控制機構

妨害新聞自由的倒不是出版法，而是政府、軍事機關、國民黨所支持的控制機構，許許多多，各種各類。

㈠國家安全局
㈡國防部政治部
㈢臺灣警備司令部(保安司令部)
㈣國民黨中央黨部第六組
㈤警察
㈥新聞局

國民黨有一個特別部門——第六組——負責報紙、書籍的發行。目前第六組組長是陶希聖，前任組長是黃少谷。

所有這些控制機構的存在是個秘密，但却是個公開的秘密。好像在目前他們對於新聞的控制並不是持續而絕對的，而是相當鬆懈，常常自相矛盾，反映國民黨內部傾軋的派系之消長。在只有一個政黨支配政治舞台的地方，通常都是這種情形，而且對於新聞自由是有利的。

這些控制機構在印刷廠，在編輯部門安置有情報人員。一九五七年，公論報社長李萬居在時代、生活雜誌的記者訪問時，便說他一百八十名工作人員之中，就有二十三名「安全情報人員」。美國記者問李萬居何以能够知道這麼確切的人數，他回答道：「我自己幹過那種工作有八年之久，所以我知道誰是的，但我並不注意他們！」

安全機構另一重要任務是對於編輯方面發出指示與警告。一九五九年以前，這類指示常以書面發出(我未能獲得一份)，但自那以後，指示由口頭發出(由電話)。

第二部份：新聞自由的障礙

批評的限制

臺灣表示意見與批評的自由由於一些禁忌而受到限制：蔣總統、他的兒子們、他的家族；行政院長陳誠；軍方；凡是可能幫助共黨宣傳的，都是禁忌。例如，蔣的一個孫子在美國因超速開車而被告發，關於這件事的報導，就不准發表。

批評地方政府的措施、經濟的問題、四年計劃、美援的運用等，這都是予以容忍的。抨擊貪污也是准許的。

近數月來，批評的尺度已經放寬，而且民營的獨立報紙對此已加以利用。例如，對於上次大選中破壞憲法，以及總統三屆連任，便有所批評。

新聞界也曾有效地批評過臺灣出入境必須辦的複雜手續，尤其是關於幣制的規定。但是，「自由中國」才是敢對這個政權某些基本政策予以正面攻擊的唯一刊物。

其次是公論報，早在一九五七年，在該報主筆倪師壇被逮捕之後，該報社長李萬居便有勇氣發表一些非常激烈的文章，抨擊國民黨的專政，一九五七年四月在省級選舉中的控制、蒙騙、以及高級官員方面的貪污事件。

一九六〇年二月二十七日，公論報發表了立法院一篇質詢的原文，該質詢稱政府的經濟政策是個自殺的政策，而且由於待遇菲薄、貪污、舞弊蔓延於政府機關之中。行政效率低得可嘆。

許許多多論及新聞自由的批評文章曾經發表。尤其是當出版法通過時，當東京的國際新聞學會發表會中決議時，好幾家報紙便利用那個機會力爭新聞自由，並且要求廢除出版法。

在這些報刊之中，有英文中國郵報、聯合報、以及英文中國新聞。聯合報於三月二十六日稱：「今天臺灣新聞自由有待進一步的推展……最好最上乘的作法，當然是新政府組成之後，立卽宣佈取銷現行出版法，而代以其他積極性的立法……」

江湖行（二十五續）

徐訏

一〇一

曇姨坐了一架滑杆。我們的行李與冬衣則都放在滑杆上。我與紫裳則輕裝便服，步行上山。我們約定第一天到報國寺投宿。曇姨就到那面等我們。

那是一個非常美好的天氣，我們出峨嵋縣南門，過儒林橋到聖積寺，叢林原野，山光水色，我們一面走着，一面流覽看風景，一點也沒有疲倦。我那天的感覺很奇怪，好像紫裳是我新交的情人，忽然允許我同我同遊峨嵋一樣，我非常興奮，並且相信她內心也已經對我暗諾！而她終于全是我的了。

紫裳那天穿着黑西裝袴，上身是藍的絨線衫，披着一件黑呢短襖。她的頭上包一塊藍底紅花的花綢。不知怎麼，這使我想到她在勞軍的戲劇隊時的裝束。我說：

「你在演劇隊的時候是不是這樣打扮的？我眞後悔當初沒有同你一同到香港進內地。我雖不會演戲，但是我有領導劇團的天才的。」我又說：

「登山正像戀愛一樣，起初我們輕輕便便的走着，慢慢我們就吃力起來。等走不動想回去也已經來不及了。我們的四周的風景都時時變換，我們享受到各種美麗，但是我們竟感到困累得悔有此舉。等遊山回來，正像結了婚一樣，什麼都平平凡凡，回想山上的各種感覺，又覺得眞是值得回味與珍貴。」我又說：

「我的一生是失敗的一生，我的生命是平凡的生命，我沒有勇敢地恨一個人，也沒有堅貞地愛一個人，我到現在不了解女人。女人到底在什麼時候會愛，什麼時候會恨？如果我不能使我所愛的女人愛我，我一定要使她恨我，我不願意她輕視我或者隨隨便便忘掉我。」

我慢慢發現紫裳眞像我新戀的情人一樣了，因爲她的確已不是以前的紫裳。她有奇怪的進步，內地的生活與她的結婚以及移居在大學校的環境中，想于她是很有關係的。

在聖積寺，我們逗留了好一回，那裏有兩株絕大的黃桷樹，我說：

「倘若我們能像這兩株樹一樣的在一起，我們會是多麼幸福呢？」

離開保寧院經萬行莊到雙河口，那裏溪澗盤旋，流水清澈，白石青苔，潺潺有聲。

紫裳開始談到宋逸塵。她說：

「我一直當他是我的老師，他爲我編劇，教我演戲。我從來沒有想到我會嫁給他的。」她說：

「宋逸塵有未婚妻在美國，我也看過她的照相。」她說：

「你爲什麼把我的頭髮還給我呢。至少我過去是你的。你知道我離開上海後是什麼樣的感覺？我時時感到孤零無依。我精神上一切都依靠着你，可是你竟又同衣情在一起，我就覺得我眞是太孤苦伶仃了。宋逸塵給我一種有依靠的感覺。同你在一起好像永遠是孤立的，你祇是鼓勵我督促我獨立。同逸塵在一起，他祇是鼓勵我依靠他。你是一個很好的情人，逸塵則是好的丈夫。」她又說：

「逸塵很看重你，也很尊敬你。他說你很有天才。你與衣情的事情可太使他失望。他說你負了我正如他的未婚妻負了他一樣的，他爲了我不想再做你的朋友了。」

這樣我們就走到報國寺。曇姨已經早到，在那面等我們。報國寺很宏偉，我們當天就住宿在那裏。在山林中生活一天，心境顯得非常寬敞。那一夜我們都睡得很好。

第二天清晨上山，在對峙的碧巖間前進，到了龍門洞，流水飛瀑，幽邃清澈。那裏有鐵索橋，架在兩面對峙的山石上，走在上面，幌幌蕩蕩，吱吱作響。我們在上面站立很久。我說：

「要是我在剛剛聽到你結婚的消息時，而又在這裏碰見你，我一定要抱着你往下跳了。」

「你現在爲什麼不抱我往下跳呢？」

「如果我這樣做，你母親會怎樣呢？」

「你沒有勇氣！」

「死的勇氣祇需要一次，活的勇氣可需要幾千萬次。」我說。

出龍門過廣福寺，茂林古木中，泉聲澎湃。我們手攜手的默默地走着，到雙飛橋。我們站了好一回。那裏兩峯相對，各引一溪至橋下，各爲白水黑水，滙聚一起，直沖牛心石。我說：

「站在這個橋上，看我們水裏的影子，使我想到當年在紫雲庵石階上我們坐在一起時的情形，那時候……。」

「不要提這個了，我們走吧。」紫裳一面走一面說。

我們出牛心寺，涉黑龍潭，上洪椿坪。氣候好像冷了許多。我們在洪椿坪會齊曇姨，在那裏用飯。飯後我們休息了好一回，加了一點衣服，再出發前進。一路清幽靜寂，迴旋曲折，除一二飛禽悉索外，我們祇聽見我們的呼吸。

當夜投宿在仙峯寺。寺舍寬大整潔，招待甚好。我們在那裏住了三天，曇姨興趣很好，三天裏幾乎走遍了附近一帶地方，我們探過九老洞，登過軒皇台。我們看到猴子羣在樹上穿梭，不知怎麼，我竟聯想到穆鬍子的猴子戲，同他指使猴子行竊的勾當。

這些日子裏曇姨很高興同我們談舵伯。我們三個人像是靜靜的對舵伯作一個周詳的追思，我們眞覺得他活在我們中間一樣。

別了仙峯寺再前進，過蓮花寺，上攢天坡，氣候越來越冷，到洗象池上大乘寺，眞是冷得牙齒打戰。我對紫裳說：

「我覺得我一生最成功的事情，莫過于使你們母女重會，使舵伯與你母親結合。最失敗的事情則是使老耿的父子團聚。所以一個人善行與惡行，眞是難講。」紫裳忽然說：

「這些祇是你偶然的行爲，分什麼善惡？善行必須犧牲自己。你不犧牲自己，就無所謂善行。」我笑着說：

「那麼現在讓我把我圍巾圍在你的頸上，總該算是善行了吧。」

我把圍巾爲紫裳圍好。離了大乘寺走向雲寺，過了許多懸巖峭壁的洞窟，那裏雲霧瀰漫，陰森蕭瑟。紫裳偎依在我的身旁，我在流雲飛霧裏不禁吻了她的嘴唇。她突然推開了我說：

「你不許這樣。現在我們祇是……」

「可是你並不愛逸塵。你愛的是我。」

「他是我的丈夫。」她說：「你知道他是多麼信任我麼？」

紫裳說着就一個人往前走，我跟在後面，以後就彼此沉默了。

我們在永慶寺中飯，飯後上天門寺，這裏蒼涼落寞，花木全無，地高氣寒，生物如已絕跡，我們默默地走了許久，我說：

「紫裳，還生我氣嗎？」

「我沒有生氣，我祇覺得你應該想到逸塵是你的朋友才對。」

「正如他想到我是他的朋友一樣。」我冷笑地說。

紫裳沒有再說什麼，好像越走越快的一直向上走。

過七天橋普賢塔，太陽已經西斜。走過錫瓦殿，前面就是峨嵋山最高的金頂寺了。

我們打算在金頂寺住三四天，可是實在大冷。我們看到了「萬盞明燈朝金頂」，又看到了奇續的佛光。

那兩天我情緒起伏不安，我知道我已經不能沒有紫裳。這與其說是舊情復燃，不如說是新入情網；與其說是我愛裳，不如說我愛宋逸塵的太太。但是我竟不知道該做什麼或者說什麼。紫裳似乎怕發生什麼事情似的一直遠避着我。

我們于離開金頂寺後，走向千佛頂，那裏峯腰迴旋，雲海泛瀾，人站在那裏就如擁在雲中。不知怎麼，我突然有一種奇怪的力量擁抱了紫裳，我吻着她的嘴唇，我大聲的告訴她，我在愛她，她吃了一驚，像是被野獸所困，害怕地用力掙扎，但是我竟像已經瘋狂一樣，緊緊的握着她的兩臂，我帶着哭嚎似的求她說：

「紫裳，紫裳，你千萬不要再離開我了。」

紫裳一面推開我，一面喊叫起來。

這時雲像是漸漸的開了些，忽然有一隻巨大的手抓住了我，我放鬆了紫裳，回頭看那個抓我的人。原來是一個高大的和尙，我掙扎着把他推開，正要說什麼時，對方忽然嚷了出來：

「野壯子。」這聲音是我認識的，我楞了一回，一時我又奢又驚，而我也發現他是誰了。

紫裳見有人救助她，站住了驚異地望着那個高大的和尙，我已經冷靜下來，喘息着說：

「紫裳，請你原諒我。」

紫裳忽然抱歉似的看了我一眼，走過來，到我的身旁。

「他是穆鬍子，是我常常同你談起的穆鬍子。」我說：「這位是紫裳。」

「我知道，是『活觀音』。」穆鬍子說。

這時候我才發現穆鬍子變了，他戴了一頂黑色僧帽，鬍子短了些，修得很整齊，面色紅潤，比前胖了一點，穿一件很乾淨的灰色僧襖，黑布的袴子綁着灰色的腿帶，白色的布襪，麻繩編的皂鞋。他眞是又健康，又乾淨。

「怎麼，你在這裏？什麼時候出家的？」我問。

「我在內江，躭了三個月，同人打架。打傷了人，我就逃跑了，在各處混日子，後來碰到一個和尙，他帶我到這裏出家。」穆鬍子說：「前面就是我們小庵，去喝一杯茶吧。」

紫裳這時候已經平靜下來，溫柔地看看我，走在我的旁邊。我很後悔我剛才的孟浪，低下頭，對穆鬍子說：

「離這裏遠麼？」

「很近很近。」

穆鬍子走在前面，我與紫裳跟在後面，下坡大概走了一刻鐘的路，從石巖中轉入小徑，許多古杉青松，圍着一個小小的庵堂，上面有斑剝的「望月庵」的匾額，門前溪流縱橫，過了一條石橋，跨進門階，是一個不大的院落，穿過大殿，穆鬍子邀我們到了後面客室。他泡了兩杯茶給我們，于是出來了一個年紀很輕的和尙，穆鬍子介紹說是他的師父。

那個和尙比穆鬍子稍矮，面目端正清秀。他穿一件灰色的袈裟，手裏拿着唸珠，見了我，面露笑容的說：

「原來是你；好久不見了，請坐請坐。」

我楞了一下，覺得非常奇怪，細認好一回，還是想不出什麼地方見過他。他忽然說：

「你記不起來了吧？我們在摩星嶺。」

「摩星嶺？」我不解地問。

「你在我們破庵裏住了一宵。我在你臨行時送你些薯乾，你忘記了？」

啊，眞的，是他，就是他！我想起來了。

哪是我從共區出來，被土匪所劫，饑寒交迫，投奔到嶺上破庵裏宿了一宵，第二天發現睡在我旁邊的那個和尙。我一直不知道那個嶺叫摩星嶺，也沒有問過那個救助我和尙同他的師父與師祖的名字。我記得曾經問他的去處，他說：「有緣我們哪裏都會見面的。」

現在我們眞是見面了。我說：

「我記得，我自然記得，你是我的恩人。但是我始終沒有知道你的名字。」

「我叫識空。你還記得我的師父麽？他叫原相和尚。他在裏面，回頭我帶你去看看他。」

「還有一位你的師祖呢？」

「他在後山，回頭你可以去參拜一下。」

當時我們談了好一回。

原來穆鬍子的經驗同我是一樣的。他離開內江後，到處流浪，後來在鄉間經過一個庵堂，他飢寒交迫，就進去搶刼，恰巧識空和尚那天在那面掛單，識空精于拳擊，很快就把穆鬍子制服。當時識空和尚不但不懲罰他，還給他一小筐薯乾，這感動了穆鬍子，他就此歸依了佛法，拜識空爲師，就剃度爲僧了。

當時我想到，我當年不正是同穆鬍子一樣。不過我是行乞，如果我也是行刼的話，是不是會被原相和尚打敗而歸依佛門了呢？

識空當時帶我到了裏面，原相和尚在那裏打坐，他對我合掌爲禮，張開眼睛看看我說：

「久違了，你也變了不少。」

「想不到在這裏又碰見了師父。」

「我們是有緣的。」他說。

一〇二

我告辭出來，識空又帶我去後院去參觀。院後是山，拾級上坡，在枯木蒼柏中，我看到一個簡單的墓塋，我想到識空剛才叫我參拜祖師的話，我頓悟到識空的師祖業已歸西，識空帶我走到墓前，我看到墓碑刻着：

「釋藏明和尚之墓」

我在墓前鞠了三個躬。我站了好一回，才回到前面。我說：

「這地方眞清淨。想不到穆鬍子竟有這個緣法。」

「你高興，隨時可以來住，我們可以佈置一間房子給你。我想你來住幾個月，對于你心身一定有補益的。」識空忽然說。

「眞的？」

「你沒有聽師父剛才說我們是有緣的麽？」識空笑了笑又說。

「眞謝謝你了。我想我也許眞會來的。」

我與紫裳同他們告別出來，識空送我們到門口，穆鬍子忽然悄悄的問我：

「那位容裳呢？」

「嫁人了。」

「你不是說她就是容裳的姊姊麽？」

「是的。」我說：「都是曇姨生的。」

「她可很像曇姨，剛才你們……」穆鬍子當然是指剛才我在山上擁吻紫裳的事，我打斷他的話，說：

「她也早就有丈夫了。」

「那麽你，你……」

「穆鬍子，」我說：「你已經是出家人了，還管這些俗事幹麽？」

「我祇是關心你，野壯子，」穆鬍子忽然說：「想穿了什麽都是空。你知道我有時想想自己的過去，眞覺得祇是一場春夢。」

「你們的庵堂眞是清淨。」

「你眞的高興來住些時候麽？」

「我正在想，我到成都，送她們上飛機後，我再來看你。」

「那好極了，我相信你會很喜歡這裏的。」

「你知道我想到了什麽？」

「什麽？」

「我們一起在唐凌雲山上的日子。」

「那眞是一場惡夢。」

「你眞是放下屠刀，立地成佛了。」

穆鬍子送我到坡前。我與他分手後，忽然覺得我仍是一個屬于獨身與流浪的人。穆鬍子削髮爲僧它很出我意外，但是從他的態度與神情看來，他好像眞的很安心在這裏的樣子，我對他有一種很奇怪的羨慕。

我很奇怪在這裏會碰見穆鬍子，我想到了當年在上海，我與紫裳的分離兩難、哀怨痛苦之秋，我也是偶然碰到穆鬍子而跟他上山，現在好像是舊事重演，穆鬍子又在我與紫裳難捨難聚之間出現了。

我不相信因果報應，但是在這青天蒼嚴叢林溪谷的下山途上，我覺得人生中前機後緣，綜錯複合，冥冥之中眞像是一個無法分割的整體。

我忽然想到了白福與藝中垂死時相似的那一種神秘的聯系。佛敎中有輪迴轉胎之說，我們固然沒有人可以證明藝中是白福的轉胎，但也沒有人可以反證藝中不是白福的轉胎。

我還覺得衣情撫養映弓的孩子，同小壯子交給黃文娟撫養是一種不可分割的呼應。爲什麽小壯子的前身不是藝中呢？

我也想到衣情的神經病，同我父親的神經病，也不是完全沒有關聯的兩件事變。我父親因爲誤害了白福而瘋，衣情則偏在瘋前生了小壯子。

我還想到我爲愛衣情而想讀書，正是使我不能隨舵伯發財的定數；而這與衣情去分取舵伯的財富而無法再佔據我是多麼奇怪的巧合呢？

每一個生命的發展，好像無涉于另一個生命，但竟處處影響另一個生命。像白福這樣一個生命的變化，竟影響了我家的每一個生命，而我的生命變化也影響了許多人生命的變化。這些變化都是偶然的機緣，但也像是有前呼後應巧妙的配搭。

生命的奇怪是這些或大或小或久或暫的人生，像都是來自生命的大海，而又回到生命的海裏；每一個生命都活得這樣認眞，可是又是這樣的渺小。在生與死短促的時間中，帝皇與乞丐，英雄與凡人距離實在太少。白福的死與舵伯的死，藝中的死與映弓的死，看來是這樣不同，可是在他們死後想想，竟沒有什麽分別。

我們生活的是在可憐的人間。人間無不變的愛，無不醒的夢，無長綠的草，也無常開的花。人間無絕對的善惡，無淸楚的愛恨。人間的是非滲雜着利害，眞僞混淆着觀點。那在我活在這世上想看到些什麼呢？想聽到些什麼呢？

從峨嵋山頂峯下來，瀏覽異峯奇巖，穿小徑，越險坡；叢林蔓草中，我對于我生命重新反省，覺得我還是祇有一個茫茫然無依的靈魂，我與紫裳的距離突然遠了起來。

紫裳看我說話很少，還以爲剛才我對她的生氣沒有平復，在休憩的時候她說：

「野壯子，你應當了解。我要不拒絕你，也許就無法拒絕你了。我愛的是你，可是到了內地後，知道你不會是我的，我想嫁的就不是你了。」

「紫裳，我都明白。」我說：「以後我們不要提這些好麼？你應當是逸塵的太太。他會做很好的丈夫，他也會是更好的父親，我覺得我應該是屬于獨身流浪的人羣的。」

我們下長老坪經放光坡，渡觀音橋，一路是奇山怪壑、危洞險橋。我的情緒越來越淸明起來。紫裳忽然說：

「這一次我們一同遊峨嵋，眞是最好的紀念。我想兩個人的愛情，祇有在大自然中才能證明。因爲在紛紜的人間，我們的心中夾雜太多的雜質，使我們無法看到自已的心靈。」

我沒有說什麼，紫裳又說：

「可是夫妻則是生活，家是活在紛續的人世中的。所以入社會越久越深，夫妻的情誼就越顯。」

「紫裳，你看，你已經同我談到人生哲學了。」

到萬年寺，天氣好像和暖許多，我們在那裏又住了兩天。

曇姨因爲從金頂寺坐滑竿下來，所以沒有蹤見穆鬍子，我們同她談起，她很驚訝，覺得沒有見到他是一件憾事。她說：

「我早知道他在內江是就不久的。」

「那麼你以爲在這裏就得久麼？」

曇姨點點頭，忽然說：

「你知道舵伯是怎麼說他的？他竟說他不是帝皇，就是流氓。」

「帝皇？」紫裳說着禁不住笑了。我可覺得舵伯能說這句話眞是了不得。我說：

「這話眞是很有見地，我想劉邦與朱元璋如果沒有成功，恐怕也就是穆鬍子。」

「我想做和尙倒是他最平安的歸宿了。」曇姨感慨地說。

從萬年寺下山，當天到了峨嵋縣。我重新意識到我們是在抗戰。千萬的人在流亡，千萬的人在奔忙，千萬的人在忍凍挨餓，千萬的人在流淚流血。但是我們看不見公道正義平等自由，這裏是人擠入人吃人的社會，而我們又回到這社會裏了。

對這樣的社會，有人在犧牲，有人求改造，有人想革命，有人在逃避，有人在泥漿裏鬼混，有人在混水摸魚。我忽然發現我竟是不屬于任何一個類別，而又是屬于任何類別的。

這一次遊峨嵋，對于我有許多影響，對于曇姨也很有幫助，她的確不像在重慶時的哀感，好像曠達許多。我不知道紫裳的感覺是怎麼樣？她說：

「等抗戰勝利了，我一定還要來一次。」

「我希望還可以同你來。」我說。（待續）

來函照登

頃閱第廿三卷第一期

貴刊所載讀者投書「田炯錦委員長的『駕重就熟』」一則語多雙管(關)易滋誤會玆說明如次

蒙古各盟旗聯合駐京辦事處於四十一年間爲該處職員李景凡等建造疏散鄉間房屋以自備價欵申請配售木材報由本會予以證明卷查確有其事惟木材需要量之核定權在林業主管機關木材購到後之使用情形與申請書所載是否相符證明機關並無查驗之責六月初本會田委員長獲悉該辦事處所購木材用途不明情形後即着手調查現已將調查結果報請上級將該辦事處有關人員予以依法處分正在上級裁奪之中　即請

惠予披露爲荷　此致

自由中國半月刊社

蒙藏委員會秘書室啓　七月二日

讀者投書

（一）天理良心

——對交通部更正函的駁正——

路誠

拜讀貴刊第廿三卷第一期刊載交通部秘書室對六月一日我在「自由中國」上投書——「再看交通部的疏建德政」——的更正函，以其所述頗多抹殺事實，有違於正義和公理，爰再投書，依照更正函次序，予以駁正。

一、交部更正函所謂：「本部疏散事宜，係由各單位主管會同組織的疏建委員會負責主持」，實是欺人之談。實際上，交部疏建會徒具虛名，而獨攬大權的却是總務司長劉業昭，航政司長程式，會計室主任朱如淦等，即自立晚報所謂「交通部三大劍客」之流；尤其是總務司長劉業昭先生凡事獨斷獨行，動輒挾部長以令各單位主管，在交部向有副部長之稱。於此情況之下，疏建會自無法行使職權，各單位主管因之潔身告退，各避嫌疑，既落個無事一身輕，又可保持清白之名。職是疏建工程之「大責重任」全由劉業昭和等三劍客肩負，遂成為交部「疏建德政」的大功臣。如果說各單位主管會同組織的疏建會還有「一絲一毫」的作用，那末該會首次集會決議交部疏散地點應在沿縱貫鐵路線中壢等地的正式議決，為何會遭人扼殺廢棄，竟改在現址五城？由此可知交部的疏建會事實上不能行使其職權，而淪為「有心人」御用的工具。

另照更正函所云，該部疏建會之下，尚有網羅工程、人事、會計、事務等人員的「疏建小組」，事實上，這也僅說對了四分之一。按該小組若有工程人員躬逢其事，則交部何必「重金禮聘」建築師李寶鐸，豈非有意浪費公帑，而人事人員之參列其中，事實上是風馬牛不相及的。負疏建實際工作的亦非事務科，而是總務司的福利科。至於會計人員之參加，則為事實。準此而論，足徵鄙人投書中所說該部疏建工程，係由總務司與會計處秘密洽商決定的話，全與事實相符。請問秘書室的執筆先生，關於貴部疏建工程事項，捨總務司會計處之外，你憑良心說究竟知道多少！

至於更正函所說：疏建「所需經費」，係「遵照行政院以國庫不另撥款為原則，必須自籌財源」。乍看之下，交部疏建經費似非出自國庫。此又係對上矇蔽行政院，對下抹殺事實行為。按行政院照交部法定員額會撥付疏建經費十九萬八千元；此外，交部又將應解繳國庫之鉅額款項予以動用，計有大陸救災總會應在鑽石獎券收入中撥付該部保管沉船五艘價款美金二萬七千一百一十五元四角四分，以新臺幣十五元六角五分折算計，新臺幣四十二萬四千三百五十六元；新中國工程打撈公司出售國津輪價款十六萬七千一百七十五元；招商局代管起義來歸之大漢輪解體廢鐵價款九十三萬四千九百二十元。上述款項均屬應行繳庫而請求轉賬動用，明明是國庫另撥款項，且其總數達一百五十二萬七千四百五十二元，加上行政院所撥付的十九萬八千元，總共為一百六十七萬四千四百五十二元，全屬出自國庫，可見交部所云「國庫不另撥款」，實屬謊言。

至於鄙人投書報導交部「拆屋建屋」，該部更正函在「自行籌措財源」的解說中，對以「以產易產」，眞是一副絕妙的對聯，使人讀來必啞然失笑。該部以售賣房屋均經呈院有案，何不公佈詳情？實際上，交部將郵政、電信、招商局所共有之北投交通研究所數十幢大小房屋，以三百八十萬元售予鐵路局。又接收中央中國兩航空公司開封街房屋，以一百四十萬元售讓于郵政滙業局。上項交易非但有廉價出售之嫌，且未依據法定手續辦理，於法不合。查出售公有房地產，依照各機關營繕工程、購製定製及變賣財物稽察程序條例之規定，應「公開標賣」。該部出售公有房地產則為私自授受，顯違法令。其所謂「疏建工程費已突破一千六百萬元大關」與事實「不符」一節，既未能列擧詳數證明其誤，何克令人相信與事實不符。

二、該部租用土地疏建已屬不當，且覬覦公佈租金，意圖何在？不難想見。至於更正函所云：「於四十五年支付地租費依約預付三年租金九萬四千餘元」，又與事實未符。按交部在四十四年中支付五城土地三筆租金：一筆為三年租金及茶樹青苗費四萬元，另一筆為租金三萬七千零二元三角，尚有定金一筆二萬元；四十五年中支付茶樹補償金五千元及付邱田塗等茶樹補助費三萬三千六百一十六元五角，此外土地租金三筆：一筆為八千七百三十三元七角八分，另一筆為一萬七千六百四十五元八角，最後一筆為六萬七千七百三十一元三角九分。總計四十四年租金定金及青苗費共九萬七千零二元三角；四十五年中土地租金共計九萬四千一百一十元九角七分，加上茶樹補償金三萬八千六百十六元五角，總計為十三萬二千七百二十七元四角七分。故僅就四十四及四十五兩年中為疏建用地支付費用計算，已高達二十二萬九千七百二十九元七角七分。則更正函所云，顯非事實，自毋待詳言。

至於更正函揚言「至於租金拿回扣一節」如非得自流言，自當「從嚴法辦」云云，果有誠意，則根據本人所述，即當澈底調查，並公佈眞相。否則，又何苦裝腔作勢？

三、交部更正函所稱：「檔案室原係借用醫務室及康樂室」，又全與事實不符。該部檔案室所借用原來是員工子女宿舍，因為交部根本沒有醫務室及康樂室的房屋，故更正函所云，顯係大錯而特錯。至於更正函又說：「以原建車庫以四十八年兩度遭受颱風吹損，所需修復費用甚大，乃決定拆除車庫一部份」。此又係謊言。據查交部疏遷後三度遭受颱風吹襲，一次是畢莉，一次是瓊恩，最後一次是魯易斯。即使遭受颱風吹損，鋁片瓦吹脫，檢拾釘上即可。否則，交部木工兩名何用？按去年吹損部份鋁瓦，早經修理竣事，完好如故。交部竟以所需修復費用甚大，乃決定拆除以為搪塞，顯係遁辭。其實，交部擅自故意拆除車庫出售，實係違背法令。竊查中央機關遷臺租賃房屋監督辦法第四條之規定：「各機關購置之房屋，不需使用時，應交由財政部秉承行政院處理之，各購置機關非經行政院之同意或核准，不得自行處分」但交部主辦人並未按法定程序處理。請問交部依據甚麼法令，拆除車庫出售予新中國工程打撈公司？據新中國工程打撈公司營建部之資料證實：交部五城車庫工程建築費共計新臺幣三十四萬一千九百九十九元三角五分。經該公司拆除後再利用之項目計①木構架②側面屋架等，其計算價值如下：$101,618 \times \frac{7}{11} = 64,666.00$ 一座三十四萬元之車庫僅值六萬四千餘元。交部還以七折出售予新中國公司，僅得價欵四萬五千二百六十六元二角，已予利用之木料計值四萬零四百二十三元九角五分，退料價值二千八百六十五元餘。其實際出售價欵僅四萬零四百二十三元九角五分而已。其他無法利用之項目：①挖土四千零三十二元，②排卵石一萬六千七百零四元，③一比3比6水泥地九萬三千一百零二元，④砌紅磚三千零八十五元六角，⑤28白鐵皮天溝二千四百七十五元，⑥28落水管一千零八元，⑦雨淋板牆二萬七千九百五十四元八角，⑧簾板天花板五百五十二元九角六分，⑨門窗四千四百四十五元，⑩暗下水管二千八百元，⑪水電設備六千九百元，⑫其他九千九百二十六元，共計十七萬二千九百八十五元餘。車庫拆除利用之料欵僅值四萬餘元，而不能利用之部份竟值十七萬餘元。交部拆除所得既寥寥無幾，可見所謂「以節工程費用」云云，完全是欺人之談。況且去年颱風吹襲，交部修理吹損之各達官宿舍及辦公室費用，達新臺幣十二萬七千元，十多萬元尙無吝色，再多用區區幾百元，又爲何如此爲國家斤斤計較？

　　四、據更正函云：「安坑地方人士前北縣議員張錫榮先生，在當地頗負人望，對本部疏遷事宜與溝通民間關係頗多協助」，而「聘爲本部設計委員會額外專員」云云，也是抹煞事實之談。眞正的原因，是張先生得天獨厚，居於風水勝地，因緣與會遇上袁部長看中此地，將其仙逝之令尊安厝于此，在安厝及下葬期間，張先生之服務確著勳勞，頗多協助，袁部長對張先生論功行賞，不該非議，但以對私人有所協助，而以國家官位酬勞，與夫由國庫負擔酬金，當非便利公務之措施。

　　至於更正函所云：「本部升旗臺鋪設草坪二二五坪，全部費用二千七百元」一節，實際上，升旗臺鋪設普通草皮三百坪，每坪九元，共計二千七百元，故交通部所云，錢數對而坪數有出入。實則原計劃鋪韓國草皮爲一萬一千餘元，因「自由中國」刋載交部疏建新聞之後，或恐遭物議，或因部長易人，而變更原計劃。

　　但是，交部疏建工程之涉嫌違法舞弊，據說袁部長守謙先生尙多不知詳情，可能爲「三劍客」之流的羣小所包圍。關於「三劍客」之流的所作所爲，交通部上下可謂無人不深惡痛絕，本人站在眞理正義立場，決於必要時，繼續揭發。但爲袁先生計，亡羊補牢，失魚補網，尙不爲晚！袁先生如果愛護國家，珍惜令譽，似應採取壯士斷臂之決心，將疏建案全部送請法院偵查辦理，以期水落石出，無論對於國家社會，甚至袁先生個人，均有百是而無一非。

讀者投書

（二）我們對於調整待遇案的抗議

一羣陸軍中下級軍官

編輯先生：

　　此次軍公敎人員待遇調整，政府一再強調「力求其平，力求其均」；尤其是行政院陳院長的「着重中下級人員」一詞，已使我們這羣中下級軍官們感激而涕零，但七月二日行政院所公佈待遇調整案之末段（見各報七月三日第一版）稱：「……武職增加之百分比……除上將爲百分之四十八外，餘均在百分之六十以上……」等語，使我們對政府之不公布明細表，再度發生懷疑。事實果如意料，這使我們對政府在藉口不予公佈待遇調整案詳細數字所含的眞實意義的臆測，並沒有錯誤。茲附寄「陸軍軍官薪餉調整後給與及增薪百分比一覽表」一份，望能公佈。

　　從這份表中，可以說明政府對軍公敎人員——尤其是中下級人員的關懷及待遇調整案的眞實意義、目的、及作用了，我們再無法忍受這些諾言和關懷，我們要提出抗議，我們要提出最大的抗議。

祝

撰安

一羣陸軍中下級軍官啓

四九、七、五

（三）希望公佈調整待遇案明細表

刁聯珊

編者先生：

　　行政院對此次調整待遇案不予公佈，它是不智的。本來它是怕公佈後引起誤會，但是，它不公佈更會引起誤會。這件案子根本沒有什麼「機密」性的存在，何不公諸世人，讓大家澈頭澈尾了解一下子！

　　一般人都是好奇的，你若是把這件事看得神密，別人必比你看得更神密，這件事你不能把它公諸報端，那這裏面就含着有不可告人之處！

　　如果藉「瑣碎」不予公佈，那他這批人的想法，更顯得「幼稚」。我聽到今天看過報紙的人，都在詛咒！有很多話，我是不便把它寫出來的。總之，大家都想知道，這次文武職待遇的調整，究竟公平到什麼程度！

　　貴刊擁有廣大的讀者，能否把這次調整待遇案的全貌登載一下？敬祝

撰安

讀者　刁聯珊　敬上

七月二日

讀者投書

（四）

論中華路違章建築整建後間位分配問題

——整建應該貫澈，分配應求公平。

富伯平
梁肅戎
李公權

一、問題之由來

臺北市中華路鐵道兩旁，地當衝要，卅八年大陸淪陷，臺北市人口驟增，多數小販麕集該處營生，形成攤販集中市場，其中尤以大陸來臺義胞為多。惟以地狹人稠，情形紛亂，主管方面不得不於因勢利導之中，作統籌監督之計，遂由臺北市政府指定警民協會，在該處公有道路用地上，統搭竹棚出租，每間繳保證金新臺幣卅二元五角，每月繳納租金新臺幣十元至二十元不等，每年換訂租約一次，會經臺灣省政府參玖申元府紀申字第七二〇六八號電令規定：攤棚「不得轉租轉讓，違者除終止租約外，並責令支付已轉租轉讓期間，應繳租金二十倍以下之違約金。」原令係屬強制規定，並於契約註明，其主旨，顯在維持苦難同胞生活，防止被人中間剝削。不意經辦之臺北市警民協會，並未依照租約及省府電令切實執行，亦未將上述情形予以公告，使衆週知。致棲留難胞之德政，變成便利私圖之工具。若干承租人均早以所租得之攤棚轉租，收取押租金有高達七萬元之鉅者，月租亦百數十元至七千元不等，與其所付與警民協會者相較，懸殊儼若霄壤。此次政府實施整建，本應遵循民生主義與社會安全政策，及現行「違章建築處理辦法」之規定，對現住人優先予以安頓，詎料中華路違章建築整建委員會（以下簡稱整建會）所定辦法，竟適得其反。對於未來商場間位之分配，不問其已否轉租，亦不問其是否尚在該處營生，概以原承租人為對象，而置住在該處賴以維生之現住人於完全不顧。此種處置，將使公地整建之商場，永淪為原承租人中間剝削之工具，與政府「作合情合理合法處理」之初旨，完全相違，不啻自毀政令，自壞政策，吾人為中華路現住人悲，更為法治前途懼！

二、現住人請願之經過

中華路之違建住戶，由承租人轉租而來者共二百九十餘戶，即近日報紙上所謂之現住人，泰半為靠勞力以謀生者，其經濟能力及生活水準，均遠遜於原承租人（即二房東）。照整建會所定辦法，整建一經開始，現住人便須無條件離開其賴以營生之據點，而致流離失所。換言之，彼等之生存，將因中華路違章建築之拆除，而失其依據。因而現住人等從本年四月下旬起，即分向各有關機關陳情請願。

按人民之生存權，應予保障，請願為人民之權利，憲法第十五條、第十六條分別定有明文。依請願法第十七條之規定：「各機關處理請願案件，應將其結果通知請願人。」不幸此次現住人之請願，有關機關均命整建會依法處理，或核辦逕復，但整建會如何處理？如何核辦？迄無一字之復，而主管機關之市政府竟始終不予置理。吾人日以民主法治，「民生第一」相號召，而該整建會罔顧法令，漠視民瘼，至於此極，寧不令人浩嘆！

關於此案之請願，唯一結果，厥為臺北市議會「重視民生，愼重處理」之決議，及監察院張委員建中、王委員澍霖，及調查專員楊志淸於六月十四、十五兩日所為挨戶調查。該兩日調查結果，為現住人門牌有二六九號，戶數二九六戶（見六月廿二日報載張委員談話）。據此可以證明現住人並無任何虛構之處。現住人對於市議會及監察院此種重視民瘼之行動，深表感激。此外整建會指導會報於六月廿二日在警備總部開會，現住人代表請求列席陳述意見，未獲允許。廿四日黃市長在市府召集有關單位商討解決辦法，亦無結果。現住人為求生存，為求公平，尚在繼續不斷奔走呼號，希望得到有關機關長官明察及社會人士支持。

三、有關機關之曲解

各有關機關對整建會不公平之辦法，曲為支持，其所持之理由，不外下列三端，實皆無當於理，請析言之：

1 是否為現住人與原承租人間之糾紛：有關機關負責人，特別是臺北市黃市長，一再向現住人表示，此為現住人與原承租人間租賃糾紛，應循司法途徑解決。是殊不然，蓋本案主要爭執之點，亦即癥結之所在，厥為：政府主持整建之中華商場，其間位究應以何人為分配之對象？現住人以為照整建會所定辦法，違約違令久已不在中華路居住之原承租人，尚可分配新建商場之間位，而眞正以中華路為生活據點之現住人，反在擯棄之列，其措施顯然失當。整建會固非依法組織之行政官署，但既以臺北市市長為主任委員，其對外之意思表示，又係採公告或下令方式，自不能認其為一種有瑕疵之行政行為，對此而欲有所請求或爭執，當然應向該管之行政官署為之，乃純粹為一行政事件。雖將來現住人與二房東之間，就各個租賃關係可能發生若干司法上爭端，而必需循司法途徑以求解決，致成為若干民事事件，但與現階段之行政事件無關，豈可混為一談。黃市長曾為律師，對於公法與私法之分野，當無不瞭然之理，其所以一再表示，此為租賃糾紛應訴之法院云云，顯係意在轉移論點，規避現實。

2.現住人究為十二戶抑為二九六戶：六月廿一日監察院張委員建中談話中透露，其挨戶調查之結果，為二九六戶，此即整建會始終堅持必須無條件悄然離開其生活據點——中華路——之現住人總戶數。次日（六月廿二日），李副總司令根據整建會主管單位之報告發表談話，謂有糾紛者僅十二戶。在不明眞相之一般人士，於報端見到兩個相差懸殊之數字，咸以其中必有一個數字欠缺正確。嗣經證實，所謂十二戶，乃租戶自身之租賃糾紛，主事者特以此矇蔽李副總司令，藉以掩飾問題之嚴重性。實則現住人，確爲二九六戶，事實俱在，不難覆按。其尤可笑者，直到六月卅日，凡現住人之未遷出者，該會均諉爲二房東與房客之糾紛，以圖混淆視聽，其用心雖苦，奈不當於事理何！

3.整建與拆遷之含義：有關機關，認爲此次中華路違章建築之處理，係「整建而非拆遷」，故對現住人不予救濟。其實整建無不經過拆遷，拆遷也從未有不再整建。比如過去爲拓寬道路而拆除羅斯福路、南京東路等違章建築時，將違建現住戶遷到坡心、五分埔等地，彼等又在該處建屋維生，何嘗沒有整建。只是個別辦理，沒有集體辦理而已。反之，此次中華路係集體整建，所有違建同時拆除，重新建築，故大多數人很難仍住原處，尤其路西完全遷到路東，自不能謂其未經遷移，不過遷移之遠近不同而已。但其經過拆遷總是事實，因此整建非拆遷之說，顯屬有意曲拆。

四、對現住人必須顧及之理由

1.就國策言對現住人不宜不管：在國民經濟方面，應以民生主義爲基本原則，憲法第一四二條著有明文。衣食住行爲民生四大要件，國父遺教闡述甚詳。政府遵照憲法規定與遺教精神，在臺實施三七五減租、耕者有其田、都市平均地權等土地改革，爲貧苦小民改善生活問題，效果顯著，極爲國際間所稱譽。此次中華路整建，豈宜一反以往政策，對現住人完全置諸不顧！再者，社會安全政策，在積極方面可以策進繁榮，在消極方面可以消弭亂源，自由世界各國無不竭力推行。我政府整建中華路商場分配間位，竟專爲違反租約，違背省令，從事中間剝削之二房東着想，而使將近三百戶藉此場地蔽風雨，謀衣食之貧苦小民，失去生活依據，而陷於流離失所的悲慘境遇。究竟所行者爲社會安全政策乎？抑有意使社會不安全歟？

2.就法令言對現住人不可不管：現行之「違章建築處理辦法」，係四十六年十一月十一日經行政院核定，同年十二月七日由內政部公佈者，其第廿七條之全文如次：

「直轄市或縣市政府（局），對於舊有違章建築應依左列原則訂定分期分區處理計劃，提經違章建築處理小組審議後，公布處理。

一、凡有妨碍都市計劃預定地、公共交通、公共安全、公共衞生、防空疏散、國際觀瞻、軍事實施及對市容有重大影響者，均應分期拆除。

二、分期拆除依下列順序處理之。

甲、防空疏散、拓闢道路、都市計劃、主要幹道、重要橋樑、軍事守備地帶。

乙、次要道路兩旁，及較偏僻地區。

丙、偏僻地區。

三、分期拆遷之舊有違章建築，得按現住人職業，及其家庭經濟狀況等條件，依左列方式處理之。

甲、予現住人以優先登記、承購或承租平民住宅、或攤販市場之權利。

乙、指撥公地，劃分軍眷區、平民區、工人區、漁民區、及其他區別，限期遷移。

丙、介紹銀行低利貸放遷建區。

凡不妨碍第一項第一欵規定者，得斟酌當地情形就地整理。」

足見拆遷舊有違章建築，應予現住人優先承租承購之權利，至爲明顯。其立法精神，亦至正確。此次中華路整建，即本條第二項所謂之「就地整理」，亦當適用第一項第三欵之規定。在未經合法修正或廢止以前，主辦機關必須遵守，否則卽屬違法，因而對現住人，絕不可完全置諸不理。

3.就情理言對現住人不能不管：中華路臨時搭建之攤棚，經若干年演變，而成今日之違章建築。其建築本身，仍極簡陋。原承租人投資極爲有限，只因地當衝要，房價日漲，與都市土地之因市面繁榮，從而地價高漲者相同。原承租人歷年收取高額押租金，論理已屬暴利，現又以其爲分配間位之對象，使其不勞而獲之利愈暴。反之，現住人住居其地，賴以維生，歷年負擔押租金及各種捐欵（如警察宿舍捐欵、八七水災捐欵），爲數亦鉅，反不能獲相當間位之分配，及其他適當救濟，無論就傳統所謂民胞物與之精神講，或就近代政治爲民服務之觀點講，均不能對現住人置諸不顧。

自由中國　第二十三卷　第二期　內政部雜誌登記證內警臺誌字第三八一號　臺灣省雜誌事業協會會員　六四

給讀者的報告

這一期，我們發表了三篇社論：社論㈠「臺灣人與大陸人」，是針對國民黨黨政當局最近在大陸人之間，故意散佈對臺灣人恐懼心理的陰謀而寫。今天的問題，根本不是臺灣人與大陸人的問題，實實在在是統治者與被統治者的問題，也就是絕大多數被欺騙、被侮辱、被損害的中國人——包括一般人民及中下級軍、公、教人員在內——與極少數幾個欺騙大衆、侮辱大衆、損害大衆的國民黨當權分子的問題。在社論㈡「我們要有說眞話的自由」中，特別指出極少數當權分子之忙於說假話的用意，以及說假話毒害社會之深。極少數當權分子企圖用假話欺騙國人，來維護統治特權，又正是政府之所以要剝奪人民創辦新報自由的原因。因此，我們在新聞界由於「英文中國日報」創刊而驚奇之今日，特再在社論㈢「創辦新報的限制該解除了吧！」中，指出政府之違法，而希望大家創辦新報。我們的目的，正是希望新報造成一種說眞話的新風氣。

本期專論共有四篇：殷海光先生的「我對於在野黨的基本建議」一大文，是有感於選舉改進座談會的積極籌組反對黨一事，以關心新黨運動的心情而寫，對新黨的工作方向和努力目標，指陳甚詳，是一篇精心傑作。洪安邦先生的「評高等法院對臺北市省議員訴訟的判決」大作，是因爲高等法院審理李連麗卿、宋霖康、郭國基等三位無黨無派人士的訴訟不够公平合法，就法律觀點而提出的批評。王厚生先生的「談中共中央所犯教條錯誤及其意向」大文，是根據中共中央的若干具體事實，而提出的說明和看法。林秋水先生的「日本國會議員個人之特權」一大作，是依據日本憲法等法規的規定，所作的簡要敍述。

關於調整待遇案的評論文字，最近收到好幾篇。歸納大家主要的意思，無非是對於政府當局欺騙手法不滿。限於篇幅，本期只發表了兩篇，而且也沒有把讀者投書㈢「一羣陸軍中下級軍官」附來的「百分比一覽表」發表，殊爲抱歉。至於臺北市「一羣老兵」送來的投書及所附「陸軍士官與薪俸調整後給與及實際增薪百分比一覽表」，及臺中××崗王××、張××、李×、林××四位先生的投書——「妙哉！所謂加薪百分之六十！」，新竹「一個有話無處說的少尉」投書，因爲都與加薪案有關，只有保留，請原諒。但我們決繼續搜集加薪資料加以研究，以便必要時全文發表並提出評論。總之，我們對大家的生活，是關心的，望放心。

苗栗陳××先生「讀殷著『我對於三民主義的看法和建議』後感」投書已收到，限於篇幅，恕不發表，但擬遵照尊意辦理。

鳳山鎮張××先生寄來油印函一件及「申明啓事」一份都收到，對於有關報紙報導，如認爲果有歪曲事實之處，可依法逕函該報要求更正。本刊因篇幅所限，不想發表了。

新竹藍××先生投書收到，關於先生「要求還鄉」一節，在法理上可以說得通，在事實上也很可以同情，但我們却不便發表，務請原諒，唯有按照尊囑辦理。

臺北市新生南路顧××先生來信及附稿均收到，對於臺端的關懷和指教，殊感！我們雖不想自己寫書後，但在選稿方面將盡量照尊意辦理。

自由中國　半月刊　總第二五七號　第廿三卷第二期

中華民國四十九年七月十六日出版

發行人　雷　震

主編　『自由中國』編輯委員會

出版者　自由中國社

社址：臺北市和平東路二段十八巷一號

Free China Fortnightly, 1, Lane 18, Ho Ping East Road (Section 2), Taipei Taiwan

電話：二八五七〇

總經銷　臺灣　自由中國社發行部

航空版　香港　友聯書報發行公司（香港九龍窩打老道一〇二號）電話：五九一六四、五九一六五

經銷處

美國　紐約友方圖書公司 Hansan Trading Company, 65, Boyard Street, New York 13, N.Y., U.S.A

紐約光明雜誌社 Sun Publishing Co., 112, Mulberry St., New York 13, N.Y., U.S.A.

馬尼剌　新疆書店

緬甸　仰光振成書報店

北婆羅洲　西利亞坡青年書店

星加坡　友聯書報發行公司（小坡大馬路四六九號）

吉隆坡　友聯書報發行公司（馬華公會大廈三樓七室）

怡保　友聯書報發行公司（希尼華沙甘街十六號）

檳城　友聯書報發行公司（林連登律七十二號）

澳門　友聯圖書公司

印刷者　精華印書館股份有限公司　廠址：臺北市長沙街二段七一號　電話：二三三四二九號

本刊經中華郵政登記認爲第一類新聞紙類　臺灣郵政管理局新聞紙類登記執照第五九七號　臺灣郵政劃撥儲金帳戶第八一三九號

（零售：臺灣每份臺幣五元，海外平寄美金一角五分，航寄美金三角五分）

自由中國

FREE CHINA

第廿三卷 第三期

中華民國四十九年八月一日出版

社址：臺北市和平東路二段十八巷一號

半月大事記

七月十日(星期日)

艾森豪警告赫魯雪夫不許染指古巴，强調美國負有責任維護美洲國際體系。

比利時傘兵馳援剛果，將卡淡加省叛軍擊潰，剛果首都利俄波德維爾秩序恢復，比利時兩閣員趕往談判。

七月十一日(星期一)

比利時籲請聯合國協助安定剛果。

比軍控制剛果要城，叛兵潰逃叢林地帶，剛果中部地區仍陷恐佈混亂中。比閣員開始與剛果談判。

巴倫支海上失蹤的美機，俄宣稱係被其擊落。俄向美抗議侵犯領空。

七月十二日(星期二)

法允非洲四個殖民地象牙海岸、上佛爾塔、尼日爾、達荷美完全獨立，雙方已在巴黎簽字。

剛果要求美國出兵，協助恢復境內秩序，並請聯合國協助改編剛果軍隊。哈瑪紹籲請非洲九國派兵赴剛果。

剛果騷動愈烈，全境大部陷於混亂。

俄誣美機侵犯領空，白宮聲明否認。

剛果卡淡加省宣佈獨立，指謂不滿中央政府親共。

七月十三日(星期三)

剛果總理盧歐貝下令剛果境內所有比利時軍隊返回原來的基地，比閣會議決定不予理會。

美國警告蘇俄，如果再有美國飛機在公海上空被擊落，即將發生嚴重後果。美要求充份賠償，促俄釋放生還人員。

七月十四日(星期四)

安理會通過決議，聯合國軍馳援剛果。

剛果致比照會，斷絕兩國邦交。

池田勇人繼任日本自由民主黨總裁。

日本首相岸信介遇刺。

肯奈廸獲提名美民主黨下屆總統候選人。

美再嚴辭警告赫魯雪夫，不許染指拉丁美洲。

七月十五日(星期五)

西方聯軍調赴剛果，俄總理赫魯雪夫警告停止行動，否則俄將採決定性措施，並宣佈即將援助剛果。

聯軍源源開抵剛果，首都叛軍全部投降。剛果總理限比軍於十六日晨全部撤出。比軍仍駐原地置之不理。

七月十七日(星期日)

剛果史坦萊維爾城情勢突趨嚴重緊張；剛果總統及總理正在該城活動，城內白人居民忽遭剛果叛軍圍襲。

比軍將剛果首都控制權移交聯軍。

波蘭武器接濟剛果，貨輪駛往剛果河口。阿拉伯聯合共和國總統納瑟聲明將以武器援剛。

七月十八日(星期一)

日本國會表決通過池田勇人繼任首相。

美洲國家組織通過召開外長會議，討論美與古巴爭執。

剛果總理通知聯合國代表彭區博士，比軍如不即速撤退，即將要求蘇俄派兵。

波蘭軍火船抵剛果海港。

七月十九日(星期二)

安理會辯論剛果動盪局勢。非洲九國聯合要求比軍撤退。馬塔第港聯軍與剛果人激戰。

比利時軍隊同意撤離利俄波德維爾。

古巴與美國爭執案，安理會決予以擱置，待美洲國家組織處理。洛奇警告俄不得干預古巴事務。

七月廿日(星期三)

剛果內閣決定邀請蘇俄出兵。

七月廿一日(星期四)

蘇俄向比利時及美國發出最後通牒，要求他們的軍隊於三天內撤出剛果，否則蘇俄將採取行動。

七月廿二日(星期五)

安理會一致通過，要求比軍撤離剛果。

七月廿三日(星期六)

美國糖廠三家遭古巴沒收。

七月廿五日(星期一)

剛果首都比軍依限撤退完畢。

安理會繼續商討美機事件，洛奇責俄罪行，要求聯合國公正調查，指俄誣美機犯境為虛構。

『自由中國』的宗旨

第一、我們要向全國國民宣傳自由與民主的真實價值，並且要督促政府(各級的政府)，切實改革政治經濟，努力建立自由民主的社會。

第二、我們要支持並督促政府用種種力量抵抗共產黨鐵幕之下剝奪一切自由的極權政治，不讓他擴張他的勢力範圍。

第三、我們要盡我們的努力，援助淪陷區域的同胞，幫助他們早日恢復自由。

第四、我們的最後目標是要使整個中華民國成為自由的中國。

社論

(一)

黨霸教育的眞面目

——兼論政大教授李聲庭解聘事

在現代的民主國家，教育的目標是什麼？任何稍有常識的人都可知道：現代民主國家教育的目標，是作育國民，使他們在社會中成爲一個健全的分子，在國家成爲一個良好的公民。因此，在知識方面，傳授青年以科學、哲學、歷史等方面的學問，使他們對于自然、社會、人生，以及自己的國家和世界有所了解。在技能方面，小而言之，傳授青年以謀生的技術；大而言之，使青年習得並增進建設社會的能力。作爲一個人，僅僅有知識和技能是不够的，還得有道德的培養。藉着道德的培養，受教者可以鑄造完整的人格，堅定其立己立人的抱負。總而言之，在現代民主國家，教育的目標是以「人」爲本位：從人出發，又回到人。這是任何正常的人都應該承認的道理。

但是，黨霸教育則不然。黨霸教育是在極少數黨霸把持之下的教育。這極少數的黨霸，雖然口裏高唱「民族」、「國家」，實則心目中無視國家，無視民族，更無視人民，只有他們自己的地位和權勢。這極少數的人在國家名義和政府名義之下，要怎樣幹便怎樣幹，放手胡來，天下莫敢誰何。這少數人士的基本觀念形態是泛政治主義。在泛政治主義之下，一切成爲政治目標的工具，教育更不能例外。臺灣十幾年來的教育，成爲國民黨一黨推行政策的工具。而國民黨一究其實，又不過是這極少數權勢核心人物的私人工具。千萬人的意見聰明才智都封凍在冰箱裏，悶着頭聽三幾人提調，這不是私人工具又是什麼？所以，臺灣十幾年來的教育也完全淪爲這極少數權勢核心人物的私人工具。

我們且看近十幾年來臺灣在教育上的種種施爲，便可認清黨霸教育的眞面目。

臺灣中小學課程的繁雜，因而學生負擔之重，堪稱世界各國之冠。任何人不難在街頭，在公共汽車上，看見面黃肌瘦，揹大書包壓彎腰的小學生。這種光景，對小學學童所施的摧殘，較之私塾教育，尤有過之無不及。每屆升學考試，學生情緒之惶急，心身所受的折磨，家長連帶遭受的影響，常常見諸報端。中學學生的遭遇，是小學學生遭遇的延續，所以情形小異而大同。我們現在要問：臺灣中小學這種慘無人道的教育是怎樣造成的？在課程方面，除了學生該讀的正課以外，又要學生去讀那些毫無意思的政治課目，以及浪費時光的無聊黨化課外活動。復次，現代人的生活講求效率。臺灣黨霸辦教育，完全把極少數人的喜、怒、好、惡，成見當做天讞，出言當做聖旨。勒令學生寫毛筆字。在二十世紀六十年代，要學生用這種笨拙的工具習字，這對于他們學習科學有何幫助？對于他們日後謀生又有何幫助？如果有人說中國人必須會用毛筆寫字，那末爲什麼不用竹簡做紙？如果復古眞的可以救國，那末何必伸手要美國的東西？除此以外，這一撮子人在政治上掀起一股子虛僞風氣，即是逼着各級機構藉製造統計數字，弄些表面的熱鬧，來表示進步的成績。這種風氣浸襲所及，各校也以學生考取升學人數之多少爲考績的標準。於是，各校把學生像羊羣似地向前趕，罔顧學生心身健康。潛藏在這一套作法背後的，就是根本不把人當人。所以，臺灣教育的裏層弄成目前這個樣子。

在臺灣大中學校，强迫學生習讀一黨黨義。各種考試，包括留學考試在內，也把一黨黨義列爲必須考試的第一個項目。請問：這種光景，與盤據大陸的共黨之强迫學生習讀「政治大課」在形勢上有什麼不同？也許有人說：「政治大課」不是眞理，我們的是眞理，怎麼可以相提並論？」老實說，自古至今，任何藉暴力撐持起來作爲掩護政治權力的幌子，沒有人不打起「眞理」招牌的。究竟誰是眞理，誰不是眞理，這些空話縱然辯到天荒地老，也是得不到一個決定性的結論的。自古至今，逞干戈、尙意氣的人，除非最後的一個呼吸停止了，那個肯說自己所持的不是「眞理」呢？我們現在所當注意的是一個方式問題：一黨的黨義不過是一黨的黨義而已。那一個民主國家的執政黨利用政權便利把它的黨義强迫學生習讀？美國有民主與共和兩黨。如果這兩黨的黨義不同，而且假定兩黨輪番執政，那末這幾年强迫全美國的學生讀這一黨的黨義，再過幾年另外一黨起來又强迫全美國的學生奉另外一黨的黨義爲聖經，試問那還成什麼國家？如果臺灣這些權勢核心人物眞個自信自己所宣傳的是「眞理」，那末就不應該用共黨的一套方式强迫青年接受，而應該讓大家自由選擇。唯有在自由選擇之下，才現得出誰是不怕火燒的眞金。

照中國立國數千年的常理而論，辦理教育的人應該是德行良好，不慕利祿，操守堅貞，學識優良的人。這樣的人才堪爲人師表，作育人材。然而，臺灣近十幾年來辦教育的人大多不是這個樣子的。近十幾年來臺灣辦教育的人，除極少數有學術傳統者以外，絕對大多數爲有黨團組織，或至少與黨團有特殊人事關係者。這些人士中的核心分子，名爲辦教育，實則爲藉教育發展黨團勢力。學校行政和訓導工作，一切聽命黨團組織。而所謂「黨團組織」，實際不過是極少數私人藉「國家」和「政府」之名發展私人權勢，培植私人的政治本錢之工具。所以，臺灣的教育也成了某種程度的私人工具。如果說這樣便能「反共抗俄」，那麼十幾年了，何以還是困住在這個小島上？何以還是「原地踏步走」？

今日臺灣的大專和中等學校，除幾個例外之外，完完全全在私人御用的黨團控制之下。安全室幾乎無校無之。中國自古以來，學校向來是淸高神聖的作育人才之所。在今日的臺灣，學校已成特殊工作人員盤據之地。這些人員插入學校，學校的親愛融和及師嚴道尊的氣氛便煙消雲散了。神聖的教育工作者，悉被目爲可疑人物。莘莘學子，無一不是監視的對象。摧毁神聖的教育，莫此爲甚！我們請問：這種勾當，對于「反共抗俄」有何必要？除了共產國家以外，那一個稍講體統，尊重教育的民主文明國家有這等可怕的事？

安全人員駐校監察猶以爲未足，彼等更唆使或收買學生充當耳目。於是弄得整個學校黨團爪牙充斥。這簡直是把學生「特務化」。請問這是什麼教育宗旨？這是否糟塌青年？這置青年進德修業的堂皇目標於何地？這種毒化青年的惡劣影響，豈是一朝一夕所能洗淨的？臺灣這點地方，負責安全的機構重重疊疊，四面環海，何必還要直接把學校也變成箭靶。

臺灣的黨霸教育已經造成百分之九十九的淸一色局面。這種教育，演變所及，除了控制學生的言論、思想、和行動以外，一定是進而控制教師的言論、思想、和行動。在黨霸操縱把持之下，教師的言論、思想、和行動合于「黨的路線」者，可以勉强保住飯碗。如果不然，那末這碗可憐的飯就吃不成了。最近政治大學「不續聘」李聲庭教授，便是最明顯的實例。李聲庭教授被政治大學解聘，據說是起因于言論問題。李氏有一篇文章叫做「論生活與教育」，刊載在四十八年十一月十六日出版的「政經半月刊」。這篇文章的主要內容，是說辦教育不能「揠苗助長」，而不贊成 在臺灣教育中所行的所謂「輔導辦法」，不贊成審查學生的文章，不贊成强迫學生「逢節慶典」必須參加，反對訓導人員對學生施以威嚇利誘，而主張讓人家獨立生活；不要認爲「政治信仰」，「人物信仰」，只有本店一家，此外別無分店。這些話都是爲人師表者的「老生常談」。任何有常識的人都不應該覺得有絲毫刺激之處。然而，這樣的一篇溫和文章竟引起政治大學訓導處的不滿，而遭扣留，不准在「政大僑生」上刊載。學校訓導處可以扣留教授的文章，師道尊嚴何在？這樣大的權威是那裏來的？有什麼人在背後撑腰？

政治大學的訓導處不許「政大僑生」刊載「論生活與教育」這篇文章後不久，適「政經半月刊」索稿，李聲庭教授遂把這篇文章改投該刊刊登。這樣一來，觸怒了該校黨霸，竟對李教授來一個「不續聘」。這簡直是進一步干涉到教授在學校以外的言論自由。黨霸之妄作威福，竟一至如此！我們知道，報載老經濟學家馬寅初先生因言論不合大陸共產黨徒規定的路線，已被免僞「北京大學」校長職務。臺灣政治大學當局因李聲庭教授的言論不合黨霸口味而把他解聘，這是不是「隔海同唱」？

這個事件所象徵的意義是很重大的。我們現在只提出兩點引起大家注意：

第一、自大陸淪陷播遷來臺以後，留學生多棲遲海外，不肯來臺。另有不少數目，被共產黨徒誘返大陸。鑒於這種情勢，政府鼓勵留學生來臺「爲國服務」，並聲言給予種種便利，從優任用。李聲庭教授是在這一鼓勵之下來臺灣的。可是現在政治大學辦黨的人，因這點點言論小故而竟然解聘李氏，這與政府號召留學生返臺服務之事，是否「自己打自己的嘴巴」？老實說，反攻大陸渺渺無期，臺灣公職人員待遇之低世罕其匹，而黨霸們又這樣不識大體，意氣用事，一點人情溫暖和應有的禮貌也沒有，臺灣還憑什麼來吸引留學生？以後究竟要不要留學生來臺？

第二、李聲庭教授並不是一個「學混子」，而是一個眞正熱心教學和研究的學人。彼來臺四年，除在政治大學任教以外，先後又承東吳法學院，東海大學，和軍官外語學校聘爲兼任憲法學教授。這樣的人，無疑爲臺灣一位優秀的大學教師。可是，我們知道，由于中國眞正有學有守的士人之一脈相傳，這樣的人往往不乖順，因而不合黨霸要求。所以，在一般國人看來是優秀的人材，而在黨霸看來往往不大順眼，務必除之而後快。由此足見黨霸教育所起的作用是「反淘汰作用」。在這種「反淘汰作用」之下，教育界品學兼優的人士，如不甘卑躬屈節，寒蟬不語，一定難以立足，甚至被排擠以去。李聲庭教授之被解聘，便是活生生的實例。至于中小學教師多數爲求苟全飯碗，只得聽任黨霸擺佈，作推行黨霸教育的工具，那就更不必說了。臺灣社會的一點元氣，長期經這種黨霸教育的蹂躪，前途眞是不堪設想。

我們必須明瞭，教育是國家的公器，不是任何黨派推行政治的私器。青年學子是國家社會的人，不是任何黨派的工具。任何黨派藉着霸佔政權之便，把他的政治目標透過教育方式灌輸給青年，並且按照幾個私人的意圖塑造青年，這就是「天下爲私」的作風。從前君主專制時代都沒有這樣的毒惡作風。任何民主國家沒有一個黨派壟斷教育的事。我們希望大家認識這種黨霸教育毒害之深，一致要求停止這種教育，一致要求把教育還給人民自己辦。

社論

(二)

司法獨立與司法人員的管理

我們看到臺灣各地選舉訴訟的判決，正在悲憤塡膺之際，忽又看到七月十五日某報報導新任司法行政部長鄭彥棻氏在那天舉行的基隆地方法院新厦落成典禮中的致詞。其中有二點是値得我們特別注意的，卽是：㈠司法行政部無權干涉司法審判的獨立；與㈡司法行政部要管理枉法的司法人員，嚴辦司法人員違法案件。這似乎是毫不足奇的老生常談，但在行憲十二年之後，一位司法行政首長還在說這種話，便可見過去司法審判之未能獨立與夫司法人員違法事件之多了。我們很懷疑，這一個在執政黨裏向以擁護「黨權」著稱的所謂「忠實同志」，他有什麼力量，甚至有什麼膽量，敢於決定不去干涉司法審判的獨立？他將怎樣管理枉法的司法人員？如何嚴辦司法人員的違法事件？

司法審判獨立，有其必須具備的條件，否則，便是神仙也無法使之獨立，條件不備，妄言獨立，那便祇有玩弄術士的障眼法，欺騙羣衆罷了。今日欲求司法審判獨立，至少要先做到三件事：一是司法體系的完整；二是法官祇應知有法律，不應知有所謂國策；三是黨的活動退出司法。這三件事有一件不做到，便不可能有司法審判的獨立。

我國自淸末變法，樹立現代司法的規模以來，司法人員爲了爭取審判獨立，曾演出許多可歌可泣的故事，奠下了司法的基礎。民國十五年以前，北京的中央政府，政治固然腐敗到了極點，但是司法體系却能相當的保持完整，所以司法人員的奮鬭沒有白費。國民黨的國民政府，在北伐進展、奠都南京之際，設立特種法庭，鎭壓反革命分子。這是他們第一次運用革命手段，破壞了司法體系的完整。從此以後，他們想鎭壓什麼或者意圖宣傳鎭壓什麼，雖然不一定設立所謂特種刑事法庭，却必來一套特種刑事法規，交由軍法審判，絕不願恢復司法體系的完整。非但匪諜與煙犯，有時强盜小偷，也硬生生的由司法管轄下劃歸軍法。一部刑法，總共只三十五種罪名。根據不合憲法而又施行無阻的戒嚴法，倒有十種得由軍法機關審判，再除去特種刑法之罪，於是剩餘在司法管轄下的祇有一半了。大家應當還記得，大陸淪陷前，改革幣制，採用金圓券，禁止黃金外幣的使用，再度成立特種刑庭，在上海鬧得烏烟瘴氣。結果幣制改革是慘敗了，民心也喪失殆盡了。大家更不會忘記，陳副總統在首度行政院院長任內，自翊得意的軍法司法劃分辦法，自四十一年公佈施行，一時頗得輿論的贊揚，但是今年在基隆市長選擧前，他又違背他自己所定的辦法，竟將蔡火炮等走私案交由軍法審判去了。司法體系如此支離破碎，許多罪嫌，司法機關根本審判不着，還有什麼審判獨立呢？

司法這一個名詞，很顯然，是指掌理法律的適用而言。君主國家（專制國家）的法律是君王的命令，民主國家的法律是民意的結晶，但無論爲君命或民意，既稱法律，便有它的制定程序，一經公布，上下遵行。古諺「王子犯法，庶民同罪」，實可爲法治(Rule of law)的註脚。在司法人員的心目中，祇應當有合法公布的法律，不應再有其他。政策與法律不衝突，他們適用的是法律，不是政策。倘政策竟與法律衝突，在法律未修改前，司法人員有維持法律的責任，他們應當根據法律獨立審判，不容有絲毫遷就政策之餘地。修改法律，是立法機關的權力。解釋法律與適用法律，才是司法的職掌。嚴格的說，沒有經過立法機關同意，未曾制成法律的政策，祇是一種擬議，根本不配稱爲「國策」，人民無服從之義務，法官更何能據以制裁人民？現政府公開要求司法配合國策，而司法機關又直接在行政院控制之下，審判如何能獨立得起來？

司法審判獨立的最大障礙，要數「黨的活動」之作祟。一個政黨的爭取政權，其鵠的在行政，在立法。唯有司法永遠是站在政治鬭爭的領域以外的。這不是說一個司法人員不可有政治的信仰或意見，而是說不可以利用審判，爲政治鬭爭的工具。自從英國在大憲章裏規定了民事法庭不設於王宮內，以及行政官吏(如羣長 Sheriff，警官 Constable，驗屍員 Coroner 與執行吏 Bailiff) 不得受理刑事訴訟，隨後又將後一原則擴充成爲人身保護法 (Hebeas Corpus Act)以來，司法審判的獨立，成爲一個神聖不可侵犯的傳統，影響所及，經過美國的獨立與法國的革命，逐漸在西洋變成家喻戶曉、天經地義的制度，沒有一個民主國家的政黨敢於玩弄司法，破壞審判獨立。現在，鐵幕內的國家根本上沒有司法可言，不去說它；反共的國家中，似乎祇有中國，司法竟受執政黨的控制，司法人員非但有黨籍，在司法機關內，還有黨的組織與活動。憲法明明白白的規定着「法官須超出黨派以外，依據法律，獨立審判，不受任何干涉」，執政黨竟視若無覩，棄如敝屣。震撼一時的延憲諒奉命不上訴案，是受了黨的指示。最近的許多地方選擧訴訟，早就傳出執政黨決定無論國民黨方面或反對方面提起的，一律予以駁回，果然，現在經過宣判的，全部是原告敗訴了。此類判決的不合法，本刊上期有一篇洪安邦先生的「評高等法院對臺北市省議員選擧訴訟的判決」一文，不另贅述，這顯然又是在黨的決策下如此做的。黨的活動不退出司法，那裏有審判獨立可言？

至於司法行政部要管理枉法的司法人員與嚴辦司法人員違法事件，我們仔細一想，更覺得不寒而慄。人民的自由權利依賴司法的保護，司法人員本身豈可沒有保障？法官之所以必須爲終身職，其所以必須獨立審判，不受任何干涉，卽所以保障他自由行使職權。依照憲法，一個法官非受刑事處分或懲戒處分或禁治產之宣告，不得免職；非依法律，不得停職、轉任或減俸。也許有人會說，憲法是要保障好的法官，難道壞的法官，枉法違法，還要去保障他麼？誠然，可是我們要請問，誰有權判斷他的好壞，決定他有無枉法違法呢？在憲法上所講的刑事處分或懲戒處分以外，還有其他可以決定他枉法違法的合法途徑嗎？

多年來各方面要求將高等及地方兩級法院移置於司法院下，便是爲了不使他們受到行政當局的干涉。鄭彥棻部長所言司法行政部無權干涉司法審判的獨立，在理論上無可疵議，在事實上我們不相信他能做到。他說司法行政部要「管理」枉法的司法人員，無異說他要加緊管理所屬法院的全體法官，加緊指揮法官的審判。這却是執政的國民黨所優爲。「管理」二字，自由中國的人民聽慣了，不覺得刺耳。「外滙管理」，「糧食管理」，「出入境管理」，「書刊管理」，我們的一擧一動，一飮一啄，那一樣不受管理，可是司法人員的管理，我們還是第一次聽到。讀者請想一想，「法官要在司法行政部的管理之下獨立審判」，這一句話合乎邏輯嗎？鄭先生居然知道司法行政部無權干涉審判，我們可不知道司法行政部那裏來的權力去管理法官？那裏來的權力，離開法院的判決和懲戒機關的決定，認定一個司法人員的枉法，去嚴辦司法人員的違法事件。司法行政部的鄭部長竟這樣說了。這是在理論上絕對站不住的，我們倒相信他在執政黨的支持下，一定可以做到。

監察院提請司法院大法官解釋，高地兩級法院置於行政院下，是否合於憲法，司法院一直沒有解釋。司法院謝冠生院長月前在監察院答覆一項質問，表示這兩級法院不久卽可移歸司法院。但是祇聞樓梯響，不見人下樓，到目前並不曾有預備改隸的迹象。其實，大法官的遲遲不解釋，並不是問題的本身難解釋，而是大法官們秉承執政黨的決策，故意不予解釋。倒是不需解釋、無可解釋的國民大會法定人數問題，一經國民大會秘書處提出來，大法官會議馬上就解釋了。大法官，根據大法官會議所作檢察官不是法官的解釋（因爲他們無審判權），雖不是法官，憲法賦予他們的解釋憲法與統一解釋法令權，便應就法言法，獨立行使，不受干涉，無所顧忌。大法官解釋的緩速，旣充分表現其遷就政治環境的狀態與受執政黨牽制的情形，兩級法院縱然改隸，又何嘗能獨立審判？蓋國民黨旣可干涉在行政院下面的法院審判，亦可干涉在司法院下面的法院審判，然而執政黨與行政當局却仍顧慮重重，不願放手。如今司法行政部長復公開宣示，要管理法官了。在這種情況下，希望審判獨立，豈非癡人說夢？

司法審判獨立非條件具備，是不可能的。在我們前擧的三個條件之中，黨在司法界裏面的活動是審判獨立的最大障礙。我們再大聲疾呼，要求㈠恢復司法體系的完整，㈡法官祇遵循法律，不可遷就國策，㈢最重要的，黨應退出司法。

社論

（三）中央銀行復業問題

傳說已久的中央銀行復業問題，由於最近徐柏園先生出任該行總裁，似乎已進入積極籌備的階段了。關於這個問題，固然可以從多方面來看，擧出許多贊成或反對的各別理由來，但我們權衡輕重，着眼於實際的利弊而不被外表的體制所迷惑，也就不難於得到正確的結論。

概括地說，中央銀行是銀行的銀行。它享有獨占發行、控制信用與外滙、以及經理國庫等等權力。現代化國家的中央銀行，儘管在制度上很不一致，有的是國有，有的還有民股，但它們的權力大都包括上述各項，而在實際運用方面，也有一個大致相同點。卽中央銀行與財政部的關係雖然密切，但中央銀行畢竟保有若干獨立或超然的性能。也卽是說中央銀行的金融政策雖然不能完全獨立於政府的財政政策以外，但金融政策究竟不是財政政策的奴隸，而其本身也有它決策的原則。我們常說，「臺灣的經濟害於財政，財政害於軍事。」其間的關鍵，是由於金融之被財政犧牲；說得乾脆一點，近年來我們根本無所謂金融政策，金融只是爲財政服務。

基於以上的分析，主張中央銀行復業的人，似乎更有理由了。他們可以這樣講；現在，中央銀行的業務大都是由臺灣銀行代理，臺灣銀行是省級銀行，而且實際上是受財政部節制的。爲使金融與財政保持不離而又不卽的適當關係，中央銀行復業更有必要。因爲照中央銀行法的規定，中央銀行是「由國民政府設置之」（行憲前的國民政府，卽行憲後的總統府），而不隸屬於行政院。中央銀行既不隸屬於行政院，那末，財政部對它的直接支配力也就可以比較地減少了。財政部的支配力既可減少，則中央銀行的金融政策，也就可以保持相當的超然性，而不致完全服務於財政了。這一點，似乎是主張中央銀行復業的人很有力的說詞。

這一說詞，未嘗不可言之成理。但是進一步探究實際情形，卻又正好是反對中央銀行復業的人所把握的最主要的論點。何以故呢？玆申論於下：

反對中央銀行復業的人，也是同樣地主張中央銀行在金融決策上應保持相當超然地位的。但他們覺得中央銀行在制度上不隸屬於行政院而直屬總統府，這個制度在事實上更難於使中央銀行不受政治因素的牽累。這完全是個事實問題。因爲事實破壞了制度，我們就不應被外表的制度迷惑住。就制度講，我國憲法富有內閣制精神，行政院爲國家最高行政機關，依憲法第五十七條向立法院負責；憲法賦予總統的職權本來是很有限的，總統依法公佈法律發布命令，均須以行政院院長副署爲必要條件。因此，中央銀行隸屬於總統府而不隸屬於行政院，照理是可以使中央銀行保持相當的超然性。可是事實上則恰恰相反。前年中央銀行的總裁兪鴻鈞之敢於拒絕監察院查詢該行帳目這件事，已足够顯示中央銀行在事實上已成了怎樣一個銀行了。現在事實上的中央銀行不僅不能保持相當的超然性，反而連服務於國家財政也還談不上，而只是一個不能公開的錢庫和帳房而已。中央銀行演變成這樣一個銀行，如果再恢復它的全盤業務，尤其是獨佔發行的業務，那末，國家財政經濟的前途會成怎樣一個局面，眞使人有不勝危懼之感。我們的財政已經是不公開的，所幸在今天財政不公開的現狀下，發行鈔票的臺灣銀行，名義上是省級銀行，實際上受財政部節制，因此不僅行政院及行政院所屬的財經機構直接間接或多或少對該行業務有干預或影響力，卽連一個臺灣省參議員也有權對該行業務提出質詢，因爲這多方面的牽制，所以臺灣銀行的鈔票發行尚不至於毫無顧忌地肆意汎濫。近年來新臺幣發行額雖在增加趨勢中，但尙未走上惡性膨脹的途徑，未嘗不得力於此，反對中央銀行復業而主張暫時維持現狀者，以這一點作爲主要理由，是可以博得大家同意的。

其次，反對中央銀行復業的人，特別强調今日的問題是在於金融政策的有無。如果有了健全的金融政策，代理中央銀行的臺灣銀行也可以執行，如果沒有健全的金融政策，中央銀行復業也無濟於事。不僅無濟於事，而且還有上面所講的那種害處。

主張中央銀行復業的人，還有一個理由。就是說一個國家必須有一個業務完整的中央銀行，才像一個現代化的國家。現在臺灣銀行代理中央銀行業務究竟是非常時期的暫時局面，而且新臺幣是地方貨幣而不是國幣。一個國家沒有國幣流通，而以地方幣代替，這也不合乎正規。這番話，對於一般只重形式或名目而不顧實質的人，是很中聽的。「非常時期」這個名詞，政府曾把它應用在多方面。人民的若干基本權力之被剝削，是以「非常時期」作藉口；軍公敎人員待遇的菲薄，是以「非常時期」作藉口；憲法臨時條欵的增訂，是以「非常時期」作藉口；政府以「非常時期」作藉口的措施，正多的是，爲什麼在銀行體制方面，偏偏不能因「非常時期」而暫維現狀，一定要恢復正規的外表，急急於中央銀行復業呢？如果「非常時期」這一名詞的適用與不適用，只是隨着統治權的便利爲轉移，其將何以服人心？至於說新臺幣是地方幣，不是國幣；一個國家必須有它的國幣不能以地方幣代替。這個論點，也是不健全的。一種貨幣如果法律規定它可以流通全國，它就是國幣了。名稱叫做什麼，實際上沒有關係。三十年來我國法定的國幣，曾經先後叫過「法幣」、「金圓券」、「銀元券」。爲什「新臺幣」就不能作爲國幣的名稱呢？卽令將來光復大陸，仍把國幣叫做「新臺幣」也無不可。不僅是「也無不可」，而且還富有重大的紀念性，以紀念臺灣這個復國的基地，豈不很有意義嗎？何況這幾年來，新臺幣的價値尙能維持相當安定，中央銀行如果復業的話，社會上必然會引起改革幣制的心理反應。改幣的技術無論如何謹愼技巧，對於現行的新臺幣總不免有貶値的影響。社會心理因素在貨幣金融方面的作用，是經濟學家所一致承認的，我們也不能不顧及到這一點。

反對中央銀行復業的人，所擧出的這些理由，我們認爲値得大家重視。我們不贊成中央銀行復業，同時覺得交通銀行的復業，也是不必要的。交通銀行在性質上原爲實業銀行，主要業務在做長期放欵。可是交通銀行現在並沒有雄厚的資金擔任起這個任務，復業後還要靠臺灣銀行撥給頭寸，可知交通銀行的復業，也是個擺架子的玩意，對於工業界的金融談不上有多大的貢獻。

總之，現階段的政府措施總要求實質上的進步，一切重外表，重形式，擺架子的花樣愈少愈好，如果在外表，形式或架子的裏面，還有什麼不可公開的內情，那更是我們所應反對的。

重行考慮「中國問題」

Chester Bowles 著
蔣勻田 譯

一

在二十二年艱苦漫長的鬪爭後，毛澤東與其紅軍卒於一九四九年秋建立共產統治於中國大陸。美國開始的反映是一片紛歧與困惑。直至今日仍是如此。我們惟一的定見，只是消極的對於中國無所作爲。我們不正式承認北京政府。我們不同意共產中國爲聯合國的會員國。

我們任憑臺北與北京領導者所製造的事件之擺佈，時間實在太長。於重重危機的苟安時間，我們未會及時作建設性的利用。對於型塑將來發展的長程力量，我們未能爲適當的考量。面對中國問題的根本實在性，尙非其時嗎？除非我們面對中國問題的實在性，我們與亞洲的一切關係，將受嚴重的阻碍。

照現在情況，美國承認共產中國的論辯，乃死路一條。假若美國提議與北平互換大使，毛澤東會問我們的承認共產主權，是否包括臺灣省。我們若答以不包括臺灣，則毛對我們的提議，必定悍然拒絕。我可預斷，若美國提議允許兩個中國同在聯合國內，亦必是同樣的結果。另一方面，蔣介石先生也必然拒絕這些提議。這個僵局將永存在。

這兩個基本問題，使美國議論紛紜，現仍無可解決。稍緩時日，我們可向中共提出：照雙方所處的現狀，捨戰爭外，我們不能變更，他們也不能變更，以探測彼等對和平的意向，或爲有益之舉。不到事非得已，我們最好超越形式關係，而注意當下或可能解決的問題。

若無其他理由，對共產中國尋出新的企望，則要緊的裁軍問題，是個够份量的試探。裁軍計劃，若無共產中國參加，則無意義可言，事至顯然。它不僅有世界最大的兵力，具有產生原子武器的潛在能力。我們無理由指望蘇俄對裁軍問題，代共產中國負責。我們若想達成世界裁軍安全保障制度的協議，就得研究影響中國舞臺上事變的經緯。

對於共產中國目前的發展，我們雖全無影響的能力，然對中國問題其他方面的影響力，似大於我們所察覺的。

臺灣可爲實例。該島甚富，其經濟發展亦頗可觀；然其政治地位尙欠穩定，此不僅對中國大陸而言，即從印度至日本這一弧線的自由亞洲看，亦是如此。其所以如此，實因臺灣的位況 (political status)，建基於神話上，如蔣介石先生十一年前已失去中國大陸，依舊說是六億五千萬中國人的領袖。這個神話被拒於多數亞洲人，被拒於我們北大西洋的盟邦，被拒於我的近友加拿大人，被拒於多數美國人，但三四個亞洲政府，因受來自華盛頓的重大壓力，則支持這一神話。自由中國的領袖，應用盡方法，使他們的將來，與自由亞洲的思想及行動主流一致，然這種神話的繼續存在，則益增臺灣的孤立。

美國人與自由中國人都應尋求與盟友共同的立場，更應理智的使我們的政策與現存的力量發生關係，這種力量在今後十年，將型塑亞洲的史事。我認爲這類政策，可以下列的假設爲根據：

一、北京政府雖仍困難重重，然已穩定握有中國大陸。

二、大陸中國，資源不豐，人口繼增，加以殘暴的共產領導，固執的民族主義的精神，必循兇猛的擴張傾向發展，而指向南邊的弱鄰。

三、中國共黨領袖可能企圖向東南亞擴張，美國政策的基本目標，應當阻遏這樣武力擴張。

四、任何有效的裁軍計劃，最後必須要北京參加。

五、照現在狀況，美國與北京政府的重大歧視，無可能協議出結果。

六、住在臺灣的八百萬臺灣人與二百萬大陸人應有權力要求安全，獨立存在，和發展文化，翹然於共產勢力圈之外。

七、目前臺灣的獨立，仍須靠美國的軍事保護與經濟援助。

八、向長期看，臺灣人民的安全與繁榮，要靠非共亞洲國家政治的安定與昌盛，及他們對臺灣政府的態度，特別是印度與日本。

九、假使有一天事實許可，照我們國家的利益，我們須與大陸上的中國人民，恢復傳統的友誼關係。

讓我們在這些假設的架構內，檢討美國政策必須把握的實在。

二

一萬四千方里崇山饒谷的臺灣，數百年來與中國歷史有不即不離的接緣。十七世紀中葉，滿洲人內侵，奪明帝位於北京，統一了中國，臺灣曾爲明室忠臣的避難所，與今日之爲蔣介石先生之避難所一樣。經四十年的鬪爭，於一六八三年，滿洲人終於吞併了該島，第一次改隸爲中國一個行省。一八九五年，日本戰勝中國，臺灣割讓於東京統治，直至五十年後始被美軍解放。今日臺灣的政權，完全操之於統帥的乾綱獨斷。一九四九年，隨蔣渡越臺灣海峽的兩百萬大陸人，中央政府的僚屬大半爲彼等所充任，六十萬軍隊，彼等約佔三分之二，十年以來，美國對臺政策多注意於此少數國民黨的統治者。展望將來，臺灣的命運，必型塑於八百萬本地人之手。我們對於他們的意願，希望及憂懼，則少有所聞。某臺灣人在近期（一九五八年四月份外交季刊）外交季刊發表一文，說明沒有臺灣的獨立報紙，沒有被許可的臺灣政黨。

有些觀察家建議舉行公民投票，爲解決臺灣問題的最後辦法。但實際言之，公民投票必然爲臺北與北京所同拒絕。我們只能推測臺灣人實際需要什麼。若干重要的事實可以引證。

於一九四五年前的六十年間，臺灣人僅知日本的統治。雖然他們多半都講福建方言，可是多受日本學校的教育。因爲臺灣變繁榮了，他們對於東京，反覺親近於中國大陸。但經國民黨的十五年統治，又起了大的變化。時間，愛情與教育已漸使島上中國人與臺灣的社會交融，特別是青年的一代。這樣可能形成個新的民族一體，以中國文化爲主，以臺灣人爲表。

幾項重要經濟與政治發展有助於上段所說的變化進程，乃爲批評蔣介石的人所忽視。一九四九年以來國民黨政府實行一連串的建設措施，在大陸時皆未舉辦。最重要的一項是它確認農民的決定重要性，所有亞洲國家，農民佔人口的多數，負供給食糧之責，因而掌握政治經濟井然滋長的鎖鑰。在蔣的指導下，一個限制十畝耕地的改革，實質減租的方案，與完善的農業振展工作，乃相輔並行，使農貸既易，肥料工業亦隨之而增產。結果使米穀與棉花每畝的產量劇增，農民乃獲便易繁榮的生活。臺灣生活水準之高，僅次於日本，居亞洲的第二位。

一九四七年事變(二、二八事變)，人民起而反抗貪贓主席的失政以後，內政情形，亦有改良。不過中央政府仍舊爲大陸人所掌管。一千五百七十六名國大代表中，臺灣人僅有二十六位。然臺灣人的參政權利，還是有若干進步。譬如省議會與地方行政，經過合理自由的選舉，臺灣人已居多數。多數市鎮的市長亦由臺灣人充任。

蔣元帥飽經三十年的成敗，一手支撐國民黨，現屆七三高齡，雖甚康强，總難望其永久統治。臺灣的將來，賴有穩定的政府，終蔣之身，當無問題。

只要美國在東亞維持足够的海空力量，且願使用此力量，則毛澤東僅有一個方法在臺灣建立其主權，那就是政變，使蔣或其繼承者下臺，建立個新政府，備與北京談和。

這樣發展雖不是概然，但不是不可能。十年以來，兩百萬大陸來臺的人常聽說：不久蔣軍在大量美軍支援之下，將自福建沿岸反攻，光復大陸。現在瞭解此樣冒險不可能的人與日俱增。北京的廣播宣傳很狡猾的勸之以鄉思，又允許不追既往，歡迎回家，享受「新中國」的特殊待遇。同時，北京又允許予臺灣以特殊自治的地位，盡力誘惑。

這些親善的勸說，都被大陸上所行的人民公社生活方式，與北京政府在西藏的行動所摧毁。但是鄉土的牽掛，仍舊構成潛在的政治不安情況。

大陸上橫暴的集權力量，正在依照列、史、毛的意典結構，改造中國社會，型塑中國思想，與重寫中國歷史。

一個獨立的中臺國 (An independent Sino-Formosan [Nation)，可以顯出一個非共的近代化中國社會之特異，翹然自由而別於大量控制，享受日增的政治自由準度，與全民經濟發展的機會。建立這樣一個社會，使年青一代的臺灣人與中國人可以有其公同意向的感覺，同時予一千三百萬華僑一個文化基礎。

三

我們如何調節我們的政策，以培植這樣發展呢？

我們必須承認事實，臺灣在非共亞洲扮演嶄新的角色，不能由美國執策人臺後操縱，無論我們具何善意與金圓。也不能使大陸逃難來的國民黨專斷指揮多數臺灣人。我們必須充個眞正朋友的角色。使土生的臺灣人，大陸來的中國人及全世人大致諒解我們的目標不是製造軍事基地，反攻大陸，僅欲扶助一個新獨立國的自然長成。

根據這個企望，我們在金馬突出的地位，則甚鮮意義。一九五八年九月二十九日，國務卿赫特在大西洋城 (Atlantic City)講演說：「任何人可從地圖一望而知這些外島，就防守臺灣的戰略言，不可能防禦……」愛國的中國人「對外島雖有犧牲的決心，實屬病態。」雖然如此，國務院對協調計劃與實在之間，猶躊躕未決。我們的立場一日不明，我們即一日讓主動於人，而使我們突出，再一次面對不愉快的選擇：將退却於炮火之下呢？抑試堅立於軍事上不可防守的陣地呢？這樣遭遇，雖非概然，却有可能。

從一方面想，我們應鼓勵接近大陸海岸的島嶼中立化。照現在它們的地位，僅保存國民黨即將反攻大陸的神話，授北京挑釁行爲的口實而已。

從另一方面想，我們決心供給一切軍事力量，以阻遏中共的進犯臺灣，應實質的加强與延展，包括一切必需方案，抑止革命政變。若不幸而有此政變，我們應當建立經濟與海軍封鎖，扼制北平政權的有效佔領。

我們最好不惜費時使臺灣在聯合國內獨立的地位，得到承認。一旦此事實現，則臺灣的安全，可以受聯合國組織的完全保證。同時我們單獨防衞臺灣的軍事承擔，也必須立場明白。我們不能捨棄臺灣人民，與我們不能捨棄西柏林一樣。

我們在那個區域的軍事負擔能漸與實在脗合，我們可以實質地減輕軍事的施予。於是可有益的用此節餘，更圖發展臺灣的經濟。

現時正在創造過程中的工業與農業堅實之基礎，距離經濟自足，還是個遙遠的路程。假使經濟的收益，大部歸諸農民與工人，而不歸於已置身經濟塔頂的少數國民黨，則井然有序的政治發展，必更受其策進。臺灣私人投資企業，應加緊鼓勵。假使臺灣獨立的將來，日趨確定，從香港來的增資，將源源不竭。

美國政策與基金，亦應輸注於臺灣的發展，視之爲所有非共中國人的文化中心。由美國公私資源，源源切實資助臺灣的各大學，乃向這個方向發展的最重要步驟。華僑回臺讀書的獎學金，大陸在臺的中國人及臺灣人至美留學的獎學金，都應增加。同樣的也須增加美國人至臺留學的獎學金，使才華出色的美國學生到臺灣各學院研究中學，可有助於彼此新件睦基礎的創造。我們與中國人雖交往甚久，然大多數美國人對中國的歷史與文化，則惛然無知。

最後且屬最重要的努力，須要勸說國民黨政府，對於非共的亞洲友朋，應採取實在的親善態度。臺灣成個獨立國家的前途，與自由亞洲的前途，有不解之緣，尤其是與兩個地理上的政治安定力：印度與日本為然。許多國民黨領袖總是輕視這些自由亞洲國家的政府，因為它們不同於國民黨對世界矛盾的解釋理論，這是無可如何的憾事。國民黨總是在這樣假定下說與行：即「第三次大戰是不可避免的」，對任何不同意這一看法的人，必訕笑之為受共黨的愚弄。當然，這個假定是光復大陸神話的基礎。因此國民黨政府與非共亞洲許多領袖之間，存有很大的距離。我們應當盡我們所有的力量，泯合這個距離，減輕臺灣現在的政治孤立。

四

在大陸上龐大的「那個中國」如何？此處容許我們創造行動的範圍更屬有限。

共產中國政府現正從事大量的努力，以極有限的資源，謀工業化六億五千萬人民。以余所見，這樣嘗試，會有三個可能的結果。

中國共產黨可能受所遭遇艱困的經濟限制，漸漸改變其政策，縮減其目標，以和平的對外貿易，解決其食糧及其他條件的缺乏。不過照他們偏激、頑固、深中共產民族主義的邪說而看，最近的將來，這樣的發展，似不可能。

第二個可能是向中蘇交界的廣野，安頓一部份膨脹的人口。但是向氣象不定的內亞細亞地帶發展，不是一件易事，而且在如何條件之下，蘇俄始願意接受中國大量移民，亦甚難言。

第三個可能是向東南亞發展，這一帶人口少而富庶，是米糧之鄉。石油、錫、橡皮及其他資源，亦有大量的蘊藏，皆中共所極需要的。我們必懸為目標，創造軍事、政治、及經濟的屏障，足以遏阻中共的任何試探。

我們若戰慄於原子戰爭的威脅，將更使亞洲非共國家惴惴不安，而增長中共侵略民族主義的氣焰。不過我們要用溫言善語，經外交途徑，表明我們防衞東南亞的承擔，以抵禦中共的攻擊，極為要緊，中共若向南衝進，必將掀起聯合國憲章保證的行動，與攻擊臺灣大不相同。

決定南亞及東南亞非共國家命運的兩個條件，我們僅可有間接的影響力：第一、緣於他們願意經濟與政治安定及決心反對侵犯他們的主權；第二、由於該區兩個重要國家，印度與巴基斯坦願以他們的重力加入反對共中侵略的一邊。

印度的任務特別重要。若謂一個政治安定經濟發展的印度，能與非共亞洲國家協調，是亞洲與中東勢力平衡的鎖鑰，誠非過言。最近中共試探印度邊界，印度的重要與其所要面臨的矛盾，已甚彰著。而此教訓，對印度的鄰國，印象亦深。自由亞洲的態度，似已日趨團結，面對共同的危機。

我們要有機智與敏感的外交，對此發展，始能有所貢獻。從軍事意義言，我們的任務須為靜悄的準備，以應緊急，效法我們在十九世紀採取中立政策時，英國艦隊對門羅主義所增加的意義。我們的直接經濟援助，應以合格自助，能夠計劃穩定原料市價，便利於生產的國家，為最優先的對象。

毫無疑義的我們有力量在亞洲表演適當的角色；問題是能否有必要的方略，既須精細，又要機動。現在我們姑置我們理論化的預伏概念，實實在在以研考中(共)蘇關係的複雜性質。

中蘇全國文化的截然不同，經驗與領袖的千差萬別，兩國間潛在歧異的深刻存在，乃必然的結果。而這些歧異，又因兩社會發展階段的差池，更行加重。如蘇俄已經工業化，有豐富的資源，廣濶的土地；而中共則農業貧乏，資源不足，人口繁多。

由於這些歧異，我們可以預斷蘇俄與中共對於冷戰，亦必有不同的企望。北京政府利用東南亞的緊張情形，以煽動民族主義的狂熱，同時謀掩蓋內部困難的注意，乃死心踏地依賴蘇俄的經濟與軍事援助。莫斯科正宣揚欲輕鬆與非共世界的緊張局面，而我們可以確信北京必盡力向另一方向拖牽。

中蘇同盟現在的性質與將來的發展，局外人無可論列，但可以確斷者，這個同盟乃一無限複雜與微妙的安排。指它是個僵硬的，單一的與不變的假定，已屬過時之言了。照這樣看法，現在國務院發言人標取爭辯的觀點，指謂赫魯雪夫雖是世界共產運動的領袖，但不能統率中共，未免天真自欺。我們須要明白，共產同盟與共產國家一樣，皆趨向於經濟的，民族的與歷史的浸蝕底結果。

自一九一九年至一九三三年，美國與蘇俄無外交關係。然數以萬計的美國人前往俄國旅行，不特增加我們對俄國發展的知識，也增加俄國人對我們的瞭解。我以為我們現在對大陸中國，亦應謀一切合理的方法，以建立人民與人民之間的交往。第一步重新建議與紅色中國互換新聞記者，乃有益之圖。我們殷切所需的中國大陸的事實及對它的展望，多才的美國記者或可提出報告，至於中共記者至美國觀察，我們亦無理由故自受窘。

這樣雙方交換的辦法，至今固受阻於北京，也同樣受阻於國務院。倘以為我們試圖與中共人民重啟交往之門，即受北京歡迎，亦難免有一相情願之譏。共產黨視我們是他們的公敵，他們可從多方面有極大的收穫。但是我們就我們這邊尚存在的技術障碍，阻止記者不能交往的先予除去，以明交通梗塞的責任，不在我們，而在北京，則權操於我。

新聞自由的交流，僅是個開始。教育家、政治家、實業家，及所有美國人有利於對中國革命的直接瞭解，而能介紹他所瞭解的於其餘美國人者，我們政府都應予以前往的方便，同時也應予中國人以互惠的特權。這樣交接的附帶結果，自然也會使五個以偵探罪繫獄的美國人，得以恢復自由。

對與貿易的展望，我業經指出，當中共發展現在的階段，希望主義化的北京政府，向海外大量交易，以解決日增的食糧與原料需要，乃是不切實際之談。然從長期展望，中共代替武力掠奪東南亞資源的方式，只有從事大量貿易計劃，此甚顯然。世界的和平將靠中共最後選擇那條途徑。這個問題，值得美國製定政策者的密切注意。

我們除非離開東南亞的死點，基於兩個中國的實在，以開始創造與實踐遠見的政策，我們始能對將來事件的型塑，施展建設性的影響力。假使我們如此作法，希望東南亞戰爭的嚴重性，漸變而使美蘇在該區至少得相安合作，是否是個奢望呢？我們與蘇俄雖然理念不同，政治不同，目的不同，但對亞洲的軍事，經濟與政治發展，使其勢力平衡，而減少朝秦暮楚，似乎是彼此間的共同利益。

在臺灣國民黨的極端派，不樂意聽見我所建議的政策，在北京的共產黨亦必斷然拒絕。不現實的愛國主義者的臺灣人要求我們置蔣於一旁，援助他們建立政府，亦將拒受這個建議。

就這個觀點，我們政策的指向，應對共產黨的領袖們作以下的說明：第一、我們要採取一切必要的方法，阻止他們侵入東南亞。第二、我們不許他們用直接攻擊或滲透方式以囊括臺灣。第三、我們在臺灣的軍事設置，目的不在鼓勵國民黨反攻大陸。第四、臺灣必保持獨立的體制，它的政體，最後必須徵得人民的同意。

假使我們採行這些目的，同時臺灣的繁榮與安定又日漸顯著，則北京政府可能勉强承認臺灣是個獨立國，翹然於自由亞洲的事實。

譯後感

孟子說：「讀其書不知其人可乎？」所以我在譯完這篇文章以後，想簡略介紹作者的身份，俾讀者們不要只當一篇文章看。它可能成爲美國未來的外交政策。

作者鮑爾斯 (Chester Bowles) 先生現任美國衆議院議員。他是民主黨政策委員會的主席。這次民主黨總統提名人肯尼第的競選總部，即由鮑爾斯主持。八月十七日艾森豪總統宣佈要讓民主黨總統提名人知道外交機密，肯尼第就向記者說：要派史蒂文生與鮑爾斯兩人接頭。傳言假若肯尼第當選總統，鮑爾斯可能出任國務卿的要角，由肯尼第上項的指派，證明是有來歷的話。

我答應「自由中國」的邀請，翻譯始於五月初旬，譯成三分之二的時候，胃病復發，因而擱筆。現在痛雖未能全告康復，由於肯尼第贏得民主黨的提名，在其接受提名的演說詞中，觸及對臺灣的政策，强調金馬不能守，與所譯的這篇文章對這一點的主張，完全一樣。這個觀點，將成爲此次美國兩黨競爭白宮寶座爭點。假使肯尼第戰勝了尼克森，取得白宮，民主黨的政府，對於臺灣的軍事援助，可能有個很大的變動，國人應當預先瞭解，早作心理準備。所以我情願力疾譯完，早日發表。

鮑爾斯在這篇文章 裏論到金馬的防守問題，曾引用現任國務 卿赫特的話說：「任何人可從地圖一望而知這些外島，就防守臺灣的戰略言，不可能防禦……」愛國的中國人「對外島雖有犧牲的決心，實屬病態。」鮑氏繼着說：「雖然如此，國務院對協調計劃與實在之間，猶躊躇未決。」鮑氏又說：「我們應鼓勵接近大陸海岸的島嶼中立化。照現在它們的地位，僅保存國民黨即將反攻大陸的神話，授北京挑釁行爲的口實而已。」

許多美國朋友，對於我們反攻大陸的宣傳，總認爲是一種神話。我去年從美回臺時，向美國朋友們辭行，他們每以半開玩笑的口氣問我：「你還希望回中國大陸嗎？」我總是答曰：「我明知回大陸艱難，但我不能放棄這個念頭。」我們的念頭是一回事，美國人認爲我們這個念領是神話又是一回事，這是個很不幸的心理矛盾。這個矛盾不消除，縱使共和黨繼續執政，金馬的防衛問題，終將釀成中美間不快之感。

「兩個中國」的傳說，可說普遍於東西兩個世界。所傳的內容；一個是大陸共產中國；一個是臺灣共和國。就嚴格的語意學講，並不是兩個中國；乃是以臺灣國代替了中華民國。聽到在美國長居的一羣中國朋友說：「能有兩個中國還算不錯，恐怕並此也不可能。」這些知悉內情的悲憤論調，實在使我們聞之沮喪。鮑氏在這篇文章裏，就提出個中臺國 (An independent Sino-Formosa Nation) 的新名詞。他的這項建議，固然是基於美國的外交利益；而主要的理由，是他認爲臺灣的經濟進步與中國文化的淵源，他說「臺灣生活水準之高，僅次於日本，居亞洲的第二位。」他很想由經濟繁榮，而推進政治的民主化，構成反共的示範 (show case)。他更希望「形成個新的民族一體，以中國文化爲主，以臺灣人爲表。」我個人看他這種說法，與一般美國人犯了同樣的錯誤，即認爲臺灣有民族問題存在。實則臺灣並無民族問題，只有人民對政府施政不滿而無可代替的問題。易詞言之，是民主與反民主之爭，並不是民族之爭。基於兩個民族問題的假設而想出個「中臺國」的新名詞，包括中國與臺灣於一個名詞之內，鮑氏可說煞費苦心了。

鮑氏在這篇文章內，提議與中共重開交換記者之門，繼之而有政治、文化、商業的交換，結語則自謂可能是「一相情願」(wishful thinking)。提到「與蘇俄在亞洲相安合作」時，則自問是否屬於奢望。鮑氏處處表示他對於共產黨是瞭解的。因此鮑氏提出對國民黨的勸告說：「國民黨總是在這樣假定下說與行：『即第三次大戰是不可避免的』，對任何不同意這一看法的人，必訕笑之爲受共產黨愚弄。當然，這個假定，是光復大陸神話的基礎。因此國民黨政府與非共亞洲許多領袖之間，存有很大的距離」。鮑氏認爲這是臺灣在自由亞洲孤立的原因。

我以上特別舉出的幾點，姑無論我們的看法如何，假使民主黨執政，我們可能立刻遭遇到。國人應早求瞭解，預作心理準備，這是我所以允譯此文的主因。

此文原題爲：The "China Problem" Reconsidered 載於一九六〇年四月發刊的外交季刊。

我們衷心期待的反對黨

楊金虎

一

近三年來，自由中國社和海內外愛好民主自由人士，爲了促進眞正民主政治，建立確保反攻的力量，連接發表不少鼓舞呼籲組織反對黨的言論，希望藉以對執政黨發生制衡作用，監督、協助政府發揮憲政精神，爭取反共最後勝利。本年六月四日，臺灣地區的報紙都在第一版用頭條大字刋出陳兼院長三日招待記者的談話：「希有強大反對黨成立」的報導，這雖引起大多數民主自由人士的注意，但仍難以改消其對組織反對黨的憂慮。因爲陳院長對記者的表示：「他希望國內有一個強有力的反對黨，但希望那個反對黨是代表眞正人民的利益，不至於破壞反共抗俄的國策，破壞建設的目標」。這證明執政黨當局對組織反對黨的意識雖已有了轉機，也還在挾帶些「但書」的氣氛。事實上，憲法規定有組黨的自由，反正我們決心組黨，自無什麽可以發生阻碍之可言。

二

現在先說政黨的定義。政黨的定義，就是揭櫫一種政治主張，用和平合法的手段，獲得選民的支持，以與其他政治團體相角逐取得政權，而實現其主張的一個政治團體。民主政治，一定是政黨政治。這正說明民主政治，離不了政黨政治。而且說明了政黨政治，非在民主政治裏頭是不能存在。這些在野黨通常稱之爲反對黨，與執政黨爲一個對立的名詞。在民主國家裏頭，所謂反對黨，並非與執政黨爲敵。反對黨之攻擊執政黨，是爲人民的利益而發，與執政黨同爲國家而服務。反對黨不但不是政府和執政黨的敵人；而且是政府和執政黨所需要的諍友。因此，今日在自由中國談組織反對黨，如果執政黨當局尚有口言是而心不謂然的話，我只得再把幾年來海內外愛好自由民主人士對組織反對黨所表示過的意見，摘錄些在這裏，供大家作進一步的瞭解。

反對黨不是革命黨。自由中國社在第十八卷第四期社論「論反對黨」問題中，便明白指出：「我們需要強大的反對黨，是要我們如何能提高我們的政治號召，達成我們反攻復國所需要的力量。民主政治是今天普遍的要求。但沒有健全的政黨政治，不會有健全的民主；沒有強大的反對黨，也不會出現健全的政黨政治。這是我們早就確定了的一個認識。……我們想像中的反對黨，當然是一個忠誠於國家，忠誠於憲法的政治團結。也就是一般先進民主國家所謂『忠誠的反對黨』。決不是一個革命黨，也不是對執政黨事事反對；而是反對違憲，反對用暴力轉移政權。支持執政黨的反共政策，而以推翻大陸上的極權統治爲一項不可動搖的目的。」

反對黨是民主國家人民權利保障的武器，重辦法、而不重主義。主義等於賣藥的仿單。朱伴耘先生「論反對黨」中便說：「……反對黨積極的作爲，1.是作到黨與人民的關係，僅做到恰如大公司向顧客兜售商品爲止，不多也不少。2.是黨員與黨員間的關係，恰似股東與公司行號之間的關係爲止。……大家以平等地位志同道合而聚。如有一二人不願繼續此等關係，可以依約退出。3.是新黨在野時的極積行爲，……一個國家政治是否修明，在野與在朝都是要負責的。4.就是新黨一旦上臺，應有什麽原則來推動積極的作爲。所謂作爲的內容，自是政綱之類的諾言……」。朱先生又說：極權國家是：1.領袖等於國家。2.黨即國家。3.政府即國家。4.黨義黨綱成了國敎。而人民的地位是子民。子民反對領袖……就是叛逆，應殺頭。今日民主自由運動，就是在推翻上列昔日朕即國家、今日領袖或黨即國家的公式。民主國家的普通認識：㈠一國之元首——領袖，只是在法定任期內對外代表國家而已，並不是等於國家；其言論與措施，不是超法律的、神聖不可侵犯的；而且做總統的，一旦任滿下臺，便毫無潛在的權威。㈡政府只是人民在幾個政黨中挑選一個出來作爲對人民服務的工具，也不等於國家。㈢某政黨的主義政綱，好似賣藥的仿單。人民高興就拿一張看，認爲不錯，大選之日用他神聖的一票買下來，不高興就向字紙簍中一扔，沒有當國敎讀與信仰的義務；民主國家的人民有權批評某一政黨的主義或政綱，正如我們批評一包藥的仿單一樣。……合法之至，簡單之至。民主國家的人民，批評其元首的政策與夫私人的違法行爲，絕無侮辱意味；更與愛國與否無關。反對政府的政策，更是司空見慣。臺灣是民主自由的國家，自然要有了這個認識。促成反對黨的成立運動，並不是少數人的政治私慾，而是關于國家的百年大計的護憲運動。強大反對黨的存在，是民主國家人民權利保障的基本武器，否則，便無民主政治之可言。——朱先生又說：「事實是最好的宣傳。政治反攻，而不促成民主政治的實現，大陸人民決不那麽傻狂，以生命去反對甲的獨裁專政，而歡迎乙的獨裁專政。所以只有強大反對黨的早日順利成立，才是實質上的反共，才使反共成爲全民的運動」。

所以，反對黨這個名詞，不應望文生義。誠如聯合報六月四日社論「論朝野期望中的反對黨」說：「反對黨這個名詞，決不應該望文生義，自視或被視爲一個面目猙獰、顚覆政府的政治集團。所謂反對黨只是與執政黨相等稱的一個名詞。執政黨在朝，反對黨在野。反對黨所反對的，只是執政黨錯誤的政策、不良的措施，而非反對整個政府；更說不上是不忠於國……」。

基上意見，幾年來，我們談反對黨，正是在支持政府的反共抗俄國策，和促進建設臺灣的目標，早和執政黨的意願一致，復何須再製造岌岌可慮之說法。

三

「天下爲公」，原是孫中山先生在革命期間所不斷昭示的，也是國民黨數十年來常用以向國內外作政治上號召的。可是國民黨在號稱遵行孫中山先生遺訓下，由訓政、而憲政，還政於民，早已制定憲法，實施憲政。不意政府遷臺十年以來，竟自變本加厲，回返訓政時期的「一黨專政」作風，「黨化軍隊」、「黨化教育」、「黨化司法」，貫澈表演，全國人心因以惶惑，社會風氣日趨惡劣，一切的一切，都在假借民主的美名，來掩飾所有違憲的事實。把孫中山先生遺訓「天下爲公」，改寫成「天下爲私」，漠視歷史的敎訓，任聽執政當權者少數人一意孤行，眞是令人惋歎不置！現在姑擧政府所在地臺灣的二三事，讓大家察看能否算是對得起對國家人民。

1.民主政治是靠地方自治做基礎，地方自治是靠地方選擧做基礎，地方選擧辦不好，自然沒有民主政治之可言。臺灣地方自治十年來，在「一黨專政」包辦下，一貫地不擇手段，違法舞弊，肆無忌憚。任憑我人再三要求，再四呼籲，希望把選擧辦得「公平合法」，最低限度，應該同意民、靑兩黨及無黨無派的候選人推派管理員和監察員，在投、開票所參與管理及監察工作，作爲保障「公平合法」的起碼條件，竟屢被無理由推拖至接近投票時間，即予以拒絕，演成歷屆選擧弊端百出，傳笑內外。尤其這一次，更是醜態畢露。諸如有國民黨的候選人公然違法作競選活動。有國民黨當局利用選擧監督的權力，把持選擧事務所，不使非國民黨人員參加，或阻撓不能順利登記、或廹使修改政見、或利用地方黨部變相之民衆服務站的人員阻撓非國民黨候選人發表政見。甚至公然縱使軍公警敎人員爲國民黨候選人非法助選。投票開票時，更令淸一色的管理員監察員儘量爲國民黨候選人舞弊當選。尤以臺南市長的選擧，國民黨候選人辛文炳的當選，出於違法舞弊，引起臺南市選民二百多人的檢擧，及萬人簽署請願，爲最特出。這樣「一黨專政」的選擧任所欲爲，縱然達到了把持地方選擧的目的，但却喪失了全部的人心。

2.軍公敎人員，爲政府服務的基幹，吃不飽，如何能够責求效率。幾年來，自由中國社竭誠呼籲，要求國民黨黨政局儘速調整軍公敎人員待遇，以安人心。可是行政院只是儘早發出調整之聲，來刺激物價暴漲，一拖兩年之久，至本年始向立法院提出預算案。依其原預算所列調整總額，是四億六千萬元，但沒有附上分配明細表。經立法院要求提補分配明細表，行政院便改提修正案，把原列的調整總額，減爲二億八千八百餘萬元。總額沒有明細表的經費，行政院可保有自由分配的便利。有了明細表，便不能自由分配。從這一點看，行政院這次的作法，分明始終是在爲少數人打算，而以軍公敎人員作陪襯而已。雖然，現在立法院已把原預算照案通過，但報載行政院還在作「從長考慮」的表示。「一黨專政」者開口閉口不失「國計民生」，實際還走不出一個「私」。

3.民以食爲天，這是人類普遍的意識。臺灣的糧政，一年又一年，只是造數字、報豐收，颱風過了，也只是說沒有損失，或損失輕微。像這樣未給口腹糧食先給精神糧食的糧官，誰不說他是最特色糧官。聞糧官每年最少要親身一次走到外國去做糧肥的買賣。每月出全副精神和所屬糧官商開會；即星期日也經常報出差到南部巡視糧倉。像這樣勤勞的糧官，臺灣是永遠找不出第二個人。可是事實告訴我人：他如果不造數字、報豐收，如何能够使臺灣的一級米大量賣到外國去；更如何能把外國的四級米大量買到臺灣來。他如果不多開會、四出巡倉，如何能够知道幾時要報米荒？米荒要喊幾次拋售？一拋售要提高多少公價？來促進黑市米價暴漲，達到他的所屬小糧官和大糧商苦心勾結的目的。現在臺灣已普遍嘗到外國米的滋味了。高雄一帶糧官糧商勾結也部分破案了。臺灣係產米地區，鬧米荒的情形是如此如此。像這樣，如果不是「一黨專政」的結果，這樣影響政府所在地全部民食的糧官，還有生存的餘地嗎？何待全省各級民意代表紛紛起來責問。

4.職位爲國家的公器，關係政府的尊嚴和威信。報載省政府此次升遷若干官員，有的是黨提名當選歷兩任滿期、不能再提名參加競選者；有的是歷在黨內讓賢被稱服從紀律者，不問過去官守如何，都給予省委員或兼廳長做；即甚多幕僚長該隨滿任的縣市長退出，省政府都也分別安插爲什麼專員。最出人意料之外的，就是又提議設置沒有實際作用的選擧觀察員來向所謂公平選擧開玩笑、連任選擧監督久犯選擧違法舞弊之嫌的民政廳長，也升遷內政部長揚長以去。這些大小官兒，都是與選擧發生關係而來，可算是國民黨當局對包辦選擧不敗的最後一步勝著。據說這樣酬庸的效用，旨在兜住地方若干選票不散。兜住地方選票，好像可以抓緊地方人心。所以，國民黨始終甘冒破壞臺灣地方自治的完整，認眞地堅持保留這一塊「官派衙門」——省政府，來收容這一批人物。重演舊官僚的手法，道理也算有通。我人知道整個臺灣人民所需要的是民主自由，而不是一個部長、一個國姐的牌子，像這樣「一黨專政」，把國家公器當私門的玩具用，徒然造成虛誇浮浪的風氣。試問一個官派衙門，容得幾多閒缺、延攬幾多人心，那裏能够鞏固這一個反攻基地？

時至今日，任何政府要想一手遮盡天下人的耳目，事實已是不能許允。像最近大韓民國和土耳其緊接着的政變，一由於執政黨不顧民意，蠻橫實行選擧舞弊，激成智識分子出作政變的主導者。一由於希圖達成一黨專政自恣的目的，激成軍人起作政變的執行者。這樣的政變，固然不是民主國家人民所願見，但已足給予存心永久霸佔政權的集團作一面鏡子。

時至今日，我人無想淸查執政黨對政治上的賬目。但爲要指出反對黨的重要性，不得不略擧一點作例證。國民黨黨內不乏明達之士，不少深知一黨專政到極的嚴重性，自然不至於認我有過言之嫌。當此風雨同舟之際，如果大家不願視全國人民同歸於盡的話，國民黨當局早該要有懸崖勒馬的警覺，知道有了強大反對黨的存在，是對國民黨有利，對國家人民安全有益，便應讓強大反對黨儘速組織成立。

四

組織反對黨，已是到了瓜熟蒂落的時候。我得在這指出我們衷心期待的反對黨——新黨。

1. 新黨注重辦法，不標榜什麼主義。我們國家已有一部憲法。我們擁護憲法，遵行憲法，無須再標榜什麼主義。
2. 新黨對當前反共抗俄國策，澈底支持；並協力贊助其進行。
3. 新黨不設黨魁。惟得公推具有貫澈民主自由的主張、經得起時代的考驗、趕得上世界潮流與俯順國內民意的人士爲召集人。
4. 新黨的組織不分地域關係，凡海內外熱心民主自由人士，都在歡迎參加。
5. 新黨不設黨階，所有行事，採公開討論、多數決。
6. 新黨要全力爭取一切選舉公平及人權保障；注重政綱政策的諾言，向選舉方面獲取人民的同情支持。
7. 新黨確立黨員養黨的制度，不向政府索取經費或津貼。
8. 新黨不以做官爲目的，拒絕政府非政策性的勸誘參政。

這是我個人所認爲新黨最保守應做到的幾點。如果有不對或不足的地方，還請海內外同志多多提示指教。

成立強大反對黨條件中最困難的，大家都知道反對黨不容易找到一個實力的基礎，以與執政黨相抗衡。因爲今日的情形，是不僅政治爲一黨所包辦；甚至全國的經濟事業與文化事業，也都爲一個中心勢力所掌握。任何新興力量，幾乎沒有一絲成長的隙縫。我以爲天下固然沒有容易的事情，但民主國家，人民是主人翁。只要主人翁爲了保障自身的利益，不願把事權操在少數權勢者的手裡，便認起眞來支持新黨。那新黨的組織進行，自不至於如何困難。所以，我得在這再作最誠懇的希望：第一希望國民黨當局，勿誤認反對黨的成立是要與執政黨處於敵對的地位，要接受反對黨的誠懇而有建設性的批評和建議。對反對黨的活動與發展，不必存着極端嫉視的心理，隨時隨地予以種種的限制和打擊。第二希望海內外愛好民主自由人士深信組黨已到時候，大家不必存着什麼利害或艱苦的顧慮；各就所在地負起倡導新黨進行的責任；在同一目標下認眞團結起來。團結就是力量，團結才能實行救國。同時，衷誠地希望一致促請胡適之先生勿辭辛勞，出來擔負我們創黨的召集人，並作我們的領導。第三希望臺灣地區全體同胞，認明民主國家人民是主人。只要主人認眞負起自己的責任，自然再沒有權勢者之敢於欺壓你，非法者之敢於使你屈服，大家共同起來支持新黨，爭取確保你們自己的利益。

科學與裁軍

方子衛

人類在地球上有一百七十萬年之久，而有記載的歷史不過五千年，至于科學史則僅四百年而已。在過去四百年中，科學會經擴展了人類活動的領域，改變了政治、經濟、和社會制度。科學的貢獻不容忽視，科學家的努力不容否認。

過去數百年中，科學或科學家似乎沒有受適當的重視。英國名歷史家和大文豪卡萊爾 Thoms Carlyle (1795—1881) 會說：歷史是英雄所造成的記錄。這話如果正確，那些英雄似乎並沒有包括科學家在內。不過，這倒也用不着怪歷史或歷史家的偏見，科學家的努力，或科學的任務，原在格物致知，如此而已，他非所問。至于科學家發明了機器，企業家用以積聚財富，野心家用以爲侵略工具，論者遂因此而歸咎科學和科學家，實則科學家一向沒有參加訐謨定策的工作，自不應擔咎受過，正如載舟之水一樣，不應專負覆舟之責。在檢討近兩百年來，許多因利用科學而得到便宜的人們之事實，科學家亦不免偶有感慨：「養得百花成蜜後，爲誰辛苦爲誰甜？」。

這些都是今日以前的事勢，或原子時代以前的事勢：那時秉國之鈞的人們，可以隨意享受科學的成果。却不必聽科學家的話。而科學家雖不把施政定策當做「吹縐一池春水」，却亦無積極干預國政的意念。

原子時代的今天，這情形要完全改觀了。

在今天，如果要是決大計，定大策，那不是「眉頭一縐，計上心來」的賽陳平或小諸葛所能辦的；亦不是「王赫斯怒，爰整其旅」所易奏效的；關鍵似乎在科學。

筆者不想把本文的論述的範圍牽涉過廣，而祇擬討論最近裁軍問題或世界和戰問題所連繫的科學問題。

五月十六日的高階層會議，內容原以裁軍及德國統一等問題爲主，但會議甫開，赫魯雪夫便裝腔作態，藉口U2事件，使高階層會流產。一般論者或以爲U2事件，使會議開不成，或以爲赫某受其夥伴某的影響。這都係似是而非，或偏而不全的推測。眞正的關鍵則在裁軍所涉及的原子試驗之國際管制技術問題，未能得到解決，固已預卜流產之兆，而赫魯雪夫利用U2爲口實，在蘇俄是比較得計的。六月廿八日，蘇俄更正式退出裁軍會議。這雖然也是冷戰法之一，却包含着科學和技術上的困難在內。這就需追溯近年事實上的發展。

當一九五八年秋，西方國家開始和蘇俄談判如何締結停試核子條約時，許多人士以爲那是裁軍範圍內不難達成協議的題目。樂觀心理計有三種來源。一則認爲核子武器之發展已達到了技術上的停滯階段；二則認爲這方面的新發明對于軍事上的影響頗微；三則認爲停止發展核子武器之政治協定，可藉長距離的爆炸探測器作適當的控制。

以上三種樂觀心理，已逐漸經事實證明其不可靠，而美國普林斯頓高深研究所教授戴遜 Freeman Dyson 於數月前卽已提出其不同的見解了。(參閱 Dyson's "The Future Development of Nuclear Weapons" Foreign Affairs, April 1960)

直到現在爲止，美國擁有的核子武器爲兩種純然不同的武器——分裂性的炸彈 (fission bomb) 和氫彈。每一分裂彈須含有一定量 (臨界體積 The critical mass) 的極昂貴的金屬方能爆炸，故成本頗高，而小型分裂彈尤不合算。氫彈固可用較廉價的材料，但至少需用分裂彈去點燃；因此每一氫彈之成本，至少和分裂彈相等。

在理論上有一項簡單的辦法，可以逃避臨界體積之控制。那就是燃燒重氫而無需藉分裂彈來點燃，用此法製成的炸彈，含有小量的重氫而無分裂性的金屬，在邏輯上算是現有兩種核子武器以外的第三種的武器發展。這種的炸彈常經報紙雜誌報道爲百分之百清潔彈。實際上這炸彈並非百分之百清潔的。牠之傳染近區固遠較現有的分裂彈或氫彈爲少，但這尙非其主要的利益。其主要的利益是可以製造小型彈，以適合於局部戰爭之用。

現在似乎沒有自然律 Law of Nature 來禁止此項所謂清潔彈之製造，美國年前早已哄傳製成了清潔彈，蘇俄一流物理學家亞齊莫微支(Artsimovitch)早於一九五八年十二月在 Uspekhi Fizicheskikh Nank 雜誌發表一篇報道，認爲清潔彈有可能，不過美俄的清潔彈各發展到什麼階段，乃是軍事技術上的秘密。這至少已顯示了核子武器達到停滯階段之不確。

其次，關于核子爆炸技術之進步，對于軍事上的重要性是多方面的，現在還難預測。這些未解決的問題，並不像一般人所想到的，以爲祇是對于現時的設計稍事改進而已。在若干方面，品質上的改進可能造成較優越的武器，或使原來的武器發揮新的功用。祇須簡單的舉出一例，設計核子爆炸系統用以推進太空船，可能成爲長程而省錢的太空旅行之鎖鑰。任何國家之具有顯著優越的太空中的推進系統的，自將大享便利，在軍事方面如此，在非軍事方面亦如此。

再次，如關于長距離的爆炸探測器問題，一年多以來已有不少的波折，當一九五八年夏，東西的科學專家集于日內瓦，討論到爆炸之長距離探測問題，對于已有的長距離探測記錄，曾作精詳的考查。經過幾番的激辯後，該會議發表了一道聲明，建議一套探測的系統，用爲將來武器試驗之國際管制之基本，這就是號稱爲「日內瓦系統」(Geneva system)，其要旨則是在地球上建立一百八十個探測站，裝備各種科學器械，以執行探測任務。

日內瓦專家會議之協議，曾贏得世人的稱許，被認爲科學的客觀性勝過國與國間政治上的歧見。可是出席日內瓦的專家們，並不了解核子爆炸在技術上可以施用人工隱藏方式之程度，從此以後，東西雙方之政治磋商頻繁，蘇俄堅持日內瓦協定足以保證。可是，美國的少數專家們漸漸發覺，高級的隱藏大有可能。

一九五九年六月，美政府的科學顧問委員會曾發表一個報告，明白指出日內瓦系統之弱點，卽地下試驗核子之蓄意隱藏方式，運用那「脫離連接之技術」(Decoupling techniques)，可使地震儀之記錄相差到十度左右。此類關于隱藏之技術上的事實一直保持秘密，到同年十二月終予發表。這無異是揭穿了底牌。換言之，蘇俄想藉日內瓦系統來愚弄美國是沒有可能了。

據戴遜教授的意見，千噸的核子爆炸是完全可以隱藏的。假如在蘇俄境內某處，外面掛一塊鋼鐵廠的牌子，內面從事此類的核子爆炸，一經運用隱藏方式，則遠距離探測是不確實的。探測及國際管制問題在科學技術上既不能解決，則高階層會議的主題裁軍自必歸于失敗，而蘇俄之退出裁軍會議良非無由。這就說明了科學技術上的發展如何影響到政策。科學家並未促使政治家接受他們的意見，但政治當局無法漠視科學技術之發展的事實。

往者不必論。今後裁軍或國際間的和戰固然在政治家的盡籌碩畫中，但今日的盡籌碩畫，決不能忽略科學的事實，則可斷言。

談今日臺灣的交通問題

余　諫

自卅八年政府撤退到臺灣，至今已經十一年了。因爲長期偈處於海隅，一般人對於政府在政治上若干不合理的措施，責備之聲也隨之愈來愈響。在這次行政院改組時，輿論再四呼籲，要求政府實行「新人新政」；民間對此事的反應更爲激烈；這當然是人心望治的具體表現。但是，行政院的改組，幾乎是「新瓶裝陳酒」，換來換去，依舊是那幾個熟面孔，實在使國人沮喪失望。然而，唯一值得國人欣慰的是沈怡博士出任交通部長。沈氏學有專長，近十餘年服務于聯合國，主持遠東防洪工作，政績斐然，中外人士交相讚譽。所以，沈氏這次回國擔任交通部長，贏得朝野一致讚許。因恐沈博士遠適異國多年，對國內的情形，尤其是交通部門的實際狀況，不免有些隔閡，故藉沈博士榮膺新職接篆視事之始，爰就交通方面應興應革事宜，略抒芻見。

交通事業與國防經濟的關係，最爲密切而重要，這是任何人都不能否認的。首先就交通與國防的關係而言，因爲近二十年來科學的進步，戰爭的形態全面改觀，從全面的總體戰進入撳鈕的核子戰爭，所有的戰備力量必須更迅速敏捷的運動和有效的掌握與運用，才能發揮最大的威力和效用。交通在戰時成了作戰的主要動力，可以決定戰事的勝敗。在臺灣，航業無疑又是交通部門中最爲重要的一環，如果航業政策不能配合國防軍事上的需要，軍事的力量就不能迅速有效的運動而大受影響。此外，商船在戰時是海軍的主要輔助力量，不但可以肩負運輸兵員及補給品的任務，同時，商船海員又是海軍的後備人員。可是，在平時國家要儲備一支强大的商用船舶，以供應戰時不時之需，因爲船舶保養修理需費甚大，事實上恐無此財力。當戰事一旦爆發之時，也祇有徵用商船之一途，假使國家平時沒有保護航業的政策，迨面臨戰爭之際，必然遭遇到商船噸位不够，船舶狀況欠佳，不足應付軍事上使用的需要，影響軍事，至深且鉅。所以，一國的交通，在平時必須有戰時的準備，始可以避免臨事張皇失措。値茲國際風雲詭譎萬端，變幻莫測之時，無論是反攻或保衛臺灣，都需要有健全良好的交通。

其次，再就交通與經濟的關係而言，臺灣爲一四面環海的島嶼，對外交通胥賴海空運輸，因此海運和空運對於臺灣經濟發展的重要性，不言可喻。由於臺灣面積不大，資源有限，而人口增加極速，壓力至大，立國所需，絕難自給自足，必須輸出所有而易取所需。臺灣的糖、米、鹽、煤等大宗產品的外銷，以及鋼、鐵、肥料等物資的進口，在在都需要船隻來承運。如果本國的船舶噸位不足，勢必要仰賴外國船隻，如此不僅臺灣對外貿易，將陷于窒息狀態；即國家的財政經濟，也必然要遭受到重大的損害。最近幾年，臺灣因遭遇客觀及主觀條件的限制，經濟的環境，日益窘迫，政府爲改善財經的困難，必須謀求工業的發展，獎勵產品的外銷，開拓國際貿易，賺取較多的外滙。但是，產品的銷售至國外，必須成本低，價格廉，才能在國際市場與人從事競爭。以臺灣人力過剩，勞務成本的低廉，在遠東可說是無出其右的，但是，運輸的成本，則由於我國航業不振，船舶太少而大增。因此，直接影響到生產品在國際市場的銷路，間接危害到國家財政經濟的收益。

環顧我國的交通政策，囿於固步自封的傳統觀念，未能盱衡世界潮流，釐訂正確適宜的交通政策和制度，或有政策和制度，但由於主持者遠見不及，私心太重，推行不力，以至於未見其效而先蒙其害，使現有交通事業的設備和人才，未能發揮其本能，對交通事業的發展和國家的建設，實爲致命的暗傷。

我國交通事業的經營政策，自應以適應國家的經濟發展、國防需要、輔助文化傳播、以及服務社會爲目的，而酌量其性質，採用自由企業的方式經營之。在交通事業中，郵電、鐵路、公路由於制度早經建立，問題較少，然而自滿自足，乃是進步的最大阻力，故仍須力求改革。

現以臺灣鐵路而論，姑不論公營也好，民營也罷，鐵路必須配合國家經濟建設的目標，謀取平衡的發展。本省鐵路的經營，大致來說，要達成上述標的，對於設備、管理、服務三者，猶需加强，尤其需要縝密長遠的計劃。以歐美的鐵路營運來說，都是以安全、迅速、便利、經濟、舒適、以及服務周到爲宗旨，並利用科學管理，致力于研究發展，不斷的求進步謀改良，以發揮運輸的最高效率，保持最低的成本。但以臺鐵營運情形而言，在加强服務與效率方面，尚差强人意；至於保持最低成本，則距理想相去太遠；其原因，是管理費用的過鉅。臺鐵自去年起，接受美方建議，裁減冗員，不失爲對症下藥之擧。今後應爭取美援，妥善利用，着手健全制度，改進設備，嚴密管理，加强效率，使臺灣鐵路發揮最高效率，維持最低成本，而臻于安全、迅速、便利、經濟、舒適的理想境域。

臺灣公路的普及與發達，是我國其他各省所不及的，除省營公路局經營的重要路線外，尚有其他民營公司經營的路線。在相互競爭的刺激之下，省營公路局的營運頗有成就，而其服務大獲好評，車輛調度和保養也値得稱道。但是，近一二年，由於管理的弛廢，考核的欠周，訓練的不嚴，公路車肇事時有所聞，員工服務精神也漸不如昔。公路局自臺灣光復以來，業務蒸蒸日上，而成爲鐵路的勁敵，其原因，便是歸功于公路的便捷安全與員工服務周到，公路局對此深得顧客好感的優點，應予保持並發揚之，在業務設施方面積極的設法改善。至於公路交通車禍頻傳，時有死傷，行車安全堪虞，安全管理方面應重行規劃。對于汽車檢驗發照，駕駛人考驗給照，尤應嚴格執行；並針對導致發生車禍的原因，澈底研究其對策，以期減少車輛肇事，保護人命財產。

交通中的郵電事業，其管理及人事制度，早具規模。臺灣郵電事業的業務，年來也頗有進展。電信方面利用美援擴充電信設備，裨益軍事和民用甚大，但是在擴充電話開放申裝時，未能便利民用。以臺北市來講，市民申裝電話，難如登天，以致怨聲載道，民間深表不滿。前任部長任內，更視電話為「政治禮物」相送，以為籠絡一般國民黨黨政顯要或貪圖利益的委員之流，甚至電信局還另訂有優待辦法。至於普通老百姓，多化錢也裝不到電話，但極少數的顯要或委員或民意代表，則除自己裝有電話外，還替人寫八行書。由於前任部長對顯要或立委，（某立委一人代請電話數十具，乃盡人皆知的事實。甚至他請客花的錢，也送到郵電機關報帳。這都是護航的酬庸，亦變相之貪污也。）總是有求必應，於是一般申裝電話的人，便向之奔走活動，對於電信局誤會更甚。為電信局本身的聲譽和便利市民起見，今後應嚴詞拒絕顯要或委員的要求與關說，特別是消滅申裝電話轉賣圖利的風氣，澈底實行便民的原則。

至於郵政業務，新猷不少，且欣欣向榮，年有盈餘，自臺灣集郵風氣盛行以來，收益更多，但是郵局人員亦有藉機集郵的傳聞。記得在大陸時，郵局規定發現從業人員集郵者即予開革，因此從業員工皆無集郵行為的發生，郵票都能如數售予需用之人。這種規定，法良意美。然而臺北市每次發行新郵時，每有郵迷鵠候，甚至排隊多時，結果空手而回的現象。而郵票商人，則囤積居奇，轉手獲利甚厚。所以，郵政當局似應重行前令，嚴禁從業人員私自集郵，並限制郵票商操縱新郵，避免郵商與郵局串通勾結。其次，郵局員工的服務態度，似有改善的必要。有少數郵政從業人員態度傲慢，出言不遜，對於顧客似理不理的現象，應加強稽查，一經發覺，即行嚴辦。又其次，由於全省各主要地區郵局，都有郵電檢查小組的設置，除私拆信件之類以外，並常有積壓信件，扣留信件之類的情事發生，對於郵政信譽的破壞，至深且鉅，所以，對於此類非法組織，必須從郵電部門澈底清除，並禁絕扣壓信件之類的非法行為。

不過，以上所說鐵路、公路、郵政、電信等，問題還不太大。在今日臺灣的交通中，問題最嚴重的還是在航業方面。從臺灣所處的地位看來，與英國日本相似，得天獨厚，照道理說，應該是發展航業的大好機會。但是我國航業公司虧損過甚，船舶數量未見多增，都是勉強維持現狀。如果要振興我國正陷于淤泥中的航業，按道理說，莫過于改善對航業的待遇。但這幾年來，交通部最主要的航政司長程式，卻是一個出身於軍隊中的老政工，根本不知道航政為何事。因此，除掉濫權營私之外，從無能改革航政。例如在主任秘書任內，利用職權，派遣其子赴美，擔任交通部駐美採購組組員，月支美金三百元，實際上人卻在明尼蘇達州立大學求學，與該組在華盛頓的辦公地點，相距千英里以上，顯然是坐領乾薪，成為最優厚的變相「公費留學」而已。因此，這幾年來，主管全國航政重任的程式，除贏得所謂「交通部三大劍客」的頭銜外，對航政而言，可謂一大阻碍。

其實，臺灣目前的航業現狀。無論從理論上或事實上觀察，都有獎勵發展的必要。但談到獎勵航業，決不是頒行幾項空洞而於事無補的條文所能做到，更不是增加一點象徵性的獎勵所能濟事，必須透澈的認識航業的重要，更必須認清獎勵航業是政府的責任，而不是政府的施捨。自政府鼓勵華僑及外國人來臺投資，投資額雖不大，但投資航業者則絕無。這原因，自然是我國航業環境絕無投資創立新公司的可能，誘導投資航業的力量不大，投資人無利可圖。其次，是政府缺乏具體有效的獎勵措施。因此，投資人裹足不前，許多中國人所有的船隻都懸巴拿馬、利比里亞、洪都拉斯等國旗幟，活躍于海外，對於我國現行航業政策，的確是一種諷刺。

我國現有船舶，大都逾齡，航速既慢，燃料保養需費又大，淘舊換新，不僅是挽救航業方法之一，而且是扶植造船工業的正當途徑。臺灣造船工業向落于人後，自殷臺造船公司創立以後，才能自行建造船隻，殷臺公司的設立，正是我國需要大量造船之時，二者相輔而生。在國內造船，不但可以節省外滙，並且可以培植我國造船人才，提高造船工業的水準，達到吸收外資僑資，發展航業的要求。前任交通主管不此之圖，竟將大部份船隻招日商建造，終於發生轟動中外的招標建造新船朋分回扣事件，所以現行建造新船的政策，有再事考慮的必要。老實說，獎勵造船以扶植造船工業，是交通主管的責任，對公營航業公司建造新船，理應統交殷臺公司承造，以示政府節省外滙與培植造船工業的誠意。至於民營航業公司以自備外滙建造船隻時，應採權宜的放任政策，但須責令遵照交部規定的規格，使民營公司能在國際市場，尋求優裕的造船條件。這次益祥公司自備外滙在北歐建造的新式油輪裕民號，設備新穎，價格低廉，足徵此項辦法可行，且實行以後必有實效。

航業船舶的營運，分為遠洋、近海、沿海三種，以船隻噸位的大小，決定其航線，並採聯營辦法。故遠洋有海外聯營處的組織；近海有小型輪船聯營處的設置，以分配航次貨載，避免惡性競爭。上述二處組織龐大，人員衆多，開支浩繁，航商不勝負擔。該二處人員大多數與交部航政司大員具有淵源，航商也祇好容忍其苛索，不敢開罪。交部為減輕航商困難，應通令該處裁減員額，並澈底整頓，使得各個聯營處，變成航商自己的組織，以甦商艱。在航線上的分配，交部本有規則可循，但交部前任航政司長程式肆無忌憚，因人毀法，由於處理不當而發生的事故，層出不窮：遠者有臺航公司、招商局與復興公司中美航線之爭，自相殘殺。交部主管在事先未能妥善策劃，於事後又不能調解處置，任其各逞意氣，顢頇僨事，實無可原諒。近者在今年六月航政司長程式於舊任部長去職之前，又有突然核准華通船務行「興中」輪航行高港線之事，引起在困難中掙扎的七家小輪船公司的憤慨，聯合在臺北各大日報刊登緊急啓事，嚴詰前部長袁守謙循私違法。航政司以「掩耳盜鈴」的手法，批准興中輪航行高港線，而後又批駁具有與「興中」輪相同條件的「國孚」輪參加。交部航政司長程式厚此薄彼，偏頗不當，致犯衆怒，一致對交部違法措施發動總攻擊。這些事情的發生，都是違法循私和分配航線不公不法，足證幹政工的外行，不能充任航政司長的重任。

目前航業蕭條，招商局臺航等公司都有大批船員留職停薪，宣告失業。據航業界人士透露：全省失業海員約有一千五百名，失業海員爲了生活，不免奔走活動。船公司卽利用船員求職心切的心理，向求職船員索取鉅額保證金，數額三萬至五萬不等，且不給予任何收據。船員爲了就業，無錢的高利告貸，上船後千方百計冒險走私，企圖撈回本利，船公司也就心照不宣。因此，走私風氣，愈演愈烈。交部雖會三申五令，取締船東索取保證金，但執行不嚴，迄今並未根絕。臺灣全省總共約有海員三千餘人，其中半數面臨失業的境地。這些海員多數散佈在基隆、高雄和臺北，有辦法的失業海員，都轉業經商或從事其他工作；沒有辦法的海員，一旦失業，生活便發生問題。交部雖有輔導失業船員就業辦法，但失業海員依法向海員工會登記介派工作時，因缺乏人事背景或拿不出鉅額保證金，仍然長期賦閒而流落街頭。例如據高雄失業海員金鳳岐張伯川等廿三人在去年十月卅日假高雄市記者之家招待記者時指出，失業海員于應洪林永鑫等向高雄海員工會辦妥失業登記已五年，却無上船工作的機會，其他具有強有力的後臺的船員，雖辦理登記在後，都提前上船工作。據筆者所知，尙不止於此，原非船員而上船工作的，也大有人在，如前交部總務司長劉業昭的胞弟劉業昴卽其特例。所以，失業海員鳴不平，是很値得同情的。據航業界人士談論，交部航政司的二陳，介紹船員工作最有辦法。甚至據交通界的傳說，航政司有兩位科長，現住的宿舍並非交部房屋，而是來歷不明的洋房。

航空和氣象事業，隨着科學的日新月異而突飛猛進。環顧世界航空器，業已進入噴氣時代，反觀我國航空事業，由於這幾年來主管司的顢頇無能，眞是不忍一提了。臺灣由國人獨資創立的復興航空公司，自其水陸兩用飛機失事以後，賠償未獲解決，已至破產狀態，爲國人最爲惋惜之事。交通當局今後應在獎勵投資，吸收民間資本及政府醵集基金三方面着手，來發展我國落後的航空事業。至於氣象事業的重要，新任交通部長爲水利專家，自無須贅言。因此，恢復中央氣象局，從航空農業水利等來看，都是刻不容緩的。

根據以上所述，交通方面應與應革之事，固已不在少數，但若干不必要的虛設機構之必須裁撤，也是不容忽視的。

首先以新中國打撈工程公司來說：該公司創立的動機，本來是要爲國家培植打撈技術人員，但自成立以來，虧損不堪。由於代總理吳興幹爲政工人才，事非所學，領導乏能，經營無術，在民營的昇森、遠洋企業等打撈公司赴國外打撈，大有收穫之際，該公司却一蹶不振，而不得不仰仗交部的培植，以借債度日。自四十三年起，雖被迫從事建築工程，因僅有員額四十餘人，關於建築工程的設備也缺如，無論財力、人力、物力，都不能承建任何工程，因而淪爲承攬工程公司，與民爭利，把利用公營機構身份接洽的工程，再轉包其他營造商建造來圖利。結果是，一項工程幾經轉手，自然會產生不符工程標準或不能如期完工的事件：前者如該公司承建的華僑第三新村及交部的疏散房屋等工程；後者如南港中央研究院的學人宿舍及科學館。因此，引起各方的責難和最高當局的注意，所以指示交通部研究將該公司裁撤或移轉民營。以事論事，始終想不出該公司存在的價值何在？

再以交通研究所設立來說：顧名思義，應該是從事研究交通的學術機構，實際上，則完全不然。該所在成立之初，除曾主持過幾期交通員工的訓練工作外，其次便是收集匪區的交通資料而研究之，曾出版過一本「匪區交通設施概況」的書籍，專門贈送各機關及其首長參考之用。此外該所發行一種「科學彙報季刊」，內容方面有關科學創作的文章幾未曾多見，不客氣的講，全是翻譯及抄襲的傑作。文章既然是屬于科學的範疇，普通人讀來味同嚼臘；精通科學的專家看得懂原文，倘有誠意研究科學，自以看原文書籍更能領悟眞意。該所付稿費印刷費出版的「科學彙報」，除免費奉贈外，多數被人當作廢紙出售，供應攤販包油條花生米之需。交通研究所豢養一批有專才實學的人才，而無所事事，不無髀肉橫生之感。財力的浪費，事猶小焉，而人才的投閒散置，是國家的損失，茲事體就大了。

最後就交部的設計委員會來說：其成立的旨趣，諒係爲反攻復國後的交通從事事先的設計工作。自設計迄今，時間十餘年之久，對於光復大陸的交通設計工作，想必早經完成。但是自四十二年後，集會設計的工作，也無形中斷，一變而成爲近似收容救濟機構。每屆內閣改組交部易長時，卽發表卸任大員爲設計委員會的委員或專員，「臥領」交通費。極少數的委員，便藉此身份，佔居交部房屋，有的甚至利用各種手法，企圖廉價承購交部的公有房屋。同時，因爲交部有此委員會，每當新首長上任之後，各方推介「人才」絡繹不絕，每任部長常爲應付各方乏術，而大傷其腦筋。

上述交部的附屬機構，無可諱言的都是浪費財力人力的機關。依照「節省糜費」的原則，交部應將這三個單位予以裁撤。不過，這件事情談來容易，眞要實行可就不簡單，沈部長必須有公忠謀國和破除情面的精神與決心。

總而言之，交通爲國家的命脈，它的策劃、經營、和管理，都必須是合乎科學的企業的境界，人事上應通令未實行考試用人的機構，採用公開考試制度，杜絕援引倖進，做到「學以致用」和「才得其所」的理想，以激發從業員工的服務精神，提高工作效率。

毛澤東困獸猶鬪

金思愷

爲了扭轉去年夏季的右傾趨勢，中共中央在去年八月的第八次全會上提出「反右傾，鼓幹勁」的口號，轉而使其政策再度全面的「左傾」。這一種左傾的表現在內外兩個方面：

對內強調「右傾機會主義者就是企圖爲資本主義復辟開闢道路」，認爲這是「十年來資本主義和社會主義兩條道路的鬪爭在新的歷史條件下的繼續，是一場很激烈的，很深刻的鬪爭」。未公開而似已被清算者計有「國防部長」彭德懷，「總參謀長」黃克誠，「總後勤部長」洪學智，湖南省委第一書記周小舟。

對外則猛烈攻擊亞非中立國家。首先以武力在中印邊境製造糾紛，其次則慫恿敍利亞共產黨總書記巴格達什在北平有阿聯使節參加的集會上公然謾罵阿聯總統納賽爾，繼之對來訪的印尼外長蘇班特里奧侮辱；以使它與中立國家的關係頓然全面緊張。此外，毛赫會談連公報也不發一個，猛烈反對赫氏的緩和國際局勢的政策，似有以行動來破壞高峯會議的模樣。

最近幾月來，中共的內外政策均有由前一階段的強硬轉而軟化的跡象，這種軟化似非表示毛澤東將放棄其左傾政策，而是由于內外壓力的不斷增強使他不得不作戰術性的讓步，企圖困獸猶鬪捲土重來。本文試述目前大陸的全般情況，以供讀者們參考。

對內方面

載于去年十二月十六日出版的「紅旗」半月刊上的中共中央監察委員副書記王從吾的文章，就表露了毛澤東對于「反右傾」的力不從心。文章一方面指出「右傾分子」在攻擊毛的獨裁行爲，現黨內沒有民主，不讓講話，「黨內不自由，有壓力」，「書記掛帥，破壞了集體領導」；認爲這一種言論已經涉及到「黨的團結和紀律」，「反右傾鬪爭」是「兩個階級你死我活的鬪爭」；這種兇惡的話類似清算「高饒聯盟」前夕的嚴重警告，似乎是一種大整肅的信號。但這篇文章在另一方面却又認爲「右傾分子」「同黨的矛盾還是屬于人民內部矛盾，屬于黨內性質的問題」。既屬「你死我活的鬪爭」就不能再是「人民內部矛盾」、「黨內性質的問題」，這當反映了右傾勢力的強大，毛的力不從心。

今年一月以來大陸的報章雜誌上「反右傾」的字樣幾乎絕跡了，代之者是文化藝術方面的「反修正主義」；其重新提出「反修正主義」的代表性言論是一月出版的「文藝報」。指出這些修正主義者倡導「競異求同」論，「歪曲列寧的認爲不同社會制度在一定條件下可以和平共處的原理，把它曲解爲社會主義思想和資本主義思想可以和平共存，不要鬪爭。」提倡「人道主義」、「博愛主義」、「人性論」，企圖「調和階級矛盾，模糊階級鬪爭，用這種方法來達到鞏固舊制度」，「對資產階級思想投降」。並指出現階段「修正主義」的代表人是王任叔(即巴人)。

一九五七年六月，中共因爲「鳴放運動」將動搖其政權基礎，提出了「六項標準」，掀起「反右派」運動；一九五八年五月擴大至「反修正主義」；一九五九年八月，再進展到「反右傾」運動；這是由「反右派」、「反修正主義」，以至于「反右傾」的發展過程。這一種發展過程，並不是說明中共當權派本身立場站穩不動，「反右派」完畢掉換一個方向「反修正主義」，亦不是反完「修正主義」換一方向「反右傾」；而是說明中共當權派本身的立場不斷地向「左」移動，使得處于其右面立場的人物不斷的增多，打擊面一再擴大。

而今，「反右傾」的銷聲匿跡，「反修正主義」的重新被提出，並非表現「右傾分子」被全部消滅，而是中共當權派本身立場向「右傾分子」靠攏。這當說明了由于「右傾分子」力量的強大，迫使毛澤東在政治上的讓步。

右傾集團的代表人物之一陳雲，至今的下落雖然未明，但一月二十一日人民日報報導公祭衞立煌的消息中，說明有陳雲致送之花圈，與毛劉周等並列，這至少說明他未遭清算。前「商業部」長程子業，調任「國家基本建設委員會」副主任，固或有代該委員會主任陳雲處理工作之可能，但不能認爲這就是陳雲被清算的跡衆。這當可作爲「反右傾」的力不從心的注解。

根據「國務院副總理」兼「計劃委員會主任」李富春今年一月一日所發表的文章說，今年「發展國民經濟的任務，總的說來是，更好地貫徹執行黨的鼓足幹勁，力爭上游，多快好省地建設社會主義總路線，更好地貫徹執行黨的發展工業和發展農業同時並舉的根本方針，在一九五八年和一九五九年連續大躍進的基礎上，爭取國民經濟的繼續躍進。根據毛澤東同志的指示，爲着實現這個任務，一九六〇年國民經濟計劃的安排，應當進一步地確定以農業爲基礎，按照優先發展重工業和迅速發展農業互相結合的原則，更好地處理農業、輕工業、重工業各部門之間的關係，並且有計劃有步驟地加強運輸業、動力工業、採掘工業、等薄弱部門，創造以後年份更好的全面躍進的條件。」文章接着又說：「進一步確定以農業爲基礎的方針，對我們的整個計劃工作說來，是一個突出的新問題。」這也就是說，今年計劃工作的重點是平衡，特別是工農業之間的平衡。按毛澤東的「新平衡論」的基本精神是認爲要突破舊的平衡，使能夠發展的部門盡量的發展，再在新的基礎上爭取新的平衡；若以這種平衡思想來理解今年的平衡，固然不能認爲他們將削減突出部門的指標來遷就落後部門，但由于今年的重點在于平衡，當可斷言其經濟發展速度將降低。

「右傾分子」攻擊的重點之一是由于大躍進引起了經濟發展的不平衡，現在着眼于平衡了，這當說明中共當權派對于「右傾分子」的經濟政策方面的讓步。

此外，姚依林的繼程子華爲「商業部長」亦可以注意的。中共政權成立，姚依林爲「貿易部」副部長；一九五二年八月，「貿易部」分爲「商業部」與「對外貿易部」，姚改任「商業部」副部長；一九五五年七月，成立「農產品採購部」，一九五六年十月，成立「城市服務部」，分去了一部份「商業部」的工作；但在同年十一月，「農產品採購部」撤銷，其業務又併入「商業部」；一九五八年二月，「商業部」改爲「第一商業部」，「城市服務部」改爲「第二商業部」；商業機構雖然作了這許多次的調整，但姚依林始終爲副部長；而且其排名一直在其餘的副部長之前，足見他是一個中共商業部門的實際負責人。一九五八年九月「第一」「第二商業部」又合併爲「商業部」，姚依林與原「第一商業部」部長陳雲同時被免職。按在一九五八年九月，中共正在猛烈進行大躍進運動，他們之所以免職，原因似乎該是他們的政策不能符合大躍進運動的要求；而「商業部」所主管的業務是人民生活的必需品，他們不斷的改組商業機構，說明其在控制人民生活方面的困難，陳雲姚依林之同時被踢出商業部的意義，似又是由於他們反對更降低人民生活來進行大躍進。

一九五九年九月，姚依林被任爲中共中央財貿部副部長，兼「國務院」「財貿辦公室副主任」，這些都是副職，發生不了大作用。這次姚代程出任「商業部長」，一方面說其控制人民生活方面將放鬆一些，可以認爲是當權派在經濟政策方面的對「右傾分子」讓步的表現之一。另方面亦說明當權派對于「右傾分子」在人事上的讓步；因爲姚在早期一直隨劉少奇于「白區」做地下工作，一九三五年劉在北平搞「一二九」學生運動，姚就是實際負責人之一，他們之間是有密切關係的；而目前，劉少奇又正是「右傾集團」的領導人，姚之具有「右傾」嫌疑似亦可以想見；而在另一方面，程子華則是原「紅四方面軍」的骨幹，「紅四方面軍」目前的領導人李先念，則是支持大躍進運動最熱烈的人，程子華之能出任「商業部長」當與此有關；是故此次姚程調職，似說明了中共當權派對于右傾集團的人事上讓步。

由上述一些跡象，可見中共當權派是在全面的對右傾分子讓步。其所以需要讓步的原因，亦可自上述發展看出，是由于：①不顧一切的大躍進的結果，使得其經濟發展比例極度失調，不能再不注意平衡。②「右傾」勢力的不斷增長，不得不稍讓步。③人民生活過低，有可能激起，或者已經有過暴動反抗，不得不稍爲放鬆控制以緩和之。

對外方面

最近期間，中共的對外政策亦在軟化，可自兩方面述之：

一、對于中立集團政策的軟化。一月二十五日與印尼交換「雙重國籍條約」批准書，成立執行這項條約的聯合委員會，派船前往迎僑，這是中共對于印尼政策軟化的表現。去年十月，印尼外長訪北平時，曾要求中共交換「雙重國籍條約批准書」，當時是答應了；但于十一月下旬，中共變了卦，無限期延緩這種「批准書」的交換。十二月九日，中共「外長」陳毅致函印尼外長，提出三項要求：①要求印尼保證華僑能夠自願選擇國籍，入籍印尼者不受任何歧視；②要求印尼保證對「所有外僑一視同仁」，對于保留中國籍的華僑不受任何歧視；③希望印尼對于志願回大陸的華僑，允許他們變賣產業帶回資金，保證在途中的安全。這當說明中共之所以延緩「雙重國籍條約批准書」的交換，目的是爲着要印尼接受上述三項要求。但印尼的排華運動有增無已，否認其行動有對華僑歧視之處，這次交換批准書以後的一月二十七日人民日報發表社論，說：「在印尼反華排華活動繼續未已的情況下，聯合委員會的工作顯然很難順利進行。而且在這樣的情況下，具有雙重國籍的華僑勢必很難自願地選擇他們的國籍。不僅原來想選擇印尼國籍的人顧慮重重，而且那些能夠對印尼的經濟發展作出貢獻的人也感到繼續居留下去前途茫茫。」在這種情況下，中共與印尼交換「批准書」，說明並非因爲印尼接受中共所提的三項條件後的交換，而是表示它對印尼政策的軟化。

一月二十八日中共與緬甸簽訂「互不侵犯條約」與「劃界協定」，亦是其對外政策軟化的表現。這個「劃界協定」可以分成四部份：①自尖高山起至西端新劃界線所示，將爭執已久，有浙江省那麼大的「江心坡」劃給緬甸，承認一九二六年英軍以武力佔領，後爲緬甸承襲的行爲爲合法。在這一段的所謂歸還中國的片馬、古浪、崗房三地，原來亦是中國的土地，一九一一年被英軍佔去，根本說不上交換；而且，這三地只是「江心坡」旁邊的三個小寨，即使說是交換，面積相差懸殊，並不對等。②在中段，廢止「猛卯三角區」的「永租」關係，正式劃給緬甸。按這三角區是一八九七年英國以「永租」的名義佔過去的；從一九四八年起，國民政府就已經拒絕接受每年一千盧比的租金。一九五六年十一月，中共與緬甸作邊界談判時，就因爲中共堅持要收回該三角區而中斷。後來周恩來又曾強調聲明要收回這一區，而今却送給緬甸了。③在南段，中共承認了「一九四一」年線。按這線的劃定是英國在一九四一年起中國抗戰困難，以截斷滇緬交通爲威脅而達到的，在此線之西有一大塊土地被劃入緬境。後來國府始終未曾承認過這條線。一九五三年中共出版的地圖亦說明此事爲「國民黨反動派執行賣國政策」，「竟把南卡河（「一九四一」年線的一部份筆者註。）以西的一大片國土丟掉」。中共軍進入雲南後，曾進軍至該線以西，一九五六年十一月退回；而今，索性正式承認了這條界線，這說明執行賣國政策者並不是「國民黨反動派」而是中共自己。④協定又說明，在南段收回班洪、班老部落以與中段的「猛卯三角區」交換。班洪、班老部落只是「一九四一」年線以西所失去的一大塊土地中的一小部份而已，根本就是中國的土地，其所謂交換實是自欺欺人的掩飾。中共將這些土地劃給緬甸交換得的是什麼呢？只是互不侵犯條約中所規定的緬甸不參加針對另一方的軍事同盟。這一方面說明中共對于緬甸政策的軟化，另方面說明它的所以要作這種軟化的姿態是恐怕緬甸倒向西方，要它繼續中立。以緬甸與中共的國力來對比，實無理由恐懼緬甸的侵略，它的要求緬甸中立，目的當在于繼續分化自由世界，削弱緬甸的防禦，以爲它俟後的擴張創造條件。

又，中共與緬甸所簽訂的劃界協定的西段界線，已與中印爭執已久的麥馬洪線連接，儘管中共不斷地在聲明不承認這條線，但這一劃界協定已經暗示中共有以承認麥馬洪線爲基礎來與印度談判之意。由此亦可見，中共對于印度的政策亦有軟化的跡象。

上述三事，說明中共對于中立國家在作全面讓步，其所以要讓步的原因，從其直接關係來說是怕這些中立國家倒向西方放棄中立。

二、對于蘇俄亦在讓步，它表現于，同意高峯會議與承認裁軍已有進展。

自去年九月赫魯雪夫訪問美國回來，世界輿論集中注意于高峯會議，但中共不但對此毫無評論，而且在今年一月十日人民日報「如此『和平意圖』」的文章中指出：「美國究竟是以認眞的態度對待談判，還是企圖以詭詐的手法來阻撓談判？」這當有反對在此時節與西方舉行高峯會議之意。去年十二月在安排高峯會議時節，西德的阿登諾總理極力反對有德國代表參加高峯會議，而東德則認爲若西德不參加，則東德將單獨參加。後來蘇俄接納西方所提出的只有四個國家參加高峯會議的建議，亦等于否定了東德的意見，接受了西德的意見。今年一月，東德副總理海因里希、勞率代表團到中共訪問，事後的新聞公報着重的指出：中共「支持德意志民主共和國的立場，卽首腦會議應該在吸收德國代表參加的情況下，解決同兩個德國締結和約使柏林局勢正常化的問題」。中共的這種支持東德，當是直接對蘇俄搗蛋，間接破壞高峯會議。二月四日，中共代表康生于莫斯科華沙條約國政治協商會議上的講話，同意了高峯會議，這當說明中共對于蘇俄的讓步。

今年一月二十一日，中共的「人代常委」舉行會議，決議指出：「同蘇俄不懈地爭取普遍裁軍的努力相反，美國統治集團却始終堅持擴軍備戰，千方百計地阻撓就裁軍問題達成協議。」由此可見，當時中共是不承認裁軍談判有任何進展的。前述康生的講話中，同時也承認了「關于裁軍問題，也在程序達成了某些協議」。這種承認裁軍談判之有進展，當亦說明了中共對于蘇俄的讓步。

中共之所以要在上述兩個方面對蘇俄讓步的原因，看來是由于蘇俄的壓力增加的緣故。二月二日，莫斯科召開一個所謂「歐洲社會主義國家共產黨和工人黨交流發展農業經驗代表會議」。不難理解這個會議是一個技術性的會議。但參加者是各國共黨的第一書記與政府總理，足見這一會議所討論者不僅只是交流農業經驗。儘管中共的人民公社是以壓榨人民爲目的，其要維持下去亦有其困難，但不能不說這是一項目前共產國際中的極其重要的農業經驗，既然說要交流農業經驗，但不邀中共代表參加，則明白表示其有排斥人民公社的居心。這一會議既然稱之爲歐洲社會主義國家的會議，但却又邀請亞洲的外蒙與北韓的代表參加，只把中共以及在它勢力範圍內的北越排斥于會外，這當不僅只是技術性的對于人民公社的排斥，而且還是政治性的勢力範圍的排斥；因爲北越未嘗採用人民公社。若果如此，則這一會議的目的之一似乎是企圖在共產國際中孤立中共，以之來壓迫它就範。

中共對于東南亞中立國家政策的緩和，看來亦是與蘇俄有關。因爲，蘇俄在中共軍于印度邊境肇事以後，蘇俄曾多次表示反對這一種行動；去年十月赫氏在最高蘇維埃報告外交政策時，直接認爲中共軍在中印邊境挑釁「非常遺憾」。去年十二月蘇俄出版的「東方學問題」雙月刊把在印尼的華僑經濟與荷蘭在印尼的經濟並列，亦認爲是印尼發展國家資本主義經濟的障礙；而認爲印尼當前工作的重要者是發展國家資本主義經濟。此當暗示蘇俄支持印尼排華。今年一月，赫魯雪夫應邀訪問東南亞，其主要目的當在拉緊這些中立國家，以爲其在高峯會議的資本；惟其如此，他不可能改變態度來壓迫東南亞國家遷就中共，必須繼續維持其支持印度、印尼與中共對抗的立場。這樣，以蘇俄對中共的關係來說，亦是在對它施行壓力。

早在一九五八年八月，赫氏在訪問中共以後，人民日報猛烈地抨擊赫氏是「和平主義」者，散佈恐懼大戰的定論來麻痺「人民的鬥爭意志」。去年赫氏在訪中共回蘇後之十月六日，于海參威公然承認與美國總統艾森豪一樣懼怕戰爭，並且着重的說：「在我們這個時代裏，只有不理智的人才會不害怕戰爭。」（一九五九年十月八日人民日報）這當說明蘇俄在戰爭和和平的問題上是與中共採取不妥協態度的；這種不妥協的態度，當是上述蘇俄對中共的兩項壓力的來源；亦由此可見，中共的對外政策的緩和，從全面的來說，是由于蘇俄施行外交壓力的緣故。

毛仍困獸猶鬬

毛的這種內外政策的讓步，看來是戰術上的讓步，並不是全面退却，企圖作困獸猶鬬，待機作最後一逞。這樣的說法的跡象是：

一、對內方面：①目前正在展開一個新的學習毛澤東思想運動。這個學習運動的中心，是要求建立所謂「無產階級世界觀」、更加熱愛黨和「毛主席」，繼續「促進建設高潮」。這兩年來，躍進運動之所以能夠展開，全靠不斷施加政治壓力。一九六○年三月二日人民日報上所發表的青海省委第一書記高峯的文章說：「反掉一分右傾，就能增長一分幹勁；增長一分幹勁，就能增加一分建設成就。」這當說明若不加政治壓力，單只靠什麼學習毛澤東思想是維持不了躍進運動的。因此，第三期「中國青年」雜誌透露，有人認爲這種學習運動遠水不解近渴。但從這個學習運動之所以掀起的原意來說，則似乎是在爲類似反右傾一般的政治壓力捲土重來作準備。②在當前的反修正主義運動中，所被清算的，並不完全是修正主義者，還有在文藝方面的右傾分子。其代表是：作家協會黨組副書記、作家協會秘書長郭小川，他之所以被清算是由于他所寫的詩「望星空」。有「資產階級感傷的，虛幻的悲觀厭世主義」的氣息，天津市「文化局」長，天津文聯主席方紀說他所寫的小說「來訪者」，「嚴重地歪曲了現實生活，把黨進行的階級鬪爭描寫成陰森可怕違反人性」。武漢文聯主席于黑丁，說他所提出的主張文學創作亦應反映人民內部矛盾的論調「是荒謬的」。這些人的所以被清算，可以看出，並不完全是「修正主義」的罪名，而是因為右傾言論。但中共對于這種清算躲躲閃閃，不公然用「右傾」的罪名，這似乎說明毛澤東不能明目張膽的清算「右傾分子」，只能在反「修正主義」的掩護之下，來清算那些在文藝方面的「右傾言論」。這樣的做，其目的似乎亦是為「反右傾」運動再度展開作準備工作。③前述標誌着對「右傾分子」在人事上讓步是「商業部」長程子華的被免職，但馬上卽任他為「基本建設委員會」副主任，足見這種讓步不是澈底的讓步。④今年的經濟發展速度似將降低，但不斷地在叫囂，要為以後年份的繼續躍進準備條件。足見對于大躍進運動並未完全放棄。

二、對外方面：中共還是在堅持着所謂 美國「假和平，眞備戰」的論調，還在反對兩大集團間的交往，還堅持其不參加裁軍談判不受約束的宣告，二月六日人民日報社論仍然認為：「美國現在企圖用所謂『和平取勝的戰略』來顚覆、腐蝕、分化和瓦解社會主義陣營，夢想在社會主義國家內部發生所謂的『和平演變』，並且企圖麻痺世界各國人民爭取和平的鬪爭。這是一種更為陰險和更為毒辣的手法。」這種論調是中共對蘇聯讓步以前一月二十一日人民日報社論的重複，亦就是說，它依舊反對蘇聯現所實行的那種「和平共處」。

由上可見，中共的內外政策雖然讓步了，但並不是基本的，是希望籍這種戰術性的讓步獲得喘息時間，企圖困獸猶鬪，準備再後一逞。

既然毛澤東的內外政策都碰了壁，何以還能讓他作這種捲土重來的準備工作？這可能是因為他握有軍隊特務，儘管反對勢力强大，但還是只能讓他一意孤行。(三月十二日)

從公論報奪產事件看張祥傳橫行霸道

臺北通訊・七月二十日

易　駿

臺北公論報，是一家完全獨立性的民營報。在十三年前，李萬居離開新生報而創刊該報，當時雖曾受到阻撓，惟政府對於言論界的控制，不像近幾年來這樣嚴峻，所以經地方人士鼓勵與共同投資後，還能勉强按時出報。但因該報發行人兼社長李萬居，非國民黨籍黨員，而言論又坦率，不避斧鉞，致使有關方面視為眼中釘，而對該報不惜採用明的暗的手法，隨時製造麻煩和糾紛。例如由於該報社長李萬居發表一些非常刺激的文章，抨擊國民黨的專政，因而招致幾乎喪生的恐嚇「子彈」信。在嚇阻政策失效之下，李氏寓所突遭「回祿」光顧，全家生命雖然幸得保住，但財產損失頗鉅。又如前年底，又發生一件無頭公案，栽誣李氏為問題人物，在紙不包住火的情況下，消息外傳，輿論大譁，於是有關方面不得不將那位自稱總統府——「特勤人員」，逮捕下獄。又如該報因發表臺灣人口數字偶有錯誤，卽予以停刊三日的處分。又如該報總主筆倪師壇在三年前，因涉嫌輕微的罪嫌，被治安機關判處重刑。至於該報業務之未能推展，是因國民黨部份決策人士的好惡，不但機關學校團體不得公開訂閱，卽人民訂閱公論報的自由，也受到無理的干擾，過去是如此，而今並未改善；加以該報因為某時期經理部用人不當，業務更不能推展。因此，該報在這種局面下，終致虧累頗巨，甚至在三數年間，負債達數百萬元之多。但為了維持出報，又不能像國民黨黨報的可以隨意由銀行獲得大筆貸款，於是在銀行低利貸款受到差別的待遇下，只好向黑市高利貸低頭，以致每月黑市利息的支付甚鉅。該報如此多難多災，動輒得咎，頗似先天不足而後天又失調的「貧家兒」，在營業不振，經濟的困難下，其結果會好嗎？在「革命民主集權」的現實政治環境下，地方上有財力的同情者，也往往表示愛莫能助。該報就在這樣的情況下，而支撐到今天。可見一份眞正由臺灣人辦的報紙，是如何的不容易生存發展。個中艱苦、辛酸，恐只有李萬居自己清楚了！

最近，公論報社長李萬居，一方面在從事反對黨籌組工作；一方面因病而在家中休養。就在這個時期的本(七)月一日與二日，臺北青年戰士報（屬於總政治部）首先刊載一則關於公論報改組的消息，翌日大華晚報「原文」刊載，不過，大華晚報於三日自動「訂正」。這則內容完全相同的消息說：具有十四年發行歷史的公論報社，近已增資改組，正式登記為公論報股份有限公司。並經該公司第三次董事會決議：聘請張祥傳為公論報社長，原兼社長李萬居，仍任董事長及發行人。這是該消息主要的內容。自從這則突如其來的消息發表後，朝野人士如同丈二和尙，摸不着頭腦一樣，表示驚訝。尤其政界人士，一致認為這則不平凡的消息，是富有濃厚政治色彩的。這種看法，經公論報在七月三日的「本報重要啓事」中獲得證實。該啓事否認青年戰士報的報導為事實，且指為「係野心份子別有企圖，乃無中生有，造謠惑衆，冀遂其想入非非之目的」云云。於是，外界乃得到初步的瞭解。接着，公論報在七月六日刊出的「公論報社社長李萬居鄭重啓事」，更具體指出：該報係因「不避斧鉞」，而招致「某政要撐腰」，唆使張某等「覇佔本社(公論報)財產之陰謀」。覩乎此，則司馬昭之心，路人皆知矣。

公論報因「不避斧鉞」，過去抨擊國民黨中央一二政要的醜聞，終於開罪於權要。因此，不但公論報社長李萬居又因積極推展反對黨工作，而遭遇到奪產，乃至「毀滅萬居十餘年來心血經營之事業」；即該報一位負責採訪反對黨新聞的記者，也同樣受到無理的壓迫和威脅。最近，組織反對黨的發言人，曾對報界透露：反對黨將儘速成立，於是滲透者，也迫不及待，改變原有「蠶食」公論報的策略，而實行「鯨吞」「『共產』」公論報財產的手段，所以不得不提先將「陰謀」爆發。它們的手法是：以地方人與地方人鬪爭的手法來轉移目標，以投資手法來掩護奪產的陰謀。

但是，它們如何實現陰謀呢？它們首先針對李萬居氏的弱點，及針對公論報當前的需要，而對症下藥。先談李氏的弱點，李氏爲一書生，富於感情，又重道義，因而某方面乘公論報去年九月間曾一度發生困難而被迫停刊的時候，由一三十多年前在上海與李萬居同學的陳棋耀（原係公論報股東之一，亦青年黨黨員），寫信給李氏說，有前李氏主持新生報時的同事蔡水勝，有意投資公論報，當時李氏不疑其另有陰謀，因爲蔡水勝既係青年黨的同志，又是李氏一手所培植的人。至於蔡水勝跨黨而參加國民黨，李氏根本就不知道。李氏接到老同學又老同志陳棋耀的信後，即欣然同意，並即聘蔡爲總經理。蔡水勝接到聘書後，乃走馬上任，但蔡某在大權在握之後，一方面以「騙」的手法，建議另行籌組「公論報股份有限公司」，將公論報原有財產，另行清理估價併入，然後正式成立公司，在表面上使公論報邁上企業化的道路；一方面暗中製造人事糾紛：第一步工作，將李氏過去解聘的一批渣滓人員，全部設法在經理部安插工作。這些「過氣」人員，都有特殊使命在身；第二步工作積極改組公論報全省各地分社、辦事處，而有計劃的安排「自己人」。第三步工作，在編輯部製造矛盾，不實踐諾言按時發稿費與加班費，而且指出如何如何的不好。相反的，經理部自己帶來的低級職員反而領得較高的薪水，這無異收買職員而形成一個小集團。

第四步工作是自組會計室，賬目不公開，收支也不依照規定送核，而破壞舊有制度；同時，將該報外埠分支業務機構的舊欠款，收進來而不繳入社方。凡此種種枉法行爲，不勝枚舉。

當李氏查詢社方收支賬目及業務推展情形時，蔡水勝總是支吾應付，避開正面問題不談而以「公論報股份有限公司」一事搪塞。殊不知這位由李氏一手提拔的蔡水勝，却心懷不測。他「明修棧道」，以新計劃先行籌集二百萬元週轉資金爲名（除去收取舊欠外所出無幾），在獲得李氏同意後，立刻展開「暗渡陳倉」搶奪公論報價值七、八百萬元的資產了。蔡某在去（四十八）年十一月十四日申請「公論報股份有限公司」，在一週後，即同月十八日即獲得經濟部的核准，這件事足以證明，是某政要從中撐腰的鐵證。老實說，假若蔡水勝沒有某政要支持，憑其個人的力量能辦到嗎？蔡某在登記證拿到手後，而李社長仍被蒙在鼓裏不知個中內情呢！後來，因外傳張某將任公論報社長，才促使李氏的注意，但經過探聽後，方知蔡某「虛構違法」申請登記。李氏終於公開指出：「如第一件公董〇〇一號申請書中，竟然簽報董事長李萬居公出，常務董事張祥傳代行。再該公司登記須附呈李萬居戶籍謄本始能完成程序，萬居向未交與戶籍謄本，究從何來？後查得係由蔡水勝君派員到萬居原籍雲林縣口湖鄉公所冒領。又公司股欵未收足，乃揑造僞據，矇混主管機關，不法之所爲，不一而足，蔡君別具用心，殊非初料所及。」（七月六日李萬居鄭重啓事）

其實，所謂「公論報股份有限公司」者，完全係非法組織。諸如「公論報股份有限公司」的「董監事會」，究由何而來？公論報原有資產是否依法估價？是否依法作爲「該公司」的新股東？「該公司」自行組織「常務董事會」，自行推舉張祥傳爲「社長」而罷免李萬居社長的職務，合法嗎？非法的「公司」可以任意聘派職員嗎？非法推舉的「社長」張祥傳，於七月四日率領「保鏢數名」，「親到（公論）報社」，「張貼就職視事通告」，及在公論報社(康定路二十三號)門口與保鏢保護者合照「留念」，這種行爲，是不是「以强暴，脅迫使人行無義務之事（刑法三〇四條）」？是不是屬於「無故侵入他人住宅、或建築物……」而觸犯刑章呢？而「蔡朝根等三人到桂林路四巷（公論報）本社編輯部及印刷廠張貼上開同樣通告」，是不是犯有上開同樣刑章呢？這次奪產糾紛，所幸治安當局採取防範措施，派員戒備，乃未發生意外。但蔡某等竟有恃而無恐，做出這些觸犯刑章的事來，彼輩究何所恃？無他，某一二政要支持故也。如果國人不太健忘的話，同蔡水勝、張祥傳等搶奪公論報一樣手法的醜劇，在自由中國已經是第二次了。

其實，製造此一事件的，誰都知道便是張祥傳，這因爲張祥傳老於此道。至於他在這幾年所搞的此類手法，大家僅由公論報在七月十六日至十八日三天之內刊登的「張祥傳竊佔民地內幕」的專欄報導中，便可以看出了。不知詳情者，請查出該報一看便知，恕不介紹了。

從大安農會改選流血說到縣長何金生枉妄措置

臺中縣通訊・七月二十四日

應沉吟

臺中縣大安鄉農會在五月十一日改選時發生的流血事件，雖早已轟動全國，但糾紛却愈演愈烈。這一糾紛的背景如何？想必為各方面所關切，現可根據事實，加以扼要報導。

農會改選在去年冬一開始，便發生了會員的爭執。少數人為了把持農會，便挑撥農民彼此私鬥，製造糾紛，拖延改選；另一方面出錢出力，支持何金生當選縣長，冀期當選後能運用政治權力，庇護他們謀取勝利。其中最突出的阻撓改選糾紛，就是五月十一日進行改選工作中發生的暴徒行兇流血事件，造成政府指導官員被大批暴徒流氓圍襲脅迫，以至被匕首手刃成傷。當時暴徒行兇之後，並揚言縣政府算什麼，連省政府也不放在他們眼裏。那種無法無天的囂張氣燄，曾被人形容為「無政府，無法律」狀態。正在開會的議會大會，為抗議此一殘暴行為，也通過「無限期休會」的緊急動議，並要求治安當局從速緝兇懲處，以維地方安寧和政府尊嚴。(暴徒十八人業經臺中地檢處偵結起訴。)

省府於暴徒集體行兇事件後，為剷除改選障礙，早日完成改選工作，乃於六月一日飭令（府農組字第三九一二八號）縣府繼續改選外，並根據調查資料，指責農會總幹事黃炎仲等有關選務人員四人「違反法令，阻撓改選，危害農會情節重大」，予以解職處分。同時飭令理監事會，農會會員代表大會停止職權，由省農會暫派員代理總幹事職務等。

六月二日，縣長何金生接任到職了。假定何氏能摒除派系觀念，顧全農民利益的話，相信在省令指示下馬上召開會員代表大會，早就順利完成全部改選工作了。可是，何縣長走的却是極端相反的道路。渠不獨無意依法遵令召開會員代表大會以完未竟改選工作，反過來，他要澈底的摧毀前縣長任內業已依法改選完成的成果，而公開對當地記者聲明要從頭再來。這一糾紛，便在何縣長親自領導下而愈演愈烈。

事實證明，何縣長一上臺就「優先」搞地方派系，苦心積慮推翻大安農會改選。這由他上任後第五天就搞好呈文給省府所謂「疑義請示」可以看出。請示的公文送出去了，馬上又單方面搞什麼核對選舉人名冊（按理，核對時應邀集省縣及有關人員公開核對，始為公正。）到自以為找到了「錯誤」後，便以此為把柄，再加上農事小組會員大會召開時前縣府指派之指導員未能遵照省農林廳之有關指示辦理改選為由，便斷然於七月二日公告業已依法改選完成的農事小組會員大會為「無效」。這時省府對縣府的「疑義請示」還沒有核覆下來呢，乃立即引起了省縣各界人士無比的驚異，認為縣府此舉，顯是藐視上級違法抗命的大膽作風。

至七月四日省府「49、7、4府農組字第四二八九七號」令下達縣府，措詞嚴峻針對縣府的「選舉無效」公告，飭令縣府應遵前令速開會員代表大會，並即督飭農會遵令辦理總幹事移交（省農會指派方廷光暫代）。至於縣府所請組織整理委員會及調查小組等，省令表示在未執行省令以前應暫從緩議。

接着省府於七月十二日又下達一道更為嚴厲的命令（四九、七、十二府農組字第五〇四六七號），再度重申前令，飭縣府應於文到七日內（按計算最後期限為七月十九日）遵照「六、二」「七、四」及本令所示各節，切實執行。「如再故違，該縣長及有關人員，應予議處。」省令中並斥縣府引省農林廳之有關指示而作為宣告「選舉無效」之依據，為「斷章取義」「歪曲濫用」。此外並指明前縣府編造而何金生認為「錯誤百出」的選舉人名冊，省令認為「尚無不可」。因為會員名冊為農會人員所匿藏，該府按督導會報決議並由該府就有關資料編造選舉人名冊應用，係為針對農會人員阻撓改選的。「此一措施尚無不可」。同時指斥何縣長「忽率爾遽予宣告農事小組選舉無效，殊屬非是，應予糾正。」

根據省府連下之兩道省令，可以判明如下三點：㈠農事小組改選是有效的；㈡縣府編造之選舉人名冊是合法的；㈢縣府公告「選舉無效」是無權的、非法的。

在省令如山又兼羣情憤激的情況下，這位新任縣老爺已經看出「推翻」這條路已是「此路不通」了。怎麼辦呢？在他的專門派系鬥爭的智囊團幾經「參謀」下，登即改變了作風，以退為進的以「和平使者」姿態出現，主張「和平談判」了，這可由他於七月十四日向新聞記者宣稱「省令已成過去」作為開端，當時他輕鬆地說：「省令已成過去，雙方和談好了，一切糾紛已化干戈為玉帛。」至於和談的內容，則保持「機密」。

事實上，臺中縣人士一向所希冀的是依法遵令進行改選。所以「和談」一傳出，大多數人民便馬上提出反對，說除依法及遵從省令外，解決糾紛絕無第二條路可走。絕大多數的會員代表和地方民意首長等也聯名陳情省府及有關當局，堅決反對縣府的「和談」。指出和談有悖法理、且剝奪了絕大多數的農民利益。並憤怒指出：按縣府的協議條件，將理監事名額兩派瓜分，無異是「盜賊分賍」，在民主法治的自由中國捨法而言「分賍」，實不能贊同也不能接受。按理監事之選舉，係由農事小組選出候選人，然後由會員代表大會投票選出。用所謂「和談」來瓜分理監事名額，完全是違法的。再總幹事係由理事會遴聘的，如果不通過理事會選聘而強行分配，也是違法的。

時間無情，省令的改選最後期限——七月十九日，在人們緊張的期待中無聲無息的過去了。選固不進，和亦無成。農會對代總幹事奉令辦理移交，也三番四次打了回票。還態度驕橫地說：省府違法、要求收回成命哩。到此田地，省府所說的「如再故違，該縣長等有關人員應予議處」的嚴峻省令，是不是正如何金生縣長所說的「已成過去」了呢？省府法令已面臨着嚴重的考驗。人們擔心着會不會經得起考驗。

如今，民意機關在咆哮，議會協助改選小組指斥縣長倒行逆施，要求即遵省令辦理改選。同時準備着呈請監察院對何縣長等予以糾舉。臺中縣地方人士更在憤慨。且看省政府如何了結此案？是否聽任何金生枉妄到底呢！

江湖行（續完）

徐訏

一〇三

　我原以為我還有幾天可以與曇姨紫裳暢敘，可是事實上一到成都空氣就完全不同了。

　舵伯剛到內地時，就住在成都，所以成都是曇姨舊遊之地；舵伯歸天後，成都的朋友們函電弔唁。許多太太們邀請曇姨到成都去散散心。所以曇姨一到成都，就有人來接她，要她住到她們家裏去。她們自然也非常歡迎紫裳同去，至于我，雖也臨時在口頭上被邀請了，但是我是一個男人，既不是曇姨的兒子，又不是她的女婿，自然無法同她們混在一起，所以我就一個人住在旅館裏。以後曇姨雖很希望我可以同他們一起玩，但是我覺得不很合適，就謝絕了。當時因為文學雜誌的關係，有幾個通過信的朋友，知道我來了，也來看我，帶我逛逛名勝，看看風景，又介紹同成都文化界出版界朋友敘敘，不知不覺就更與曇姨紫裳不在一起了。

　人是社會的動物，一個人的社會是一羣同類的人的欄柵。我們很難跳出我們的欄柵，單獨去同另一欄柵裏的人來往。這欄柵可以是種族，是階級，是職業，是地位，是財富，是傳統，是背景。舵伯是我最接近的朋友，可是當他發了財，我也就無法同他往來。宋逸塵與我成為朋友，還是我因為後來讀書與他有了相同之處。可以跳出這彼此的欄柵的該是戀愛，但祇是戀愛，不是婚姻。這就是紫裳所說，在大自然裏面，我們才有純粹愛情的感覺，到了社會，那是婚姻的世界，我們靠純粹的愛情已經是不够了。因為我們是人，人是社會的動物。社會是同類的人羣的欄柵。

　我與紫裳的相愛，第一次的分離，就因為所屬社會的分裂，第二次的相好，也正是我重新換了一個社會背景。後來日本人把我們社會的欄柵打碎，我們才重新有了社會的結合。所屬社會的變化，正如化學上分子組合的改變，一定要經過特殊的變動。財產也好，地位也好，職業也好，有了這些基本的變動，才可有所屬社會的變動。

　而現在，我與紫裳的社會是已經分裂了。

　一直到曇姨與紫裳飛昆明的前夕，我約她們兩個人單獨吃飯，這才是到成都後唯一的沒有別人參加的場合。

　那一天晚上，我們都意識到我與她們要好久不能見面了。一時離情別緒都湧上心頭。曇姨忽然啜泣起來，她說：

　「野壯子，我本來希望你可以一同去昆明的，後來我知道這太不可能了。」

　「你還是出國去住三四年。多讀點書，也許你還可以找到一個理想的對象。那時候你年紀大了，想安定下來再同我們一起，也許會快樂一些的。」紫裳說。

　「紫裳，謝謝你。」我說：「我還不知道該怎麼樣安排自己，但是一切都會很好的。你可以放心。」

　曇姨還在唏噓，我說：

　「曇姨，我會寫信給你的，你放心。你同紫裳在一起，一定會很快樂，你也一定會喜歡逸塵，他是一個最可以做朋友的人。」

　那一晚我們談得很晚，但是大家都說不出什麼。第二天我去看她們，就再沒有機會談什麼了。送行的人很多。我同一大羣人到了機場，望着她們向她們揮手，看她們進了飛機。于是飛機冉冉地在空中消失。我像是夢醒了一樣的在人羣中出來，我也沒有同一羣送行的人們招呼，獨自走出機場。

　天很冷，又沒有太陽，滿空是灰色的凍雲，時時有輕輕的北風吹來，我豎起衣領，一個人獨自走着走着，我沒有想什麼，也沒有看什麼，我祇覺得我的頭腦是空的，我的心靈是空的，我已經沒有什麼可回憶，沒有什麼可戀念了。

　我不知道走了多久，不知道走了多遠，我像是走到了一條木橋上，前面一條寬濶的曲折的河流，兩岸是祇剩殘葉的枯株。我俯首凝視着河面，河面浮起我的影子。

　我發覺現在這影子已是我唯一的伴侶了。

　于是我想到我父親，他死了，死得很好。人總是要死的，不死不是更痛苦麼？我想到母親，她死了，也死的很好。一切死去的，舵伯何老，都很好。我害了阿清，但是她不也死得很好麼？

　活着的人呢？容裳嫁了呂頻厚，紫裳嫁了宋逸塵，不也是都很好麼？穆鬍子出家，韓濤壽行醫，不也是各得其所？

　我突然想到了我的孩子——小壯子。他同黃文娟在一起，不也是比同衣情或我在一起好麼？

　于是我想到葛衣情了。她已經神經錯亂，住在瘋人院裏，我想不出還有什麼出路，唯一出路就是死。死才是幸福的解脫。

　而我，我不是活在這些人的中間麼？當我已經失去了這些，我還有什麼呢？

　湍急的河水在我脚下流着，這正像時間的流與生命之流，它在掙扎激撞中滾滾飛逝，沒有相同的，也沒有不同的。遲早我也是同逝去的一樣。我還有什麼可等待呢？有一種奇怪的感覺對我誘惑，我不自覺想縱身下去。

　就在我對着河流這樣出神的時候，忽然有人在我的旁邊叫我了！

　「周先生，你是周也壯先生是麼？」

　我回頭。站在我前面的是一個清秀的男人，他有一個圓圓的臉，戴一個絨帽，穿一件常青的外衣，看上去不過三十歲，我記不起我是認識他的，他滿面笑容；伸手來握我的臂膊，一面說：

「我剛才認了好會，才敢來叫你，我是蕭既勳。」

「啊，啊，蕭先生。」我說。

「你大概不記得我了，我也是韓濤的朋友。」

「是的，是的，久仰了。」我心不在焉的說：「你也來成都了？」

「有兩個月了。」他說：「我們找個茶室談談好麼。」

當時我就跟他上了人力車，穿過大街小街，恍恍惚惚的像是走了很久，才到了一個茶室，他開始同我談到我已經忘記的一件事情。他說：

「你還沒有結婚？」

「沒有，沒有。」

「我心裏一直在抱歉，我那篇文章……」

這時候我才想到他就是那個愛阿清的人。寫了那篇攻擊我的文章，說我是忘恩負義，卑汚勢利下流的人。我說：

「什麼都已經過去了。」

「我後來從韓濤那裏知道你是什麼樣一個人，我就非常後悔。但是我實在想不到那篇文章對你竟有這麼大的影響，你的愛人就爲此而……」

「這也都已經過去了。」

「我當時也許是出于下意識的妬忌，我沒有想到對你有這麼大的影響。事實上這是一種損人不利己的行爲。所以我一直想有機會可以對你談談，請你原諒我。」

「我一直沒有怪過你。」我說。

「謝謝你。」他忽然低下頭說：「你知道我爲什麼會覺得非同你談談這些不可？」

我吸着烟，沒有說什麼。

「因爲我皈依了宗教，我皈依了天主教。」

「我想這于你是很好的。」

「你沒有什麼嗎？」他忽然說：「我看你神色非常沮喪。」

「沒有什麼，」我說：「我們走吧。」

我一面說，一面要付賬，蕭既勳搶着先付了。他說：

「你如果沒有事，同我一同吃飯好麼。」

「我不想吃飯。」我說着站起來，獨自走出去。蕭既勳跟着我說：

「你現在上哪裏去？」

「我住在國民飯店。」

「我送你去。」蕭既勳說着叫了兩輛人力車。他一直送我到國民飯店。

一進我旅店的房間，我就斜靠在床上。蕭既勳坐在對面的沙發上吸烟，半晌沒有說話。

我們沉默地就了十來分鐘，我忽對蕭既勳注意起來，我覺得他是一個很誠篤的人，怎麼阿清會不愛他。

蕭既勳好像時時想說話，又不知怎麼說好，我開始開口了，我說：

「蕭先生，韓濤同你很熟？」

「我們認識很早，但沒有什麼來往，上次因爲我的那篇關于你的通訊，才接近起來，他同我談了許多關于你的事情，我也開始讀了你的一些作品，我就一直希望可以有同你像今天一樣的談話。我希望你的沮喪並不是受我那篇文章的影響。」

「即使是受你文章的影響，又有什麼關係呢？一個人的一擧一動，誰也保不住影響別人，但善的動機不見得就于人有利，惡的動機也不見于人有害。譬如你對我造謠毀謗，它可以損害我，但也可以反而幫助我；你如果對我誇獎歌頌，它可以幫助我，也可以成爲損害我。這些事我們很難知道。」

「我不懂，我當時對你的毀謗，你爲什麼不抗議或更正呢？」

「當時阿清已經死了，我們爭論這些有什麼用呢？你的文章裏有一點沒有錯，那就是我辜負了她的痴情。我很高興有人爲愛她而對我叱責，因爲這可以減輕我的內疚。至于我失去我的愛人，那還是因爲我當初沒事先把阿清的事情告訴她。如果我早對她說明過，你的文章也就不會影響我們什麼了，是不。」

「雖是這麼說，可是我總覺得我毫無根據的損害一個人是不應該的。」

「這因爲祇有佛有普照的愛，而我們是人。我們爲愛一個人，往往就會恨另一個人。爲愛護一個人，也往往會損害另外一個人。爲忠于一個人，也就會欺騙另外一個人。我爲愛容裳，我害了阿清；我爲愛阿清，所以不能完全忠于容裳。但是我的出發點都是愛。你自然已經聽韓濤說過我與阿清的故事，如果當時我假裝不認識她，不是什麼悲劇都沒有了麼？」

「我很高興你不恨我，我希望我們可以做一個朋友。」

「我從來沒有恨過你，」我說：「但是我不懂得的是你怎麼會愛上阿清了呢？她沒有受什麼教育，她也不是十分美麗，像你這樣一個人，哪裏碰不到更好的對象。」

「你不會了解。我知道你也不認識阿清。」蕭既勳說着從懷裏拿出一張阿清的照相。他遞了給我。

這是一張阿清在姚翠君寓所花園裏的照相，她穿着襯衫長袴，拿着剪刀在花叢裏剪花。我是一個不喜歡照相，也不相信照相的人。照相中的阿清確是很美，但使我想到的還是我腦海中的阿清。我把照相還給蕭既勳，蕭既勳忽然說：

「你碰見的阿清是她墮落的時候，我碰見她則是她重生的時候。你把她從墮落中救出來，可是她把我從墮落救了出來。」蕭既勳的話倒使我驚異起來。

「這怎麼講呢？」

「你知道我失戀過。失戀以後，我的生活很靡爛，又賭，又嫖，我還吸上了毒。就在那時候我在姚翠君那裏認識了阿清，她像仙女一樣的給我安慰鼓勵，幫助我戒烟，使我重生。當時我就愛上她了。可是她告訴我她並不是我所想的這樣高貴聖潔，她之同情我救助我，完全因爲她以前也是墮落過，而有人救助了她。她沒有告訴我那個人是誰，她祇告訴我她是屬於那個人的。她也告訴過我怎麼樣很早就認識那個人，而且是訂了婚約的。」

蕭旣勳的話很感動我，我忽然想到，如果我當初聽從韓濤壽的話，回到桂林，也許碰到了那位新生的阿清而愛她也說不定的。爲什麼我會相信我是愛容裳的呢？是不是在我下意識之中仍舊在輕視她做妓女的一段歷史呢？我有奇怪的懊惱悔恨的情緒，但是我沒有表示什麼。我說：

「過去的都已經過去了。」

「現在你是一個人麼？」蕭旣勳忽然說：「怎麼你也來成都了？還預備回重慶麼？」

「我不知道。我剛遊了峨嵋山，來成都玩幾天。」

「那好極了，我是成都人，家就在這裏，我可以陪了你去玩玩。」

「我已經住了好幾天了。我想明天就離開這裏。」

「明天，這麼快？到哪裏去？」

「我想我還是回峨嵋山去。」

「你不是剛從峨嵋山回來麼？」

「這次我想去多住幾個月，靜靜地寫一部書。」

「哪好極了。」蕭旣勳忽然笑着說：「眞的，剛才我雖見你的時候，還以爲你是想自殺呢？你剛才神色非常不好。你要寫作，那好極了。我可以知道你想寫的是什麼樣的書麼？」

「我想寫我失去的一切。」我說：「我現在知道失去的就是失去了，在時間之流中，一切已失的無法重獲，重獲的也決不是已失的了。」

窗外有淅瀝的雨聲，天色暗下來，黃昏已經消逝。

「天下雨了。」蕭旣勳忽然說：「我希望你在這裏多住幾天。」

「我想我還會來的，但是下次要來，我一定換一個心境再來。」

「你是急于寫你心中想寫的書了。」

「我想也許，工作可以使我的心境變換一下。」

「哪麼明天你一定走了。」

「是的，明天。」

我就是這樣離開了蕭旣勳，也就是這樣離開了成都。

一〇四

如今我已經把什麼都告訴你了。我說：

「這就是我所失的與我所獲的，我所給的與我所取的了。這也就是我的回憶與我的懺悔。」

「當我回到峨嵋山的時候，我祇打算住三個月，可是我住了半年，半年後我回重慶一次，拼擋了一切又回到了望月庵。」

「你沒有再同你曇姨與紫裳來往？」

「我們常通信，我回到望月庵後，我才正式告訴曇姨，我已經取消了出國讀書的計劃，我要在望月庵寫一部書。」

「他們一直很好，沒有什麼變化麼？」

「後來我知道紫裳生了一個女兒，又生了一個女兒，他們要我取名字，大的我取伊蘿，小的我取伊蔦。他們還告訴我容裳前後也生了兩個女兒一個兒子。抗戰末期，我到西北各地旅行了半年。以後就沒有曇姨他們的消息了。勝利後，我回到望月庵，接着原相和尙仙逝，我也就剃髮爲僧。一九四七年暑期，逸塵與紫裳突然來遊峨嵋，他們到望月庵找我，發現我居然仍在那裏，大家非常高興。可是宋逸塵頭髮全禿。紫裳也發胖了。逸塵一點不像齊堂先生，紫裳也毫無曇姨的風采。我問及曇姨，他們說半年前已經過世了。我很奇怪我會沒有收到那封信，想來是寄失了。」

「那麼舵伯那些產業呢？」你說。

「我沒有問起。」

「也許他們就怕你問起這些產業，所以當時沒有把曇姨的噩耗寄你。」你說。

「你不應該這樣說我愛過的紫裳。」

「那麼容裳同呂頻厚呢？」你笑了笑，又問。

「那時候他們告訴我已經回南京了。」

「韓濤壽？」

「不知下落。」

「你的兒子小壯子呢？」

「一直沒有消息。我想他一定很好。」

「還有其他的朋友呢？」

「我想沒有去世的，也該老了。」我說：「我們這一代已經在長長抗戰中過去了。世界已屬于下一代。下一代的愛情不會是我們的愛情，下一代的生活也不會是我們這一代的生活。然而我們的生命仍是彼此關聯着，去的向一個大生命裏去，來的從一個大生命裏來。」

你說：「你眞的相信，一切生物來自生命之海而復歸于生命之海麼？」

我說：「否則生命更沒有什麼意義了。」

你說：「人生既然不過是故事創造與遺忘。可是你的生命是詩的抒寫與歌詠。你眞的以爲綜錯複雜的人生，像一件藝術品一首詩一曲交響樂一樣，有前後呼應、首尾調和、完整而對稱的組織麼？」

我說：「這因爲一切藝術品不過是反映人生，人生的完整性正是生命的完整性。一首小歌、一首小詩像是短促的生命，一曲複雜的交響樂，一部繁重的小說像是一個冗長的生命。每個生命都有它自己的節奏。」

我又說：「一株小草的發芽生長與死亡，是一個充滿了掙扎、歡欣、悲哀、痛苦、存在與消逝的樂曲；一朶花的發芽結蕾盛開以至于凋謝，也是一個充滿掙扎、歡欣、悲哀、痛苦存在與消逝的詩篇

喜宴

琦君

讀了姚詠蔓女士的「坐筵」一文，不禁引起我童年時參加喜宴的回憶。我的故鄉也是永嘉。不過是離城三十里的一個小村莊——瞿溪。瞿溪風俗淳厚，而對於城裏人的禮儀、衣着，却非常羨慕而且極力模仿。在結婚大典中，坐筵也是中心節目，儀式之隆重不亞於城廂，只是排場不及他們豪華就是了。

先父當年在杭州做過一任「大官」，我又是他的獨養女兒。因此地方上不論什麼人家辦喜事，都要用轎子把這位「潘宅大小姐」請去撐場面。尤其是坐筵，更少不了我。本來，被請作坐筵客的，必須具備一個最重要的條件，那就是姑娘要長得十分繡緻，年齡在十四五左右，已經定了親，在半年內就要「做新婦」的最合標準。而我呢？小時候明明是個塌鼻子、鬪鷄眼兒的醜小鴨，年紀還不滿十二歲。只因是「官家之女」，這隻醜小鴨也能成了坐筵席上的貴賓了。

可是無論如何，坐筵畢竟是我童年生活史上最光榮的一頁，如今追敘起來，心情之興奮正不亞於退職官兒們津津樂道他當年煊赫的功名事業呢。

在鄉間，我既是人人矚目的「官家小姐」，母親平日對於我的舉止儀容，自是倍加管敎，唯恐我有失態之處。我自覺小小年紀，就時常被請作坐筵客，固然是值得矯傲，可是必恭必敬地坐在新娘旁邊，眼看着氣騰騰香噴噴的菜，端上來又撤下去，既不能放肆地吃，又不能隨便退席，實不勝拘束之苦。

更有一件使我苦惱的事，就是每次赴坐筵時總感到自己的衣服遠不及其他姑娘們的華麗。看她們一個個爭奇鬪艷，旗袍也好，裙襖也好，總是最時髦的五彩閃花緞。（在當年，閃花緞是一種最名貴的緞，就如同玻璃紗是那時夏天裏最漂亮的紗。）烏亮的辮子，紮上兩寸長銀絲的桃紅或水綠絲線。有的更是滿頭珠翠，衣扣綴着小電珠泡；一閃一閃的，看得人眼花繚亂。而我呢？永遠是一件紫紅鐵機緞不鑲不滾的旗袍，那是母親的嫁時衣改的，改得又長又大，套在舊棉袍外面（辦喜事大部份是冷天），像蒼蠅套在豆殼兒裏，硬幫幫，稀裏挠浪的，看去就是個十足的傻丫頭。母親還得意地說：「鐵機緞多堅實，現在的閃花緞那比得上呢！」我氣得直癟嘴。此外，我還有一頂紫紅法蘭西絨帽。是父親遠遠從北平寄回給我的。母親說：「剛好配一套，再漂亮不過了。」我說法蘭西帽應當歪戴。母親說歪戴帽子不像個大家閨秀，要我端端正正頂在頭上。爲這頂帽子，我哭過不止一次。可是我頭上沒有珠翠，不戴帽子光禿禿的更難看了。

我至今都不會忘記那非常「丟臉」的一次。那是我們的鄰村郭溪第一家富戶張宅大小姐出嫁。我被請去陪新娘「辭嫁」。（這是姑娘出嫁前一晚，告辭父母家人的一桌筵席，儀式比坐筵輕鬆，因爲新娘是在娘家。）張大小姐是有名的美人兒，打扮成新娘，其美麗自不必說。我穿的仍是那唯一的紫紅鐵機緞旗袍，戴上那頂令人煩惱的法蘭西帽。在艷光照人的新娘身邊，我不免自慚形穢起來，就只是往人叢裏躲。此時，大堂上忽然一聲高唱：「胡宅二小姐到。」新房裏所有的女客們都一齊擁到房門口，男賓們更是爭先恐後地圍向那頂綠呢轎子。我在人縫中定睛一看，轎子裏跨出一位小姐，那高貴淡雅的裝束，雍容華貴的神情，眞使在場所有的女賓，都爲之黯然失色。我耳中只聽得一片贊嘆欣羨

。生命的表現千變萬化，有的像電閃，光亮而短促；有的像星光，細微而永常；有的像燭火，遇風而滅；有的像烟火，放盡而消失。千變萬化的藝術形式祇是反映這些不同的生命而已。」

你說：「你的生命是燦爛多姿的，但是你的心靈並不充實。」

我說：「充實的心靈就該晏然自足。有充實的心靈他的生命就能够安詳平靜。祇因爲心靈的不安才有了生命的波瀾。」

你說：「在你豐富的生活中，你的生命的波瀾不過是愛與慾的矛盾，取與給的激撞，占有與奉獻的衝突。」

我說：「這因爲我是人，而我們是在人間。神可以有純粹的愛，我則祇有帶慾的愛；神可以有單純的「給」，我的給則常常依附着「取」；天堂也許有聖淨的奉獻，而人間永遠滲雜着占有。」

你說：「有血有肉有生命的故事，就是人生。有嘆息有低喟有笑有淚的人生就是故事。神使人創造故事，魔鬼使人創造謠言？故事發于愛，謠言發于恨。」

你又說：「當你寫出這故事以後，你感到充實呢還是空虛？感到安詳呢還是煩惱？」

我說：「我感到充實而安詳，但是我感到疲倦。」

你說：「那麼你休息吧，不瞞你說，我讀了你的故事倒感到了空虛而煩惱了。我不相信人生會如你所想的這樣沒有意義？」

我說：「這大概因爲我說的人生都是過去的故事，而你聽的故事則是未來的人生吧。」（完）

一九五九、一〇、二五

江湖行（二十四續）更正

本刊第二十三卷第一期二十九頁第十行及第十一行兩處之「一對玉環」爲「一對玉鐲」之誤，特此更正。

之聲，再回頭偷偷照了下穿衣鏡，簡直寒傖得無地自容了。胡二小姐嬝嬝婷婷地走進新房，露出玉米似的潔白纖牙，微微地笑着。烏緞似的頭髮，梳成兩個圓髻，各繞上一圈珍珠。額前稀稀疏疏飄着幾根留海。一張瓜子臉兒，嫩白的肌膚和她一身月白軟緞綉淡綠牡丹花旗袍相映照，那一派冰晶玉潔，我至今都想不出一個妥當的字眼形容她。

坐席時，胡二小姐挨着新娘，我被安排在她的下首，那意思就是胡二小姐的地位比我高，她是主賓。這時，我心裏已經很不自在，倒不是忌妬胡二小姐，而是覺得自己這一身衣着，和一臉的黑皮膚，實在沒資格參加這豪華的典禮。我又不時偷眼望胡二小姐襟前扣的一朶大珠花，和新娘領子下的鑽石別針。我在心裏對自己發誓，今後再也不陪新娘了。不一會，來了一個珠光寶氣的婦人，她一手牽一個姑娘，走到我面前，瞇起近視眼看着我說：「你是胡二小姐的陪伴小姑娘吧？你跟我來，另外專有一席給你們的。」伴嫁連連搖手說：「不是不是，她是潘宅大小姐呀？」胡二小姐却低下頭抿嘴兒一笑。我眞恨透了那一笑，那裏面包含了譏諷、得意與輕蔑。我的眼淚幾乎掉下來，但我咬着嘴唇忍住了。那時，我的臉一定是青一陣、紫一陣，難看極了。菜一道道的上，我終席不曾擧一下筷子。連新娘都忍不住招呼我說：「妹妹，你吃一點呀！」我搖搖頭，我當時心中只有一個念頭，就是「我快點死去吧！」

胡二小姐就在兩個月後結婚，胡宅派了三次轎子來接，我死也不去。母親只好自己去了。胡二小姐嫁到同村王宅，王宅請我坐筵，我也不去。我流着眼淚央求母親道：「媽，您爲什麼不做件五彩閃花緞旗袍給我，爲什麼不給我朶珠花帶帶呢？」母親笑笑說：「你還小，等你十五歲一定給你。」

幸得沒等到十五歲，父親就從北平回來了。我一五一十向父親訴了委屈。父親馬上帶我進城，在一家最有名的裁縫舖裏，給我定做一件旗袍。白軟緞綉上整株的紫紅梅花。再配上綻紅亮片的白緞高跟鞋，這一身富麗的「錦袍」，頓時使我忘記了自己的塌鼻樑和鬪鷄眼兒，自以爲可以和鳳冠霞帔的新娘比美了。

在我的記憶中，十四歲那年的一次坐筵，給我贏來了無比的光榮。從那以後，在人們心目中，我才眞正是一位「大家風範」的「千金小姐」了。

那是地方上一家大戶娶兒媳婦，父親也被邀請做特等貴賓。我們父女二人的兩頂轎子，一前一後往大門長驅直入，好不威風。坐筵時，父親坐在新娘左首一席，另請四位年高德劭的客人陪他。我坐在正中一席陪新娘，右首是新郎的父母與長親。他們爲了欵待我父親，那晚這三桌酒席特由八盤五增爲八盤八。(這是我鄉酒席的特點，就是八個冷盤當中上八道熱菜。最後一道是蓮子紅棗湯。討早生貴子的采頭。）八個冷盤可說樣樣精菜。我鄉吃酒的慣例是四角的冷盤,都可以分成一份份,給客人包了帶回家。那是桔子，未去殼的蛤子，山查糕，油炸各式點心。這些都是我平日最喜歡吃的東西，可是爲了表示自己的大方、派頭，那晚我一樣也不拿，全送給同桌姑娘的陪媽了。(我因隨父親同去,所以不需陪媽。）我在拿東西給人時，故意把右手中指高高翹起，讓人家看到我的翡翠戒子，連新娘都向我投來羨慕的眼光。我心中眞是得意。又遠遠望一下高踞上橫的父親，他只是啣着烟斗向我微笑，彷彿是說：「現在你該滿意了吧，這麼時髦的服裝，這麼貴重的首飾。」我不禁伸手摸摸胸前的大珠花，想起白玉似的胡二小姐的姿容，心中仍不免埋怨母親，不當不早點把我打扮起來呢！

在坐筵席上，新娘是不能動筷子的，陪新娘的姑娘們也不能多吃，尤其是兩三個月後就要做新娘的，更得做出斯文樣子，以免婆家親友見了笑話。我是桌上唯一未曾訂婚的小姐，但我也興奮得吃不下。那晚上，我是滿堂賓客注目的對象。主要的當然因爲我父親，還有就是我的衣飾實在太吸引人了。

記得在新郞新娘拜堂以後，照例要拜謁賓客親友，主人第一個請的就是我父親，司儀一聲高唱：「潘宅大老爺請上坐。」我的精神亦爲之一抖擻。知道不久就將輪到我了。果然,在拜見平輩客人時,我就是第一個被唱名上前的。「潘宅大小姐請。」我就不像其他姑娘們的扭扭妮妮，我蹈着綻紅亮片的高跟鞋,自以爲以最雍容大方的步子走上大堂,接受了新人的三鞠躬禮，也回了三鞠躬禮。禮堂上雪亮如白晝的煤氣燈光，照耀着我白緞綉紫紅梅花長及足背的旗袍，自覺搖曳生姿。管樂聲中，我從容地走上去又走下來，兩目平視，儘管手心冒着汗，却絕不露慌張之色。我心裏想：「你們看看我該比旁的姑娘不同吧！」

回到新娘房裏，我就聽到有人在低聲細語：「眞奇怪，她怎麼會變得漂亮起來，皮膚給白緞一映都白了，眼睛好像也不鬪了。」「究竟是官家小姐，你看她答禮時不慌不忙多大方？」我心裏可眞樂死了，可不是嗎？女大十八變，更何況人靠衣裝佛靠金裝呢！

可是儘管我對坐筵發生濃厚的興趣，母親却總不贊成父親給我極力打扮。她認爲女孩子家從小養成睥睨一切的虛榮心，長大後只有害了她。所以除了那一身豪華的「禮服」，她就沒允許再給我做第二件。

不久，我家搬到了杭州，從此我就沒機會再坐筵了。十年後回到故鄉，一切都變了，坐筵的典禮也沒有了。直到如今，我仍不勝懷念我的白軟緞綉梅花旗袍。但我也更懷戀那件由母親新嫁衣改做的紫紅鐵機緞夾袍，和那頂法蘭西帽子。因爲那一套行頭正象徵我又憨又傻的童年，尤足以紀念我節儉簡樸的母親。

讀者投書

(一) 交通部前總務司長被控變相敲詐豈可無下文！

馮温炳

拜讀貴刊廿二卷十與十一期中一鳴和路誠二先生有關「交通部疏建德政」的投書後，對於二先生仗義執言的精神，表示由衷的欽佩；而對於交通部辦理疏建工程違法舞弊，與夫浪費公帑之事，則不勝痛心憤慨之至。本人忝爲交通從業人員，深知投書中所述，皆屬鐵的事實，交部的更正函，非但不能自圓其說，反使其醜態畢露。茲將交通部前總務司長劉業昭被控于監察院之變相敲詐一案，至今尚無下文的事實及經過，據實報導于後，用饗「自由中國」的讀者諸君。

事因復興航業公司於民國四十六年十月舉行在日建造新船下水典禮，函邀交通部派高級官員赴日指導，袁先生卽指派前主任秘書程式，前總務司長劉業昭及主計室主任朱如淦三先生代表參加，當時之眞正主管航政司長祝壽萱先生反而無份。由此可見某報所謂之「交部三劍客」，不無見地。

抵東京後，朱先生以新中國打撈公司董事長之名義與振東鋼鐵株式會社，從事某項秘密合作；程先生則與所謂日本造船商接觸；劉先生則爲印製其私人畫冊攪腦汁，終於獨出心裁，印製了國父遺像和總統肖像五千份，因此其畫冊的印刷費始有着落。這五千幀像片包含24″×20″大型的一千一百幀，17″×14″中型的二千幀，12″×10″小型的一千九百幀，係交由東京大洋印刷株式會社承印，印刷費日幣八十八萬四千五百圓。以十日圓折算新臺幣一元，計合新臺幣八萬八千四百五十元，折合美金二千四百五十六元九角四分。劉先生在東京爲了這筆印刷費，的確會煞費一番苦心。首先要求復興航業公司東京分公司經理王章先生𩘵付，該公司以建造新船需費美金甚鉅，僅招待交部三位貴賓的旅費食宿及「玩」「樂」等支出亦屬不少，因此婉拒劉先生的請求。就在「山窮水盡疑無路」的情形下，仗三位大員的「聯合力量」，獲得招商局東京分公司的援救，𩘵付這筆美金印刷費，事情才算順利解決。

豈知劉先生返抵臺北未久，正分別拜客之際，臺北招商局接獲東京分公司美金𩘵欵的報告，立卽呈文交通部歸墊。由於事出突然，委實使劉先生應付維難，正在困窘之際，承蒙其「有志一同」的朱如淦先生獻計，依照交通部向附屬各機關勒索的慣例，强行攤派印刷費；至於美金外滙𩘵欵改付臺幣償還，招商局雖然吃虧，但是要回𩘵欵已是萬幸了。財源既經朱先生策劃解決，但是成本的決定也大費思量，好在劉先生既專於國畫，又精通成本會計，以「閉門造車」方式算出，大型的每幀成本費爲新臺幣五十七元，中型的三十九元，小型的二十五元。個人不才，對成本會計一竅不通，至今猶不知劉先生的成本費的計算，其根據何在？

交通部依據劉先生的暗盤成本，便通令附屬機關攤派。爰將其攤派項欵的詳細數額，列表如後：

電信總局	24″×20″	40×57	2,280.00	
	17″×14″	500×39	19,500.00	
	12″×10″	100×25	2,500.00	24,280.00
郵政總局	24″×20″	86×57	4,902.00	
	17″×14″	206×39	8,034.00	12,936.00
鐵路局	24″×20″	206×57	11,742.00	
	17″×14″	206×39	8,034.00	
	12″×10″	466×25	11,650.00	31,426.00
公路局	24″×20″	80×57	4,560.00	
	17″×14″	180×39	7,020.00	11,580.00
招商局	17″×14″	100×39	3,900.00	
	12″×10″	60×25	1,500.00	5,400.00

綜上所攤像片總數爲二千二百三十幀，其所得之成本費總數爲八萬五千六百二十二元。其他中央氣象局等單位之零星數，倘將之計算在內，其所得之總成本費達九萬餘元(九〇·二一二·〇〇)，超過五千幀實際成本費而有餘。可見五千幀之中，二千七百七十幀等於不需成本。若按劉先生所定成本計算，則大型的一千一百幀以五十七元計，可得價欵六萬二千七百元；中型的二千幀以三十九元計，可得價欵七萬八千元；小型的一千九百幀以二十五元計，可得價欵四萬七千五百元，總共可得價欵新臺幣十八萬八千二百元，減去印刷費八萬八千四百五十元，尚餘九萬九千七百五十元，這數字不小。劉先生！請問一共賣了多少幀國父遺像和總統肖像？共得售欵多少？售欵存在何處？你可不可以將賬目公佈？把售欵全部交出來？否則，你涉嫌侵占公欵。由於你對金錢視爲瑰寶，愛佔小便宜，所以有人檢舉告密，監察院曾於民國四十七年十月十四日以臺院字第五九三號函通知交通部，聽說你很幸運，遇上了愛飲「紹興老酒」的監察委員，故不了而了之。否則，你將被提起彈劾。

當我報導你出售像片圖利，你一定會加以否認，而推說餘下的均贈送各機關了。那末，你可不可以將贈送機關的名稱和數量，一併予以公佈，以昭信于國人。否則，你的人格與信用則大有可疑。至於你在日本印製的私人畫冊，其數量究有多少？其印刷費又是多少？如果是自己付欵，請問你錢從何來？因爲出國人員攜帶外幣出境是有限制的，就算你携帶規定的數額美金二百元去日本，住宿吃喝玩樂皆不破費，以你返抵臺灣時帶來的禮物估計，又豈止值二百美金，從你大事贈送禮品予交通部全體同仁看來，其價值殊爲可觀；況其他的貴重禮品亦復不少，證實你此行大有收獲。於是你又設法出售像片賺錢，以期撈回成本。我這樣的說話，恐怕引起讀者的誤會，所以還是舉例爲證，使你無法抵賴。

行政院國軍退除役官兵輔導會聽說交通部印有此種像片，曾致函交通部總務司價讓，計需大型一百二十幀，中型二十幀，小型六十幀，你竟索取成本費新臺幣九千一百二十元。你對於總統公子蔣經國先生主持下的輔導會總算是肯賣交情，破例以半價優待，索收四千五百六十元，可是輔導會對你的優待置之不理，所以這筆生意終未做成。後來不知何故，你又贈送六幀像片給輔導會，這眞叫做「偷鷄不到蝕把米」呀！這是輔導會有案可查的，絕非造謠中傷。

劉先生！五千幀像片的全部印刷費，早已由附屬機關以二千二百三十份攤派了尙有多，其他餘下的像片是不費成本的，你怎麽還好意思收取成本費呢？這不是出售像片貪圖暴利嗎？你對輔導會尙且如此，對其他機關則不用我多說了。劉先生；交通部包庇你，行政院縱容你，連監察院也奈何你不得，於此情形之下，我祇希望你天良發現，把公欵交出來！否則，是違法的，你知道嗎？

讀者投書

(二) 請改善各甲種平交道安全設備裝置

一羣看柵工

我國家目前正步入原子科學化時代，無論在軍事上、醫學上，及各機關工廠裏都積極改善且獲完成，際此鐵路也隨着科學昌明精益求精中進入電化階段，局方各部門由於不斷改善後已提高行車安全及工作效率，唯有鐵路平交道「安全措施」稍嫌不適。現在所屬平交道一切裝備均爲日據時代(四十年前)，包括一架電話，少有電鈴。於目前相比如左：

㈠通車率 1.日據時每日祇有三十餘次列車。
2.而今每日一百數十次(臨時除外)。
其相差率竟屬四、五倍强。

㈡交通量率 1.日據時每日平交道車馬行人平均不超二百人。
2.目前北市平交道車馬行人每日平均數於千萬計。

如此簡陋陳舊設備的平交道，來抵受外界衆多的車馬行人，正如坐着牛車仰望天空的超音噴射機，實是愛莫能助。提高工作效率，豈非空談？

去年我等在員工訓練所看柵班受訓時講師說：據他們在外國考察鐵路進步情形，目前歐美及日本諸國的平交道一切設備均爲新紀元科學化，部份自動操作，當可作我們先例效法。

然在我們今日高唱安全第一提高工作效率之口號下，僅如此設備不週，訊號不靈，器材陳舊，單靠人力精力怎能承擔外界所給予的阻力。安全效力，實難如願!?

人雖是萬物之靈，但在體力精力負荷之際，疏忽之事，豈能幸勉？因此我等由於工作經驗中得悉，平交道不單是有了人看守就可安寧無事，也正需要有安全可靠的通訊器材，才能補其不足，安全從事。

我等積幾年來在工作之餘，綜合研究之結果，對於平交道要以何種改善謀求事變之杜絕及防護，作下列數點。在科學方面目前因經費困難我們不敢奢想。就於不費鉅資經費下，盼我賢明長官能「施仁一助」。

㈠完全裝設電鈴(尤其是臺北、松山及各縣市要道)。

㈡臺北萬華間共十一個平交道，每個道旁必須裝置一個電鈴，此電鈴爲主要訊號。

㈢目前所使用電話僅係日據時代陳舊品，性能不佳，一旦遇雨時更劣，晴天也常失音，盼換裝新式性能較佳的。(因臺北市道傍兩面都被中華路違章房子遮住，無法瞭望車輛，夜間有很多機車都無燃燈以示標幟，更無法望見，此電話爲補助訊號。

㈣請配給每平交道(全省)一件棉大衣(比照車班、道班)以策防寒襲之用。

㈤我等加班費(含夜班費)酌予調整：現每日祇領一百廿元盼請酌略提高，向車班服務生看齊，同是鐵路局，同是行車運轉員工，爲何待遇兩樣，服務生的旅費每月少有四百元，就拿工作相比，服務生遠不比我等責任大，若精力之消耗，亦非服務生所能及者，然而所得之待遇竟差四倍之多。在此情況下，豈是總統言之「勞役配合、勞資均分」及國際神聖勞工條例下之「同工同酬」原則。

爲了提高我等起碼生計，請設法比照車班服務生待遇支給以示體恤。

我等完全係爲了愛護本局及行人車馬通過之安全，故提出上項數點作設備及改善，倍感需要，督盼從速進行，俾便工作，以策安全，是祈爲幸。

陳情人　一羣看柵工

延平北路　張大經
中正西路　鄭隆卿
開封路　邱錦財
武昌路　林彰和
成都路　王年明
寶慶路　徐維明
貴陽路　呂芳建
桂林路　張德新
愛國西路　陳英陞
廣州路　陳如洋
和平西路　張天來
等三十三人

(編者註：其他姓名，限於篇幅，未能全部發表。)

自由中國　第二十三卷　第三期　內政部雜誌登記證內警臺誌字第三八一號　臺灣省雜誌事業協會會員　九六

給讀者的報告

我們在這一期發表了三篇社論：社論㈠是在揭開「黨霸教育的眞面目」，社論㈡是在就「司法獨立與司法人員的管理」提出意見，社論㈢是討論「中央銀行復業問題」。

蔣勻田先生譯的「重行考慮『中國問題』」大文，原作者是美國民主黨政策委員會的主席，有出任美國國務卿的可能，所以特別值得向大家推介。

楊金虎先生的「我們衷心期待的反對黨」大作，除對反對黨意義加以闡釋外，並給反對黨畫出了一個輪廓。臺南市黃××先生「殷切期望組織反對黨」、臺北市張××先生的「我所希望的反對黨」大文，限於篇幅，恕不發表。但兩位先生的高見，我們會轉達籌組反對黨的朋友。至於師範大學林×先生和臺中市王××先生來信，引用某些報刊傳說，詢及籌組中的反對黨是否代表地域性或注重地域性一點，據我們所知：籌組中的反對黨，是絕無地域色彩的。反對黨的組成分子，必是以海內外全體中國人為範圍；反對黨的最後目標，也必是在挽救中國的危亡，以至促進中國政治的民主，使中國人能眞正成為國家的主人，而非被任何一黨欺騙、愚弄、剝削、勒索、以至迫害、犧牲的政治工具。

方子衞先生的「科學與裁軍」大文，是就科學觀點，對裁軍問題提出的意見，言簡意賅，大可深思。

余諫先生的「談今日臺灣的交通問題」大作，對於今日臺灣的交通，有通盤的檢討，希望沈部長參考改進。至於臺北市施××先生「看傅德衞的殺手鐧」投書，希望傅先生出任交通部總務司長後，對於前任司長劉業昭的移交賬目詳細核算，我們具有同感，但限於篇幅，不想發表了，特在此代為轉達傅先生，並請傅先生特別注意本刊最近各期投書中所指出的有關種種。像交通部這樣的情形，充分反應今日政府的腐敗，希望立、監兩院及陳院長撤查。

金思愷先生的「毛澤東猶作困獸鬪」大文，是根據客觀資料所作的分析，具體而詳盡。

署名「臺北縣地區臺灣工礦公司股主一同敬啓」寄來的油印函件：「警告臺灣工礦公司董事長許金德」一稿已收到，關於所指「許金德先生一羣黨羽，在這許大的公司集體貪汚舞弊，並在各廠礦成羣結黨，造成派系」等等，本刊極為重視，望推派專人駕臨本社面談，以便作最後決定。臺南龔××先生來函收到，所述對立委唐嗣堯頻接恐嚇電話一事的觀感，我們完全贊同，但因各報早有報導，各方面的看法大體一致，所以不擬刊出了。臺北市柯××先生油印打字的「緊急陳情書」已收到，所述「臺北市工務局串通吳丕森等不法拆除……居住合法房屋」等情，既已呈請各有關機關處理，我們只有暫作保留，倘有關機關仍不依法處理，希再投書本刊或駕臨本社一談。署名「鬼世」先生送來的「智識青年從軍十一週年回憶錄」一稿及桃園李××先生的來信，所述「軍隊黑暗」種種，固然都是事實，但我們仔細斟酌，覺得還是暫不發表為宜，請原諒。臺南市楊國華寄來的大著「醜態」一冊已收到，書內所述在臺南市本屆選舉中第九十九投票所的見聞，決保存參考。南投鎭蕭××先生的來函及所附剪報均收到，關於南投縣「建設局辦理林務工作黑幕重重」等，既經貴縣議員王志遠提出質詢，又經報紙刊載，恕不發表了。屏東市王××先生的投書已收到，關於所稱「法律疑問難題」，文內未見詳細說明，刊出後自無從瞭解，故決定保留。左營于××小姐的油印打字「陳情書」已收到，所述「高雄市車管處業務課長李明達等，居心險惡，打擊部屬，仇視就業軍眷」等情，想必已呈請各有關單位處理，限於篇幅，恕不發表。署名「中華路承租人代表李一中」寄來的油印打字函已收到，有關中華路違章建築整建後間位分配問題的意見，我們自可考慮發表，但來函既寫明「承租人代表李一中」等八人姓名，卻只有李先生一人蓋章，況李先生等八人是否「代表」，在函內也無法證明，故只有暫作保留。

自由中國 半月刊　總第二五八號　第廿三卷第三期

中華民國四十九年八月一日出版

發行人：雷震

主編：『自由中國』編輯委員會

出版者：自由中國社

社址：臺北市和平東路二段十八巷一號

Free China Fortnightly, 1, Lane 18, Ho Ping East Road (Section 2), Taipei Taiwan

電話：二八五七〇

總經銷：臺灣　自由中國社發行部

航空版：香港　友聯書報發行公司（香港九龍彌打老道一一〇號）電話：五九一六四、五九一六五

經銷處：

美國　紐約友方圖書公司 Hansan Trading Company, 65, Boyard Street, New York 13, N.Y., U.S.A

紐約光明雜誌社 Sun Publishing Co., 112, Mulberry St., New York 13, N.Y., U.S.A.

馬尼剌　新疆書店

緬甸　仰光振成書報店

北婆羅洲　西利亞坡青年書店

星加坡　友聯書報發行公司（小坡大馬路四六九號）

吉隆坡　友聯書報發行公司（馬華公會大廈三樓七室）

怡保　友聯書報發行公司（希尼華沙甘街十六號）

檳城　友聯書報發行公司（林連登律七十二號）

澳門　友聯圖書公司

印刷者：精華印書館股份有限公司　廠址：臺北市長沙街二段七一號　電話：三三四二九

本刊經中華郵政登記認為第一類新聞紙類　臺灣郵政管理局新聞紙類登記執照第五九七號　臺灣郵政劃撥儲金帳戶第八一三九號

（零售：臺灣每份臺幣五元，海外平寄美金一角五分，航寄美金三角五分）

自由中國

FREE CHINA

第廿三卷 第四期

社論

中華民國四十九年八月十六日出版
社址：臺北市和平東路二段十八巷一號

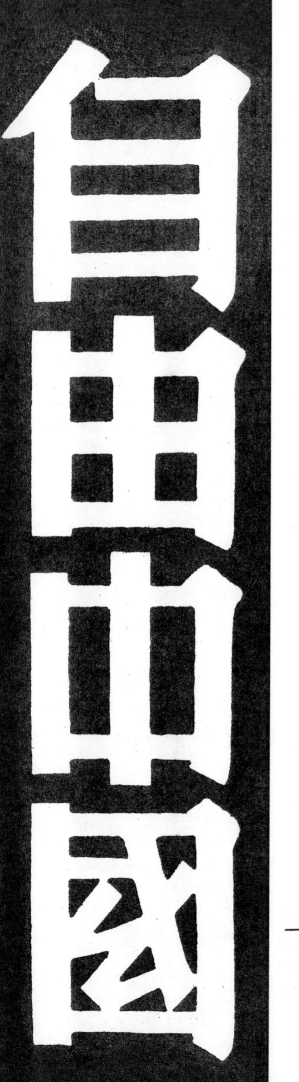

半月大事記

七月廿六日(星期二)
安理會繼續辯論俄誣美機侵犯領空案。
艾森豪向赫魯雪夫挑戰，倡議全球自由選擧，藉以測驗共產主義與民主政治的優劣。
哈瑪紹與剛果總理發表聯合公報，要求比利時駐剛果軍隊立即撤退，強調剛果急需經濟援助。

七月廿七日(星期三)
俄濫用否決權，拒絕調查飛機事件，並拒絕紅十字會接觸美駕駛員。
尼克森獲美共和黨提名總統候選人。
尼克森決定以洛奇爲副總統候選人。

七月廿八日(星期四)
伊朗與阿拉伯聯合共和國宣佈絕交，雙方互限使節卽行離境；阿盟各國將商對伊朗作經濟抵制。

七月廿九日(星期五)
哈瑪紹抵利俄波德維爾，與剛果內閣會商。卡淡加省總理卓姆貝反對聯軍入卡省；比利時召回在剛果部份駐軍。
艾德諾抵巴黎，與戴高樂密談，加強歐洲政治團結。

七月卅日(星期六)
美國提供財經援助，維持剛果和平秩序，對剛比爭執持中立立場，反對卡淡加省脫離剛果。
美國國務院發表聲明，比國派兵剛果，並無侵略意向。

七月卅一日(星期日)
剛果政府與哈瑪紹發生公開歧見，剛果要求速促比軍撤離，哈瑪紹認爲須和平談判。

八月一日(星期一)
俄建議於九月廿日在聯大會中作裁軍談判。
俄誣西方侵略剛果，美國嚴予駁斥，責俄阻撓聯合國的努力。
我正式簽署國際開發協會公約。

八月二日(星期二)
俄復照會美國拒絕承認美國之辯稱美機是在公海上空被擊落。
美拒絕俄建議在聯合國內召開「最高階層會議」商討裁軍。
哈瑪紹警告剛果領袖，應遵聯合國所擬政策，不受任何集團影響。
巴基斯坦宣佈，遷都伊斯蘭馬巴德。

八月三日(星期三)
哈瑪紹宣佈聯軍卽入卡淡加省。
卓姆貝下令卡淡加全境武裝動員，對抗聯軍進入卡省。
洲際通長途電話，用月球作傳遞站，美兩科學家越州交談成功，四．八秒鐘傳聲五十萬英哩。
比利時總理指稱聯合國不可干預卡淡加省獨立。
美已發展成功無人偵察飛機，可深入敵人後方攝影測繪。

八月四日(星期四)
剛果總理盧默貝發表聲明，比軍八日前不撤離，剛果將採激烈措施。

八月五日(星期五)
赫魯雪夫再度提出建議，召開新的高階層會議，以討論東西方的問題，誣英國在美機事件中協助侵略，以將與東德單獨媾和相威脅。
韓執政民主黨計劃裁兵十萬。
卓姆貝總理召酋長會議，請促人民反抗聯軍。
俄發表聲明，要求逐比軍出剛果。

『自由中國』的宗旨

第一、我們要向全國國民宣傳自由與民主的真實價值，並且要督促政府(各級的政府)，切實改革政治經濟，努力建立自由民主的社會。

第二、我們要支持並督促政府用種種力量抵抗共產黨鐵幕之下剝奪一切自由的極權政治，不讓他擴張他的勢力範圍。

第三、我們要盡我們的努力，援助淪陷區域的同胞，幫助他們早日恢復自由。

第四、我們的最後目標是要使整個中華民國成為自由的中國。

八月六日(星期六)
安理會應哈瑪紹要求，將開緊急會議，再度商討剛果危機，剛比均派外長出席參加，哈瑪紹兼程返紐約提出報告。
在卓姆貝武力威脅下，聯軍暫緩進入卡淡加省。
卓姆貝已下令關閉所有機場。卡省宣佈，暫停外幣交易，將發行新通貨。
哈瑪紹建議安理會向卡省提保證，聯軍無意偏袒。

八月七日(星期日)
卡斯楚下令沒收價值十億美元的所有美國在古巴的投資。卡氏謂報復美削減古巴食糖。
蘇俄電臺叫囂煽動剛果叛亂，比巴峻拒蘇俄指控。
美國指責古巴違反民主原則，甘爲共黨傀儡。
美國兩黨議員主張，通過美洲國家組織，應付古巴反美行動。

八月八日(星期一)
俄船載運大批物資陸續抵達古巴，兩百俄人任卡斯楚顧問。
韓國民主黨的郭尙勳、與獨立派的白樂濬分別被選爲衆院及參院議長。
古巴在美洲外長會中，拒絕討論共黨滲透。
艾森豪向國會提出咨文，謂應付任何意外事件，美已加强準備措施，並要求恢復全部都援外預算。
剛果地方政府醞釀分省自治。卡薩省分裂爲二。
剛果阿巴科黨業已控制首都，在總統卡沙弗布主持下，通過對盧默貝之譴責案。

社論

(一) 留學生爲什麼去多回少？

近十幾年來，臺灣有一個很顯著的現象，就是每年都有留學生大批大批的離開臺灣，到別的國家去留學，當然以到美國的佔最大多數。然而，每年回返臺灣的留學生，與離開臺灣的人數對比起來，眞是悽涼得很，不及百分之五。官方的外交機構和文教機構，用盡種種方法，允諾種種優待，希望吸引較多的留學生回臺服務，但是收效仍是微乎其微。眼看着這種光景，有一部分人士納悶，說留學生爲什麼對于祖國這樣淡漠。但是，這種現象是怎樣形成的？怎樣設法作相當的改善？直到目前爲止，我們還沒有看到有人作認眞的分析和建議。因此，這個問題的討究，是十分必要的。

人的生存多多少少得靠着一點希望。尤其是年青人，他們必須看得見自己的國家有一個新的展望，看得見社會有一個光明的遠景，看得見己身有一個美麗的前程，他們才願意爲其實現而努力。可是，誰能提供這些？他們從擺在面前的事實，那裏看得出一點眞正的端倪？十幾年來，他們只能聽到大言壯語。然而，大言壯語，畢竟只是大言壯語，不能代替事實。十幾年來的事實發展，與這些大言壯語之間的距離越來越遠了。因此，個人的前途又寄託在那裏？這決不是藉新聞封鎖所能遮掩的，也不是拿美麗的謊言所能淆惑的。面對着這樣的形勢和事實，優秀的青年留學生就不能不問：「希望究竟在那裏？」這是一個總的問題。當這個總的問題得不到解答時，留學生們的反問就會提出來了：「你們叫我們往那裏走？」

敏感的青年們，在他們內心的深處，既然在這個總的基本問題上得不到一個確定的解答，於是他們不能不退而求其次，努力謀求個人的出路了。這是很自然的選擇，我們用不着拿任何大帽子和言不由衷的官腔來責難他們。一考慮到個人的問題，他們就不能不想：回到臺灣，待遇怎樣？研究的設備怎樣？人事的環境怎樣？學問事業的發展可能如何？不回臺灣而留在美國的話，待遇怎樣？研究設備怎樣？人事環境怎樣？前途有無發展的可能？如果回臺灣的話，月薪最多不過新臺幣一千元左右。戔戔之數，上不足以養父母，下不足以飽妻子，而且在可見及的將來這種慘狀根本沒有改善的可能。在研究設備方面，許多部門根本沒有，即令有也是簡陋得可憐。回臺灣住上三幾年，新的設備和新的書刊幾乎碰不到，切磋請益的人少，過去所學的也會耗空。在這種情況之下，還談什麼學問事業的發展？至於人事環境，中國這個古老的民族，人心之複雜曲折，堪稱全球之冠，因此「人事」之難以應付更是世界第一。可是，「心無二用」。學問思想好的人，科學實驗研究工作做得好的人，因爲把心思，時間，和精力用到自己正當的範圍裏去了，對于應付這樣複雜的「人事」往往一竅不通。在臺灣這個以「人事」爲中心的社會，「人事」應付得好的，即令沒有半點本領，也可扶搖直上；「人事」應付得不好的，即令有通天的本領，也常一籌莫展。可是，留在美國呢？這些「勾心鬬角」的「人事」雖然不能說絕對沒有，但是比咱們這個「人事怨府」的社會那是好得多了。在美國，一般而論，社會正義和公平競爭以及機會均等促使社會進步的人理條件是沒有受到重大戕害的。因此，只要你勤勞，不愁地位不能上升；祇要你眞有本領，不愁不能出人頭地。楊振寧、李政道，只是許許多多例子中之最顯著者罷了。當然，我們也不能說美國絕無「種族歧視」。但是，在美國的「種族歧視」，比我們這裏的「人事歧視」對于一個人的阻礙與妨害眞是小巫之見大巫。至於待遇，那更不能與臺灣的相提並論。理工醫學科門的畢業生，月薪美金六七百元是常事。拿到博士學位的月薪千元以上的也是常事。即令是文法科學的學生，月薪四五百元也不是很難找到的。在這個數目之中，最多分出十分之一來接濟在臺親友，就對他們的經濟生活很有幫助。在設備和研究環境方面，美國留學生所能享受到的便利，更不是臺灣所能比擬的。既然，在大的方面留學生看不出一個光明的遠景，在個人方面回到臺灣實在前途黯澹，而繼續留在美國至少對于個人和家庭有上述這麼多好處，在這一比較之下，留學生何去何從，豈不十分顯明？我們必須明白，這是一個大的趨勢問題，不是某一個人的特殊問題。

在以上所說的種種原因之中，有些還可以諉之於時勢，無可奈何。如果在人謀方面，官方的措施合情合理一點，雖然不見得就能使留學生大量回臺，但是至少比現在可好一點。然而，官方不此之圖。十幾年來官方的辦法，就是使留學生視回臺爲畏途的辦法。我們現在且看官方人士對待即將出國的留學生的辦法是那幾套做工。

第一是在留學生在即將出國以前强迫接受一套訓練。那一套訓練實際是一種政治訓練。這種政治訓練的內容，不外乎這幾個重點：一、灌輸人身神話並製造人身崇拜；二、灌輸復古的意識和空虛的誇大觀念；三、以一個黨派爲中國歷史中心的說詞；四、空洞而又陳腐的黨八股；五、高調不能兌現的諾言。在二十世紀六十年代，居然還搞這一套把戲！這一套令人厭憎的東西，有那一個優秀的青年感到興趣？這套東西，與造就有用的人材有什麼相干？這套東西，與策進現代生活有何幫助？這套東西，如果眞能打動現代青年的心，那末留學生應該大批返臺了，何以却寥寥可數？出國青年雖然厭棄這一套東西，但是不去受訓表示接受的話就休想離臺。他們底身體被卡住了。爲了身體能够放行，你要他們口稱「擁護」，他們就口稱「擁護」，你要他們高呼「萬歲」，他們就高呼「萬歲」。但是，一上輪船和飛機，他們便把這一套「原封退回」了。即令有極少數誤信這一套的，一到美國，眼看人家那樣富强康樂的原因，在政

（ 4 ）

治上係受惠於自由民主，在技術上係受賜科學，並不是靠的講「主義」搞「控制」；而搞這一套把戲，愈搞愈糟；於是也就恍然大悟，不再信那一套了。既不信那一套，他們的身體留在海外時，你用什麼辦法抓回來？多少年來，官方權勢核心有一項從共產暴徒學來的基本想法，即以爲只要把人的身體關住了並把頭腦予以洗刷，就可「掌握」他的一切。十幾年來，留學生却叫他們撲一個空。這還不够教訓嗎？

第二是苛煩的手續。自由中國眞可以說是一個「手續國」。如果要考手續之苛煩，我們想在世界上總是居于數一數二的地位。在別的國家也許只要一兩分鐘就可解決的事，目前在臺灣，只要沾着官方，非弄得你焦頭爛額，費時曠日不可。這些權勢人物似乎不給人以折磨與困難就得不到心理上的快感滿足。留學生「辦出國手續」，更是一件難上加難的人生大事。一個留學生想到美國，從第一步手續辦起，到眞正上船上飛機爲止，所牽連的機關之多，所過的關卡之多，據說蓋章要達六十個以上！鐵幕國家的情形怎樣我們不得而知，但是，在自由世界，那一個現代民主國家有這樣令人厭惡的辦法？一個政府的存在，究竟是爲的興利除弊，還是專門設些關卡來妨害人民應享的自由和權利？這些毛細苛求的手續如果對于「反共抗俄」的偉大事業有所幫助，那末這一偉大事業豈不是早已完成？任何與辦過「留學手續」的留學生有接觸的人都有這樣的經驗，即是，當他們辦完這些手續以後，一個一個的如釋重負，長舒一口氣，但求火速離開臺灣。在現在世界文明各國，人民到處旅行觀光是一件愉快的事。可是，在我們這裏，除了達官貴人和負有特殊任務者可以出進自如以外，一般「國家主人翁」，出自己的「國門」之難，眞是「難如上青天」。僅僅是「出國手續」就這樣困難，留學生那敢輕言回臺？

最大多數留學生們之一去不復返，是對于官方的黨化訓練和苛煩手續之最眞實的答覆。官方的權勢核心人物應該有點覺悟了。爲了改善這種情形，我們提出下面的建議：

第一、停辦留學生的政治訓練。策動搞這一套訓練的人士，大概以爲這一套訓練頗能「改造」留學生的思想，加强他們的愛國心。老實說，根本沒有這回事的！這一套訓練，所收效果剛好相反。人誰不愛其國？然而，官方人士近年來的種種作風却是使人無法愛國的。這種結果，那能怪得了青年？時代變了。他們的那一套陳腐，虛僞，空泛的調子，沒有青年眞個相信的了。早在幾年以前，就有一位堅持「黨性」的教育首長自己說過：「這些留學生在臺灣受訓的時候看起來很聽話，一上了船就駡臺灣。」既然明知如此，何必還要再搞這一套呢？從前的青年很少作兩面人的，近十幾年來青年裏作兩面人的却大批出籠。我們不怪在臺灣的青年。從前的中國青年與在臺灣的青年素質上是一樣的，從前的青年較少受到這一套黨覇辦法的威脅和桎梏，所以他們的心靈和人格，能够維持完整。現在臺灣的青年無所逃于天地之間，完全成爲這套黨覇辦法的威脅和桎梏之下的犧牲品。他們爲了求生存，爲了留學，不能不委曲求全，不得不採取這種兩面作風。這是不得已的。他們沒有責任，責任在這少數黨覇。我們不忍拿大話來責備他們。我們無寧同情他們的遭遇。爲了減少青年們和留學生的反感，尤其爲了不要破壞青年人格和心靈的完整，我們認爲必須趕快停止這種黨化訓練。

第二、簡化手續。我們並不是說，一個現代國家可以完全不講手續。任何現代社會的生活免不了要辦一點手續。可是，手續不宜多，只宜少，愈簡便愈好。像臺灣十幾年來這麼多手續，那裏是完全必要的？這明明是少數權勢核心分子想出來束縛大家，消耗大家的精力和寶貴時光，以維護其小集團權勢和威嚴的法術。一個留學生出國要辦六十幾道手續，這有何必要？爲了不要大傷留學生之心，我們建議儘可能地簡化出國手續。

以上所說的兩點，並非一時無可解決的困難，根本是人爲的災害。這種人爲的災害，是人的愚蠢加自私構成的。不要以爲狠刻就可以維持這樣的局面於永久。「解鈴還要繫鈴人」，官方應須趕快撤除這些害人而又無謂的固障。多一分厚道，就多爭取一分人心，如果官方能够做到這兩點，我們相信留學生回臺的數目一定比目前增加。

社論

（二）人爲的水災

今年臺灣中部的八一水災，比起去年中南部的八七水災，雖然農田的損害較少，但廬舍和人畜的犧牲，以及鐵路公路橋樑的破壞，其嚴重的情形，比起去年似乎不相上下。官方的報紙，對於這次水災，大都輕描淡寫，好像沒有什麼了不起。倒是聯合報的記者姚鳳磐先生，櫛風沐雨，親身在災區採訪的消息，使我們看到災情眞相之一斑。僅就這一斑的慘象來看，已足够叫人心酸了。

這次水災的形成，特別值得大家注意的：就是這次雪莉颱風並不强烈；雨，也不算太大；下雨的時間也不太長。像這樣的風雨，一年當中來過兩三次並不算稀奇，如果每次都帶來像八一這樣的水災，那末，今後叫人民如何生活！

爲什麼這樣不太厲害的風雨竟造成這麼大的水災呢？原因當然不只一個，但最主要的是歷年來林政的腐敗和無能。

我們說水災的主要原因在於林政的腐敗和無能，這並不是說水利當局完全沒有責任，而只是說，如果林政還是這樣腐敗無能而不革新的話，水利建設的成績，也會完全被抵銷掉。何况疏濬河床所費浩大（疏濬一公里需要一千萬新臺幣），不是經常的水利經費所可負擔的。近年來政府所標榜的經濟建設，一味地好大喜功，作爲政治宣傳的資料。橫貫公路與石門水庫都是經濟浪費的顯例，至於與人民經濟生活更直接相關的水利工程，從來沒有得到政府應有的重視。就這一點來講，我們也不能把水災的主要責任歸之於水利當局。

現在我們來看看歷年來臺灣林政當局腐敗和無能的情形是怎樣。

凡是對於森林的功用有點常識的人，都會知道森林防止水患的作用是很大的。簡單地講，森林可使地面逕流（aurface runoff）成爲滲透逕流（seepage runoff），同時可使剩餘的地面逕流減低流速，而不致滙聚成急驟的洪水。如果森林大被破壞，土壤也就發生變化，不僅滲透孔（seepage openings）受封閉，而且由於被覆物的剝蝕，雨水挾沙土與岩石滾滾而下，河床因之淤塞，隄防也受衝擊，於是形成洪水災害。森林被墾伐的地方，固然不盡是赤裸裏的地面，有的種香蕉，有的種香茅草，有的種木薯，但這些淺根植物的種植，一方面減低了土壤的水分滲漏度，一方面由於表土經過移除以後，含有有機物的底土一經裸露，冲蝕的速率也爲之增加。近年來不太厲害的風雨之所以能够形成災害者，其主要的原因在此。

臺灣的林地面積，據日據時代的統計爲二、二八五、一一六公頃，佔臺灣總面積百分之六十四；民國四十五年農復會航測的結果，林地只有一、九六九五〇〇公頃，佔臺灣總面積百分之五十五點一，四十五年以後，林地的縮減還沒有統計在內。從這兩個數字看來，十多年來林地的減少，大概有三十二萬多公頃。這是個駭人聽聞的數字。

臺灣森林，國有林佔百分之九十以上。換句話說，林地的損害，絕大部份是發生在國有林方面。國有林是在林務局（原名林產管理局）管理之下的，臺灣林地的損害，以前的林產局，今日的林務局都有責任。我們查考統計資料，知道歷年來森林災害發生的次數和被害的面積，以民國三十五年爲最多。災害分「火災」、「盜伐」、「濫墾」和「其他」四項，三十五年發生林災的次數達三千二百四十三次，面積達四萬二千九百八十八公頃。那一年爲臺灣光復初期，正是大家混水摸魚的好時光，後來雖然情形好轉一點，但每年林地損害的嚴重程度，還是很驚人的。中國官場貪汚舞弊而不犯法的事例多的是，林政方面的皮作瓊案件正同司法方面的高嵩案件一樣，都是有代表性的，只是程度有輕重，手脚有的做得乾淨，有的不乾淨，因而有的幸而逃於法網，有的不幸而經揭發而已。

林務機構的組織，不能說不周密。它附有七個山林管理所，二十四個分所九十六個工作站（這是四十五年的組織，現在也許還增加了一些），此外還配有林地警察。在這樣周密的組織下，爲什麼「火災」「盜伐」「濫墾」和「其他」的災害不僅不能逐年減少反而逐年增加呢？（據統計資料，四十六年被害的林地爲二千一百零九公頃，四十七年爲五千五百三十九公頃，四十八年爲七千四百零六公頃）「盜伐」，眞的是無所憑藉的小百姓偷偷摸摸地「盜」伐嗎？「濫墾」，誰敢這麼大規模濫墾呢？至於「火災」，又何嘗不是「盜伐」與「濫墾」而引起的呢？

林政的腐敗與無能，損害了森林，因而釀成不應有的水災。我們這一論斷，是有充份根據的。

森林，是經濟資源之一，我們當然要利用。可是這一經濟資源的利用，也和其他的資源利用一樣，要遵循經濟原則。否則，就是經濟浪費，甚至造成經濟的損害。臺灣的林地佔全島總面積百分之五十五强，爲臺灣經濟建設的一大本錢。我們自然要利用它。但是，利用之道，必須要以現代的科學知識，一面伐林，一面造林，這裏面有些原則要遵守，也有些技術要講求。不能僅憑一時的急功近利的打算，國內外的經濟情勢和市場也要面面顧到。目前經濟行政當局喊出「多伐多造」的口號，並有設置「山地開發局」的擬議。這種口號和擬議，乍聽之下，似乎是屬於積極性建設性的。但是我們試進一步研討，「多伐」的目的何在？爲輸出爭取外滙嗎？去年爲輸出而砍伐的木材，尙有十萬立方公尺左右擺在山上任它腐爛。爲供國內建築需要嗎？如果其他的條件不具備，單憑木材的大量出山，不會把潛在的需要變成有效需要。經濟事業的措施，所要考慮的因素是多方面的。主政者不尊重專門知識，只憑主觀的願望來作爲，結果常常是害多利少或有害無利。在「多伐多造」的口號下，「多伐」容易做到，「多造」恐怕是一個陪襯的說詞而已。歷年來植樹節總不免有一次造林運動，可是造林的成績在那裏？我們只就臺北市郊景美至木柵一帶來看，裸露的山地，一年多似一年。新植的林木，却沒有顯著地呈現在我們眼前，這就可以想見「多伐多造」這一口號可能發生的流弊了。至於擬議中的「山地開發局」，如果其主要業務仍爲林務的話，爲什麼在現在的林務局以外又要添設這一機構呢？現在的林務局如果組織不够健全，儘可改組它，如果人事不够理想，儘可撤換他。架床叠屋的機構，分工不淸而互相牽制、互相推諉的機構，現在已經太多了。林政方面如果再犯這個毛病，未來的人爲災害恐怕比現在更要多了。

我們看出這次八一水災的主要原因，在於歷年來林政方面的腐敗與無能。所以我們特別要呼籲政府當局對於林政徹底改革，減少今後人爲的災害。否則一雨便成災，生活在山溪之間的居民將何以安枕呢？

社論

（三）評選舉監察辦法修正案

——國民黨黨政當局再不要玩弄手法了！

很多年來，國民黨黨政當局在地方選舉中，一直是不擇手段的違法舞弊；到了去年，更不惜修改地方自治法規，做了種種保障違法舞弊的規定。在今年五月舉辦省議員和縣市長選舉時，由於國民黨黨政當局所採取的違法舞弊手法，變本加厲，肆無忌憚，終使民怨沸騰，人心喪失。

最近，正當在野黨及無黨無派人士在各地舉行選舉改進座談會，並積極籌組一個新的强大反對黨聲中，國民黨黨政當局忽一改過去蠻橫拒絕民、青兩黨要求共派監察員的故態，而接連發出修改選舉監察辦法的消息。此項消息一再出現後，我們總以爲國民黨黨政當局接受民意、改過向善了。可是，直至八月一日，在嘉義的「商工日報」上，當我們看到國民黨黨政當局透過民政廳所提出的修正案已在七月三十日正式送請省議會審查的消息，並同時細細的看完了兩項選舉規程——臺灣省各縣市公職人員選舉罷免監察委員會組織規程（下簡稱監委會規程）、臺灣省各縣市公職人員選舉罷免事務所組織規程（下簡稱事務所規程）——的修正條文，才知道事實與我們起初的想法，恰恰相反。

此次民政廳提出的選舉法規修正案，僅僅限於選舉監察部分，而不涉及選舉管理部分，已與在野黨和無黨無派人士的歷次要求不符。可是，僅就修正案所涉及的監察部分而言，也是有其名而無其實的。

在臺灣地方選舉的監察辦法中，根據現行監委會規程的規定，包括有省級的監察委員會，縣市級的監察小組，及各投票所開票所的監察員。在此項監察系統中，監察員須受監察小組的指揮監督，監察小組又須受監察委員會的指揮監督。依據臺灣省各縣市公職人員選舉罷免規程的規定，特別是選舉結束後，有關選舉無效及當選無效的選舉訴訟，只有監察委員會可以依法提出；至於監察小組和監察員，則無此項權力。由此可見，在整個監察系統中，監察委員會和監察小組都十分重要；至於監察員，連民政廳也知道，只是「整個選舉監察系統組織之一環」而已。但是，在此項修正案中，卻僅僅涉及此小小一環的開放，並沒有將整個監察系統開放。

國民黨黨政當局在此次修正監察辦法中，居然仍企圖把持省級的監察委員會和縣市級的監察小組，已經極不合理。但是，國民黨黨政當局的企圖，並不止此；而是對於各投票所開票所的監察人員，也不予全部開放。

在各投票所開票所的監察人員中，有主任監察員和監察員之分。依現行事務所規程的規定，主任監察員對於各該投票所選票及票匭的查驗，握有三項特有的權力：一是在投票一日前，有與主任管理員對選票「會同查點密封，共同蓋章」的權力。二是在投票日投票開始前，又有與主任管理員對選票「驗明封識，然後啓封復數後，發交掌管發票管理員」的權力。三是在投票開始前，還有與主任管理員對票匭「開驗後加封」的權力。根據過去的事實證明，選票與票匭的查驗不確實，又正是國民黨黨政當局進行違法舞弊的重要關鍵之一。此三項主任監察員所特有的權力，既非其他監察員所有，可見在各投票所開票所的監察人員中，主任監察員最重要。另據民政廳所提監委會規程修正案增列的第十五條第二項規定：主任監察員對於「投票人投票時有無違法情事」，及「投票開票時之糾紛案件」，又有「迅速報告監察小組並隨時向巡視之監察小組委員或督導人員報告」的特有權力。且據民政廳的說明，增列此項規定，有「防止……投開票之後，爲達到某種作用誣指選務人員違法等情事」的精神在內，足見修正案中的主任監察員，地位較未修正前尤重要。可是，在此項修正案中，卻偏偏硬性規定「主任監察員由監察小組召集人提名」。由於監察委員會和監察小組是在國民黨黨政當局把持之下，主任監察員的提名，也必被把持，自在意料之中。根據上引增列條文的意向推測，顯然是企圖在把持主任監察員之後，便可隨時利用其權力，擅指任何依法指控爲「誣指」，而作爲國民黨黨政當局實施違法舞弊措施的保障了！

在此項修正案中，國民黨黨政當局既一意把持主任監察員，僅僅在投票所開票所的監察員的推薦上加以開放，已經是敷衍的辦法，事實上不成其爲開放。但是，僅就對於監察員的開放而言，顯然也沒有誠意。

選舉是無法完全離開政黨的，因此，關於監察員的推薦，國民黨黨政當局如果眞有誠意開放，按理便不能完全抹煞政黨推薦的方式。然而，據民政廳所提監委會規程修正案第八條的規定，監察員却是由「候選人平均推薦」，完全拋開政黨不提。國民黨黨政當局如此修正，並非不知道政黨的關係重要，而是另有企圖。此一企圖，可由其決定改變「政黨提名」方式中看出。據七月二十一日報載，國民黨當局對於今後的選舉，決定改變「政黨提名」方式，卽政黨提名方式雖然仍舊保留，但却同時准許黨員自由參加競選。國民黨當局之所以不先不後，忽在此時決定改變「政黨提名」方式，明眼人一看而知，是爲了配合修正案的「候選人平均推薦」辦法。因爲在這種辦法下，國民黨當局可以在實際上支持黨提名的人競選，另又指派若干人以自由競選的名義去陪選，結果國民黨當局在黨員多人參加競選的情形下，便可以順理成章的推薦出大量監察員，自然而然發生控制的作用。

可是，國民黨黨政當局對於監察員控制的企圖，也非到此爲止，而且進一步對於監察員的推薦，又加以「人選標準」的限制。據民政廳所提監委會規程修正案第八條規定，監察員限於下列三種人員：一、民意代表，二、各機關學校團體教職員，三、地方公正人士。另據同一修正案增列的第九條規定，候選人推薦的監察員，如經監察小組「審核有不合規定」，便可「通知原推薦候選人限期補推」，而且補推是「以一次爲限」；所以在補推仍不合規定時，便只有聽由「監察小組遴員補足之。」但是，各縣市的「民意代表」，百分之八十以上是國民黨員；「各機關學校團體教職員」，又是百分之九十以上被國民黨黨政當局所控制；至於「地方公正人士」，又漫無一定標準。因此，在此種所謂人選標準的限制下，非國民黨的候選人，既不易找到所需要的大量民意代表和教職員，而所推薦的「地方公正人士」，又可能被國民黨黨政當局控制的監察小組認爲「不公正」，最後勢必又只有聽由監察小組遴員補足，結果絕大多數的監察員，還是控制在國民黨黨政當局之手。

根據以上分析，此次國民黨黨政當局透過民政廳提出的有關選舉監察辦法修正案，自省級的監察委員會，而縣市級的監察小組，以至各投票所開票所的主任監察員，都依然把持在手；卽連唯一開放的監察員，也沒有誠意。因此，此項修正案，名義上雖是開放監察工作，實際上仍是把持整個監察工作。很顯然，這是企圖以監察員「由候選人平均推薦」幾個字，來欺騙和愚弄全臺灣的選民而已。老實說，國民黨黨政當局如果眞有改過向善的誠意，至少便不該再在修正監察辦法中玩弄手法，而該切切實實的開放整個選舉監察系統的工作。

駁斥黨報官報的謬論和誣衊

——所謂「政黨的承認」和「共匪支持新黨」

雷　震

自從我們決心籌組一個新的政黨以來，由於海內外的一致關注，各報刊的報導、分析、推論、建議，也就隨之紛至沓來。我們除掉對於各方面給我們的鼓勵和勸告，表示由衷的感謝外，並將以行動來報答大家對我們的厚望。至於若干所謂內幕性的報導，絕大部分都是出之於捕風捉影之談，例如有關所謂新黨的組織、人事、以至政綱、政策等等報導，全無事實根據。雖然也有人希望我們加以答覆、辯正，但我們總相信大多數都不是出於惡意，而是出於傳聞失實，出於主觀的揣測，所以只想讓事實來證明。在今後，我們除掉希望若干報刊在發表有關新黨的報導時，能先把事實眞相弄淸楚，並對自己的讀者負責，嚴守忠實報導的立場外，只有籲請大家保持高度的冷靜。

但是，我們對於國民黨的黨報官報的謬論和誣衊，却不得不就其中最主要的兩點：所謂「政黨的承認」和「共匪支持新黨」，加以公開的駁斥。至於一兩份下流報刊所揑造的各種謠言，騙不過明眼的讀者，我也不必一一置辯。

一　反對黨的承認問題

本年七月二十九日國民黨機關報「中央日報」有一篇社論，題爲「政黨的承認問題」。這裏面包含着下列三個問題。

第一是國民黨對新黨的承認問題。該社論說：「自國父組黨革命，至今六十餘年，本黨親身遭遇的反動風潮，不止一次，同時本黨親眼看見的新黨運動，亦不止一次。現在又有所謂『地方選舉改進座談會』其名而組黨其實的運動在進行中。我們並不重視，亦決不予承認」。這是很明顯的說出國民黨將不承認新黨。這種說法，與國民黨副總裁行政院院長陳辭修先生在同年六月三日新聞記者招待會中所說：「政府希望能有一個强有力的反對黨出現，應照美國例子來組織」的話是相衝突的。對於這個問題，國民黨內部是不是有矛盾存在？無怪香港「星島日報」八月二日社論說：「今國民黨的黨報，竟然用社論去反對他們底領導人物所贊成的任人組新政黨，反映國民黨內部不統一；反映國民黨在玩弄着上級拉攏、中級磨擦、下級鬬爭的老手段。反映國民黨實在沒有容人組黨的『雅量』。」

國民黨如果不打算承認新黨，新黨也並不要求它承認，同時新黨也將不會承認國民黨的。這種「禮尙往來」，是中國人的傳統大道理。執政黨與在野黨，政治的地位儘管不同，法律上的地位完全平等，彼此間無所謂承認問題。

新黨能否組成，要看當時的情勢如何。新黨組成之後，能否發展，以及能否長大，要看籌組新黨諸君努力的程度如何。這卽是說，新黨能不能組織成功，客觀環境極其重要。如無組黨的客觀環境，僅憑組黨諸君之熱心與努力，則新黨仍是不易產生。現在的客觀環境是產生强大新黨的適當時機，誰也阻擋不住的。選舉改進座談會在各地之順利推動，參加人之踴躍熱烈，便是客觀環境有利的明證，也正是「水到渠成」的趨勢。中國有句格言：「順天者存，逆天者亡」。「天」字就是情勢的意思。

第二點是國民黨對新黨的孤立問題。該黨報又說：「這幾十年的中間，於本黨之外，有悠久的歷史，有確定的主張，自主自立，在愛國的前提之下，與本黨或分手，或合作，而抗戰以來，同休戚，共患難，並且一致努力，開始憲政，推行民主法治者，只有中國靑年黨與民主社會黨。直至今年三月，本黨六屆中央臨時全會，重申信念，鄭重決議，對這些以反共抗俄爲職志的愛國民主政黨，互相尊重，互相信任，以共進於復國建國的大道。」

這顯然是一種拉攏靑年黨和民社黨來孤立新黨的企圖。國民黨當權派諸公憑良心講一講，除了要利用人家的時候以外，你們過去對靑年黨和民社黨是不是尊重過與信任過？你們從中分化的工作還做得不够嗎？過去我代表國民黨和靑民兩黨接洽，我接到的控訴很多，他們兩黨負責人的心目中已經够清楚的，用不着我們代爲爭辯了。過去陳啓天先生說「國民黨有五逼」：「逼走」、「逼反」、「逼變」、「逼廢」、「逼死」……。他的意思是說國民黨把許多不同已見的人逼成這個樣子，這是「同休戚、共患難」嗎？大陸時代不必說了，到臺灣以後，我還看到國民黨高級黨部通令所屬黨部防止靑年黨、民社黨活動的文件。這是尊重他們嗎？這是信任他們嗎？你們既以「大團結應以本黨與靑年民社兩黨的合作爲其初步的基礎」，那末你們爲什麼又防止他們活動呢？說謊是最可恥的事，你們爲什麼老是要說謊話？你們又說「同休戚，共患難」，其實，「休」是很少，「戚」則同沾，你們把大陸搞丟了，他們非和你們一同逃命流亡不可，則是事實。

第三是國民黨對新黨的類比問題。該黨報又說：「在抗戰的前夕，及抗戰期間，有所謂抗日救國會，有所謂民主同盟，有所謂鄉村建設派，有所謂民主科學社，又有第三黨，職教社，如是等等，到了抗戰結束之後，一一暴露其原形。這些外圍團體和尾巴主義者今日到何處去了。他們今日都在大陸匪區，在共匪的侮辱和壓迫之下，供共匪的利用和奴役。……倘如今日再有『救國會』和『民主同盟』一類的組織，甘心爲共匪充外圍，做尾巴，從事顚覆國家的陰謀活動，我們決計沒有予以承認，與其交往之可能。」

你們拉上一大堆過去的政治團體來比擬新黨，好像新黨就是這一類團體的再生，其目的無非要使國人對新黨發生反感，不同情新黨，不支持新黨，更不加入新黨。我要特別提醒國民黨當權派諸君，你們要提起大陸的往事，你們就完全搞錯路子了。你們把大陸搞丟了，你們應該粉身碎骨，百身莫贖，今天還有什麼面目來責備他人！我來問問你們：

第一、共產黨這個禍害精，究竟是那個勾結進來的？所謂「雙重黨籍」云云，又是在那個黨裏發生過的？退一步說，這一些往事不忍再去窮追吧，那末：

第二、民國十六年你們淸黨之後，國民黨內部如果戮力同心，自己不去爭權奪利，僅有幾千枝爛槍的匪軍，老早就可消滅，何至於最後把你們趕出大陸？你們要不把張學良及其軍隊拖進關內，增强內爭力量，阻止北平舉行的擴大會議，東北也不會丟得那樣子快。民國二十年，你們如不拘禁胡漢民，則兩廣不會獨立，這點毛猴子共產黨早就被打垮了。你們的內爭把整個大陸變了色，還有什麼話說？這些過去的事蹟，世界上人都知道的，中國的歷史家也會寫出來的。你們指的那些政治團體，本與新黨毫無關連，我所指陳的過去的事實，却都是你們同室操戈的史實。本期發表了唐德剛先生的文章，說國民黨在民國二十年這一年冬天，在南京、上海、和廣州，開了三個全國代表大會。可見你們專事內爭不顧國家和人民到了什麼程度。古語有云：「鷸蚌相爭，漁翁得利」，中國共產黨之所以得勢成長而至於坐大，完全是你們的內爭有以助之也。我希望你們再不要多提往事，你們還可以在臺灣作威作福的過日子，並多派些特務坐汽車來跟踪我們，橫直有老百姓的血汗錢和美援可供花用，橫直年輕的人不大會知道你們過去的所作所爲。這樣不是很好嗎？這些往事，我也不願提起，因爲你們誣衊我們太甚，我不得不略爲說一說。大陸丟掉了，我個人也要負責任的，那時我不僅是一名國民黨員，還是中央監察委員。可是我當時是無能爲力的。

二　共匪支持新黨來顚覆政府麼？

我們決定於七月三十一日在高雄市舉行「高屏區」(高雄市、高雄縣和屛東縣)選舉改進座談會。我們一行於三十日抵高雄。三十一日淸晨在旅邸裏看到了官報「新生報」南部版，在第一版正面上，用頭號字標出三欄大標題，說「匪透過港統戰份子，支持臺灣『新黨』活動，企圖其顚覆政府陰謀」。文章開頭就說：

「據此間獲悉，共匪爲遂行其所謂『和平解放臺灣』的陰謀，最近曾通過以前曾赴北平啣命到香港擔任統戰任務的程逆思遠帶了黃逆紹竑的一封信往訪黃×初其人，請其爲匪方負責支持臺灣『新黨』的活動，以期在政治上造成臺灣內部的混亂，以『內外夾攻』的方式，實現共匪顚覆政府的計劃。……」

看了上面一段報導，大家心裏有數，這又是國民黨在造謠，對新黨放射了一支冷箭。這裏面有兩點必須指出的：

第一、據「此間獲悉」云云，那麼，「此間」一定是在臺灣，因爲該報標出爲「臺北三十日專電」。

第二、「最近曾通過以前曾赴北平啣命到香港擔任 統戰任務的程 逆思遠帶了黃逆紹竑的一封信往訪黃×初其人，請其爲匪方負責支持臺灣『新黨』的活動」。照這一段行文的口氣來看，是「程逆思遠帶了黃逆紹竑一封信」到臺灣來，往訪在臺灣的「黃×初」其人，「請其爲匪方負責支持臺灣『新黨』的活動」。「黃×初」大概現在尙未靠攏，故未加以「逆」字。

至於「新生報」臺北版的文字，則與臺南版完全一樣。

在同日國民黨機關報「中央日報」的第二版上，有這樣的標題：「匪圖利用『新黨』活動，進行顚覆陰謀；現正加緊進行『統戰』工作，企圖在政治上造成臺灣混亂」。「進行顚覆陰謀」六個字，用的是頭號大字。

該文開頭說：「權威方面昨天透露」，接着有「權威方面並指出」、「權威方面說明」、「權威方面『同時』引述香港某權威人士的消息又說」。其內容與「新生報」僅有文字上的出入，意義完全一樣。照這段文字來看，所謂「權威人士」當然是在臺灣。後面所引「星島日報」駁斥此項消息的社論，也是這樣解釋的。

另一黨報「中華日報」，在同日第一版上，以顯著的地位，用頭號字來做標題，謂「匪黨對臺積極展開統戰，圖以『內外夾攻』方式，達成顚覆政府計劃，留港某權威人士透露此一陰謀」。內容則比較簡單，意思則完全和新生報、中央日報相同。

請各位先生看看上面的分析，就可知道國民黨又在用戴紅帽子的辦法來打擊「新黨」的組黨活動了。於是「新生報」南部版接着在八月一日第四版登載新黨昨日在高市集會的消息中，便這樣說：「這一批新黨籌備人員於昨日下午五時，以『聚餐』名義，在該第一飯店舉行所謂『改進地方選擧座談會』，據說：高屛三縣市鄕鎭，原有二百餘人來高市參加，部分人士因閱昨日報載，共匪正積極支持此一組織以遂所謂『和平解放臺灣陰謀』，因此紛紛宣告缺席，乃僅有八十餘人前往參加。」照這一報導來看，國民黨戴紅帽子的手段似乎是多多少少收效了（其實，那天該會根本沒有邀約二百人，到的人確比約定的人數少，這是因爲座談會延遲三小時和大颱風的關係）。所以那一天高雄座談會開會前，主持人要我對這一消息闢謠，他們認爲這條消息可能影響不明政治實情之鄕區參加人的情緒。

國民黨這種手法，眞是卑劣至極了，所以八月二日香港「星島日報」的社論以「反對黨是中共顚覆政府的工具？」爲題，很憤慨的說：

「這是國民黨機關報，正面開砲轟擊在籌組中的新黨。

正面砲轟不足爲奇，奇的是七月三十一日『泛亞社』發出臺北電說：「中國國民黨黨報臺北中央日報今日以『匪圖利用新黨陰謀活動，進行顚覆陰謀』之三欄標題，發表一則消息稱，中共『最近又在日本，香港等地積極展開對外統戰工作，企圖利用臺灣新黨的活動，藉所謂和平解放臺灣的叫囂，在政治上造成臺灣內部混亂，以內外夾攻的方式，實現顚覆政府的陰謀。』」

因此那篇社論很不平的說：「這，顯示國民黨不祇對在籌組中的新黨加以砲轟，且用地雷去爆炸矣。」

星島日報在同一社論中對這段新聞很率直的指出：

「官報刊出的新聞，說籌組中的新政黨是中共顚覆政府的工具，是相當嚴重的事。在今日之臺灣，竟有人敢『通匪』而公然組織新政黨去顚覆政府，多麼駭人聽聞！在今日的臺灣，如果有這樣的事，則所有保安保密官員，都要負責。爲什麼他們不能及早發現？現在演變到公開，爲什麼不將所有有關人等拘捕、檢控、審訊、依法辦理？這是一件非常嚴重的事。最高當局應下令澈查依法辦理。如果有據，所有有關人犯都要槍斃。如果無據，則另一方面的有關人等，應負以錯誤情報、擾亂治安之罪議處。」

最後，那篇社論更鄭重的作結論說：

「國家大事，不能以兒嬉出之；不能以意氣出之；我們要促國府從速嚴厲查明辦理此事。」

這是不平則鳴的仗義執言，你們是無法一手遮盡天下人的耳目的。

這種造謠的目的，不外乎兩點，一是使一些不知政治實情的人，看到了這些新聞害怕起來，不敢參加新黨工作；二是爲將來要搞「莫須有」的誣衊搆陷事件，預先作個伏筆。其用心之毒辣，可謂至於極矣。

我們接到香港友人來信說：香港方面對新黨的反應是，左右兩派的報刊，都是冷嘲熱罵，歪曲報導，只有民主人士及有正義感的報刊，則歡欣鼓舞，認爲中國政治可以出現新的希望。右派報刊不必說了，左派的共匪報紙，說新黨是受到美國的主使，甚至說是美國人出錢來搞的。說反對黨是「美國的黨」，是「康隆報告結論表演」。今天國民黨報紙又說共匪支持新黨來顚覆政府，可見左右兩種政治團體，其作風是相同的，以造謠誣陷來對付政敵的卑劣手法，完全是一脈相傳的。

三　新黨的目標

反共鬥爭的基本意義，爲民主與極權之爭，自由與奴役之爭。這些話，我們過去十年間在自由中國雜誌上一再强調的。本此基本的認識，我們確切相信，爲求反共的澈底與有效，必須積極從事於民主政治的建立，使自由中國人民永無被奴役的危險，從而促使共黨的奴役政權早日崩潰，使大陸人民重新獲得自由。

民主政治的建立，在於政權的「有效制衡」與「和平交替」；而政權的「制衡」與「交替」，則有賴於强有力的反對黨之存在。

我們本此信念，經在野黨及無黨無派人士所擧行地方選擧檢討會的提議，特發起組織新黨，以期團結所有愛國家、愛自由的海內外人士，共同努力，擔負起反共建國並進而維護國際正義與和平，以促進全人類福祉的大責任。

最後，我要特別聲明：我這篇文章，僅是個人的意見，並不代表團體的意思。

八月八日於臺北。

論「西山會議派」

——民國史實試論之一

唐德剛

「西山會議派」實在是中國國民黨中以反共爲號召而組織的第一個「派系」。其組成份子中的領袖人物，可說是集早期國民黨人材之大成；他們所用以號召的理論體系，說是「孫文主義」的正宗，也不算過譽。照常理來推測，西山派在近四十年來的中國政壇上——尤其是在國民黨的反共鬬爭中，似應發揮高度的領導作用。孰知它自始至終一直都被它本黨之中的當權派說成「反動的集團」。在二十年代的革命浪潮中，它除去發生一點點漩渦作用之外，簡直沒有起任何決定性的影響。時至今日，「西山會議派」已經完全成爲一個「歷史名辭」了。現在我們再來研究這一派系的來踪去跡，應該要算是純學術性的探討了。

「西山派」的背景

「西山會議派」是怎麽回事呢？照傳統的說法，其簡略的歷史，大體是這樣的：

中國國民黨在民國十二年冬季着手改組之時，總理孫中山先生決定了一項「聯俄容共」的新政策。主張中國革命應「以俄爲師」。但是中山的主張，只是「師」俄之方法；而摒棄共產黨之理論。所以他允許中國共產黨加入國民黨，目的也只是要運用共產黨的「方法」和革命熱情來實行國民黨的「主義」。

孰知共產黨一旦鑽入國民黨之後，便大肆活動起來，形成一種尾大不掉之局面。不過中山在世時，其勢尙微；中山本人的德望，也還可制服他們。到中山死後，共產黨仗着「國際背景」便在國民黨內縱橫捭闔起來，攪得國民黨內糾紛迭出。而國民黨內少數機敏的領袖如汪精衞等也很乖巧地看出，中國革命若無俄援，亦斷無成就，所以他們就一意縱容共黨，以討好於第三國際。這樣，共產黨就益發肆無忌憚，而變成國民黨內的「天之驕子」；俄顧問鮑羅廷，也就變成了決定全黨政策的「太上黨魁」了。

西山會議

在這種情況之下，黨內一部份「老同志」認爲此風不可長，思圖加以糾正。民國十四年(一九二五)七月，戴季陶首先刋印了一本小册子，曰「國民革命與中國國民黨」。在這本小册子裏面，他對「國民革命」以及「聯俄容共」的政策都加以詳細的檢討。公開否定共產主義之階級鬬爭，並尖銳地指出國民黨內左右兩派的錯誤，而呼籲全黨同志加以糾正。

同年十一月廿三日，國民黨中央執監委員中，有十來位和戴氏見解相同的「老同志」，在北京西山碧雲寺，總理靈前，開了一場會，他們自稱這會是中國國民黨中央執行委員會一屆四中全會。這便是有名的「西山會議」。「西山會議派」亦即由此得名。

「分共」而不「反共」

在這次會裏，他們通過了七條議案，並發表了一篇宣言。在這宣言裏他們指出國民黨「容共」政策之錯誤。他們認定共產黨之加入國民黨並非由於信仰三民主義，而是企圖利用國民黨以發展共產黨黨勢，並作蘇俄之奧援。但是他們覺得國共兩黨既各有其不同之「主義」，則「國民革命與階級革命，勢難並行。」若讓共產黨長此隱混於國民黨之中，使兩革命團體之黨人，因內部問題而紛擾決裂，反致妨碍國民革命之進展。所以他們主張「不若分之，使兩黨之旗壘，嶄然以明，各爲其黨之主義而努力奮鬬。」

在這「宣言」裏，他們並沒有公開「反共」；相反地，他們還主張與分立後之共產黨合作。不過他們却公開指出蘇俄是「帝國主義」(這可能是世界上第一篇指蘇俄爲「帝國主義」的政治宣言)。但是在革命進程之中，有聯合必要時，他們也主張聯合。總之國共的關係應該是「理勢所不得不分，而情誼未始不可合也。」(見「西山會議宣言」)

這篇宣言一出，廣州方面遂聲明「西山會議」爲非法；其組成份子則是「反動派」。西山派亦不甘示弱，反唇相譏。隨卽於上海自組其「中央黨部」，以與廣州中央黨部相對抗，造成了國民黨改組以後，黨內第一次正式分裂。

以上便是「西山會議派」簡單的組織史，內容大體上也是正確的。

「反共」乎？「反動」乎？

公平的說來，西山派自稱其十一月廿三日的會議爲「四中全會」雖嫌過份，而廣州方面根據這篇宣言便說他們是「反動派」，則尤屬非是。

若就「黨義」來說，西山派這篇「宣言」，和戴季陶氏這本小册子都可說是中山先生死後詮釋「三民主義」的「經典著作」。尤其是戴氏這本小册子，當時第三國際便認定它是國際共產運動的一個勁敵。在共產黨所出版的各種語言的宣傳品上，也都展開了對「戴季陶主義」的攻擊。戴氏竟被他們攻擊得名滿天下。就是西山派這篇「宣言」中所指出的各點，後三十年來國共關係的發展，亦均不出其所料。國民黨爾後所有的反共宣傳家理論家，亦未能跳出他們的窠臼。

元老的流亡集團

再就西山派的組成份子來說，其發起人與贊助人，事實上佔有中央執監委員的半數以上。當時中執委共有二十四人。其中李大釗，譚平山，于樹德，林祖涵四人爲共產黨。純國民黨執委只有廿人。其中胡漢民被派去俄，熊克武在廣州被拘，實際可以出席開會者，只有十八人。而西山會議之發起人與贊助人則有林森、居正、鄒魯、覃振、石青陽、石瑛、戴季陶、沈定一、邵元沖、葉楚傖、李烈鈞等十一人。純國民黨員而表示反對或未表示意見者有汪兆銘、譚延闓、于右任、柏文蔚、王法勤、丁維汾，恩克巴圖等七人。

監委五人之中有張繼、謝持、鄧澤如三人參加西山派（餘二人爲吳稚暉、李石曾）。所以西山會議之成立，實擁有中央執監委半數以上，自稱爲「四中全會」，實在也不算怎樣太越份。

但是令人奇怪的，是西山派既有如此强大的陣容，爲什麼不在廣州中央黨部開其正正堂堂的「四中全會」，而要跑至北京去開流亡會議呢？據西山派自己以及傳統的說法，是因爲廣州中央黨部，爲共產黨所把持，中央執行委員會不能行使職權。其實吾人如稍一追溯國民黨的黨史，便知道這話未必盡然。此中尙有其他原因。

「一黨專政」！「民主專政」？

原來國民黨自改組爲中華革命黨之後，理論上與形勢上均已趨向「一黨專政」。當時反對這一轉變的人很多，但是大半都自動脫黨。而後來「西山會議派」這一羣人却是當時擁護這一轉變的中堅份子。國民黨本身旣已向這方轉變，所以在一九二三年能與列寧的俄共一拍卽合。而第一個介紹列寧代表給中山的，同時也是主張「容共」最力的人，不是旁人，正是西山派第一員大將張繼。俄國共產黨「一黨專政」的制度是建立在「民主集權」制這一理論基礎之上。這一制度，講起來是很動聽的。但是實行起來，便不是那回事了。

試看國民黨第一次全國代表大會所通過的黨章第九條，分明規定全國代表大會閉會期間，黨的「最高權力機關」是中央執行委員會。但在中山去世前，這一條已經是具文。中山先生事實上是國民黨的獨裁者。民國十三年七月十一日，中山又仿照俄國方式，組織了一個「中央政治委員會」以執行他個人的決議。名義上這個新機構是向中央執行委員會負責的，而實際上其中委員悉爲中山所圈定。一切決議亦均直接向中山負責。「集權」則有之；「民主」則未必。中央執行委員會完全變成一顆橡皮圖章。除對中政會的決議無異議的「追認」之外，黨政大事中央執行委員會，一概無權過問。

「集權」有之，「民主」未必

此項制度在中山去世時，猶有可說。因爲黨章第廿四條尙規定「總理對於中央執行委員會之議決有最後決定之權。」中政會尙可假總理之名以行之。

但是總理死後，國民黨如不能產生第二個「總理」，則中央執行委員會應是黨中的「最高權力機關」了。無奈人類都是好法不如好權的動物。中政會以汪精衞爲首的袞袞諸公，旣有權在手，如何能輕易放過。至於黨章不黨章，民主不民主，那就顧不得許多了。

一九二五年七月一日，中央政治委員會（後改稱「中央政治會議」）決議廢除「大元帥制」，成立「國民政府」，並選汪精衞爲主席。此決議之通過以及立刻付諸施行之經過，不特中央執行委員會不知其事，連中央常務委員會亦不知其事。成立國民政府是何等重要的大事，而中常會竟被完全抹煞。則中央執行委員會在黨中的地位如何也可以想見了。張其昀先生在其「黨史概要」中說，成立國民政府是中央執行委員會通過的，顯然與事實不符。

反共和反集權

所以在西山會議中所通過的七條議案，除驅鮑分共之外，還要「開除汪兆銘黨籍」和「取消政治委員會。」事實上西山派活動的主旨不在前者而在後者。他們反對的不只是「廣州中央」容共的「政策」；主要還是反對違背「民主集權」制的中央政治委員會這一「制度」，並運用這一機構而擠掉胡「代帥」卒至身兼「國民政府」，「中政會」，和「軍委會」三個「主席」的獨裁者汪精衞。如果汪精衞被趕下臺，中政會被取銷，中央執行委員會恢復了「黨章」上所給予的權力，則「分共」也好，「容共」也好，都不成其爲問題。

這裏我們便可看出傳統的說法，是過份强調西山會議派的「反共性」，而忽略了西山會議派爭取恢復中央執行委員會權力這一回事。

所以可以說汪是破壞國民黨內「民主集權制」的始作俑者（如果國民黨內曾經有過什麼「黨內民主」的話）。而「西山會議派」則是在黨內「集權」而不「民主」的鬪爭之中，被擠掉的一羣優秀的領袖。

革命的向左來

西山派旣以汪氏爲攻擊目標，汪氏也一不做二不休而大搞其「革命的向左來」，「與共產黨同生共死」，「服從第三國際領導」，以爭取俄援及新興的中國共產黨的支持，一面把握外援，一面獲得黨內軍人的支持，汪氏便索性不把中央執行委員會放在眼裏了。

一屆中委旣以黨內法統來反汪，汪氏有錢有槍，就乾脆再製造一個擁汪的新法統來替代反汪的舊法統。民國十五年一月，在汪精衞領導之下，廣州中央舉行了「第二次全國代表大會」，選出了所謂「廣州第二屆中委」，乾乾脆脆把第一屆「反動派」擠掉。免得他們再以「黨統」二字來反汪。

這一批「廣州二屆中委」，便是汪的本錢。以後他每有活動都一口咬定所謂「黨統」。這「黨統」便是「西山會議派」被擠掉以後的「廣州第二屆中央執行委員會」。

上海的「二全大會」

汪精衛既然毀掉一個「黨統」又重建一個「黨統」，西山派不甘示弱，也於一九二六年三月廿九日在上海召集他們的「第二次全國代表大會」，也選出了一批「中委」，以與廣州二屆相對抗，這便是上海的「二屆中委」。

殊不知政治是最現實的東西。西山派原是一批在廣州中央被擠掉的領袖。黨的實力與基礎皆在廣州，這批政客想在上海「另起爐灶」，自然不是容易事。西山派既是搞集權政黨的集團，本身又無實際力量，所以就活該做一輩子「反動派」了。

汪精衛與「三月二十事變」

此事不獨西山派如此，汪精衛後來也是一樣。民十四五年間，汪精衛在廣州可說是紅得發紫了。初不料汪氏的高樓，却建立在沙灘之上。他在國府成立後，只做了八個月的黨政軍元首，便發生了民國十五年的「三月二十」事變。事變之後，汪氏把所有的紗帽丟得精光，秘密逃出廣州，放洋去了。因而在中山先生逝世後不過一年，廣州中央的黨權，已作了兩度的轉變。掌握了「黨統」的汪派這時却做了「西山派」第二了。

「三月二十事變」據說是爲着鎮壓共產黨而發動的。但是在當權的汪主席看來，這事頗可玩味。汪說：

「三月廿日之事，事前中央執行委員會，政治委員會，毫沒有知道。我那時是政治委員會主席，我的責任應該怎樣？三月廿日，廣州戒嚴，軍事委員會並沒有知道。我是軍事委員會主席，我的責任應該怎樣？三月廿日，第二師團黨代表以下都被拘留。我是國民革命軍總黨代表，我的責任應該怎樣？我這時候，以爲不問這事情做得錯與不錯，而這件事情做法，不能說是不錯！」（見民國十七年五月十八日汪精衛覆林柏生書）

汪精衛於民國十七年發此怨言時，他如想到十四年七月他趕走「胡代帥」，成立國民政府時，中常會，中執會都不知道的舊事，他也該心平氣和了。

革命手段

所以我們可以說國民黨自中山先生逝世以後所謂「黨綱」、「黨紀」、事實上已蕩然無存。大家皆以「革命手段」相尚，成則爲王，敗則爲寇，而「西山會議派」的悲哀便是這批「元老」皆是「總理的老朋友」，爲人比較正派，功名利祿心比較淡泊，滿腹理想還是圍繞在什麼「爭決議」和「民主集權」之上，一切事情自然都行不通了。

共產黨的難友

等到革命軍於民國十六年四月底定了長江流域之後，國民黨內一方面要「淸共」，一方面要「打倒獨裁」，鬧出了「寧漢分裂」的鬧劇。汪精衛因爲在黨中尚有其潛勢力，所以捲土重來做了漢方首領。「西山派」自以爲是以主張「分共」「反汪」起家的，現在應該是「寧方」的座上客了。誰知即在四月十二日共產黨控制的上海武裝總工會被革命軍繳械屠殺之同時，西山會議派在上海環龍路的「中央黨部」亦被當局查封。西山派的「老同志」眞做夢也未想到當國民黨在四處捕殺他們歷年來所反對的共產黨時，「老同志」們自己却和共產黨於同時同地作了向四處躲藏的難友。

「西山派」功成身死

民國十六年長江流域的政局變動是迅速的。「漢方」於七月中亦開始「分共」；八月十二日，「寧方」首腦的蔣總司令辭職下野。這時在暗處觀虎鬪的「西山派」，又開始活動了。在他們不斷斡旋之下，「寧、漢、滬三方同志」釋嫌修好。共同協議組織「特別委員會」，謀全黨之大團結。全黨頓時呈現出一種空前未有的和平新氣象。

這一刹那，眞是西山派躊躇滿志之時。論歷史，論資望，西山派元老在黨中均屬第一。如果國民黨從此以後，痛改前非，眞正推行「民主集權制」實行訓政，西山派必然是黨的中堅力量。當「特別委員會」於民國十六年九月中旬正式成立之時，西山派在上海被查封而又恢復的「中央黨部」自動正式撤銷。這樣便結束了西山派有組織的生命。

怎知好景不長，原已贊成「特委會」的汪精衛，於十月間忽又搬出「黨統」這個問題來，宣佈特委會爲非法。認爲解決當前黨事，應召開以「廣州二屆中委」爲基礎的「四中全會」。在汪精衛看來，所謂黨內問題便是寧漢雙方的事。今日寧方首腦已下野，問題已簡單化，難道早已被淸除的西山派還想死灰復燃嗎？果然這攤死灰已無力復燃，在汪氏一聲反對之下，所有興致勃勃的元老們，又走上流亡的道路。他們自己的團體既散已不可復組，自茲而後，西山分子，只有分別去打他們個別的政治游擊戰了。憑他們各個人的歷史和資望，只要平時能睜隻眼閉隻眼，向實力派投靠，仍然可以作個吃飯不管事的花瓶；如果仍然執拗不化，那就只有老死溝壑了。

這便是「西山會議派的」一段興亡史。

「改組派」是「西山派」第二

在檢討「西山派」的史實之後，粗淺的想來，很可能認爲這不過是國民黨中某一「派系」的興衰罷了。但是如把中西獨裁政黨之內派系分裂的情形加以比較研究，便會發現「西山派」之興衰方式不只限於「西山」一派。它是「獨裁政權」中所謂「不斷淸黨」的原則反應在中國政治上的一個「政治公式」。

試看西山派在覆滅以後，汪派（後稱「改組派」）不久也失勢了。至民國十八年三月國民黨「三全大會」時，全國「代表」幾乎有百分之八十是「中央」

「圈定」的。但是這個「中央」已不是汪精衛的「中央」了。嗣後不久元老汪精衛被這個「中央」「開除黨籍」。

至民國十九年蔣、閻、馮中原大戰時，汪派企圖捲土重來，聯合前「西山」份子及馮，閻實力派在北平開其「擴大會議」。在國民黨黨史上，試問這一「擴大會議」，與十四年的「西山會議」性質上有什麼不同呢？

至民國廿年十一月，南京方面舉行四全大會時，改組派也在上海大世界召開其「四全大會」，並另選「中委」。這與西山派於民國十五年在上海所召集的「二全大會」又有什麼分別呢？

「胡派」是「汪派」之續

再看胡漢民派。胡氏於廿年二月在南京被囚之後，胡派的「粤方委員」也在廣州召集了一個「非常會議」，聯合改組派與前「西山」分子，與南京中央相對抗。南京舉行四全大會時，「粤方委員」也在廣州召集一個「四全大會」選舉「中委」。因而一個國民黨於一時期開出三個不同的「第四次全國代表大會」，實在是民國政治史上的趣事。但是不管當時政治內幕是如何的複雜，汪胡兩派在中央黨爭失勢，和失勢後掙扎的情形，與西山派前後如出一轍。吾人今日回頭看去，與其說他們是西山派「歷史的重演」，倒不如說是「一黨專政」的政體之內、在「個人獨裁」未形成以前、最有力派系排擠次有力派系是有其一定公式的。西山與汪、胡等派，事實上不過是不同的數目字，代入相同的公式之內，而發生相似的結果罷了。

國民黨是值得褒揚的

我們在這裏檢討國民黨的分裂史，絕不是對該黨有所譏貶。相反的，我們覺得國民黨在這方面頗有足以令人褒揚的地方。

國民黨是主張「一黨專政」的政黨。一黨專政，則內部領袖必然會因政見不同或權力大小而發生鬪爭。不論賢與不肖，一朝捲入漩渦，都要鬪個你死我活。是所謂「形勢比人强」不能厚責於國民黨內的袞袞諸公。試將國民黨內「不斷清黨」的情形，與共產黨或其他國家內「專政」的「一黨」相比，便見分曉。

且看俄國：當列寧於一九二四年病歿時，俄共中央「主席團」內的委員有十餘人之多，每一個人差不多都是一個有力派系的領袖。但是十年之後，除軟骨頭的莫洛托夫一人之外，一時俊傑的布哈林，季米特羅夫等人全部都變成斯達林「不斷清黨」運動中的刀下之鬼。歷史家清查名單的結果，發現斯達林在三十年代所殺的「老同志」的總數，幾乎便是二十年代蘇俄「當代名人錄」上的全部「名人」。這批被殺的俄國「革命元老」（甚至就是我大國陸上的高，饒二「同志」）要想組織一個「西山會議」或「擴大會議」與「中央」相對抗，又豈可得乎？俄國如此；德、意兩國內「專政」的「一黨」，其自相砍殺殘酷的情形就不必多贅了。

「一黨專政」必然是「一人獨裁」

近五十年來的世界政治史告訴我們，在任何「一黨專政」的制度之下，這「一黨」之中必然要發生「不斷清黨」的悲劇。這悲劇演變的結果，必然是「一人獨裁」！而這項演變的過程，却是十分殘酷的「人才反淘汰」。在這種制度中，所有動聽的理論和口號如「黨內民主」，「民主集權」，「集體領導」等等，不是騙人的宣傳，便是空想的「烏托邦」。

因爲「專政」的「一黨」，本身便是個最不民主的東西。它要以少數人的決定，用武力來强迫多數人接受。在這種橫蠻無理的政治集團內搞什麼「黨內民主」，豈不是欺人之談？試問「黨內」既可以「民主」，則黨外爲什麼一定要「不民主」才行呢？相反的，貴黨如一定要向黨外，以最不民主的方式鎮壓「異黨」；則黨內有獨裁野心的貴領袖，又爲何不可以向黨內以最不民主的手段鎮壓「異己」呢？

因而一個搞「一黨專政」的政黨，如果能以「革命的手段」取得「政權」；則黨內有心「個人獨裁」的野心領袖們，也必然可以用「革命的手段」取得「黨權」，從而掌握「政權」。二者之間邏輯的發展是完全一樣的。

因而所謂「集體領導」，必然便是有野心的衆頭目，準備相互厮殺的前奏。直至殺到最後一人，「集體領導」便被「最高領袖」所替代了。斯達林，赫魯雪夫是這樣上來的。其他任何既得政權的獨裁政黨之中的「最高領袖」，無一而非循此同一方式嶄露頭角。

至於所謂「民主集權制」，則更是笑話。在一個掌握政權的實力團體中，沒有「制衡」的機構從中限制，「權」既「集」，則不得「散」。掌有集權的個人、或團體，誰不想搞一套「民主」來頑頑呢？演變的結果，必然不是下層「選舉人」「選」上的「被選舉人」，而是上層的「被選舉人」「圈定」下層的「選舉人」。

民初的曹錕將軍便不明此道。他送了每個議員五千元，竟然還有人要選梅蘭芳來奚落曹大總統。試看當代領袖們一毛不拔也可獲得「全體大會代表一致票選」的偉大的「民主勝利」，民初這位「魏武之子孫」泉下有知，能不氣煞。

不斷清黨壞人擠掉好人

所以在一個獨裁政黨「不斷清黨」和不斷培養私人幹部的必然趨勢之下，唯利是圖，無所不爲的人，往往就要擠掉有爲有守的正派人士。貨幣理論上有「劣幣驅逐良幣」的定律；在獨裁政體中，「壞人擠掉好人」也是一條定律。我國早期西山派以及其繼起受難者的悲哀，便是他們鑽進了一條政治哲學的死巷子——一方面力主「一黨專政」，另一方面却又不能接受這一制度所産生的必然後果。

評「經濟部建立證券市場研究小組報告書」

周正元

去年三月，經濟部設置建立證券市場研究小組，並規定該小組的研究事項如左：一、建立證券市場基本方案之研究；二、證券市場業務規程草案之研究；三、證券市場及證券交易監理機構設置之研究；四、交易所法、公司法、會計師法修訂事項之研究；五、其他有關建立證券市場之制度及法令之研究等。命意非常明顯，該小組應針對當前環境的實際需要，提出一個合式而健全的證券市場之具體方案。現「經濟部建立證券市場研究小組報告書」業經印就，其內容分：一、前言；二、基本的認識；三、建議事項（1.證券管理委員會；2.證券公開發行之管理；3.證券交易所之組織；4.證券交易所之業務；5.有關證券之稅捐；6.有關法律之修訂。）等三章，餘則為附錄（1.公司證券管理綱要；2.證券交易所業務細則；3.會計師簽證財務表報應行注意事項；4.證券交易所營業計劃綱要；5.建立證券市場問題座談會紀錄等），共約五萬言，資料尚稱豐富。其中除第一章前言重在說明「本小組擔任研究工作的委員，經常都有本身繁忙的工作……」及第二章泛論有關證券的常識無可紀述外，而第三章建議事項，則為其精華所在，約可分為四項：1.證券管理委員會之設置；2.公司證券公開發行及證券商之管理（附錄一）；3.證券交易所之組織與業務（附錄二）；4.證券交易所營業計劃(附錄四)等。

證券市場是不能孤立繁榮的，其規模之廣狹，業務之指針，方法之選擇，是要一方面依據資金需要的量與質；另一方面是滿足此種需求的資本供給的强度與深度。同時，更要配合多方面推進的。目前工商業發展的實況如何？已發行及可能發行證券者各有若干？其可能流通的數量又若干？其資產負債及損益情況是否能完全公開？國民對證券的認識和其消化力如何？均應先有詳實之調查統計。金融市場與證券市場關係至為密切，究應如何配合推進？證券初級市場既稱重要，目前又應如何組成？該報告書均略而不詳。又該報告書的附錄雖多，而對指定之最重要最基本的我國證券交易法（包括證券發行，證券交易，證券管理監督等項），卽修訂交易所法，獨未能提出具體草案，似不無捨本求末或避重就輕之嫌。復由於其對目前證券之發行與流通情形等缺乏深切之了解，虛估交易所每年可獲盈利若干，其態度似亦欠忠實。茲再將上述四項要點分析如次：

一、證券管理委員會之設置

該報告書建議設置證券管理委員會，並强調須先設置該會，始能着手建立證券市場。該會隸屬於經濟部，其初期任務，第一是促進交易所的設立；第二是修訂有關法規章則及各種表報。其管理範圍，僅以公開發售的證券為限，而忽略了應如何預防場外交易之發生，及對證券發行的輔導，經紀人的訓練及調查、研究、宣傳等工作。據六月二日報載：行政院已決定成立證券管理委員會，此一制度之建立，係仿傚美國辦理，但其職權範圍，務應配合目前之實際需要，未可多事抄襲。如日本為調查審議證券之發行及買賣或其他交易之重要事項，財政部特設證券交易審議委員會，由財政部長任命有學識經驗之專家擔任，任期二年。所有決定事項，悉由財政部名義行之，亦有足供我國借鏡的。

二、公司證券公開發行及證券商之管理

①投資銀行　該報告書略謂新證券的公開發行，就是「初級」市場，並强調從事投資銀行的業務機構，是證券發行市場的樞紐；而對於當前證券初級市場之應如何構成，以促進證券交易所的早日建立，則竟未提及。且該報告書對證券管理委員會之職掌內，有「投資銀行業有關證券承銷業務之許可與管理」的規定。又附錄一公司證券管理綱要第一項總則內第六條規定，「證券管理委員會對從事投資銀行業之承銷機構及投資公司投資顧問之業務許可及管理，得另訂管理規則」。查投資銀行這一名詞，在美國辦理承銷證券業務的證券商稱為 (Investment Banking Firm) 或稱為 (Investment Banker)，在此處的意義並不是銀行，實際上是指證券商而言。因以往美國的一般私人銀行，多兼營證券承銷業務，其結果使投資者與存欵人同受損失，乃先後有聯邦證券法，聯邦證券交易所法之頒佈。更於此時修改銀行法，將銀行業務與證券業務截然劃分，(Investment Bank) 成 (Investment Banker) 的名稱仍舊保留，其業務以證券投資為主，不再兼辦銀行業務。美國一九三三年的銀行法曾將投資銀行下一定義：「凡公司、會社、組合或其他類似的機構，其主要目的，專在發行、買賣或組織團體，用以分銷公司股票、公司債、政府公債或證券的就是投資銀行。」因之，大多數投資銀行卽為證券商 (dealer)，亦有從事經紀人業務的。可知投資銀行這一名詞，在美國是有其歷史性的。我國銀行法及其他有關法律中，似尙無此規定。其含有投資銀行業務之性質者，似僅為實業銀行與信託公司，且此二者並不以從事投資銀行業務為重要業務，而該綱要內所謂「投資銀行」及「投資銀行業務」的意義相當含混。在未經法律規定或明白解釋以前，頗易資誤會(假定該綱要可採用的話以下同)。似以改用「投資事業」或「投資機構」，或其他適當名稱較宜。凡此不必要之解釋，皆係硬性沿用美國的有關法規所致。

復按該報告書說明：「新證券的發行，稱為初級市場，參加者有發行證券的公司，從事承銷業務的投資銀行業，以及各地代銷機構。」查初級證券市場，乃證券市場中較爲重要而繁雜的部份，所有各類新證券，最初的銷售皆在此一市場內完成。就時間而言，其存在且應先於次級市場（證券交易所）。乃該公司證券管理綱要第一項總則內第六條竟如前述的規定。現投資公司、投資顧問之業務如何管理，事實上尙未發生，自可從緩議。而從事投資銀行業務之承銷機構的許可及管理，其需要性顯在證券交易所之前。該綱要所列，未免輕重倒置。以往大陸上證券交易之未上軌道，亦係忽略此點，不可重蹈覆轍。現似應同時另訂其管理規則，或擬訂其定義與條文，加在該綱要內，以便初級證券市場之構成，能與證券交易所配合推進，方可期證券市場的健全發展。

②證券商　該報告書附錄一公司證券管理綱要第九項內規定，證券商分經紀人及承銷人兩種，在核發經紀人營業執照時，得指定其爲經營代理業務之經紀人，或自營業務之經紀人，二者不可同時兼營。承銷人限於具備中華民國法人資格，並以從事投資銀行業務爲其主要業務。經紀人兼營新證券承銷，代銷及保管證券之業務者，須由證券交易所轉報核准。同綱要第一項第五條規定：證券商經核准參加證券交易所場內買賣者謂之經紀人；經核准從事股份之承募、代募業務，及新證券之包銷、代銷業務者謂之承銷人。按照這些規定，是經紀人分爲代理業務與自營業務兩種，而自營經紀人不得直接與客戶交易，或接受客戶之委託買賣，必須委託代理業務之經紀人代爲買賣（附錄二證券交易所業務細則第一〇八及一一二條）。此外則爲承銷人。此三者的業務範圍劃分得十分明顯，似係仿傚英國制度，在理論上是無可非議的。惟在我國證券業尙在萌芽的階段，此三者是否都能獨立發展，是值得愼重考慮的。因英美兩國的產業資金充沛，國民所得既高，儲蓄投資能力亦强，籌集資金較易，證券商自可嚴密分工。而資金缺乏的國家，則集資較難，自不得不放寬證券商之營業範圍，以加速資本之形成。如日本在戰後亟謀工商業之復興，其最感缺乏者爲資本，於是在制定證券交易法時，即規定承銷人與經紀人同爲一體，殆在適應其產業籌集資金之需要。

證券商分類既細，且以法人爲限，每一法人自有其最低限度之組織與開支，無論其申請爲代理業務之經紀人、自營業務之經紀人、或承銷人，自以其本身經營業務之利益如何爲前提。倘證券的流通量不多，而交易淸淡，無獲利之希望，誰願爲證券商，並恪遵法令作正當營業？是以日本對證券商之營業範圍，除規定：1.有價證券的買賣；2.有價證券買賣的介紹、聯絡、或代理；3.有價證券市場內之買賣交易的委託、介紹、聯絡、或代理；4.有價證券的承受；5.有價證券的售出；6.有價證券的招募或出售的處理等六項主要業務外，並准許其兼營：1.受委託公司承辦投資信託業務；2.以承受爲前提，從事借墊欵項的介紹；3.證券的借貸和保管；4.證券借貸的介紹、聯絡、或代理；5.代收公營事業債的繳納欵項或代付其本利；6.代理更換名義的業務；7.證券發售的；處理8.其他經監督機關認可的業務等八項附屬業務。其目的，直接雖在鼓勵證券商，間接即在促進市場之繁榮。我國以往依交易所法申請之經紀人，係只准作代理業務，而始終未入正軌。近年臺灣省證券商管理辦法規定證券商「經營證券或行紀業」，有四十四年七月至十二月的事實可查。繼而修正爲「證券行紀不得自行買賣」，有四十五年一月至目前的事實可證。二者均已告失敗，尤以後者爲最。其原因雖多，但供現貨交易的證券數量過少，證券商營業範圍又狹，實爲主因之一。現本省證券業既極幼稚，對將來的證券商之營業範圍，似應作合理的安排，使其營業收支能達到平衡，而後嚴密管理乃易生效。

三、證券交易所之組織與業務

①組織與資本　依照該報告書之建議，證券交易所暫採股份有限公司組織，並以民營爲原則。在證券交易所成立後，證券交易可能由萎靡而轉趨繁榮，但該報告書所附業務細則第五十四條規定，係暫以現貨爲限，其交易額必將微渺，有三十五年上海證券交易所初開業時之事實可考。且依交易所法第三十九條之規定，「證券交易所不得爲本所股票之買賣。」依照當前情況推測，除臺北市設立證券交易所外，其他地方尙無設立之可能，如此，則投資證券交易所之股票，既鮮流通性能，又不易獲得股息紅利，純粹的民間投資恐難踴躍，勢將有賴於實業銀行及信託公司甚或其他金融機構之倡導，方易籌足資金。或規定以民股爲優先股，公股爲普通股，以提高民間投資之興趣，使民股的比例稍爲增高。若專賴民股以籌足其資金，恐係若干年以後的事。若美籍專家佛氏所建議之會員制，是更不切實際的。

②證券交易的管理　管理證券市場，雖屬千頭萬緖，然其最大原則不外兩項：一爲使證券發行者對其有關發行的事項完全公開，供投資者有所自行明智的抉擇；一爲預防並制止背信行爲，即取締一切違約、詐欺、居奇、操縱情事的發生。依照附錄二證券交易所業務細則第七十五條規定：「經紀人於委託人開戶時，必須訂立開戶契約，載明委託人之眞實姓名、住址、年齡、職業、身份證號碼，以及經紀人與委託人之權利義務關係。已訂有開戶契約之委託人，經紀人得憑其書面、口頭，或電話之委託辦理買賣。委託人開戶契約之有效期間暫定爲一年。」又第七十六條規定：「委託人如係公司，開戶時應附送公司營業執照抄件，及董事會授權證明書。委託人如係合夥行號，開戶時應附具合夥人之同意文件。委託人以代理人身份開戶時，應聲明原委託人姓名、住址、身份證號碼，及授權證明書，倘涉及遺產及信託關係者，應具備法律上必要證件。」此種開戶手續之嚴密，較紐約、倫敦、東京諸證券交易所所規定者尤有過之。且各該交易所規定之嚴密，係逐漸積累而成，投資或投機者已養成良好的習慣。此與我國證券市場的習慣和情況迥乎不同。玆爲正本淸源，並迎頭趕上起見，自應照上述規定辦理開戶手續，以資嚴密管理。第恐對證券交易初學

步之顧客，大都望而趦趄不進，勢將使門可羅雀，且適與提倡大衆投資之旨相違背。依照一般觀察，在各階層人士中，其眞正願意投資證券者，每年不過偶作一、二次或數次之買賣，其所最畏懼者爲手續之繁雜，與其身份之暴露。故在證券交易所專作現貨時期，顧客只須塡寫一簡單委託書，即可作經紀人與交易所每筆交易記載之根據，似不必每一顧客均須辦理煩難的開戶手續，以資簡便，而誘導或爭取國人普遍的投資證券。如以往上海證券交易所較此規定尙簡，且未能切實辦理。又如四十五年金融機關抄報存戶名單事，會發生若干困難而未果行。去年短期公債及各公司債發行之順利，固有其他重要因素，而其採用無記名式，實爲其成功要素之一。凡此皆可爲制定管理辦法之參考。

本來，證券交易是較易發生投機操縱情事，影響整個社會金融的，自應預爲多方防範。各國莫不依其發展之歷史與現況，而制定一套完整的管理法律，並依據事實之需要隨時改進。如倫敦、紐約、東京各證券交易所組織之嚴密，法規之完備，交易之正常與繁榮，是由其上市證券種類，數量繁夥，其財務業務的實況均向大衆公開，投資者選擇的機會既多，則操縱、詐欺、造謠、取巧諸弊，當可減少。且經過多年的經驗，從約束、管理、考核，懲罰中徐徐建立起來的，決非一蹴而幾。再如美國的證券交易，在一七八九年時，尙係在各種咖啡館、競賣所及辦公處舉行；一七九二年在華爾街上的西印度常綠樹下集會；一七九三年始遷入室內辦公；此時對各證券業者始有簡單之協定；一八一七年制定紐約的證券與交易委員會之第一次正式組織，更加強原有之協定；一八六三年採用「紐約證券交易所」之名稱；一八六七年裝設第一個證券行市指示機；一八六八年規定會員權可以轉讓；一八七一年廢止召集市場，改爲繼續性市場；一八七九年裝設第一架電話；一八八六年一日之交易總額，第一次高達一百萬股；一九一五年證券交易行市之標準，自證券面額價格之百分比，改爲以美元計算；一九二二年開始實施對會員商店金融狀況訂定檢察質詢表；一九三三年公佈聯邦證券法；一九三四年公佈聯邦證券交易所法；同時修改銀行法；一九三八年紐約證券交易所乃實施其有史以來的徹底改革。可見美國的證券管理制度、和措施，均係隨證券業之發展而逐漸形成的。吾人今日制定管理證券交易制度，固應依據各國的經驗和現況作邁進一步之設計。但證券業是隨工商業之發達而發達的，至少亦是互爲配合推進的。並與當時國民經濟及社會環境有密切關係，必須適應多方的要求乃能行之有效。臺灣省證券商管理辦法之失敗，是現實的借鏡，未可一誤再誤。

四、證券交易所營業計劃

該報告書附錄四證券交易所營業計劃綱要，規定資本總額暫定新臺幣若干萬元，實收若干萬元先行開業。其財務計劃收入列若干萬元，支出列若干萬元，尙盈餘若干萬元，並說明係估計數字，且以現貨交易爲計算基礎，依據以往和現在的事實來觀察，收入方面似不免過於樂觀。支出方面尙應從事緊縮，因證券交易所本身並無營業，僅供給證券上市交易及其清算場所。必須上市的證券種類衆多，經紀人的業務繁榮，交易所的收入始有把握，故必須先行切實衡量準確，制定繁簡合式的組織，修短勻稱的方法，足使資金之供需者惠然肯來，而後能產生恰好的營業計劃。否則空中樓閣，徒資誤事，是以重行調查研究，另訂妥實方案，導使供需資金者，均能在交易所各供所有，各取所需，庶能使營業趨於發達，計劃乃不致落空。在當前情形之下，此實爲籌辦交易所的首要工作，亦即營業計劃的基礎所在。

上述四項，雖僅撮要舉出，而其根本上未認清現實，把握如何建立證券市場之重心，則並無二致。當前建立證券市場，一面固應樹立長久的模楷，一面尤應適應環境的需要。近十年來，我國工商企業確已有長足之進步，但其組織管理等尙未完全科學化，如現在市上流通之證券，均未依法公佈其資產負債及損益實況，投資或投機者大都盲目從事。且健全的大規模企業亦尙無多，證券的發行額與流通量均屬有限，堪稱優良證券者亦非甚多，投資者旣乏選擇之餘地，交易自難正常的頻繁。現證券商在四十一年十一月底核准登記者，臺北市即有七十二家，現則除本年三月撤消登記者六家而外，餘存者不及十家，均猶奢望於交易所之設立，暫時勉強支持門面。且歷來證券商之資力信用及作法能取得社會信仰者，幾如鳳毛麟角。國民對證券知識多感缺乏，誤認證交爲致富之捷徑。復由於證交之不上軌道，投機操縱幾無所不用其極，致使社會人士對之多有深惡痛絕之感。加以本省市場狹小，黑市利率高昂，企業利潤微薄，須俟多方面改善後，證券市場方易繁榮。故現在建立證券市場，其客觀條件是不够充份的，但如果其組織合式而能適合需要，亦可促進客觀條件之增强和改善。此點至關重要。惟其自由成長的比率較低，扶植成長的比率較高，是與工商業及證券業已高度發達的國家顯然不同。是以，吾人目前應循的途徑，必須體察本身環境的眞正需要，其牽涉理論的問題尙簡，所有複雜的還是對現實環境的深切了解，及可能遭遇或潛在的實際問題。苟能明乎此，則着手研究設計全套方案，雖不中亦不遠矣。

依據上述事實，來決定管理政策或設施方針，似應以輔導工作爲中心。如對：1.證券發行者應如何鼓勵其公開財務業務實況，以樹立社會的信用，爲其籌措資金闢一坦途；2.證券承銷者應如何獎勵其充實資力，或聯合組織承銷團體，使投資量者咸信仰其信譽而踴躍購進，證券發行者容易達成其預期集資之目的；3.證券經紀人應如何提高其信譽與地位，或放寬其業務範圍，使其營業蒸蒸日上，俾得切實遵守法令，納交易於正軌；4.投資者應如何切實保障其權益，並簡化其買賣手續，同時廣爲宣傳或教育，以啓發大衆投資之正當觀念與興趣；5.優良證券應如何設法增加，並使其相率上市，使投資者多有選擇，而減少盲從附和，以促進證交之正常與頻繁。如此，則證券市場之基礎始能奠定，其功效亦得逐漸發揮。此外，則爲應如何加强指導工商企業，健全其組織，發展其業務，以孕育或培養其公開的信用，使其需資時能運用證券方式籌集，則優良證券當然加多，交易量自亦隨以俱增。換言之，即管理的對象逐漸健全發達，管理的方法亦日有改進，惟此須配合有關機關推行，而其最終目的則須符合促進國民經濟的健全發展。若徒事研究消極的限制或管理，是不足以謀證券市場之健全發展的。茲以建立資本市場已列爲加速經濟發展計劃大綱十九點內第二項，萬不能因此一環之脆弱而影響全局，故筆者以匹夫立場，不能不特別提出研究。

談古巴危機眞相與美國的對策

力元生

一向被視爲是美國的後門，距離美國祇有九十哩的古巴，最近與美國的外交關係，鬧得很不愉快！由於赫魯雪夫對美國發出恫嚇性的警告，謂如果古巴受到攻擊，蘇俄的飛彈，將直接攻擊美國大陸，不但使古巴總理卡斯特羅感到氣勢一壯，而且立卽使美國艾森豪總統，對赫魔的恫嚇不得不提出嚴正的回答，剴切表明美國絕不容許在西半球建立一個爲國際共產主義所控制的政權。於是古美關係和俄帝的企圖，便吸引世人注意了！

一　古巴地理和卡斯特羅政權的由來

古巴位於美洲中部，在加利比安海 (Caribian Sea) 北部，爲世界著名產糖國，面積四萬四千二百一十七方哩，人口五百八十二萬，食糖年產六百二十五萬噸，總値美金六億五千萬元；其次產菸草，年產四萬七千七百噸。

第一次大戰後，古巴總統瑪卡杜政府，極爲腐敗，乃於一九三三年發生革命而被傾覆，由陸軍總司令巴蒂斯達繼起掌握大權，至一九四〇年當選爲總統。一九四四年、一九四八年，聖馬丁及普里奧，先後當選繼任總統，至一九五二年，巴蒂斯達又發動政變，握得政權，並於一九五四年十一月一日，再度當選總統。巴蒂斯達執政後，對各項措施，頗多獨斷獨行，致引起反對人士之不滿，卡斯特羅且發動其所謂「七、二六」革命運動，從事反巴蒂斯達活動，成爲當時的叛軍首領。古巴於一九五八年十一月舉行大選，由巴蒂斯達一手提拔的李維洛當選，組織四黨聯合政府，惟卡斯特羅對此發動激烈攻擊，不斷向選民施行威脅，故實際投票者，不到百分之四十。

李維洛博士，曾任巴蒂斯達的秘書、農業部長、教育部長、及閣揆，爲巴氏的親信，且對叛軍內部及其活動情形，極爲熟悉，自爲卡斯特羅所堅決仇視，認爲李維洛於一九五九年二月二十四日繼任總統，實際上巴氏仍可在幕後操縱一切，故卡氏乃以迅雷不及掩耳的手段，發動全面軍事行動，於一九五九年一月，推翻巴蒂斯達政府，由烏魯提亞任臨時總統，繼由陶廸柯斯任總統，並由卡斯特羅任總理，實際掌握政權至今。

二　擁護卡斯特羅的政黨

卡斯特羅掌握政權之初，雖以「革命」爲號召，但其作爲，實大異其趣。不但較巴蒂斯達政府，尤爲獨裁，卽自由報紙，悉被掃蕩，除擁卡政黨外，均不復存在，自由企業，亦已大部消失。

目前古巴，除政府黨「七、二六」運動以外，最響亮的是馬連米諾所領導的「民衆社會黨」，亦卽古巴共產黨。另尙有三個擁護卡斯特羅政府的政黨，不過他們的力量有限，形同名存實亡。一個叫做「古巴人民黨」，爲過去自殺的智華 (Chibas) 所領導，卡斯特羅總理，亦係該黨出身，其黨員大都已歸依「七、二六」運動，且不少已任政府要職。一個叫做「眞正革命黨」，內分兩派：一派由普里奧博士（曾任古巴總統）親自主持，稱爲 O. A. (Organization Autentica)，一九五二年，他被巴蒂斯達推翻其政權，所以他在流亡時期，主張用武力顚覆巴氏。卡斯特羅的革命活動，得其經濟的協助不少。無論在國內或國外，普氏不發言則已，一發言便讚揚及無條件的擁護卡氏的革命政府。因此，他們相處甚洽。另一派是萬朗拿(曾任上院議長)所領導的眞正革命黨，但在黨名上，加上「棄權」字樣，表示不與舊政權合作。在革命過程中，仍留住古巴，並不主張以武力推翻巴蒂斯達。他支持卡氏的革命政府，但主張民主政治，不像普里奧的無條件的擁護。兩派在政治上，分道揚鑣。但萬朗拿過去在政府中，曾任要職，且能潔身自愛，頗孚民望，所以有些古巴人與美國人，仍認爲他是一個有希望的政要。另外一個政黨，名叫「古巴革命黨」，爲曾任古巴總統之格勞博士所領導，但格氏已年近八十，已無勢力可言了。

此外，尙有兩個游擊戰的革命團體，一名「革命領導團」組成份子，大都是哈瓦拿大學的學生，爲周蒙少校所領導，曾於今年一月率領一個十五人代表團訪問中共匪區。一名「愛斯甘貝拉山第二防線」，(愛斯甘貝拉山 Escambray 爲古巴中部的大山名)，由摩根少校領導，佯作反革命者，從事刺探反政府活動極成功，現兩團體，均被卡氏解散，編入新軍，但均擁護政府與支持卡氏的革命。因爲他們深知，萬一卡氏的革命政府垮臺，或巴蒂斯達的黨羽，東山再起，或其他反革命勢力成功，他們都得再度流亡，過其艱苦的生活。

三　卡斯特羅的政治措施

卡斯特羅在發動革命及其執政之初，其本身思想，原非左傾。迄一九五九年九月，基瓦拉少校環遊亞非地區及共黨世界返國後，纔開始積極採取共黨的作風。其原因，殆爲古共已於是時達成一個完整的控制體系，使卡氏不得不師事蘇俄，積極左轉。茲將其政治措施，擇要分述於後：

在外交方面：卡斯特羅除不斷派遣團體或個人，前往鐵幕國家，從事考察及外交活動外，並容許蘇俄在哈瓦那成立一個規模龐大的大使館，除一幢白色的近郊大廈外，還借給其另外的三座房子，使館人員達二百餘人，無怪古巴人懷疑蘇俄的技術人員和軍事顧問，已源源滲透進來。據說爲了表示友好，卡斯特羅和赫魯雪夫，將於今年下半年，還要交換訪問。卡斯特羅雖然未承認中共匪幫，但據外電報導，已在準備予以承認。

在貿易方面：卡斯特羅企圖使古巴的貿易東移，其貿易代表團，刻正出發共黨世界各地，並已和蘇俄簽訂了一個長期的蘇古商業協定，向蘇俄借得了一億美元。另賣了一百萬噸糖給蘇俄，十三萬噸給中共匪幫，六萬噸給東德，十五萬噸給波蘭。他又下令在古巴的外國油公司，必須提煉蘇俄的原油，但爲公司所拒絕；最近更將美人所有的德士古與美孚石油公司，和英人所有殼牌油公司煉油廠，予以接收，以遂其願。此外，又與東德簽訂了一項易貨合同，向東德購買幾達五十萬美元的機器，古巴以糖來償付。

在財政方面：由基瓦拉主持，除儘量擴增稅收，發展貿易，爭取外滙外，並從事土地改革，儘量搾取人民的血汗與勞力，其一切作風，實與中共匪黨同出一轍。

在土改方面：係由吉美尼茲主持。土改的計劃，原是把大地主的土地，分給那些無田的佃農，但在過去一年，它愈來愈變質。將攫取的各項土地與產業，依照中共方式，悉數充爲公有，並不分給農民。目前在吉美尼茲主持下的「國家土地改革所」這一機構，擁有土地一千三百二十四萬六千八百英畝。（按古巴全國總耕地爲二千八百萬英畝）。擁有六十五萬頭由沒收得來的牛，在二百萬英畝由沒收得來的土地上吃草，並管理着一千三百九十二個「集體農場」，一千二百十五所「職業學校」，二千個「人民商店」，十五個「漁業合作社」，八十個「裁剪學校」，和一千間「成人識字中心」。此外，經營着價值二億五千萬美元的一百二十個以前的私營機構，並控制着古巴的輸入和輸出的貿易，它是在國家財政上，最得力的支持者。

舉上數端，卡斯特羅的猛燃赤燄火種，上演一切共黨翻版的把戲，便不難瞭解了。

四　卡斯特羅的反美運動

美國與古巴，原具有傳統的友好關係，一八九八年至一九〇二年，古巴獨立運動的終能獲得，實爲美國協助之功。而古巴建國以後，直至卡斯特羅政府出現以前，美古兩國，始終保持和諧的友好關係。就是卡斯特羅所謂的「七、二六」革命運動，美國人也曾寄予充分的同情。其所以「以怨報德」，採取激底的反美路線，完全是由於卡斯特羅本人的態度，和他的政府性質所致。

一般認爲卡斯特羅是一個極端的民族主義者，他把古巴民窮財困，歸咎於對美國經濟的依存關係。因而採取了十分仇視美國的態度，和不顧一切的排除美國勢力，滿以爲如此便可以取得經濟上的絕對獨立。

目前古巴的反美運動，已經發展得非常普遍，當你搖電話的時候，接線生會說：「要不惜爲國犧牲」！然後再問你：「先生！想接什麼號碼」？當智利地震時候，報紙上竟然說：「是美國進行地下核子爆炸所引起的」。（智利戰鬭晨報）當電臺播述U二型機事件時，竟說：「從今以後，凱撒奧古斯大（古羅馬暴君）、艾森豪一世陛下，隨時會丟掉褲子」！總之，他們無不利用機會，激底反美，並在「美國海軍陸戰隊和流氓，將要進攻古巴」的號召之下，正進行組織古巴人民，參加民兵、合作社、青年團、以及各業公會等羣衆組織，以利動員。並不惜把蘇俄的勢力，引入古巴，藉以挾外力以自重，而擴大反美運動。

五　美國對卡斯特羅將採取甚麼步驟？

卡斯特羅採取了反美政策，沒收了美國人民在古巴的財產及所經營的事業、並接收了美國的石油公司，在通常情況之下，已足以引起國際戰爭，但衡以種種跡象，美國的報復手段，似止於兩個步驟：第一、是實施經濟制裁，停止古巴食糖的輸入。古巴的外滙，百分之八十五，是來自蔗糖的的外銷，而美國一國所購的古巴食糖，卽佔其全年糖產總額的一半，或一半以上。一九五九年古巴食糖銷美總值，爲三億七千五百萬美元。一九六〇年古巴食糖銷美的配額，達三百十一萬九千六百五十五噸，目前尚有七十四萬噸，尚未運送美國，美國業已下令停止進口。對古巴經濟而言，自有嚴重影響。第二、是要求汎美組織，主持公道，並阻遏蘇俄共黨勢力，侵入美洲。其所運用的條約有三：

㈠一九四七年八月十五日起，美洲國家在巴西首都里約熱內盧 (Rio de Janeiro) 集會，於九月二日簽訂的「里約熱內盧條約」。該條約第三條規定：對任何美洲國家的攻擊，視之爲對全美的攻擊，美洲國家卽採取集體安全方式相互援助，共同抵抗。故實際上是美洲國家一個全面的永久性的防衞同盟。

㈡一九四八年四月，美洲國家在哥倫比亞首都波哥大 (Bogota) 集會，於四月三十日簽訂「美洲國家組織」(Organization of American States) 波哥大憲章。其中第五章對於非武裝攻擊的各種行動，或足以危害美洲和平的任何事實與情勢，美洲國家都有採取行動的規定。更明顯的表示了美洲國家共同防制共產主義侵略者滲透的態度。

㈢一九五四年三月一日到廿八日，美洲國 家在委內 瑞拉首都 加拉 加斯 (Caracas) 集會，於會後所表的「加拉加斯協定」。其中對國際共產主義的威脅西半球和平與安全加以譴責，並建議各國採取積極措施，以對付共產主義。

上述經濟制裁，及訴求汎美組織主持公道，並充分運用保障美洲三條約，用以阻遏共黨勢力，這當然是美國的一種方式，但不能迅求實效，且有緩不濟急之感。

六　反卡斯特羅的力量

目前，卡斯特羅雖全面製造反美運動，其政權且日趨赤化。但反卡斯特羅的勢力，亦日漸滋長和壯大。這批反對集團的大前提，均爲「反共」與「反卡」。目前已有一個反卡的軍事委員會，在美國的邁阿密成立。有九個遊擊隊，尚在古巴山區，與卡氏作戰。若干集團的廣播電臺、刋物，以及强大的天主教機構和一個曾任卡斯特羅手下組織的「保持革命成果運動」，均在積極的從事反卡活動。這些反卡勢力，一旦得到外在的援助，可能發揮强大的力量，足以埋葬卡斯特羅！卽使這些反共勢力沒有成功，但若古巴局勢再行繼續惡化，則華盛頓將更無法容忍，而會立卽採取行動了。

七月十五日於臺北。

香港通訊・六月十五日

印度的不能接觸階級

徐夜窗

印度是一個信仰最複雜、言語最複雜、階級最複雜的國家。他們的不可接觸的階級，往往不是異國人所能了解的。

印度的階級的劃分，起源于波羅門 (Brahminism) 的教義。波羅門爲印度最初的宗教。波羅門的意義是世界靈魂。這個世界靈魂，也卽是三位一體的神。這三位一體是：

㈠波羅麻 (Brama)——創造者。㈡佛西努 (Vishnu)——保存者，㈢錫伐 (Shiva)——毀滅者。波羅麻創造了第一個存在，叫做默奴 (Manu)。人類就是由默奴而造。

但人類雖是源出默奴，可是並不平等。出于默奴頭部的人類叫做波羅民，爲最神聖與高貴的人類，卽是僧侶階級。

出于默奴手的人類爲第二級的人類，是王與武士階級。

出于默奴腿股的人類爲一切手藝工商的階級。出于默奴的脚的人類則爲最下賤的人類。這就是印度階級的來源。以後由這四個階級又分有許多數不清的階級。

最不可思議的就是所謂不可接觸階級。

屬于這不可接觸階級的人民，都是最窮苦的人民，他們自然是沒有土地的，他們居住的地區也是同別人劃分開的。他們沒有資格進廟寺，如要敬神，必須通過不屬于這個階級的代理人；他們不許用公用的井，須求人從公用的井中汲水轉給他們，因爲他們的接觸就是一種污瀆。甚至出錢購物，也不能直接交接，需把錢放在桌上，等別人把錢收去，再把貨物放在桌上，才能去取。他們世世代代永遠做最低賤的工作，如清道夫、硝皮匠、糞夫等。屬于這個階級的人民，全國有五千五百萬。甘地叫他們爲哈立健 (Harijans)，意卽上帝的孩子們。

印度獨立後，憲法上特別制定對哈立健保護與鼓勵的條欵。明確地說明「不可接觸」的習俗，已完全廢止，如仍有强行此種習俗者，當根據法律科以刑罰。此外在許多其他部份，對哈立健這個階級，也有特別照顧與保護的規定，以免受傳統的剝削。在國會及省議會中都有特別的席位專爲哈立健而設，以免他們被擠出于這些發言的場合，起初規定以十年爲期，現在則又加以延長了。

一九五五年國會通過「不能接觸」的法案，對繼續私行舊法規，如禁止哈立健進寺廟、用公用井、進店舖購物、以及進吃食店學校戲院等一切將他們歧視者將科以重刑。

在任何政府機關以考試取才的場合中，每八個位子裏必須有一個留給哈立健，而其年齡與資歷也以哈立健敎育水準爲準繩。政府的奬學金一類的設置，也同樣的爲哈立健備留專額。

總之，在立法上，我們覺得其鼓勵與保護哈立健的措置，可以說已經無微不至，但是哈立健的社會則進步甚緩，大部分的人還是同以前一樣過日子。

在有些較進步的鄉村中，哈立健較可與別的階層的人混合相處，表面上好像舊習已去，可是沒有一個非哈立健的人會去從事哈立健的職業，而哈立健也從未希望其子弟作從事其他高尙職業的打算，這原因，大概是在有龐大失業數字的國家中，放棄傳統的職業，往往是一種很冒險的行動。至于在南方偏僻的鄉村中，哈立健的生活則還是與一百五十年前一樣，他不能接近僧侶；除非爲工作，不准進入非哈立健人的住區，不准帶首飾，甚至還不准睡「床」。

政府曾經用種種方法改善哈立健的生活。如哈立健清糞夫的工作，傳統上是一直頂在頭上的；現在政府提倡改用糞車，由中央政府津貼地方政府，叫地方政府遵行，命令清糞夫改用新法，可是許多地方的清糞夫竟不願意改良。這也可見習慣與傳統囿人之深，一切的改良都需要很長的日子，不是一朝一夕可以辦到的。

自從不能接觸法案實施以來，每年雖也有一二百件觸犯這法案的案子，事實上哈立健的經濟地位與社會地位很低微，他們爲怕別人報復，有壓迫他們的事情，他們也往往不敢報警的。

在中央政府與地方政府中，專爲哈立健所保留的工作配額，有資格去擔任的哈立健還是不足半數，另外必須暫時補以非哈立健的人們，或遞用資格不够的哈立健，這自然是對于工作本身會有妨害的。

雖說大部分的哈立健雖是很少進步，而且進步很是緩慢，不過一切還是在演進，也許慢慢積儲到一個飽和點會起突然的變化，也說不定。至少，現在有許多哈立健的孩子們都進了鄉村學校，而有許多政府的奬學金使他們升學；卽使在鄉村學校中還有歧視，可是到了大學水準，這種分別就自然會消除。而且在大學的宿舍中，凡是有政府津貼的，都必須要接受哈立健的同學們的住宿的。

許多畢業出來的哈立健學生，回到故鄉後起初一定覺得不慣，但正可鼓勵他爲哈立健同胞努力改善自己。而如果在鄉村裏敎書或擔任別的工作，也可慢慢的使哈立健的社會地位改觀。在立院機關裏所保留的哈立健的席位中，哈立健慢慢的自然會有政治意識發展，五千五百萬的哈立健人的覺醒，其選舉票就是一個很大的力量。自然這是言之過早了。

要使哈立健很快可以進步，經濟還是最重要的因素，有人說如果哈立健可以有土地，他們自然可以擺脫別人的束縛。這也是許多印度人的想法，他們以爲哈立健的進步是同印度的土地問題與社會問題聯在一起的，倘若土地問題社會問題都有很好的解決辦法，哈立健的問題也就附帶的解決了。

歷盡艱辛的日美安全保障條約

東京通訊・七月十三日

黃　洋

日美新安全保障條約，由於岸政府及自民黨採取一次閃電式手法，在五月二十日凌晨通過日本衆議院，並即日送達參議院後，經過三十天，在日本國會一直維持不正常狀態，左傾份子連日結隊示威擾亂中，根據日本憲法第六十、六十一條規定，在六月十九日獲得日本在條約史上無前例的「自然承認」，旋經日本天皇及岸政府全體閣員簽署後，在六月二十二日由日本外相藤山與美國駐日大使麥克阿瑟交換批准書，即日開始生效。自從此項條約成爲論爭之的以來，逾時兩年，國會審查費時四個半月。其間，在野黨及左派爲阻礙新條約獲得成立而展開的鬭爭，極其激烈，對於岸政府，這一段路的確是荊棘滿途。國會有關安保條約問題的論爭，政府與在野黨的見解始終構成兩條並行線，無從達成協議，結果執政黨祇好單獨通過新條約，備嘗責罵。因此，有關安保條約問題的論爭，毫未獲得結論。新條約雖然現已獲得批准成立，但並非論爭實質上的結束，今後掀起新的更激烈的爭執，似是勢所難免。

「不平等」的舊條約

一九五一年九月八日，日本在舊金山和約會議中與同盟國家簽訂對日和約時，前首相吉田茂同時與美國務卿艾奇遜締結一項日美安全保障條約。因日本雖然簽訂和約而重獲獨立，但受到新憲法約束不得擁有軍備，一旦面臨外來的侵略，即無由自衞，因此，締結安保條約，允許美軍繼續駐紮日本，以保衞日本的和平與安全。根據此項條約，日本對美國提供基地，授權在日本國內及日本周圍佈署美國陸海空三軍；美軍不但可維護遠東的安全與和平，同時得以出動敉平在日本國內發生的大規模擾亂，並抵禦外來的武力攻擊。

此項條約的締結，當時引起了激烈的反對，社會黨尤甚。因爲當時日本在盟軍佔領之下，客觀情勢使它諸事不能堅持己見，致使條約的內容難免有不完善而不如意的地方，結果，日本人總是認爲此項條約不平等。依照日本人的想法，條約規定日本有義務對美國提供軍事基地，却未規定美軍必須保衞日本安全的義務。就是說，是否保衞日本，完全視美軍的意思如何而定。其次，當日本發生內亂時，駐日美軍不經日本政府籲請，也得以出動鎭壓。又，事先未經美國同意，日本不得將基地貸與第三國及允許第三國軍隊經過日本領土。除此之外，當美軍要將核子武器帶進日本境內時，日本無權拒絕。這些，從日本人言，都是不平等的規定，因此，認爲：日美安保條約是一項美國將日本當作遠東戰略基地而利用的條約，致使日本國會動輒提出非議。並且，隨着駐日美軍擴張及舉行演習，糾紛屢起。

於是，日本政府即認：爲對於增進日美親善關係，及安定國內政治，改訂安保條約實屬必要，而決定向美國提出此種要求，所提理由，即是「現行條約，因締結當時情況特別，致成一項對日本沒有自主性的不平等條約。以後時逾七年，日本的國際上地位獲得提高，日本的經濟力量及自衞力量也獲得加强，因此，應該將此改訂，使其成爲一項有自主性的平等條約。」

新條約談判一再擱淺

改訂安保條約，是日本歷屆內閣主要目標之一。鳩山內閣執政時也由已故重光葵外相提出此議，當時已故美國務卿杜勒斯提及日本自衞軍出國作戰問題，曾謂：「一旦關島受到攻擊，日本是否肯與美國並肩作戰以保衞此島」，致使日方知難而退。

後來岸內閣成立，也立即開始進行有關改訂條約的準備事宜。迨至一九五七年岸首相訪美時試探美方的意向，美國未曾即時答應。直到一九五八年五月，自民黨在大選中獲得壓倒性的勝利後，判斷岸內閣可能執政相當的久，方始允諾改訂條約。此項美方的意思，經由麥克阿瑟大使在大選後不久舉行的一次對岸首相及藤山外相的會議中傳達，同時提出三種改訂方式：①改成基地貸與協定；②祇修改舊條約的條欵字句；③從新簽訂相互防衞條約。據聞，當時日本外務省支持第②種方式，但岸首相仍示意採第③種方式。

關於改訂條約談判的籌備完竣，是年九月藤山外相赴美，在一項聯合聲明中，與已故國務卿杜勒斯首次公開發表將改訂日美安保條約，並決定在東京由藤山外相與麥克阿瑟大使舉行談判。第一次談判，在一九五八年十月四日舉行，進展順利，而在十一月二十二日的第二次談判中即開始正式討論美方提案：「明白規定美國保衞日本的義務；當駐日美軍前往日本境外作戰時，應該事先與日方協商；條約適用區域包括沖繩及小笠原島等西太平洋」。對於新條約的原則，日美雙方意見一致。因此，當時藤山外相甚表樂觀，預定在年底以前結束交涉，完成新條約的簽字，並提請將於一九五九年一月間重開的經常國會批准。

但事出意外，十月間發生警察法糾紛，更有當時經濟企劃廳長官三木武夫反對條約適用區域內包括沖繩及小笠原島，而與池田國務相、佐藤藏相、河野總務會長意見不合，致使岸內閣對於提請經常國會批准新條約事斷了念，藤山外相與麥克阿瑟大使的談判也隨而停止。據聞，當時藤山外相甚至打消將沖繩及小笠原島包括於條約適用區域內的念頭。

在這一段談判停止期間，藤山外相仍擬訂「二月簽字」「四月簽字」的計劃而努力，而每次都因自民黨內鬨不得實現。及至一九五九年四月十三日，日美談判方始重開，但這次又遇到困難，自民黨內掀起「藤山獨走」的非議，河野派、池田派及石井派等認爲：「藤山外相不將談判的內容向黨內提出報告，是目中無人」，起而發難。其實，此一問題之背後是與下屆自民黨總裁人選問題有關。於是，藤山外相祇好提出「安保條約改訂要綱」「行政協定調整要綱」，並報告談判的內容與經過。此一報告雖然不足以消弭對他的批評，但在參議院改選後岸內閣改組，池田勇人與石井光次郎分別膺任通產相與自民黨總務會長，結果自民黨內反對藤山外相的方針者，祇剩下河野一派，他們主張：「關於條約期限應該規定十年期間也得以重行改訂。」後來，在十月間，經過岸首相直接開始調整黨內歧見，幾經曲折，自民黨有關條約的「內交」始暫獲結束。

其間，藤山外相對麥克阿瑟大使的談判繼續舉行，關於安保條約部分，在五月間實質上結束，而行政協定部分也在十二月九日舉行的第十九次會議中完全達成協議。本年一月六日，日美雙方正式結束此一有關改訂安全保障條約的談判，於一月十九日由岸首相親自前往華府簽訂「日本國與美利堅合衆國間之相互合作及安全保障條約」及「關於第六條之施設及區域與合衆國軍隊在日本國之地位之協定」。

日美相互合作及安全保障條約全文

日本國及美利堅合衆國，希望加强存在於兩國間傳統性之和平及友好關係，並擁護民主主義之諸原則，個人之自由及法律支配，又希望促進兩國間更緊密之經濟合作，並助長各國經濟之安定及福利之條件，重新確認對於聯合國憲章之目的及原則之信念，與務期和一切國民及一切政府和平生存之願望，確認兩國具有聯合國憲章規定之個別性或集體性之固有權利，考慮兩國對於維持遠東之國際和平及安全具有共同之關心，決心締結相互合作及安全保障條約，因協定如左。

第一條　締約國，約定依照聯合國所規定，憑和平手段解決分別有關之國際糾紛以免危及國際之和平及安全與正義，並分別於國際關係中切忌憑藉武力，威嚇或行使武力，無論對於任何國家之保全領土或政治獨立，或依其他任何與聯合國之目的不兩立之方法。

締約國，與其他愛好和平國家協同努力，加强聯合國，俾使聯合國維持國際和平及安全之任務執行之更有效果。

第二條　締約國，約定依加强其自由制度，依促進對於此等制度以爲基礎之原則之理解，並依助長安定及福利之條件，對於發展和平友好之國際關係提出貢獻。締約國，努力消除其國際經濟政策上之出入，且促進兩國間之經濟合作。

第三條　締約國，個別及相互合作，依繼續性及有效果之自助及相互援助，以遵守憲法規定爲條件，維持並發展各個抵禦武力攻擊之能力。

第四條　締約國，關於本條約之實施隨時協議，又，對於日本國之安全或遠東之國際和平及安全發生威脅時，隨時由任何一方締約國提出要求而協議。

第五條　各締約國，認爲對於日本施政下領域任何一方之武力攻擊危及已國之和平及安全，宣言依照已國憲法之規定及手續，爲對付共同之危險而行動。

上項武力攻擊及其結果採取之一切措置，必須依照聯合國憲章第五十一條規定立卽報告聯合國安全保障理事會。此項措置，當安全保障理事會爲恢復及維持國際之和平及安全而採取必要措置時，必須結束。

第六條　爲對於日本國之安全提出貢獻並對於維持遠東之國際和平及安全提出貢獻，美利堅合衆國，被容許其陸軍空軍及海軍在日本使用施設及區域。

上項設施及區域之使用與合衆國軍隊在日本國之地位，以代替基於一九五二年二月二十八日於東京簽字之日本國與美利堅合衆國間之安全保障條約第三條之行政協定（包括改正部分）之另項協定及達成協議之其他協定規律之。

第七條　本條約，對於締約國基於聯合國憲章之權利及義務或聯合國維持國際和平及安全之責任，不發生任何影響，亦不得認爲可發生影響。

第八條　本條約，必須經過日本國及美利堅合衆國分別依照憲法上之手續批准。本條約，於兩國在東京交換批准書日生效。

第九條　一九五一年九月八日於舊金山市簽字之日本國與美利堅合衆國間之安全保障條約，當本條約生效時失去效力。

第十條　本條約，具有效力至日本國政府及美利堅合衆國政府認爲聯合國以爲維持日本區域之國際和平及安全而十分規定之措置生效時爲止。

但，於本條約存續效力十年後，任何締約國皆得以對於他方締約國通告結束本條約之意思，屆時本條約於通告後一年結束。

下列全權委員，於本條約上簽名，以爲證據。

一九六〇年一月十九日於華盛頓依均爲正文之日英文作成本書兩份。

在政治風暴中成立

新條約在本屆日本國會召開後不久——二月五日——提出，論爭的中心立卽移到國會。企求新條約儘早獲得批准的岸政府及自民黨，與無論如何都要阻礙到底的在野黨，完全僵持，互不相容，在全體會議上，在預算委員會上，在安保條約特別委員會上，反覆的展開激烈論爭。尤其是從四月初起，集中於專爲安保條約問題而設的特別委員會，在野黨提起對國際情勢的判斷、防衛義務之是非、遠東條欵、事先協議問題、對聯合國憲章的關係、期限的長短等向岸首相、藤山外相、赤城防衛廳長官提出質詢，銳不可當。在野黨的論點是：新條約本質上是一項軍事同盟，有將日本捲進戰爭的危險，對日本的和平有損害，政府的說明簡直騙人。就中社會黨更否定安全保障體制，主張憑藉中立外交來謀求和平保障，以爲他們提出反對的背景。對於在野黨的攻訐，政府方面本於日美安全保障體制絕對必要的立場，說明：新條約係配合日本國民的要求與希望而改善現行條約而成，由此將可對於抑制戰爭之發生及維護日本之安全提出貢獻，同時確保日本的發言權，提高自主性。

政府與在野黨的論戰一直展開下去，毫無相接近的跡象，政府及自民黨漸感不耐煩，而在四月二十日在野黨對於條約及附件質詢完畢，擬開始對於協定及附件下手時，先發制人，來一個中間報告，打擊在野黨，更在五月十九日深夜以閃電式手法結束衆議院特別委員會的審查，而在二十日黎明由執政黨單獨（反主流派的一部份退出議場）强制通過新條約。新條約的這種奇襲性正式會議通過，引起在野黨的激烈憤怒及自民黨本身反主流派的反感，與論也譴責岸首相。在野黨堅持這次票決無效，不承認會期延長，拒不參加國會審查，致使日本國會從是日起陷於祇有執政黨出席單獨審查的不正常狀態。社會黨接着決定全體議員辭職的方針，並且聯合國會外的左傾份子，激起反安保條約、岸內閣下臺、解散國會的民衆活動。

不過，岸政府及自民黨堅決的主張：五月二十日的決議有效，而在參議院也不顧社會黨、民社黨、同志會、無派俱樂部等在野黨議員的不參加，開參議院安保條約特別委員會，從六月八日起至十二日止單獨審查五天。但，這次參議院的安保條約審查，因連同志會及無派俱樂部不接受執政黨的號召參加審查，及全國學生連盟、安保條約阻止國民會議等在國會外發動激烈的示威暴動，致使予人以沉痛且空虛的印象。並且，在這個時候，又發生艾森豪總統是否可以訪問日本的論爭，其間，總統秘書哈格泰在羽田被圍攻，全學連侵犯國會鬧出人命，結果艾克訪日竟告展延，新條約之爭，完全陷於政局的搖撼與紛亂之中。雖然如此，岸政府及執政黨主流派還是貫澈初志，不接受同志會及反主流派要求的「議決休會」等妥協案，等待新條約於六月十九日零時獲得「自然承認」。

毫無妥協餘地的論爭

關於安保條約，岸政府與在野黨在國會論爭的問題，大致如左：

第一、即是國會是否能够修改條約？關於此一與條約的內容無關的問題，在野黨主張：能够修改；政府表示：修改等於否決；雙方反覆爭論，最後還是毫無結果。

其次，關於條約內容，首先議論對於現在國際情勢的看法。在野黨主張：「在此緊張漸獲和緩的情勢中，殊不必開倒車，加强軍事同盟關係。」政府却强調：「新條約係改善舊條約而成，即使國際緊張完全獲得和緩，也需要安全保障體制。」

關於日美兩個在新條約第五條中以日本施政下的領域爲限而保障聯防，因爲這是新條約的核心，致成爲很大的問題。政府說明：「此項規定與一般的相互防衞規定不同，不必認爲日本擔負保衞駐日美軍的義務。駐日美軍受到攻擊、日本領土、領海、領空當然受到侵犯，屆時起而保衞，仍屬本來應有的自衞。因此，不致發生集體自衞權抑是日本派兵出國作戰之類的問題，總而言之，即是美國負起保衞日本的義務。」日本政府更對於第三條基於范登堡決議規定日本須增强自衞力的一點，說明：「日本可以自主的決定增强，不致抵觸憲法。」對此，在野黨主張：「第五條明白的約束日本與駐日美軍的相互防衞，乃是援用聯合國憲章中的集體自衞權，規定日本必須保衞美國，抵觸憲法」，並且追究：「武力攻擊一詞極其曖昧，一旦美國片面的認定確有武力攻擊發生則如何辦？」政府答以「所謂武力攻擊乃是明明白白的事實，不致成問題。」

所謂遠東條欵，規定的維護遠東的和平與安全，日美兩國實行協議，及駐日美軍得以使用日本基地等項，成爲日美安全保障體制重要的一部分，就是說，要將駐日美軍及基地作爲遠東抵抗共產陣營的堡壘，以預防戰爭的發生的想法引起激烈的論爭。在野黨主張：「爲了美國的遠東戰略，日本勢將被捲進毫不相干的戰爭。就條約的解釋言，遠東的範圍並不明瞭。依照美國的說明，包括俄匪的一點，甚爲明瞭，不啻將俄匪當做假想敵國。」尤其是社會黨甚至不惜攻擊稱：「此種條約刺激俄匪；與美國的侵略性有關」，民社黨也要求「取消此一條欵。」此時日本政府的答詢却甚爲紛亂，出爾反爾，變了十次，足見其缺少信念與說服力，結果無異表明此一條欵即是新條約的弱點。不過，日本政府最後還是堅持：「遠東的範圍，原來就是抽象的，並沒有特定的範圍；但係指菲律賓以北的日本附近，日美兩國對其和平與安全具有共同的關心，而且駐日美軍對其保衞能够提出貢獻的區域；惟出動不以此範圍內爲限。」其間，也出現「不應該包括金門馬祖」的意見，執政黨議員也提出質詢，追究政府。岸政府爲了謀求美方了解及調整政府及執政黨內意見，曾經煞費苦心。

關於事先協議——當駐日美軍爲了作戰使用日本基地及佈署、裝備有重要的變更時，須先與日本政府協議的規定，是這次改訂條約中最大的改善，但仍爲了是否眞的獲得改善，爭論不停。在野黨指出：「日本祇是事先受諸商而已，毫無拒絕權，因此，實質上沒有任何效果。並且和舊條約不同，一旦協議，日本也產生責任。除非美國有所提出，否則不成協議的對象；又美軍可以聯合國軍隊的身份行動調動，及補給不受約束；對於第七艦隊使用基地並無協議的保障等漏洞太多。同時，也並無規定可以拒絕核子武器。」對此，日本政府說明：「關於拒絕的權利，雖然法律上沒有規定，但協議中包含同意，政治上已經取得日美聯合聲明保障。所以祇以作戰行動為協議的對象，係因此時日本最有可能在不知不覺之間被捲進戰爭的危險；補給、調動、撤退、危險為較少，不必事先協議而由於一般協議即可。至於不許帶進核子武器，乃是岸內閣一貫的政策」，並且强調這些地方卽是這次改訂中最大的改善。

又，新條約和舊條約同樣將基地貸與美國，也是論爭之的。在野黨認為：「就是要把基地供給美軍使用並允其駐紮，才會發生和日本毫無關係而仍有被攻的危險」，民社黨卽主張採取「有事駐兵制」。不過，政府方面依然堅持「常時駐兵制」，表示：「理論上新條約或許可以規定有事駐兵制，但條約全體仍是採常駐制。」

關於新條約對聯合國憲章的關係，也有許多質詢。在野黨主張：「以為新條約基礎的聯合國憲章第五十一條，卽是美國强制加進去的違反憲章精神的例外規定，其中包含如黎巴嫩事件祇因有武力攻擊之虞乃有美國擅自動兵的危險。這一項毋寧說是一種軍事同盟。」對此，日本政府强調：「新條約中一切都準據憲章而規定，是一項和平性的條約。除了遇到武力攻擊時之外，憲章禁止行使武力，因此，新條約絕不致被濫用。所謂軍事同盟，乃是憲章以前的舊想法，新條約與此逈然不同。」

將期限定為十年也成為問題。對於政府說明：「舊條約是無期限的，沒有美國同意，改訂或是撤廢都屬不可能。新條約將此限期十年，的確是一大改善」，在野黨相反的指責：「茲值國際緊張趨向和緩時，一項暫定性的舊條約或許在二、三年後可能獲得撤廢或者改訂，却要將軍事同盟固定十年」，民社黨提倡：「設置預告後一年卽可撤廢的條款。」

除此之外，有關新條約的換文，與國民生活有密切關係的駐紮協定及附件等，因政府執政黨强制結束審査，致使在野黨不及提出質詢，留下許多問題與疑慮。

保守對革新決定性的爭執

總而言之，在日本國會有關安保條約𡍼論爭中，在野黨——尤其是社會黨的質詢，無不是基於無論如何都絕不承認安保條約、毫無妥協之餘地的立場而提出；政府方面也祇堅持新條約是一項最完善的條約之結論，其答詢與說明缺少信念與說力，結果，有關安保條約的論爭，依舊維持兩條平行線。並且從任何結果可言，依舊維持兩條平行線。並且從政府與執政黨强制通過以來，新條約本身之是非問題却完全埋沒於政治風暴之中，改善舊條約，矯正缺點的當初目標，不再存在，失去通盤的檢討日本的安全保障政策，覓致一項完善的結論之絕好機會。

這次新條約不但是在國會內的爭執中，更在包括社會黨、總評、全學連等國會外左派勢力與岸政府激烈的衝突中獲得成立，因其政治上的意義，當然與通常的決議不同，而極其複雜。至少從想憑藉安保條約的改訂，為日美安全保障體制奠立不可動搖的基礎，並且解決從舊安保條約誕生以來一直成為政治問題的安保論爭——岸首相、藤山外相當初的方案言，應該是結束有關安保條約改訂論爭的國會批准，却招致相反的結果，變成在國內方面更激起「推翻岸政府、阻礙安保條約成立」的行動之新起端。同時，國際上必將在對美俄匪等為了安全保障問題注視日本的東西兩陣營之關係中，成為一項外交問題而引起反動。

過去在國會審査有關改訂安保條約問題的過程中表現出來的保守對革新兩派思想觀念上的爭執，由於新條約獲准成立，更成為決定性的，致使今後新條約生效後也依然繼續不斷的影響到一項國際條約應有的「國民的支持」，似是無可避免。因此，在新條約生效後也似乎必須在任何一個時期採取政治性措置，俾使在野黨了解這次國會批准手續仍屬合法。

另一方面，美國政府刻在配合日方的自然承認而進行國內手續，不過，美國議會及一般民間却明顯的對於日方這次批准的不正常，表示疑慮，而對於新條約體制的實際上效果，表示懷疑。美方的這種情形，預料將在新條約生效後從事其運用的美政府之立場上反映出來，而隨時與日方協議並運用新條約的美政府之彈性將受到箝制。因美方視這次左派勢力為阻礙條約成立而採取的行動，為「反美運動」，因此，美國內是否可能更進一步對於條約之運用及效力增加疑問，乃視此派勢力今後的表現而定。同時，美國的這種見解，將更連鎖性的影響到日本在自由主義陣營中的評價，也是勢所難免的。

至於俄匪共產陣營，必將藉着日本國內為了批准新條約而發生的爭執與動搖，從新條約獲得「自然承認」的六月十九日起，激起對日本保守勢力的攻勢，乃屬勢所必然，日本外務當局也業已作此預測。

總之，日美新安全保障條約現已獲得自然承認而成立，今後是否可能產生新的政治性意義，完全繫於今後日本國內政治情勢的發展如何而定。

爺爺的寶貝

聶華苓

一排光禿的矮籬，襯着一抹灰蒼的夜空。黑色的屋脊上，露出短短一截葉子稀疏的樹梢。母親、弟弟與我坐在我們那小木板房子前面，注視着矮籬上搭着的一個古色古香的金黃緞子書套。那書套已因年久褪色，但在我看來，那簡直就是一團璀燦的金光。

「姐姐，你是不是在想——」

「嗯，爺爺的寶貝！」

我與弟弟會心地笑了一下。

「爺爺的寶貝」是一卷朱熹自書游畫寒詩，黃色的紙地，白絹鑲邊，紫檀木夾板，刻着「朱文公遺蹟」，外面就罩着那個金黃緞子套子。爺爺在生時，酷愛古物書畫，玉兎、玉蟬、玉獅……各種玉石；人物、山水、竹石、花鳥各種名畫；還有一大箱一大箱的書，擺了一層樓。我們統統稱爲「爺爺的寶貝」。那卷朱熹眞蹟是顚沛流離之餘所剩下的唯一一件「爺爺的寶貝」。

母親默默坐在那兒，皺着眉頭，我看得見她眉心幾道深深的直紋。打兒時起，我就熟悉母親那副神情，自從父親去世以後，她就常常是那麼愁眉不展的樣子。

「媽媽，您在想什麼？」

「我在想，你們爸爸死的時候，爺爺死的時候，我就下決心把你們撫養成人，不動家裏一點財產。現在就只有那麼一樣東西紀念爺爺，我們也要賣掉。我心裏總是有些愧咎。」

「我們總不能端着金碗叫化？」我怯怯地說。

「而且，現在失悔也來不及了，于先生已經把爺爺的寶貝帶到美國哈佛大學鑑定去了。」

「我不爲別的，只想用那個爲自己換來一點自由。」弟弟說。

「我也是。」我附和着。

「其實我比你們更想把那件東西賣掉。有了錢，我們的問題都解決了。你要愛誰就去愛誰，」母親衝着我說，然後轉向弟弟。「你要學什麼就學什麼，我都不管你們了。」

「媽媽，爺爺的寶貝賣出去了，我一定從土木系轉到藝術系。好不好？」弟弟說。

「那我就——」我瞟了母親一眼。

「你就和那個窮小子結婚！」母親接着說。

我點點頭。

母親苦笑了一下。

「你們一個要爲藝術而轉系；一個要爲愛情而結婚。不錯，我是不贊成，我要你們走一條穩穩當當的路。但是，你們也並沒有堅持呀！我把你們看透了，你們根本受不了窮，吃不來苦。你們還是想過往時的日子，游手好閒，不負責任，不費力氣。」

「誰叫您把我們生在大戶人家的？」弟弟調皮地瞅着母親，彷彿那是母親的錯。

「現在可是破落戶啦，大少爺！」母親幾乎是譏諷地笑了一下。

母親的確把我們看透了。我們在時代的廢墟中，依戀着上一代的殘花敗葉，沒有勇氣爲自己闢出一條路來。我愛一鴻，全心全意地愛他。有好幾次，他把額前一綹帶點兒稚氣的頭髮向後一甩，嘴一抿，說：「只要你答應我一個『好』字，和我永遠在一起，我什麼都不怕，我能吃苦！」然而，我始終不敢回答他那個『好』字，因爲母親不同意——就是母親同意，我也沒有那股勇氣。每逢我請求母親答應我與一鴻結婚，母親兩眼盯着我問：「現在你上班就叫苦連天的，將來和那個窮小子結了婚，除了上班，還要燒飯洗衣，拖兒帶女，你吃得來那個苦嗎？」我就爲之語塞。弟弟有着與我同樣的苦惱，他在土木系讀了兩年，却對繪畫發生了狂熱的興趣，他響往藝術之都的巴黎。母親却不同意他轉系，希望他成個專門技術人材，過着不虞匱乏的生活。每逢他請求母親讓他轉系，母親斷然問他：「學藝術的人窮愁潦倒的日子，你受得了嗎？」他也爲之語塞。

我們三人默不作聲。在那一團熠熠金光中，我彷彿看見了一幢石砌的小房子：花玻璃的長窗、湖藍色的窗幔、圖案奇幻的花圃、精緻舒適的傢俱：：全是我與一鴻笨拙而愉快地佈置起來的。

「哈，」弟弟突然叫了起來。「巴黎的藝術陳列館，現在可去得成吶！」

母親漠然望了他一眼，自顧自地說：

「唉，只要有了錢，你們要愛的去愛，要學藝術的去學藝術。我就在那兒蓋一幢房子，過點不發愁的日子。我知道你們不可能永遠守着我。但我還是要爲你們把房間佈置得好好的，你們在外面累了，回來也有個舒舒服服的窩。我要把你們成雙成對的照片掛在我房裏，上面按兩盞玻璃壁燈，正好照在你們的頭上。就是你們不在家，我看着那亮處的幾張臉，心裏也是高興的。」

「怎麼于先生還不來信呢？」我抬頭看大門上的信箱。

「是呀！」母親說：「我天天坐在窗口看着信箱。也不知道鑑定的結果如何，那個什麼大學要不要。」

「一定要。」弟弟斬釘斷鐵地說。

「爲什麼呢？」我幾乎是在反問自己。

「你想嘛，」弟弟那一股勁兒又上來了。「朱熹是理學的大師，理學是中國的一大學派，凡是研究東方文物的機構對於朱熹的眞蹟一定是求之不得的。」弟弟挺有把握地抿了一下嘴。「聽說有個美國學者千方百計地要買八駿圖，八駿圖只有藝術上的價值，咱們的爺爺的寶貝除了藝術上的價值外，還有——」

「還有學術上的價值。」我連忙接着說。

「嗯。」弟弟使勁點了一下頭。「就憑那後面歷代收藏家的鑑印和評語都是很珍貴的。『考亭夫子書宗魏晉，雄秀獨超，自非國朝四家所可企及……』這是誰的評語？」弟弟明明知道我把那寶貝上的一字一句背得和他一樣爛熟，他還要偏着頭問我，無非又是自我陶醉一番。

「知道啦！」我不屑地回答。「眞德秀。」

「『道義精華之氣 渾渾灝灝 自理窟中流出……』這個呢？」

「周伯琦。」

「好，再來！」弟弟拍了一下膝蓋，挺直了身子。「入首數行，骨在肉中，趣在法外。中間鼓舞飛動。終篇則如——嗯——」

「『則如花散朗，如石沉着。』」我接着背下去。

「算啦吧！這是爺爺的評語，你都記不完全，還來考我!?」

「笑話！後面的我背的一字不漏。『甲子歲暮以事至燕，購於張文傳先生，如獲連城，題後數言，秘之篋笥，不肯使墨林俗子一見也。』」弟弟晃着腦袋，用手摸了一下他青嫩的下巴。

「八駿圖別人出多少錢？」母親風馬牛不相及地問。

「一百萬美金。」弟弟說。

「那我們這件寶貝值多少呢？」母親仍然衝着弟弟問，彷彿他就是哈佛大學東方研究所的發言人。

「保險一點，打個對折好了，」弟弟神氣活現地，伸出一個巴掌。「五十萬吧！」

「眞的呀？」母親楞住了。「要是早知道值那麼多錢，我恐怕高興得睡不着覺了。」

「不知道也好，」我笑着說。「媽媽已經就像着了魔一樣，爺爺的寶貝還沒帶走的時候，媽媽一天到晚守着那個摸呀，看呀，哼哼唧唧的，唸的有腔有調。」

「媽媽把那上面的詩都背得了吧？」弟弟打趣地說。

「你們能背，我就不能背嗎？我乾脆叫你們開心。」母親彷彿一下子年輕了，昔日那股爽朗勁兒又回來了。「仙洲幾千仞，下有雲一谷，道人何年來，借地結茅屋……」母親頓住了，望着我們那個宛如雞籠的小房子。「這可眞是借地結茅屋了。我們以前的門房也比這房子好！」

「可不是！」弟弟附和着。「那房子，嗨，大得眞叫人過癮，我可以橫衝直撞，毫無阻礙。我就頂喜歡拿着一把木頭大關刀，從樓下沿着那彎彎曲曲鋪着地毯的樓梯，一直衝到屋頂的陽臺上，一個人昂首挺胸地站在那兒，對着高高低低的屋頂，揮着關刀，大聲嚷着：『殺呀，殺呀！』就像我正指揮着千軍萬馬一樣。」

「你就會玩那套殺人的遊戲！」我信口說。

弟弟臉色變得嚴肅了。

「自從我們出世，就是滿耳叫囂，殺聲震天，我們沒有聽見過平和的聲音。」

母親與我都沒答腔，我不知母親正在想什麼，我却正回想着當年那個大園子。也許就是那個荒蕪、神秘的大園子養成了我孤獨的特性吧。打我懂事時起，那園子就沒整理過。在我小小的心目中，那園子從太古洪荒時代就是那個樣子，永世萬年也不會有絲毫改變。山茶樹夾道的小徑，一個小人在那兒走着，就像是在綠黝黝的城牆中走着一樣。一叢叢亂糟糟的竹子，近晚的寒風吹來，竹葉呼呼搖曳，宛如拿着掃帚飛上天的女巫飄起的綠髮。盤根錯節的古松，伸着奇形怪狀的枝榦，彷彿一頭頭張牙舞爪的怪獸，兀自聳立在亂草叢中。殘損的假山，蓋滿了暗綠的苔蘚；黝黑的水池子，漂着暗綠的浮萍。那兒甚至沒有一隻蝴蝶，沒有一點兒象徵生命喜悅的色彩。若在大白天，我還敢在園子裏玩一陣子，天一黑，由窗口向那兒看一眼，我都不敢。有一天下午，我在草叢中找松子，一大片烏雲蔽住了太陽，天色忽然陰沉下來了。在那一片綠色的陰影中，一股寒風掠來，綠色的城牆搖晃着，女巫的綠髮飄起來了，那些怪獸也怒吼了。我拔脚飛跑，喊着自己的名字壯膽，「苓子，苓子！」但彷彿是那些女巫、怪獸在呼喊，因爲那已不是我自己的聲音，而是一陣透着絕望、凄厲的怪叫。我終於跑進屋子，驚魂未定，便聽見一陣聲如宏鐘的大笑，彷彿是在笑那些捉弄小姑娘的女巫與怪獸，使我感到安全。那就是爺爺的笑聲。

「我眞喜歡聽爺爺的大笑。」我夢囈似地說。

母親微笑着點點頭。

「只要他碰着了知音，說他什麼寶貝好，他就仰天大笑。我們外行人，在適當的時候稱讚他的寶貝兩句，他也會樂得大笑。有一次，正是三伏天氣，他穿一套山東府綢褂褲，吊着白絲褲帶的綫子，捧着一個大肚子宜興壺，正在搖頭晃腦地欣賞那卷朱熹眞蹟，我打那兒走過，瞟了一眼，就學着他的話說：『好哇，道義之氣，葱葱鬱鬱，散於文字間。』他就仰天大笑了一聲，稱讚我：『好！不愧爲我家的媳婦！好！』其實，那幾句話是我聽他說過的，我那裏懂？」

母子三人笑了一陣。弟弟說：

「我還記得爺爺的樣子。大塊頭，白鬍子，白眉毛，就像是三把白刷子；臉上總是紅裏透光，長長的翹下巴，兩個大耳朵，耳墜又厚又長，我小時候就總想伸手去拉拉他那柔軟厚實的耳墜。我不敢，他眞是有一股道義之氣，把人懾住了。」

「其實在他快活的時候，他就單純得像個孩子。」母親說：「有一次，他把一個陌生人帶到家裏來，說他是由南方到北方去，從我們那兒路過，那個人也不知怎麼摸着了爺爺的脾氣，爺爺特地請他到家裏來玩幾天，把他安頓在客房裏，像待上賓一樣地欵待他。爺爺和那個人天天在一起看那些寶貝，那哈哈大笑的聲音呀，簡直把屋子都震動了。那人臨走的時候，爺爺向我要一百塊錢，一百塊銀元，說是送給那人做盤費。那人走了以後，我們才發現那人是個大騙子。事後想起來，我們還害怕，那不就是引賊入室嗎？」

「爺爺眞是熱昏了頭。」弟弟說。

「我就很難想像一個人怎麼會狂熱到那種程度!?」我說。

「這就是你們這一代人與上一代人不同的地方。」母親說。「現在的人太現實了，根本就不會懂那種熱情。」

母親常常如此抱怨，彷彿這個時代一無是處。我們總是心不在焉地聽着。我知道母親又有厚古薄今的嘮叨了，連忙插嘴說：

「眞是！要是爺爺不把錢統統化在那些寶貝上，我們現在也少吃一點苦。」

「那些寶貝就是爺爺的命呀，怎能阻得住他不買？」母親說。

「他一定是在那上面自覺別有天地，使得他把現實世界也看不清了。」弟弟說。

「一定的。」母親點點頭。「現在我才懂得爲什麼他能忍受那麼多痛苦，而我們不能。你們爸爸是他的獨生子，他死了以後，爺爺好像並不難受，至少我們看不出來。只是他的大笑聲少了，仍舊一天到晚鑽在古董堆裏，甚至比以前更着迷了。那時候我常常想，爺爺的心好狠，晚年喪子，尤其是個獨種兒子，他怎麼就不難受呢!? 一些親戚朋友都奇怪他怎麼那樣平靜。」

我與弟弟默不作聲。我彷彿又看見了那喧囂的孝堂：和尙的誦經聲、吹鼓手迎送弔喪人的喇叭、女人們嘮嘮叨叨的嚎啕、打雜的人的吆喝……簡直就是個滿堂白的戲園子！在那一片喧囂的悲哀中，爺爺拄着紮了白布的拐杖，坐在父親的棺木旁邊，望着那隱約抖索的燭光，不說一句話，也沒有一滴眼淚。

「你們爸爸的死對他好像沒有什麼影響，」母親繼續幽幽地說。「就是戰爭，要人命的戰爭，對他好像也沒多大影響。蘆溝橋事變以後，人心惶惶，有辦法的人都往四川逃。爺爺一定不肯走，就爲着他的那些寶貝。我甚至於哭着求他，他也不肯，要我帶你們走。沒辦法，爲了你們的學業，我只好帶着你們走了，留下老萬伺候他老人家。」

「聽說爺爺後來吃了很多苦頭。」我低聲說。

「嗯，一直到現在我心裏還覺得對不起爺爺。」母親的眼中閃着淚光。「老萬後來被炸死了，剩下爺爺一個人，生了病，躺在床上，連個照顧的人也沒有。那時候別人都自顧不暇。他死了以後，才被人發覺，都不知道他是什麼時候死的。」

「只有那些寶貝知道！」弟弟說。

「那倒是眞的，」我彷彿看到爺爺臨終時含笑的臉。「像爺爺那樣的人，就是那樣受苦，那樣死法，他還是滿足的，你知道，爺爺根本是活在幻想世界裏的，他是世界上頂快樂的人。」

「爺爺萬歲！爺爺的寶貝萬歲！」弟弟打破了那片低氣壓，高擧一雙手大叫了兩聲。

我們母子三人最近常常這麼融洽地聊着天，翻來覆去，永遠是一個話題——爺爺的寶貝。平時我們各有各的苦悶，苦悶形成一堵冰冷的牆，將我們隔得遠遠的。現在那一堵牆，因爲我們看見了希望，自然而然就拆除了。就是在那個小木板房子裏擺着兩樣小菜的飯桌上，我們也彷彿是坐在昔日大廈中滿桌佳餚的飯桌上，有滋有味地一面咀嚼，一面談着爺爺的寶貝。夜空由灰蒼變成了濃黑，沒有一顆星子。那是一種特有的黑暗，宛如滲了水銀似的，黑暗透着微光，遠近的一景一物都清晰可見。籬笆上那塊緞子書套仍舊閃着古艷的金光。我們都沉默着。那片沉默也滲了點兒什麼——滲了希望、幻想、和對爺爺的愛。

「哈，」弟弟叫了一聲，便向門口跑去，由信箱中拿出一封信，看了一眼，歡悅地叫着。「好啦，是于先生由美國來的信，我看着郵差把信塞進信箱的。一定是好消息，好消息！」他向我們走來，一面拆着信。

「快，快，」我跑向窗口，好像小時候看戲搶位子一樣。「來，來這兒看，有燈光。」我搶着最亮的地方。

「伯母，」弟弟拿着信，站在我旁邊，兩手抖索着唸了一句，便停住了，眼睛却順着一行行的字溜下去。

「唸呀，怎麼回事，唸呀！」母親起身走向我們。

我的眼睛也急速地在信紙上溜下去，一隻手抓着弟弟的胳臂，越抓越緊。母親站在一旁，一雙老花眼盯在信紙上，急的直跺脚。

「唸呀！唸呀！」

我與弟弟看完了信，兩人楞楞地互望着，彷彿不知道旁邊還站着焦灼的母親。

「怎麼樣？賣出去了嗎？點個頭，搖個頭呀！兩個木頭人！」

弟弟把信遞給我，走過去坐在原來的竹櫈上。

我靠着窗口，顫抖着聲音唸給母親聽：

「……前信已提及將那件寶貝請哈佛大學東方研究所一位教授鑑定。他們非常感興趣。這些天我等得好不焦心，但又不便表示焦灼的樣子，別人怎了解這件寶貝茲事體大，不但府上每人寄予無限熱望與夢想，就是我這個外人也可分享十分之一的利益，將來返臺靠此結婚成家呢！今晨我去看那位教授，他把寶貝拿了出來，半晌微笑不語。我耐着性子問：『怎麼樣？』他吞吞吐吐，只是說：『這個……嗯……這個……』又把頭搖幾下。我立刻心裏一怔，心想：糟了。我脫口而出：『假的？』他點點頭，於是乎拿出考證的卡片，今一併附上。別人是用科學方法鑑定，萬無一失。如果您老不甘心，還要拿到日本去鑑定，也未嘗不可。不過，基於道義的理由，我要就便告訴您老：日本的漢學水準一定不比美國的哈佛差。萬一又考證出正身，再白賠掉好幾塊美金的郵費，可就損失更大了！……」

母親沒等我唸完，彷彿已無力站住，便低頭走回原位坐下，長長嘆了口氣。

「媽媽，您聽，還有呢！」我繼續唸下去：

「你們一定很傷心。我當時也很傷心。但現在想起來令人失笑。我抱着寶貝回來時，天正下着大雨，我在『雨地行軍』，寶貝似乎越來越重，而雨越下越大。回來啊！呢帽變成水帽，重約數磅；鞋子成了水袋，咯吱咯吱；大衣也濕透了。我趕快全脫下，放在熱水汀上烘烤。而人呢？坐在沙發上，好不慘然，心想：這輩子要做王老五了。我又怕因此受寒生病，因波士頓比北平還冷。美國醫院特貴，倘若生病，我豈不要損失慘重！後來趕快用熱水大洗一頓，還好，沒有出毛病。哎，多麼可悲又可笑的人生！不過，不管天翻地覆，我們總得活下去，不能再盼望奇蹟了！寶貝由臺來美，一路使我緊張萬分，現在我得請它閣下先行返臺了，今已付郵寄上，包裹單『價值』一項，我塡的是『無價之寶』。……」

我走回原位坐下。一片沉默——滲着頹喪、與悲哀的沉默。我低下頭，淚水滴在信紙上，但我並不知道自己曾經哭過。突然，弟弟大笑了一聲，幾乎是透着野獸的絕望的笑，令人毛骨悚然。我吃驚地抬起頭。

「告訴你們，」弟弟的聲音走了腔。「也許爺爺的寶貝全是假的！」

「爺爺一輩子的血汗全爲了那些寶貝，怎麼可以是假的呢？怎麼可以呢？」母親恍恍惚惚地說，最後一句話的語調特別沉重，彷彿是在質問誰。

「即令全是假的，只要使爺爺快樂過，使爺爺漠視了人間的苦難，那就是眞的了！」我說過之後，覺得心境開朗了些。

「你的話很對，」母親寬慰地嘆了口氣。「人生原就是眞眞假假，假假眞眞！叫人快樂的，雖假亦眞；叫人不快樂的，雖眞亦假。爺爺到底是有福的人！」

我們又沉默了。我想起了于先生信上那句話：「無價之寶」。那雖是一句戲言，却蘊藏着很多道理。對於爺爺而言，那確是無價之寶，但對於我們而言呢？我望了一眼籬笆上那個緞子書套，黯夜中，它仍閃着古艷金黃的光。「不管天翻地覆，我們總得活下去，不能再盼望奇蹟了！」一鴻的臉在我眼前又變得淸晰起來，我又看見他把額前一綹帶點兒稚氣的頭髮向後一甩，嘴一抿，說：「只要你答應我一個『好』字，和我永遠在一起，我什麼都不怕，我能吃苦！」我忽然覺得自己鄙俗不堪，爺爺曾經爲他的愛而受苦，我爲什麼就不能爲我的愛而受苦呢？爺爺曾經用幻想美化了他坎坷的一生，我爲什麼就不能用希望來美化我的生命呢？上一代已經過去，我們是屬於這一代的，不能再依戀上一代的殘花敗葉了。也許是爺爺在冥冥之中留下這件「無價之寶」，在適當的時機來啓示我們，摧毀我們的依賴性，鼓勵我們活下去的勇氣和信心。我抬起頭，弟弟正望着我，帶着意味深長的笑，對我說：

「對，無價之寶！」

我緊緊握着他一隻手，我們的心從來沒有離得如此近。天邊不知什麼時候出現了兩顆星子，宛如一對愉悅、沉靜的眼睛對着我們閃爍。只聽見母親長長嘆了口氣。

「唉，也好！我心裏反而坦然了。否則，眞是不肖的子孫了！我常常想，假若我們家仍像以前一樣，也許你們依賴成性，不會成爲好孩子。富家出敗子，常常如此。現在看來，連這點東西也不能依賴的。這才是澈底，要你們澈底地自成人！」母親望着天邊那對閃爍的星子，彷彿不是對我們說話，而是在那兒自解自慰。

「媽媽！……」我期期艾艾地，一隻手輕輕搖着母親的肩。

「我知道，」弟弟調侃地擠擠眼。「你要去找邱一鴻了！」

我微笑着點點頭。弟弟使勁搓着手，每逢他有說不出口的話，就是那副神情。

「我知道，你要去找辛教授談轉系的事了。」他也微笑着點點頭。

「還有，」他伸出一隻手做了一個堅決的手勢。「再兼一個家庭教師，存點錢將來去巴黎！」

「我也是，再兼一個家庭教師！」

我們倆一人拉起了母親的一隻手，懇求地望着她。

「媽媽！」

「媽媽！」

母親的嘴唇顫抖着。我看見了她眼中的淚光。

「媽媽，」弟弟輕輕拍着母親的手。「您別擔心，我們頭上還是有兩盞燈。」

「有燈？」

「嗯，」弟弟又調皮地笑着，指着自己的頭頂。「哪，媽媽，看見燈光了嗎？」

母親與我莫明其妙地望着他，不知他又在開什麼玩笑。但他却一本正經地說：

「兩盞燈：勇氣和信心！」

母親笑了。那是我所見到的最美麗的笑。

「埋沙集」書前

顧一樵

最近看見艾山爲伯飛「天山集」寫的「書後」，正要寫信給「天山集」的作者和「書後」的作者道賀，不曉得「埋沙集」的作者竟要求我來寫一個「書前」。我答應試寫，以下便是。

我請求「埋沙集」的作者給我一點額外的資料，幫助我寫「書前」。現在先報告這點資料。

集中最早的一首詩是「水上表演」，但從一九五四年七月初稿，一九五七年八月又改訂。一九五六年寫的有以下九首：「問」，「城鄉」，「音樂的過錯」，「我是土地」，「最後的囑咐」，「海王星」，「耳語」，「臨月篇」，和「面紗」。一九五七年寫的，有：「秋天的孩子」，「雪人」，「淚」，「萬花筒」，「拾題」，「黃昏之獻」，「葡萄樹」，和「有巢氏讚」。連同「水上表演」的改稿，亦得九首。一九五六及一九五七，每年九首，共十八首，都是在紐約時所寫。以後都是在橙堡所寫。

一九五八年在橙堡寫了以下十二首：「尼庵風雨」，「重逢」，「火」，「夜航」，「豐溪灣」，「給離婚婦」，「弗寧肯斯坦先生」，「猛虎行」，「死」，「詩」，「路」，和「季候病者」。集中其餘三十五首，都是一九五九年在橙堡寫的。作者自已告訴我，在這個時期內，詩稿收入集中的約有七分之四，其他在「冷藏」中。

無疑地作者于一九五九年「文思煥發」，信筆寫來便是詩境、詩意、詩句。無論在內容、形式、與技術方面都有進展。一九五六、五七、五八——這三年是準備時期，鍛鍊時期，所以更值得我們加以研究。

作者論詩，說：

「細草接納以無比的柔情
花木付給顏色兼着芬芳」

這平常中的不平常的語言組合，詩人從何說起呢？他首先「問」：

「什麼叫做生什麼叫做死呢？
生是蝴蝶飛舞在夢的邊沿？
死是安安穩穩睡了個午覺？」

他用「囑咐」的口氣作答：

「就保守我們最後
這一刻的沉默吧
大地含凝着炊煙
送走夕陽的殘照」

「大地炊煙」告訴我們——作者在如何懷念鄉土！他「抬頭問一問青天」(「耳語」)，他讚美月亮「沉默而並不消極」(「臨月篇」)。他讓「回想與追憶」「隨芳草綠遍天涯路」(「面紗」)。因此我們發現了集中的三部曲：㈠「回憶之部」，㈡「現實之部」，和㈢「理想之部」。「問」到「面紗」幾乎全屬于第一部曲。

在一九五七年的作品中，我們聽見了「秋天的孩子」「當風而立」的哭泣，並試從「枕邊流出的線條裏拉回了夢中畫」(「萬花筒」)。搭飛機周遊了世界，引起

「朝朝暮暮太平洋
環繞這東方之珠
唯有眼淚的生長
更新年年的憶念」

但是眞情流露的沉重句子，誰又能比得：

「在這黑夜：離開黎明是那麼遙遠
在這異域：回首故國是另一天邊」

經過「黃昏之獻」，作者找到了

「大地是這樣寬濶無邊
嚴麗的歲月，」

這「嚴麗的歲月」，便是「理想之部」的眞發現。作者從此便不再爲回憶而流淚了。「有巢氏讚」是新理想的序詩。所以

「家家戶戶燈光
閃爍如繁星
燦爛無限
溫暖無限
四周無邊的寂靜
是我無言的禮讚」

這樣，作者和他的夫人羽音女士乃準備着到橙堡去過積極而幽靜的詩人生活了。(有了「理想」，而後「回憶」不覺痛苦，「現實」亦可了解，而「水上表演」乃得改頭換面，留在人間。)

一九五八年的十二首詩中，三部曲應該都有。「豐溪灣」是「回憶」，「原子小賦」是「現實之部」，而「火」，「夜航」，「詩」，和「路」都是「理想之部」。他稱讚「火」爲「黑暗的燃燒者」；他安慰「夜航」人說：

「那麼，歸航吧
西方一顆明亮的星子
就孤懸在此處」

他的詩

「在拓荒者有力的臂膀中
在母親們慈愛的撫觸中
在禱告者虔誠的淚珠裏
甦醒誕生了」

他堅定地指出

「足底下走出一條途路」

數十年來，我常同青年人說：「路是人走出來的！」作者與我同感，是值得欣慰的。

一九五九年所寫的共有三十五首，占全集一半還多。「回憶之部」我所喜歡的有「孤兒之歌」，「扇子」和「夕陽書簡」裏的這些句子：

「我的父母要等到夢中才露面」(孤兒之歌)

「寒流南來了，我才拾起
　又是一天懷鄉的紀錄！」（「扇子」）
「飄。尋找——我——太平洋——你——我
　們間」（「夕陽書簡」）

有些詩是通過「回憶」到「理想」。例如「偶題」中的
　「最好是相對默默，
　無言往往勝過有言」

「說夢」中的
　「好夢永遠不會淸醒
　沒有夢便沒有生命」

還有些詩是從「現實」到「理想」。例如「夜雨」中的
　「讓我們開開窗，迎接：
　與夜色俱落的雨滴……」

他稱讚「舞踏家」：
　「你曼舞：在旋律中，存在來自轉動
　你輕歌：戞然而止，理想永在落空」

由「回憶」而「現實」而「理想」的好例是「蟬」：
　「你是掛在樹梢最後的
　一片落葉？當你捨身
　投入溪澗，記憶中仍然
　是蒼穹無窮的蔚藍？」

「理想之部」是第三部，亦是作者在一九五九年作品中最重要的部份。「中途」象徵着作者光明的創作前途：
　「燃燒如流星一樣擦亮天體」

在「種子」裏，他唱：
　「承繼自然，我必須開花結果！」

也許作者的心情，正在「四月」那「一個豐富的季節」：
　「淙淙的水流過山谷
　處處充滿了回聲。」

「石林」是引人「回憶」的作品，但是那最後一詩行
　「你高高聳立天際——沒有生長，更非固定」
却把石林的現實存在，變成永恆！

「待題」是絕好的回憶詩。但是我更喜歡「日晷」的
　「他追逐勞形
　完成你的固定
　他瞬息萬變
　你示之以永恆」

和「散步」的
　「保留這一角海灘
　爲記慢日夕的散步。」

本集中有很多詩屬于「現實之部」。詩人並不放棄「現實」，尤其新詩人。但我在這「書前」短文內，不預備介紹，以免減少讀者欣賞的興趣。

我最近爲了把「海外集」付印，曾寫了一首論詩的詩，抄在下面：
　「詩原不可論，三百首猶存
　沛以浩然氣，大哉般若門
　浮雲輕弱水，泰嶽壓崑崙
　便有神來句，了無夢裏痕」

近年來我建議以「重」「大」「拙」三字爲評衡文藝的標準。「重」爲「嚴重」的重，而非「癡重」，「大」爲「浩大」的大，而非「浮大」，「拙」爲「本拙」的拙，而非「笨拙」。最近本集作者見了我的「論詩」來信討論，所以順便提及。「人間詞話」，主張以「意境」「氣象」「不隔」評衡詞的優劣。我們可以「意境爲重」「氣象爲大」「不隔爲拙」作爲文藝批評標準。讀者倘願意採用此三標準，必可以在這本集子中得到許多寶貴的發現。例如「蟬」，「蒼穹」是大，「捨身」是重，而「你是一片落葉」則平淡而拙。我敢大膽說：凡是一首可以留存的詩，必須合乎此三標準之一。但是我更希望我們有很多的新詩，能以具備這三個簡單明瞭的基本條件。

于費城蕉舍

一九六〇、一、十二、雪夜

來函照登

爲駁還「從公論報奪產事件看張祥傳橫行霸道」一文之辯駁書

頃閱四十九年八月一日所出版之貴刊第二十三卷第三期第二十二、二十三頁刊載署名「易駿」之臺北通訊，題爲「從公論報奪產事件看張祥傳橫行霸道一文」，內容荒謬顚倒皂白，固不値識者一笑！惟貴刊素以言論公正報導準確自詡，對此涉及私權法益與夫個人名譽之事件，或與事實根本不符，或顯然事涉疑似之部份，竟曲徇人情，輕信片面之誣衊，不僅於事實眞相全無求證之態度，且置水勝七月七日刋於聯合報之駁還李萬居啓事所陳述之事證不顧！輕率刋佈前題文字，質之貴刋久所標榜之明辨是非維護私權之職志，不啻背道而馳！實爲良深遺憾，亦且爲貴刊多年沽譽之玷也。祥傳、水勝曁公論報股份有限公司多數股東，約近新臺幣貳佰萬元之投資，於橫受非法侵吞之餘，個人名譽復痛遭誹謗攻訐！乃均出於自命正直淸高之士，試問正直何價？淸高何義？豈謂天下寧無公理乎?!

「從公論報奪產事件看張祥傳橫行霸道」一文，全篇非屬砌詞虛構即爲歪曲事實，其於政府及國民黨之指摘攻擊，第三者固毋庸代爲臧否月旦。而涉及祥傳、水勝部份，則皀白不能不分，是非不能不辯，玆依事實逐項駁正如次：

一、公論報股份有限公司爲依法登記成立之企業組織，不僅呈奉經濟部頒給設字第伍玖壹伍號執照，爲前題文字所不爭。而於民國四十八年十一月六日召集發起人大會，卽席討論通過本公司章程，並推選董事及監察人，同日舉行董事會第一次會議推定董事長，常務董事，以及聘任發行人、社長、副社長、總經理等重要職員，此有會議紀錄及簽定之認股紀錄可證。同年十二月二十八日舉行董事會第二次會議，四十九年元月九日舉行董監事第一次聯席會議，且均由李萬居先生以董事長身份爲會議之主席，聽取本公司登記辦理經過之報告，並主持討論提案，決定設立公論報資產整理小組等，亦有會議紀錄之簽名可資證明。同年元月十二日，李萬居先生以本公司董事長名義署名蓋章分致資產整理小組委員之通知，尤有原件足證其參加並承認本公司之合法組織，而依法行使其董事長職權。同年二月二十日及五月十九日先後舉行第二次及第三次董監事聯席會議，仍均由李萬居先生署名召集並躬臨主持，惟因董監事間鑒於社務管理制度之未臻健全，窒礙業務之推廣發展，談及刷新人事問題，未愜其意而違背多數意見，

致無法協調。自此之後，即拒絕召集會議，亦拒絕出席由常務董事依法代行召集之會議。凡此均足證明本公司組織合法，乃爲雙方所公認，徒以謀所刷新人事，與李萬居先生一己之權慾相牴觸，遂爲其不惜違法杯葛耳！原文所謂「公論報股份有限公司完全係非法組織」等語，純屬指鹿爲馬，虛構誹謗！事證俱在，不難覆按。

二、本公司董事會及監察人會，均由發起人大會所推選產生，董事會復產生常務董事會，一切本諸公司法所來有自，其組成咸屬合法，殊無爭辯餘地。本公司章程第二十條規定：「本公司設發行人、社長、副社長、總經理各一人，經董事會通過聘任之，其餘重要職員均由社長或總經理提名報請常務董事會任用之。」又公司法第一九一條規定：「董事之執行業務，除章程另有訂定外，以其過半數之同意行之，關於經理人之選任及解任亦同。」本公司董事會依法於本年六月二十五日舉行第三次會議，爲期盡所努力挽請李萬居先生出席，且決議休會兩天以待莅止。而於二十八日之續會討論中，遵照章程及公司法規定，經董事過半數同意通過，決議爲社長之聘任及解任，手續程序胥屬合法。祥傳受董事會託付之重，雖應聘繼任社長，仍具退讓全交之誠意，因而決議限於七月一日到職者，稽延三天冀能有所折衝轉圜。遲至七月四日始不得已遵從公意作象徵性之到職，前後逗留二十分鐘，祥傳爲自由中國應受法律保障之公民，履行個人權利義務，何待率領保鑣？至於「在公論報社門口與保鑣保護者合照留念」，尤屬純然子虛烏有全無意識之詞。原文引用刑法第三〇四條，證明作者於法律非爲無知，誠屬幸事，祥傳、水勝自當保留以法律相與週旋之權，以明是非曲直。

三、本公司公董字〇〇一號申請書，乃依照公司法辦理選任總經理登記之申請，並非辦理公司設立登記文件，時值董事長李萬居先生在臺中出席省議會，按照本公司章程第十七條規定：「董事長因事不能執行職務時，由常務董事中互推一人代行之。」祥傳應推署名代行爲選任總經理登記之申請，於法並無不合，何得謂水勝「虛構違法」？誠屬信口雌黃！至於本公司登記所需戶籍謄本，原由李萬居先生派員交下，以會經遷移未合應用，故派人赴其雲林本籍補領，其後復經李萬居先生親自再補領交下，現尚有卷可查，足證其自始同意本公司辦理合法登記之意思，非可輕易揑詞掩飾！此項事實原已詳見水勝七月七日駁覆啓事所敍明，乃貴刊忽略無視，復予傳述，自應併爲駁正。

四、本公司自四十八年十月一日接辦業務，九閱月來，祥傳、水勝暨多數股東納入股欵及墊付代繳股欵，用於營運者支出數已逾總資本額新臺幣貳佰萬元以上，累計收入總數則僅新臺幣柒拾餘萬元。收支相抵虧損及營運資金兩項共約達新臺幣壹佰肆拾餘萬元之鉅，何謂「除去收取舊欠外所出無幾」？原文誣稱本公司「將外埠分支業務機構舊欠欵，收進而不繳入社方。」若非不明眞相，即屬砌詞誹謗！公論報去年十月一日以前之財務收支，經協議列爲舊賬，本公司總計經收新臺幣叁萬柒仟餘元，而償付其必須償付之舊欠則達新臺幣叁拾萬伍仟餘元，超支而經本公司墊償部份約新臺幣貳拾柒萬元左右。此均有賬目可稽，並在五月十九日之董監事聯席會議，分發此項明細表且有詳細之報告均有案可查。

五、公論報原有資產，早經成立整理小組，並於本年二月十三日舉行第一次會議，決定通知各單位填報彙編財產目錄，以資公平估價。目前雖未完成整理工作，而資產扣除負債後之淨值，將作爲李萬居先生在本公司股權之一部份，乃早有成議在先，任何人均無否定前議之意圖。至於其數究屬若干，誠非空言所可憑信，本公司自毋庸借籌代謀也。

六、水勝以總經理主持公論報業務，九閱月來徒具名義，僅有支付各種費用之義務，而毫無實權。除聘派試用辦事員四人，組成會計室管理新賬，待遇悉按原有標準外，別無安插新人，亦從未解聘任何舊人。公論報全省各地分支機構共計七十餘單位，僅兩個單位一因業績不佳，一因無意繼續承辦而予改組，接替人選均屬公開招聘應徵合格之當地人士。原文所謂「製造人事糾紛，安插『過氣』人員及自己人」，乃至積極改組分社及收買職員形成小集團」等語，純屬惡意誹謗！至於賬目管理，收支稽核，亦悉遵規定程序辦理，乃可不辯自明。

七、水勝投資公論報籌組公司，原屬受命於艱難危急之秋，應李萬居先生之一再挽友邀請出而匡復，事證俱在，豈容抹煞？其中詳細經過情形，本公司董事會報告書「公論報增資改組的經過」，已有詳盡之說明，茲謹檢附以供參考，此處不再費詞。

綜上所述，足證原文全與事實不符，其誣衊誹謗之處，已構成對祥傳、水勝妨害名譽之刑責，茲根據出版法第十五條之規定要求登載辯駁書，並依同條第二項規定要求依原文所載相同之版面予以登載。

本件辯駁書未超過原文字數，謹特併予陳明，至希貴刊惠予全文刊佈，藉正視聽，爲荷。

張　祥　傳
住所：臺北市貴德街三三號

蔡　水　勝
住所：臺北市饒河街二〇九號

中華民國四十九年八月六日

附公論報增資改組的經過乙份

讀者投書

（一）為師大費副教授呼籲社會正義！

程和

我認識費副教授是在一個極偶然的機會中，因爲我的新屋落成了，他找進來問有無房子出租，我從他的言談中知道他回國接近一年，而始終沒有安定下來，收入不敷支出，而且一籌莫展。他的奮鬪是不停的寫稿，寫到深夜二時始休。我們慚愧沒有房子給他，但却願做個朋友，爲他向上帝祝禱平安。

後來，我們一直在留心費副教授寫些什麼東西，研究爲什麼政府對携眷返國有實學的留學生採這種「來則試以困境」的手段。我們從費教授的文字中，見到了他的深邃的哲學，幽默感和正義感，常在他極流利的筆觸下顯示出來。果然他是憂國憂民，飽經憂患，觀察銳敏，思想純正的。我們愛讀他談朱子談歐陽修的文章，他的文章皆是有所爲而發的，是救時之作。而考據的工夫，確乎與衆不同。他有數十萬字的名人行誼考，皆詳載健康及思想的轉變年代，有實學而寫救時文字，在今日的臺灣，究有幾人？我們以此，斷言費副教授必不久處困境中。

非常意外的，他突然告訴我的孩子說，以後別稱他爲副教授了，因爲他已失去了這個位置。我們最初還以爲孩子傳錯了話，後來走訪費副教授，纔知果然沒有師大的聘書了。原因很複雜，但據我們的分析，是如此的：費副教授是中央政治學校高材生，返國後第一志願是回母校服務，而這個母校師長們竟鬼鬼祟祟商議了一番，拒絕他返母校服務，候職三個月，始由杜呈祥先生介紹至國立歷史博物館及師大外文系。國立歷史博物館給他的待遇是車馬費四百元，師大的待遇是三點鐘鐘點費二百四十元，這收入當然不够他的房租了，何況他的太太是法國人呢！費副教授的對策是寫稿，這想法本來是可悲的，因爲如今的稿費至多每千字不過八十元，何況各報及月刊均是有自己的特約撰稿員的，如何能每月寫出三千元以上的稿費收入來呢！

話又說回來，費副教授的想法固不可解，姑且依他自己的說法，信他以此解愁罷。胡適先生的「問題湯」，「興趣散」……原來如此！按理說來，國立歷史博物館和師大的位置，却也拋棄不得，怎樣會丟掉的，丟了以後，怎麼辦？

費副教授離開國立歷史博物館的原因。據我們研究，最初教育部撥了一筆錢給該館，令選購書畫往各國巡迴展覽。費副教授主張公開徵求及平等付酬，包館長龍溪先生未接受，費副教授被圈子內外的畫家所困擾，乃嘆曰：「包某不足與共事業，如此領導風雅！罷，罷，罷。」於是提出了辭呈。辭職後，便被包館長用不正手段使介紹人杜呈祥先生大傷腦筋，說是費副教授恩將仇報，竟策動圈子內外的畫家控告包館長。於是連同師大的位置也給他攪掉。不知誰放謠說費副教授在講堂閑話多。天理良心，我的女孩子的朋友便是師大外語系的學生，她對我們說「費副教授完全聽學生的指揮，複習又複習，從來不談一句國事，有時候還散給我們中美月刊、大陸雜誌，促努力讀書，而且散發的時候是課罷我們不忍捨去他的時候。」

我國需要的人才，不容如此被社會黑暗勢力傷害，因此，我們爲費教授呼籲，並希望師大學生的家長共起而呼籲。我們支持費副教授，同時支持杜呈祥先生，自由中國黑暗勢力與正義的戰鬪，正在杜先生的心頭罷！

（二）向蒙藏委員會委員長請教！

汗之孫

我因爲在七月十六日出版的「自由中國」上，看到蒙藏委員會秘書室的信，對我在七月一日「自由中國」上發表的投書做了一點說明，我覺得「說明」大有問題，所以不得不再說幾句話。

我寫田炯錦委員長駕重木材就熟蒙藏委員會的投書，實簡單明瞭，一望而知，何「語多雙關，易滋誤會」之有？爲了珍惜篇幅，我不擬對蒙藏委員會秘書室於七月二日致「自由中國」的不懂公事，亂打官腔的這個函，逐字駁正，它們當有國家的法律裁決，現祇向蒙藏委員會委員長請教一個問題。

「……木材『購』到後之使用情形與申請書所載是否相符，證明機關並無查驗之責。……」委員長田先生，貴會秘書室的這個官腔，是不是就是根據了「田炯錦法典」？

據蒙藏委員會組織法第五條規定：「蒙藏委員會委員長執行……並綜理會務，監督所屬職員及各機關，……」。據蒙古各盟旗聯合駐京辦事處組織簡章第一條規定：「蒙古各盟旗聯合駐京辦事處，本各盟旗之意旨，受蒙藏委員會之監督指導，……」。又，臺灣省林產管理局木材申請書，除說明事項外，並特以大的紅字註明：木材若轉賣圖利，須由證明機關負嚴重之責任。

基於上列國家的組織法規，及省林產管理局木材申請書所註，我對貴會秘書室七月二日致「自由中國」的這個似屬「權威性」的函，感到十分不幸和遺憾！我沒有想到，堂堂中央部會中的一個秘書室，竟會打出如此荒謬、缺乏邊際的官腔，眞是貽笑大方！難道說，蒙藏委員會是一個無法無天——「應人而適」的機關不成嚒？

所以，我要向蒙藏委員會委員長請教的這個問題是，即所謂「證明機關並無查驗之責」的這十個字，究竟是甚麼意思？它們是根據着什麼法規，什麼章程而來？請畀予文理或論理上的解釋，以新衆聞。（七月廿七日）

自由中國 第二十三卷 第四期 內政部雜誌登記證內警臺誌字第三八一號 臺灣省雜誌事業協會會員 一二八

給讀者的報告

留學考試在最近放榜了，但留學生出國之後，總是不願回臺，這原因在那裏？我們特發表社論㈠「留學生爲甚麼去多回少？」加以說明。

由於八月一日一場雪莉颱風，便把臺灣弄到田舍漂流，交通斷絕，這種「一颱成災」的癥結何在？我們特發表社論㈡「人爲的水災」加以分析。

國民黨黨政當局最近透過民政廳提出了一項選舉監察辦法的修正案，此案有甚麼實際意義嗎？我們特發表社論㈢「評選舉監察辦法修正案」。

雷震先生的「駁斥黨報官報的謬論和誣衊」大文，是針對所謂「政黨的承認」和「共匪支持新黨」兩事而發，值得關心新黨的讀者一讀。臺北市龔××的來函，我們不想發表了，但有關新黨政綱的若干建議，當代轉籌組新黨人士參考。至於臺北方××、臺中李××、高雄林××的來信都收到，所詢新黨的組織、人事、政綱、政策、乃至經費等，是否如同若干小報所傳，雷震先生的文章中已經坦白指出：「全無事實根據」，自毋須再說。至於新竹陳××先生希望我們把各方面對於新黨的反應加以報導，我們當儘可能於下一期按尊意辦理。

唐德剛先生的「論『西山會議派』」大文，是對國民黨內此一派系的來龍去脈所作的純學術性探討。原載六月一日在美國紐約出版的「海外論壇」。我們覺得很可以讓國民黨當權派照照鏡子，重新認識自己，所以將全文轉載。唐先生在哥倫比亞大學擔任研究中國近代史。

周正元先生在「評『經濟部建立證券市場研究小組報告書』」大作中，提供了客觀公正的意見，望主管當局能重作檢討。

力元生先生的「談古巴危機眞相與美國的對策」大作，對目前此一國際重大事件，有簡要的敍述，可以幫助大家對此一事件的瞭解。

臺中市馬××先生「請俞大維部長讀此『家書』」投書已收到，文筆雖很生動，但用這種方式寫投書，似乎不太適合本刊的一貫體例，恕我們不想發表了。

交通部署名轅×先生的「論政務官」投書已收到，關於投書內所述交通部種種，尤其是「三劍客之流」的事，本刊最近幾次的投書和專論，大體都已提到，所以不想發表了。

高雄市林××等來信已收到，所述省立高雄女師校長種種，我們因爲一時無從查證，只有暫作保留。

臺南市署名「一羣考生」的來信已收到，對於大專「聯考作文文末如署本名，試卷不予作廢，將由招生委會代爲塗去再評閱」一事所提評論，言之有理，限於篇幅，恕不刊登，但我們希望招生委員會對此事再加以鄭重研究。

臺南新化丁×先生「向劉眞廳長進一言」投書已收到，限於篇幅，只有保留了。

臺北市俞××先生「教育主管應迅速澄清『義、廉』答案」投書已收到，此事既已有人評論，我們限於篇幅，只有留作參考。

某報所傳本刊在香港派有代表，與事實不符。查本刊在海內外各地，均未派代表，特此鄭重聲明。

自由中國 半月刊 第廿三卷第四期 總第二五九號

中華民國四十九年八月十六日出版

發行人 雷震

主編 『自由中國』編輯委員會

出版者 自由中國社

社址：臺北市和平東路二段十八巷一號

Free China Fortnightly, 1, Lane 18, Ho Ping East Road (Section 2), Taipei Taiwan

電話：二 八 五 七 〇

總經銷 臺灣 自由中國社發行部

航空版 香港 友聯書報發行公司（香港九龍窩打老道一二〇號）電話：五九一六四、五九一六五

經銷處
美國 紐約友方圖書公司 Hansan Trading Company, 65, Boyard Street, New York 13, N.Y., U.S.A
紐約光明雜誌社 Sun Publishing Co., 112, Mulberry St., New York 13, N.Y., U.S.A.
馬尼剌 新疆書店
緬甸 仰光振成書報店
北婆羅洲 西利亞坡青年書店
星加坡 友聯書報發行公司（小坡大馬路四六九號）
吉隆坡 友聯書報發行公司（馬華公會大厦三樓七室）
怡保 友聯書報發行公司（希尼華沙甘街十六號）
檳城 友聯書報發行公司（林連登律七十二號）
澳門 友聯圖書公司

印刷者 精華印書館股份有限公司 廠址：臺北市長沙街二段七一號 電話：三三四二九

本刊經中華郵政登記認爲第一類新聞紙類 臺灣郵政管理局新聞紙類登記執照第五九七號 臺灣郵政劃撥儲金帳戶第八一三九號
（零售：臺灣每份臺幣五元，海外平寄美金一角五分，航寄美金三角五分）